公安机关
刑事法律文书

制作规范与法律依据

樊学勇　王　燕　编著

新 版

中国法制出版社
CHINA LEGAL PUBLISHING HOUSE

前　　言

刑事法律文书作为公安机关办理刑事案件的文字载体，是公安机关具体实施法律的重要手段，也是其开展有关法律活动的忠实记录，对提高刑事案件办理质量和规范公安刑事执法行为具有重要作用。2018 年 10 月 26 日，第十三届全国人民代表大会常务委员会第六次会议对《中华人民共和国刑事诉讼法》进行了再次修改和完善。2020 年 7 月 20 日，公安部发布《公安部关于修改〈公安机关办理刑事案件程序规定〉的决定》，自 2020 年 9 月 1 日起施行。此外，《中华人民共和国监察法》《中华人民共和国国际刑事司法协助法》等法律法规相继出台。公安部办公厅也根据新出台及修改的法律法规于 2020 年 8 月下发通知对公安机关刑事法律文书式样进行了修改和补充。同时，伴随刑事法律文书社会价值的凸显，刑事法律文书的制作要求也越来越高，刑事法律文书的格式和制作规范也需要不断地完善和提高。所以，本书旨在帮助各级公安机关广大民警更好地贯彻和实施新出台及修改的法律法规，进一步规范公安机关刑事执法活动，帮助广大民警解决在具体运用刑事法律文书时遇到的问题，提高刑事案件办理质量。

本书在撰写过程中，注重理论与实践相结合，突出刑事法律文书实践操作的直观性。一般采用格式和实例相结合的方式，以直观、醒目的方式从文书概念、制作要求和法律依据等方面进行了系统阐释，并对刑事法律文书在实际运用中容易出现的错误进行了着重强调，增强该书的可操作性和实用性。为广大公安机关人民警察在办理刑事案件中正确运用刑事法律文书提供帮助，减轻办案阻力，规范执法行为，提高办案质量。也希望对社会各界了解公安刑事执法程序、监督公安执法活动及依法保护自身合法权益有所助益。

本书在写作过程中参考了一些专家、学者的有关著述，吸纳了一线执法民警的建议及现实案例，并得到来自实践部门诸位朋友的支持，在此一并表示衷心感谢。

对本书中可能存在的纰漏与不妥之处，恳请同仁及读者不吝赐教。

作　者

2021 年 9 月

目　录

附录一

附录二

附录三

一、立案、管辖、回避文书

1. 受案登记表

受案登记表

（受案单位名称和印章）　　　　　　×公（　）受案字〔　　〕　　号

<table>
<tr><td colspan="2">案件来源</td><td colspan="6">□110 指令 □工作中发现 □报案 □投案 □移送 □扭送 □其他</td></tr>
<tr><td rowspan="4">报案人</td><td>姓　名</td><td></td><td>性别</td><td></td><td>出生日期</td><td colspan="2"></td></tr>
<tr><td>身份证件种类</td><td></td><td>证件号码</td><td colspan="4"></td></tr>
<tr><td>工作单位</td><td colspan="3"></td><td>联系方式</td><td colspan="2"></td></tr>
<tr><td>现 住 址</td><td colspan="6"></td></tr>
<tr><td colspan="2">移送单位</td><td></td><td>移 送 人</td><td></td><td>联系方式</td><td colspan="2"></td></tr>
<tr><td colspan="2">接报民警</td><td></td><td>接报时间</td><td>年　月　日
时　分</td><td>接报地点</td><td colspan="2"></td></tr>
<tr><td colspan="8">简要案情或者报案记录（发案时间、地点、简要过程、涉案人基本情况、受害情况等）以及是否接受证据：</td></tr>
</table>

续表

受案意见	□属本单位管辖的行政案件，建议及时调查处理 □属本单位管辖的刑事案件，建议及时立案侦查 □不属于本单位管辖，建议移送＿＿＿＿＿＿＿＿处理 □不属于公安机关职责范围，不予调查处理并当场书面告知当事人 □其他＿＿＿＿＿＿＿＿ 受案民警：　　　　　　　　年　月　日
受案审批	 受案部门负责人：　　　　　　　　年　月　日

一式两份，一份留存，一份附卷。

【制作说明】

1. 本文书根据《公安机关办理刑事案件程序规定》第一百七十一条、《公安机关办理行政案件程序规定》第六十一条第一款所制定，是公安机关对接受的公民报案、控告、举报、扭送、犯罪嫌疑人自首或者有关单位移送，以及工作中发现的案件进行审查、登记，并记录受案处理意见的文书，属于刑事案件、行政案件通用的文书。

2. 受案登记表为一式两份填空型文书，由接受案件单位存档和附卷。其内容主要包括案件来源、报案人、移送单位、接报情况、简要案情（报案记录）、受案意见及受案审批等。在填写时需注意：

（1）“案件来源”栏：由受案民警根据实际情况在对应的位置直接勾选。

（2）“报案人”栏：填写报案人的信息，包括报案人的姓名、性别、出生日期、身份证件种类及号码、工作单位、联系方式、住址。此处要注意以下三点：

一是报案人不愿公开自己姓名和报案行为的，此栏可注明“匿名”。

二是如果案件是其他单位移送的，则“报案人”栏不必填写，只填写“移送单位”栏。

三是如果案件是公安机关在工作中自行发现的，则“报案人”栏、“移送单位”栏均不必填写。用从“左上”至“右下”斜线划去空格即可。

（3）“接报民警”栏：如果通过电话或者网上进行接报的，填写接报民警姓名即可。如果报案人到公安机关报案、控告、举报或者自首的，需填写两名民警姓名。因为“接报案”也属于执法办案的环节之一，为了民警接报案的工作受到更好的监督，使报案人、控告人、举报人或者自首人的叙述能够得到如实记录，同时也为确保民警接报案过程中的人身安全问题，此处由两名民警现场接报案更为合适。接报时间、地点根据实际情况填写。

（4）“简要案情（或者报案记录）”栏：填写简要案情或者报案人报称的基本情况，主要包括发案时间、地点、简要过程、涉案人（或涉案单位）基本情况及到案经过。有受害人的，需写明人身伤害、财务损失等受害情况。此外，还需注意，如果同时接受了报案人提供的证据，还应当在此栏中写明接受证据情况见所附证据清单，并按照要求制作接受证据清单。

（5）“受案意见”栏：由受案民警根据实际情况在相应的选项进行勾选即可。但注意选择“其他”情形时，需将“具体情况”在随后的横线处注明。

（6）“受案审批”栏：由受案部门负责人签署审批意见，审批意见需详细具体，即不能简单签署“同意”或“不同意”，而应该根据实际情况签署“同意立为刑事案件侦查”等意见。

【法律依据】

《中华人民共和国刑事诉讼法》（2018 年 10 月 26 日）

第一百一十一条第三款 公安机关、人民检察院或者人民法院应当保障报案人、控告人、举报人及其近亲属的安全。报案人、控告人、举报人如果不愿公开自己的姓名和报案、控告、举报的行为，应当为他保守秘密。

《公安机关办理刑事案件程序规定》（2020 年 7 月 20 日）

第一百七十条 公安机关对扭送人、报案人、控告人、举报人、投案人提供的有关证据材料等应当登记，制作接受证据材料清单，由扭送人、报案人、控告人、举报人、投案人签名，并妥善保管。必要时，应当拍照或者录音录像。

第一百七十一条 公安机关接受案件时，应当制作受案登记表和受案回执，并将受案回执交扭送人、报案人、控告人、举报人。扭送人、报案人、控告人、举报人无法取得联系或者拒绝接受回执的，应当在回执中注明。

《公安机关办理行政案件程序规定》（2020 年 8 月 6 日）

第六十一条 公安机关应当对报案、控告、举报、群众扭送或者违法嫌疑人投案分别作出下列处理，并将处理情况在接报案登记中注明：

（一）对属于本单位管辖范围内的案件，应当立即调查处理，制作受案登记表和受案回执，并将受案回执交报案人、控告人、举报人、扭送人；

……

【文书范例】

受案登记表

××市公安局××分局刑侦大队（章）　　×公（刑）受案字〔20××〕××号

<table>
<tr><td>案件来源</td><td colspan="7">□110指令□工作中发现☑报案□投案□移送□扭送□其他</td></tr>
<tr><td rowspan="4">报案人</td><td>姓　名</td><td>张××</td><td>性别</td><td>男</td><td>出生日期</td><td colspan="2">19××年××月××日</td></tr>
<tr><td>身份证件种类</td><td>身份证</td><td>证件号码</td><td colspan="4">××××××××××××××××××</td></tr>
<tr><td>工作单位</td><td>××市××公司</td><td>联系方式</td><td colspan="4">××××××××××××</td></tr>
<tr><td>现住址</td><td colspan="6">××市××县××镇××号</td></tr>
<tr><td>移送单位</td><td>＼</td><td>移送人</td><td colspan="2">＼</td><td>联系方式</td><td colspan="2">＼</td></tr>
<tr><td>接报民警</td><td>赵××
王××</td><td>接报时间</td><td colspan="2">20××年8月16日17时30分</td><td>接报地点</td><td colspan="2">××分局刑侦大队</td></tr>
<tr><td colspan="8">简要案情或者报案记录（发案时间、地点、简要过程、涉案人基本情况、受害情况等）以及是否接受证据：
20××年8月16日17时30分许，张××到我局刑侦大队报案称，8月16日16时在××超市逛超市时，丢失了一个棕色钱包，钱包里有现金2500元、价值1000元的购物卡及银行卡两张。</td></tr>
<tr><td>受案意见</td><td colspan="7">□属本单位管辖的行政案件，建议及时调查处理
☑属本单位管辖的刑事案件，建议及时立案侦查
□不属于本单位管辖，建议移送________________处理
□不属于公安机关职责范围，不予调查处理并当场书面告知当事人
□其他________________________________
受案民警：赵××、王××　　　　20××年8月16日</td></tr>
<tr><td>受案审批</td><td colspan="7">同意立案侦查。
受案部门负责人：薛××　　　　20××年8月16日</td></tr>
</table>

一式两份，一份留存，一份附卷。

2. 受案回执

受案回执

______________：

你（单位）于________年____月____日报称的____________________

____一案我单位已受理（受案登记表文号为×公（　　）受案字〔　　〕　　号）。

你（单位）可通过____查询案件进展情况。

联系人、联系方式：____。

受案单位（印）

年　月　日

报案人、控告人、

举报人、扭送人：

年　　月　　日

一式两份，一份附卷，一份交报案人、控告人、举报人、扭送人。

【制作说明】

1. 本文书根据《公安机关办理刑事案件程序规定》第一百七十一条、《公安机关办理行政案件程序规定》第六十一条第一款所制定，是公安机关接受案件后，告知报案人、控告人、举报人、扭送人接受案件情况的文书，属于刑事案件、行政案件通用的文书，其适用于有报案人、控告人、举报人、扭送人的案件。

2. 受案回执一式两份，一份由报案人、控告人、举报人、扭送人存卷，另一份交报案人、控告人、举报人、扭送人收存。其内容主要包括受送达人名称、报案时间、案件名称、受案登记表文号、查询方式、联系人和联系方式、报案人、控告人、举报人、扭送人签收栏等。在填写时需注意：

（1）在填写“联系人、联系方式”时，办案单位可根据本单位实际情况确定专门人员与受送达人联系，也可将办案人员作为联系人。

（2）在填写“成文日期、受案单位名称及加盖办案单位印章”时，办案单位印章不要求必须加盖县级以上公安机关印章，加盖办案部门印章即可。

（3）在填写“报案人、控告人、举报人、扭送人”签收栏，在选择报案人、控告人、举报人、扭送人中的任何一项后，其他三项用删除线划去，并且要由报案人、控告人、举报人或扭送人签字捺指印并填写日期。

3. 在当场送达有困难的情况下，可采用传真、邮寄等送达方式，其中采用传真方式送达的，需在传真件上注明收件人的传真号码、收件人姓名及传真时间等相关内容并附卷。采用邮寄方式送达的，将邮寄回执附卷。

【法律依据】

《公安机关办理刑事案件程序规定》（2020 年 7 月 20 日）

第一百七十一条 公安机关接受案件时，应当制作受案登记表和受案回执，并将受案回执交扭送人、报案人、控告人、举报人。扭送人、报案人、控告人、举报人无法取得联系或者拒绝接受回执的，应当在回执中注明。

《公安机关办理行政案件程序规定》（2020 年 8 月 6 日）

第六十一条第一款 公安机关应当对报案、控告、举报、群众扭送或者违法嫌疑人投案分别作出下列处理，并将处理情况在接报案登记中注明：

（一）对属于本单位管辖范围内的案件，应当立即调查处理，制作受案登记表和受案回执，并将受案回执交报案人、控告人、举报人、扭送人；

……

3. 立案决定书

＊＊＊公安局

立案决定书

（存　根）

×公（　）立字〔　　〕　　号

案件名称______________________

案件编号______________________

犯罪嫌疑人____________________男/女

出生日期______________________

住　　址______________________

单位及职业____________________

批 准 人______________________

批准时间______________________

办 案 人______________________

办案单位______________________

填发时间______________________

填 发 人______________________

＊＊＊公安局

立案决定书

×公（ ）立字〔 〕 号

根据《中华人民共和国刑事诉讼法》第一百零九条/第一百一十二条之规定，决定对________________________案立案侦查。

公安局（印）

年 月 日

此联附卷

【制作说明】

1. 本文书根据《中华人民共和国刑事诉讼法》第一百零九条、第一百一十二条所制定，立案决定书是公安机关对接受的刑事案件启动侦查程序，开展侦查活动的合法依据。

2. 立案决定书分为正本和存根。其中立案决定书正本在侦查活动终结时存入诉讼卷，作为公安机关开展侦查的依据。

3. 立案决定书正本的内容主要包括制作机关名称、文书名称、文书字号、法律依据、案件名称、文书制作日期、公安机关名称及印章等内容。在填写时需注意：

（1）在填写“法律依据”时，要根据案件实际情况，选择适用正确的法条。具体来说，如果是公安机关发现的犯罪事实或犯罪嫌疑人，或者上级公安机关交办的案件，则选择适用《中华人民共和国刑事诉讼法》第一百零九条的规定。如果是个人或单位报案、控告、举报、扭送或者犯罪嫌疑人自首的案件，则适用《中华人民共和国刑事诉讼法》第一百一十二条的规定。

（2）在填写“案件名称”时，如果案件已确认犯罪嫌疑人，则填写犯罪嫌疑人的姓名和涉嫌的罪名；如果案件尚未确定犯罪嫌疑人，可以发生或发现案件的时间、地点和案件性质确定案件名称，也可以被害人或被害单位及案件性质作为案件名称。

4. 立案决定书存根按照固定格式依次将文书字号、案件名称、案件编号、犯罪嫌疑人姓名、性别、出生日期、住址等内容填写完整即可。

【法律依据】

《中华人民共和国刑事诉讼法》（2018 年 10 月 26 日）

第一百零九条 公安机关或者人民检察院发现犯罪事实或者犯罪嫌疑人，应当按照管辖范围，立案侦查。

第一百一十二条 人民法院、人民检察院或者公安机关对于报案、控告、举报和自首的材料，应当按照管辖范围，迅速进行审查，认为有犯罪事实需要追究刑事责任的时候，应当立案；认为没有犯罪事实，或者犯罪事实显著轻微，不需要追究刑事责任的时候，不予立案，并且将不立案的原因通知控告人。控告人如果不服，可以申请复议。

【文书范例】

***公安局

立案决定书

（存　根）

×公（刑）立字〔20××〕50号

案件名称　朱××涉嫌伪造国家机关公文罪

案件编号　×××××××××××××

犯罪嫌疑人　朱××　男/~~女~~

出生日期　19××年××月××日

住　　址　××市××区××路56号

单位及职业　××市××公司业务经理

批 准 人　赵××

批准时间　20××年10月15日

办 案 人　徐××、张××

办案单位　××市公安局××分局刑事侦查大队

填发时间　20××年10月15日

填 发 人　王××

***公安局

立案决定书

×公（刑）立字〔20××〕50号

根据《中华人民共和国刑事诉讼法》~~第一百零九条~~/第一百一十二条之规定，决定对朱××涉嫌伪造国家机关公文罪案立案侦查。

公安局（印）

二〇××年十月十五日

此联附卷

4. 不予立案通知书

＊＊＊公安局

不予立案通知书

（存　根）

×公（　）不立字〔　　〕　　号

控告人/移送单位 ______________________

住　　址______________________

单位及职业______________________

控告事由______________________

不予立案原因______________________

____

批 准 人______________________

批准时间______________________

办 案 人______________________

办案单位______________________

填发时间______________________

填 发 人______________________

＊＊＊公安局

不予立案通知书

（副　本）

×公（　）不立字〔　　〕　　号

________________：

你（单位）于______年____月____日提出____控告/移送____的____，我局经审查认为____，根据《中华人民共和国刑事诉讼法》第一百一十二条之规定，决定不予立案。

如不服本决定，可以在收到本通知书之日起____三日/七日____内向____申请复议。

公安局（印）

年　　月　　日

本通知书已收到。

签收人：

年　　月　　日

此联附卷

***公安局
不予立案通知书

×公（ ）不立字〔 〕 号

________________：

你（单位）于______年____月____日提出____控告/移送____的____
____，我局经审查认为____，根据《中华人民共和国刑事诉讼法》第一百一十二条之规定，决定不予立案。

如不服本决定，可以在收到本通知书之日起____三日/七日____内向____
____申请复议。

公安局（印）

年 月 日

此联交控告人或者移送单位

【制作说明】

1. 本文书根据《中华人民共和国刑事诉讼法》第一百一十二条、《公安机关办理刑事案件程序规定》第一百七十八条、第一百七十九条、第一百八十条及第一百八十一条所制定。不予立案通知书是公安机关对不符合立案条件的案件决定不予立案时，将不予立案的原因通知控告人或移送单位时所制作使用的文书，属于通知类文书，也是公安机关对案件不进行立案侦查的法律凭证。

2. 该文书适用于有控告人或者移送单位的案件，如果案件属于公安机关自己发现的，或者是其他公民自己自首、扭送或者举报的，如果不立案，则不需要制作不予立案通知书。

3. 不予立案通知书分为正本、副本和存根。其中正本由公安机关送交控告人或者移送单位收存，是控告人或者移送单位申请复议复核的依据。副本是公安机关将不予立案结果及原因已通知控告人或移送单位的凭证，由办案部门存入侦查卷。存根是公安机关签发不予立案通知书的凭证，由公安机关留存备查。

4. 不予立案通知书正本的内容主要包括制作机关名称、文书名称、文书字号、控告人姓名或移送单位名称、提出控告或移送时间、案件名称、公安机关不予立案的原因、申请复议的具体期限及受理机关、文书制作日期、公安机关名称及印章等内容。在填写时需注意：

（1）在填写“案件名称”时，如果不能确定案件名称时，根据实际情况简要写明案件的事实内容即可。

（2）在填写“不予立案的原因”时，需要根据实际情况将案件不符合立案条件的情形填写具体，如有法定不予追究刑事责任的情形，则可根据《中华人民共和国刑事诉讼法》第十六条等内容的规定填写具体的情形，如“犯罪嫌疑人李××已死亡”。

（3）在填写“申请复议的期限及受理机关”时，需注意根据《公安机关办理刑事案件程序规定》第一百七十九条、第一百八十一条之规定，控告人对不予立案决定不服的，可以在收到不予立案通知书后七日内向作出决定的公安机关申请复议，移送案件的行政执法机关对不予立案决定不服的，可以在收到不予立案通知书后三日内向作出决定的公安机关申请复议，结合具体案件情况，要对“三日/七日”作出正确选择。

5. 不予立案通知书副本填写注意事项与正本相同，但同时也应注意，该副本作为公安机关将不予立案结果及原因已通知控告人或移送单位的凭证，需要由被通知人在文书“本通知书已收到”处签字捺印。

6. 不予立案通知书存根按照固定格式依次将文书字号、控告人姓名或移送单位名称、住址、单位及职业、控告事由、不予立案原因、批准人、批准时间、办案人、办案单位、填发时间、填发人等内容填写完整即可。但要注意保持文书的一致性，即控告事由、不予立案原因、批准时间等内容要与文书正本内容保持一致。

7. 不予立案通知书制作完毕后，办案机关应当在决定不予立案之日起三日内送达被通知人。

【法律依据】

《中华人民共和国刑事诉讼法》（2018 年 10 月 26 日）

第一百一十二条 人民法院、人民检察院或者公安机关对于报案、控告、举报和自首的材料，应当按照管辖范围，迅速进行审查，认为有犯罪事实需要追究刑事责任的时候，应当立案；认为没有犯罪事实，或者犯罪事实显著轻微，不需要追究刑事责任的时候，不予立案，并且将不立案的原因通知控告人。控告人如果不服，可以申请复议。

《公安机关办理刑事案件程序规定》（2020 年 7 月 20 日）

第一百七十八条 公安机关接受案件后，经审查，认为有犯罪事实需要追究刑事责任，且属于自己管辖的，经县级以上公安机关负责人批准，予以立案；认为没有犯罪事实，或者犯罪事实显著轻微不需要追究刑事责任，或者具有其他依法不追究刑事责任情形的，经县级以上公安机关负责人批准，不予立案。

对有控告人的案件，决定不予立案的，公安机关应当制作不予立案通知书，并在三日以内送达控告人。

决定不予立案后又发现新的事实或者证据，或者发现原认定事实错误，需要追究刑事责任的，应当及时立案处理。

第一百七十九条 控告人对不予立案决定不服的，可以在收到不予立案通知书后七日以内向作出决定的公安机关申请复议；公安机关应当在收到复议申请后三十日以内作出决定，并将决定书送达控告人。

控告人对不予立案的复议决定不服的，可以在收到复议决定书后七日以内向上一级公安机关申请复核；上一级公安机关应当在收到复核申请后三十日以内作出决定。对上级公安机关撤销不予立案决定的，下级公安机关应当执行。

案情重大、复杂的，公安机关可以延长复议、复核时限，但是延长时限不得超过三十日，并书面告知申请人。

第一百八十条 对行政执法机关移送的案件，公安机关应当自接受案件之日起三日以内进行审查，认为有犯罪事实，需要追究刑事责任，依法决定立案的，应当书面通知移送案件的行政执法机关；认为没有犯罪事实，或者犯罪事实显著轻微，不需要追究刑事责任，依法不予立案的，应当说明理由，并将不予立案通知书送达移送案件的行政执法机关，相应退回案件材料。

公安机关认为行政执法机关移送的案件材料不全的，应当在接受案件后二十四小时以内通知移送案件的行政执法机关在三日以内补正，但不得以材料不全为由不接受移送案件。

公安机关认为行政执法机关移送的案件不属于公安机关职责范围的，应当书面通知移送案件的行政执法机关向其他主管机关移送案件，并说明理由。

第一百八十一条 移送案件的行政执法机关对不予立案决定不服的，可以在收到不予立案通知书后三日以内向作出决定的公安机关申请复议；公安机关应当在收到行政执法机关的复议申请后三日以内作出决定，并书面通知移送案件的行政执法机关。

【文书范例】

***公安局
不予立案通知书
（存　根）

×公（刑）不立字〔20××〕168 号

控告人/~~移送单位~~　李××

住　　址　××省××市××路××号

单位及职业　××市××超市员工

控告事由　张××盗窃

不予立案原因　没有犯罪事实发生

批 准 人　赵××

批准时间　20××年5月18日

办 案 人　吕××、刘××

办案单位　××市公安局××分局刑事侦查大队

填发时间　20××年5月18日

填 发 人　吕××

***公安局

不予立案通知书

（副　本）

×公（刑）不立字〔20××〕168号

李××：

你（单位）于20××年5月15日提出控告/~~移送~~的张××盗窃，我局经审查认为没有犯罪事实发生，根据《中华人民共和国刑事诉讼法》第一百一十二条之规定，决定不予立案。

如不服本决定，可以在收到本通知书之日起~~三日~~/七日内向××市公安局××分局申请复议。

公安局（印）

二〇××年五月十八日

本通知书已收到。

签收人：李××

20××年5月18日

此联附卷

＊＊＊公安局

不予立案通知书

×公（刑）不立字〔20××〕168号

李××：

你（单位）于20××年5月15日提出控告/~~移送~~的张××盗窃，我局经审查认为没有犯罪事实发生，根据《中华人民共和国刑事诉讼法》第一百一十二条之规定，决定不予立案。

如不服本决定，可以在收到本通知书之日起~~三日~~/七日内向××市公安局××分局申请复议。

公安局（印）

二〇××年五月十八日

此联交控告人或者移送单位

5. 不立案理由说明书

***公安局
不立案理由说明书
（存　根）

×公（　）不立说字〔　　〕　号

要求立案事由________________

不立案原因________________

送往单位________________

批　准　人________________

批准时间________________

办　案　人________________

办案单位________________

填发时间________________

填　发　人________________

***公安局

不立案理由说明书

（副　本）

×公（　）不立说字〔　　〕　号

________________人民检察院：

你院______年____月____日以____字〔　　　〕______号文要求我局对____________________案说明不立案的理由，我局经审查认为____，决定不立案。根据《中华人民共和国刑事诉讼法》第一百一十三条之规定，特此说明。

公安局（印）

年　　月　　日

本说明书已收到。

检察院收件人：

年　　月　　日

此联附卷

***公安局

不立案理由说明书

×公（　　）不立说字〔　　〕　号

________人民检察院：

你院____年____月____日以____字〔　　〕________号文要求我局对________案说明不立案的理由，我局经审查认为____，决定不立案。根据《中华人民共和国刑事诉讼法》第一百一十三条之规定，特此说明。

公安局（印）

年　　月　　日

此联交检察院

【制作说明】

1. 本文书根据《中华人民共和国刑事诉讼法》第一百一十三条、《公安机关办理刑事案件程序规定》第一百八十二条所制定。不立案理由说明书是公安机关在对人民检察院要求说明案件不予立案理由时所制作使用的文书，是公安机关向人民检察院说明不立案理由的法律凭证。

2. 该文书应在公安机关收到人民检察院要求说明不立案理由通知书后制作并使用，且该文书制作前应当经县级以上公安机关负责人批准。一是为了监督执法办案部门规范执法，避免出现办案人员徇私枉法等现象。二是为了提高公安机关执法办案质量，避免出现有案不立、有罪不究的错误，落实执法监督责任。

3. 不立案理由说明书分为正本、副本和存根。其中正本送交要求说明不立案理由的人民检察院收执。副本是公安机关已向人民检察院说明不立案理由的凭证，向人民检察院送交正本并由其签收后由办案部门留存副本。存根是公安机关签发不立案理由说明书的凭证，由公安机关留存备查。

4. 不立案理由说明书正本的内容主要包括制作机关名称、文书名称、文书字号、检察机关名称及其要求说明理由文书的时间和文号、案件名称、不立案理由等内容。在填写时需注意：

（1）在填写“案件名称”时，一般填写公安机关已确定的案件名称。如果案件名称未确定，可根据实际情况概括写明案件的主要内容或者参照人民检察院要求说明不立案理由通知书中所涉及的案件名称。

（2）在填写“不立案理由”时，可以参照不予立案通知书进行填写。

5. 不立案理由说明书副本填写注意事项与正本相同，按照要求进行填写即可。

6. 不立案理由说明书存根按照固定格式依次将文书字号、要求立案事由、不立案原因、送往单位、批准人、批准时间、办案人、办案单位、填发时间、填发人等内容填写完整即可。但要注意保持文书的一致性，即要求立案事由、不立案原因、批准时间等内容要与文书正本内容保持一致。

【法律依据】

《中华人民共和国刑事诉讼法》（2018 年 10 月 26 日）

第一百一十三条 人民检察院认为公安机关对应当立案侦查的案件而不

立案侦查的，或者被害人认为公安机关对应当立案侦查的案件而不立案侦查，向人民检察院提出的，人民检察院应当要求公安机关说明不立案的理由。人民检察院认为公安机关不立案理由不能成立的，应当通知公安机关立案，公安机关接到通知后应当立案。

《公安机关办理刑事案件程序规定》（2020 年 7 月 20 日）

第一百八十二条 对人民检察院要求说明不立案理由的案件，公安机关应当在收到通知书后七日以内，对不立案的情况、依据和理由作出书面说明，回复人民检察院。公安机关作出立案决定的，应当将立案决定书复印件送达人民检察院。

人民检察院通知公安机关立案的，公安机关应当在收到通知书后十五日以内立案，并将立案决定书复印件送达人民检察院。

【文书范例】

***公安局

不立案理由说明书

（存　根）

×公（刑）不立说字〔20××〕170 号

要求立案事由 徐××故意伤害

不立案原因 犯罪嫌疑人徐××已死亡

送往单位 ××市××区人民检察院

批 准 人 李××

批准时间 20××年12月24日

办 案 人 付××、姜××

办案单位 ××市公安局××分局刑事侦查大队

填发时间 20××年12月24日

填 发 人 赵××

***公安局

不立案理由说明书

（副　本）

×公（刑）不立说字〔20××〕170 号

××市××区　　人民检察院：

你院 20×× 年 12 月 20 日以 ×立监检 字〔20××〕56 号文要求我局对 徐××故意伤害 案说明不立案的理由，我局经审查认为 犯罪嫌疑人徐××已经死亡，根据《中华人民共和国刑事诉讼法》第十六条之规定 ，决定不立案。根据《中华人民共和国刑事诉讼法》第一百一十三条之规定，特此说明。

公安局（印）

二〇××年十二月二十四日

本说明书已收到。

检察院收件人：江××

20××年 12 月 24 日

此联附卷

＊＊＊公安局

不立案理由说明书

（副　本）

×公（刑）不立说字〔20××〕170号

____××市××区____人民检察院：

你院__20××__年__12__月__20__日以__×立监检__字〔20××〕__56__号文要求我局对__徐××故意伤害__案说明不立案的理由，我局经审查认为__犯罪嫌疑人徐××已经死亡，根据《中华人民共和国刑事诉讼法》第十六条之规定__，决定不立案。根据《中华人民共和国刑事诉讼法》第一百一十三条之规定，特此说明。

公安局（印）

二〇××年十二月二十四日

此联交检察院

6. 指定管辖决定书

***公安局

指定管辖决定书

×公（　　）指管字〔　　　〕　　号

经对____

案件的管辖问题进行审查，根据《公安机关办理刑事案件程序规定》第二十二条之规定，决定由______________________________管辖。请____________公安（分）局在_____日内将与案件有关的证据材料移送该公安机关。

公安局（印）

年　　月　　日

本决定书一式若干份，决定机关留存一份，其余分送被指定的公安机关和其他有关的公安机关。

【制作说明】

1. 本文书根据《公安机关办理刑事案件程序规定》第二十二条、第二十三条所制定，是上级公安机关对下级公安机关发生管辖争议的、管辖不明确的或者情况特殊的刑事案件作出指定管辖决定时使用的文书。

2. 指定管辖决定书适用于几个公安机关之间对案件管辖权有争议且协商不成或者情况特殊的刑事案件，即如果争议的公安机关之间通过协商可以解决管辖问题的，不使用指定管辖决定书。此外，指定管辖决定应当由几个相关公安机关的共同上级机关作出。该文书内容主要包括制作机关名称、文书名称、文书字号、案件名称、被指定的管辖机关名称（全称）、移送证据材料的公安机关名称（全称）和移送期限等。在填写时需注意：

（1）在填写“案件名称”时，若案件名称有争议或案件名称尚未确定的，可以由决定机关确定案件名称。

（2）在填写“被指定的管辖机关名称”时，需注意上级公安机关在指定管辖机关时，只能指定下一级公安机关，而不能直接指定下一级公安机关辖区内的再下一级公安机关。因为根据《公安机关办理刑事案件程序规定》第二十二条第三款之规定，提请上级公安机关指定管辖时，要层报有权指定管辖的公安机关。主要是基于提请指定管辖时，所遵循的程序是逐级上报，所以有权指定管辖的上级公安机关在具体填写指定管辖机关时，也只能逐级指定下一级公安机关，而不能直接指定下一级公安机关辖区内的再下一级公安机关。同时，由于基层案件数量多且案情复杂多变，上级公安机关很难对案件的具体情况及办案机关的实际情况有全方位的掌握，所以跨级对案件进行指定管辖会影响案件办理，进而影响公平正义的实现。

3. 在制作指定管辖决定书时，应当根据实际需要确定制作份数，由作出指定管辖的公安机关留存一份，被指定管辖的公安机关和其他与案件有关的公安机关各送一份。

【法律依据】

《公安机关办理刑事案件程序规定》（2020 年 7 月 20 日）

第二十二条 对管辖不明确或者有争议的刑事案件，可以由有关公安机关协商。协商不成的，由共同的上级公安机关指定管辖。

对情况特殊的刑事案件，可以由共同的上级公安机关指定管辖。

提请上级公安机关指定管辖时，应当在有关材料中列明犯罪嫌疑人基本情况、涉嫌罪名、案件基本事实、管辖争议情况、协商情况和指定管辖理由，经公安机关负责人批准后，层报有权指定管辖的上级公安机关。

第二十三条 上级公安机关指定管辖的，应当将指定管辖决定书分别送达被指定管辖的公安机关和其他有关的公安机关，并根据办案需要抄送同级人民法院、人民检察院。

原受理案件的公安机关，在收到上级公安机关指定其他公安机关管辖的决定书后，不再行使管辖权，同时应当将犯罪嫌疑人、涉案财物以及案卷材料等移送被指定管辖的公安机关。

对指定管辖的案件，需要逮捕犯罪嫌疑人的，由被指定管辖的公安机关提请同级人民检察院审查批准；需要提起公诉的，由该公安机关移送同级人民检察院审查决定。

7. 移送案件通知书

***公安局
移送案件通知书
（存　根）

×公（　　）移字〔　　〕　　号

案件名称＿＿＿＿＿＿＿＿＿＿＿＿＿＿＿＿＿＿＿＿

案件编号＿＿＿＿＿＿＿＿＿＿＿＿＿＿＿＿＿＿＿＿

嫌 疑 人＿＿＿＿＿＿＿＿＿＿＿＿＿＿＿＿ 男/女

出生日期＿＿＿＿＿＿＿＿＿＿＿＿＿＿＿＿＿＿＿＿

住　　址＿＿＿＿＿＿＿＿＿＿＿＿＿＿＿＿＿＿＿＿

单位及职业＿＿＿＿＿＿＿＿＿＿＿＿＿＿＿＿＿＿＿

移送原因＿＿＿＿＿＿＿＿＿＿＿＿＿＿＿＿＿＿＿＿

送往单位＿＿＿＿＿＿＿＿＿＿＿＿＿＿＿＿＿＿＿＿

批 准 人＿＿＿＿＿＿＿＿＿＿＿＿＿＿＿＿＿＿＿＿

批准时间＿＿＿＿＿＿＿＿＿＿＿＿＿＿＿＿＿＿＿＿

办 案 人＿＿＿＿＿＿＿＿＿＿＿＿＿＿＿＿＿＿＿＿

办案单位＿＿＿＿＿＿＿＿＿＿＿＿＿＿＿＿＿＿＿＿

填发时间＿＿＿＿＿＿＿＿＿＿＿＿＿＿＿＿＿＿＿＿

填 发 人＿＿＿＿＿＿＿＿＿＿＿＿＿＿＿＿＿＿＿＿

***公安局

移送案件通知书

×公（　）移字〔　　〕　　号

______________________：

经对______________________________案进行审查，认为____________________________________，根据《中华人民共和国刑事诉讼法》第一百一十条第三款之规定，决定将该案移送__________________________________管辖。

公安局（印）

年　　月　　日

此联交报案、控告、举报人或移送单位

＊＊＊公安局

移送案件通知书

×公（　）移字〔　　〕　　号

________________：

经对________________________________案进行审查，认为____，根据《中华人民共和国刑事诉讼法》第一百一十条第三款之规定，决定将该案移送你单位管辖。

公安局（印）

年　　月　　日

附：案件材料共______卷_____页。

此联交送往单位

＊＊＊公安局

移送案件通知书

（回　执）

×公（　）移字〔　　〕　　号

__________公安局：

你局于______年____月____日以____字〔　　〕________号移送案件通知书移送我单位的______________________案已收到。

送往单位（印）

年　　月　　日

附：收到案件材料共______卷______页。

此联由送往单位填写后退回附卷

***公安局

移送案件通知书

×公（ ）移字〔 〕 号

____________看守所：

经对________________________案进行审查，认为______________________________，根据《中华人民共和国刑事诉讼法》第一百一十条第三款之规定，决定将该案移送____________________管辖。请办理该案犯罪嫌疑人______________的移交工作。

公安局（印）

年 月 日

此联交看守所

【制作说明】

1. 本文书根据《中华人民共和国刑事诉讼法》第一百一十条第三款、《公安机关办理刑事案件程序规定》第一百七十五条、第一百八十四条所制定。移送案件通知书是公安机关对接受后经审查不属于自己管辖的案件，在移送有关主管机关时制作使用的文书。

2. 案件移送通知书适用于公安机关之间或公安机关向人民检察院、人民法院、纪检监察机关、国家安全部门和军队保卫部门移送已经接受或正在侦查中但不属于其管辖的案件。

3. 移送案件通知书属于多联式填充型文书，分为五联，即交报案、控告、举报人或移送单位联、交送往单位联、交看守所联、附卷联（或称回执联）和存根联。其中附卷联由送往单位填写盖章后交回移送单位附卷，作为案件移送给接收单位的凭证。

4. 交报案、控告、举报人或移送单位联的内容主要包括制作机关名称、文书名称、文书字号、报案（控告、举报）人姓名或移送单位名称、案件名称、移送理由、送往单位、文书制作日期、公安机关名称及印章等。在填写“移送理由”时，需根据案件实际情况写明不属于本单位管辖的具体原因，如“谢××的行为涉嫌贪污罪，属于纪检监察机关管辖”。其他内容按照固定格式依次进行填写即可。如果案件没有报案、控告、举报人或移送单位的，则该联不用填写。

5. 交送往单位联的内容主要包括制作机关名称、文书名称、文书字号、送往单位名称、案件名称、移送理由、送往单位、文书制作日期、公安机关名称及印章和移送案卷材料卷数、页数等。注意事项同交报案、控告、举报人或移送单位联。

6. 附卷联的内容主要包括制作机关名称、文书名称、文书字号、由接受案件单位填写移送单位名称、移送案件时间、移送通知书文号、案件名称、文书制作日期、接收单位名称及印章和收到案卷材料卷数、页数等。

7. 交看守所联的内容主要包括制作机关名称、文书名称、文书字号、被通知的看守所名称、案件名称、移送理由、接收案件单位名称、移交给接收单位处理的所有犯罪嫌疑人姓名、文书制作日期、公安机关名称及印章等。按照固定格式依次进行填写即可，注意保持文书前后的一致性。如果案件中没有被羁押的犯罪嫌疑人，则该联不用填写。

8. 存根联按照固定格式依次将文书字号、案件名称、案件编号、嫌疑人姓名、性别、出生日期、住址、单位及职业、移送原因、送往单位名称、批准人、批准时间、办案人、办案单位、填发时间、填发人等内容填写清楚即可。但要注意保持文书的一致性，即案件名称、嫌疑人姓名、移送原因、送往单位、批准时间等内容要与其他四联相关内容保持一致。

9. 移送案件通知书制作完成后，及时送往报案（控告、举报）人、有管辖权的单位及看守所等相关部门即可。

【法律依据】

《中华人民共和国刑事诉讼法》（2018 年 10 月 26 日）

第一百一十条 任何单位和个人发现有犯罪事实或者犯罪嫌疑人，有权利也有义务向公安机关、人民检察院或者人民法院报案或者举报。

被害人对侵犯其人身、财产权利的犯罪事实或者犯罪嫌疑人，有权向公安机关、人民检察院或者人民法院报案或者控告。

公安机关、人民检察院或者人民法院对于报案、控告、举报，都应当接受。对于不属于自己管辖的，应当移送主管机关处理，并且通知报案人、控告人、举报人；对于不属于自己管辖而又必须采取紧急措施的，应当先采取紧急措施，然后移送主管机关。

犯罪人向公安机关、人民检察院或者人民法院自首的，适用第三款规定。

《公安机关办理刑事案件程序规定》（2020 年 7 月 20 日）

第一百七十五条第一款 经过审查，认为有犯罪事实，但不属于自己管辖的案件，应当立即报经县级以上公安机关负责人批准，制作移送案件通知书，在二十四小时以内移送有管辖权的机关处理，并告知扭送人、报案人、控告人、举报人。对于不属于自己管辖而又必须采取紧急措施的，应当先采取紧急措施，然后办理手续，移送主管机关。

第一百八十四条 经立案侦查，认为有犯罪事实需要追究刑事责任，但不属于自己管辖或者需要由其他公安机关并案侦查的案件，经县级以上公安机关负责人批准，制作移送案件通知书，移送有管辖权的机关或者并案侦查的公安机关，并在移送案件后三日以内书面通知扭送人、报案人、控告人、举报人或者移送案件的行政执法机关；犯罪嫌疑人已经到案的，应当依照本规定的有关规定通知其家属。

【文书范例】

***公安局
移送案件通知书
（存　根）

×公（刑）移字〔20××〕16号

案件名称　范××贷款诈骗案

案件编号　××××××××

嫌 疑 人　范××　　男/女

出生日期　19××年××月××日

住　　址　××市××区××路××号

单位及职业　××市××区××药店经理

移送原因　犯罪地发生在××县

送往单位　××县公安局

批 准 人　叶××

批准时间　20××年8月21日

办 案 人　王××、李××

办案单位　××市公安局××区分局刑事侦查大队

填发时间　20××年8月21日

填 发 人　王××

***公安局
移送案件通知书

×公（刑）移字〔20××〕16号

林××：

经对范××贷款诈骗案进行审查，认为该案发生在××县辖区范围内，不属于我单位管辖，根据《中华人民共和国刑事诉讼法》第一百一十条第三款之规定，决定将该案移送××县公安局管辖。

公安局（印）

二〇××年八月二十一日

此联交报案、控告、举报人或移送单位

＊＊＊公安局

移送案件通知书

×公（刑）移字〔20××〕16号

××县公安局：

经对范××贷款诈骗案进行审查，认为该案发生在××县辖区范围内，不属于我单位管辖，根据《中华人民共和国刑事诉讼法》第一百一十条第三款之规定，决定将该案移送你单位管辖。

公安局（印）

二〇××年八月二十一日

附：案件材料共 2 卷 243 页。

此联交送往单位

* * *公安局

移送案件通知书

（回　执）

×公（刑）移字〔20××〕16号

××市××区公安局：

你局于20××年8月21日以×公（刑）移字〔20××〕16号移送案件通知书移送我单位的范××贷款诈骗案已收到。

送往单位（印）

二〇××年八月二十二日

附：收到案件材料共2卷243页。

此联由送往单位填写后退回附卷

＊＊＊公安局

移送案件通知书

×公（刑）移字〔20××〕16号

__××市××区____看守所：

经对__范××贷款诈骗____案进行审查，认为__该案发生在××县辖区范围内，不属于我单位管辖____，根据《中华人民共和国刑事诉讼法》第一百一十条第三款之规定，决定将该案移送__××县公安局____管辖。请办理该案犯罪嫌疑人__范××____的移交工作。

公安局（印）

二〇××年八月二十一日

此联交看守所

8. 回避/驳回申请回避决定书

***公安局

回避/驳回申请回避决定书

（存　根）

×公（　）回/驳回字〔　　〕　　号

案件名称______________________

案件编号______________________

申 请 人______________________

被申请人______________________

决定内容______________________

决定理由______________________

决 定 人______________________

批准时间______________________

办 案 人______________________

办案单位______________________

填发时间______________________

填 发 人______________________

***公安局

回避/驳回申请回避决定书

（副　本）

×公（　）回/驳回字〔　　〕　　号

申请人________，性别____，出生日期________，
住址________________________________，
单位____________，本案中的身份__________。

被申请人________，单位及职务__________。

申请人于____年____月____日以________________

________________为由，提出要求办理__________

________案的____________回避的申请，经审查，认
为________________________，根据《中华人民共和国
刑事诉讼法》第二十九条、第三十条之一规定，由________决
定________________________________。

如不服本决定，申请人可以在收到本决定书五日以内向________

________________________________申请复议。

公安局（印）

年　　月　　日

本决定书已收到。

申请人：

年　　月　　日

此联附卷

***公安局

回避/驳回申请回避决定书

×公（ ）<u>回/驳回</u>字〔 〕 号

申请人________，性别____，出生日期________，住址________________，单位____________，本案中的身份________。

被申请人________，单位及职务____________。

申请人于____年____月____日以________________________为由，提出要求办理________________案的____________回避的申请，经审查，认为____________________，根据《中华人民共和国刑事诉讼法》第二十九条、第三十条之一规定，由________决定________________________。

如不服本决定，申请人可以在收到本决定书五日以内向____________________申请复议。

公安局（印）

年　月　日

此联交申请人

＊＊＊公安局

回避/驳回申请回避决定书

（副　本）

×公（　）回/驳回字〔　　〕　　号

申请人________，性别____，出生日期________，
住址________________________，
单位________________，本案中的身份______。

被申请人______，单位及职务____________。

申请人于____年____月____日以________________
____________为由，提出要求办理____________
______案的____________回避的申请，经审查，认为
________________________，根据《中华人民共和国刑事诉讼法》第二十九条、第三十一条之规定，由__________决定________________________。

公安局（印）

年　　月　　日

此联交被申请人

【制作说明】

1. 本文书根据《中华人民共和国刑事诉讼法》第二十九条、第三十条、第三十一条，《公安机关办理刑事案件程序规定》第三十二条、第三十三条、第三十四条、第三十五条所制定。回避/驳回申请回避决定书是公安机关对案件当事人或其法定代理人、辩护人及诉讼代理人提出有关公安机关的负责人、侦查人员、鉴定人、记录人以及翻译人员回避的申请审查后，决定是否回避并通知申请人时使用的文书。该文书是只有在当事人申请回避时才需要制作使用的专门性文书。

2. 回避/驳回申请回避决定书只适用于当事人提出申请回避的情况，自行回避和有权机关直接决定回避时不需要制作该文书。

3. 回避/驳回申请回避决定书属于多联式填充型文书，该文书由一份正本、两份副本和存根四部分组成。其中正本交申请人，两份副本中，一份作为附卷联，在交申请人签字后附卷，另一份交被申请人。

4. 回避/驳回申请回避决定书正本的内容主要包括制作机关名称、文书名称、文书字号、申请人及被申请人的基本信息（依次写明申请人的姓名、性别、出生日期、住址、单位、本案中的身份以及被申请人的姓名、单位及职务）、申请事项（包括提出申请时间、申请事由）、决定事项（决定理由、决定人及决定内容）、复议单位、文书制作日期、公安机关名称及印章等。在填写时需注意：

（1）在填写“申请事由”时，要写清申请人提出申请的具体理由，如“侦查人员刘××曾与被害人哥哥吃饭”。

（2）在填写“决定事由”时，要写明经过审查，被申请人具有或不具有申请人提出申请回避的事由。

（3）在填写“决定人及决定内容”时，要写清决定人的单位及职务，特别要注意是县级以上公安机关负责人决定还是同级人民检察院检察委员会决定。

5. 回避/驳回申请回避决定书副本的内容及填写注意事项与正本基本一致，但同时也要注意，因被申请人没有申请复议的权利，所以交被申请人的副本中没有复议单位一项。此外，附卷的副本，有“申请人”签收一栏，需交由申请人签字后才能附卷。

6. 存根是公安机关作出回避或驳回申请回避决定的凭证，用于留存备查。

按照固定格式依次填写文书字号、案件名称、案件编号、申请人、被申请人、决定内容、决定理由、决定人、批准时间、办案人、办案单位、填发时间、填发人等内容。但要注意保持文书的一致性，即案件名称、案件编号、申请人、被申请人、决定内容、决定理由、决定人等内容要与文书正本及副本相关内容保持一致。

【法律依据】

《中华人民共和国刑事诉讼法》（2018 年 10 月 26 日）

第二十九条 审判人员、检察人员、侦查人员有下列情形之一的，应当自行回避，当事人及其法定代理人也有权要求他们回避：

（一）是本案的当事人或者是当事人的近亲属的；

（二）本人或者他的近亲属和本案有利害关系的；

（三）担任过本案的证人、鉴定人、辩护人、诉讼代理人的；

（四）与本案当事人有其他关系，可能影响公正处理案件的。

第三十条 审判人员、检察人员、侦查人员不得接受当事人及其委托的人的请客送礼，不得违反规定会见当事人及其委托的人。

审判人员、检察人员、侦查人员违反前款规定的，应当依法追究法律责任。当事人及其法定代理人有权要求他们回避。

第三十一条 审判人员、检察人员、侦查人员的回避，应当分别由院长、检察长、公安机关负责人决定；院长的回避，由本院审判委员会决定；检察长和公安机关负责人的回避，由同级人民检察院检察委员会决定。

对侦查人员的回避作出决定前，侦查人员不能停止对案件的侦查。

对驳回申请回避的决定，当事人及其法定代理人可以申请复议一次。

第三十二条 本章关于回避的规定适用于书记员、翻译人员和鉴定人。

辩护人、诉讼代理人可以依照本章的规定要求回避、申请复议。

《公安机关办理刑事案件程序规定》（2020 年 7 月 20 日）

第三十二条 公安机关负责人、侦查人员有下列情形之一的，应当自行提出回避申请，没有自行提出回避申请的，应当责令其回避，当事人及其法定代理人也有权要求他们回避：

（一）是本案的当事人或者是当事人的近亲属的；

（二）本人或者他的近亲属和本案有利害关系的；

（三）担任过本案的证人、鉴定人、辩护人、诉讼代理人的；

（四）与本案当事人有其他关系，可能影响公正处理案件的。

第三十三条 公安机关负责人、侦查人员不得有下列行为：

（一）违反规定会见本案当事人及其委托人；

（二）索取、接受本案当事人及其委托人的财物或者其他利益；

（三）接受本案当事人及其委托人的宴请，或者参加由其支付费用的活动；

（四）其他可能影响案件公正办理的不正当行为。

违反前款规定的，应当责令其回避并依法追究法律责任。当事人及其法定代理人有权要求其回避。

第三十四条 公安机关负责人、侦查人员自行提出回避申请的，应当说明回避的理由；口头提出申请的，公安机关应当记录在案。

当事人及其法定代理人要求公安机关负责人、侦查人员回避，应当提出申请，并说明理由；口头提出申请的，公安机关应当记录在案。

第三十五条 侦查人员的回避，由县级以上公安机关负责人决定；县级以上公安机关负责人的回避，由同级人民检察院检察委员会决定。

第三十六条 当事人及其法定代理人对侦查人员提出回避申请的，公安机关应当在收到回避申请后二日以内作出决定并通知申请人；情况复杂的，经县级以上公安机关负责人批准，可以在收到回避申请后五日以内作出决定。

当事人及其法定代理人对县级以上公安机关负责人提出回避申请的，公安机关应当及时将申请移送同级人民检察院。

第三十七条 当事人及其法定代理人对驳回申请回避的决定不服的，可以在收到驳回申请回避决定书后五日以内向作出决定的公安机关申请复议。

公安机关应当在收到复议申请后五日以内作出复议决定并书面通知申请人。

第四十条 本章关于回避的规定适用于记录人、翻译人员和鉴定人。

记录人、翻译人员和鉴定人需要回避的，由县级以上公安机关负责人决定。

【文书范例】

***公安局

回避/驳回申请回避决定书

（存　根）

×公（刑）~~回~~/驳回 字〔20××〕9号

案件名称 黄××强迫交易案

案件编号 ××××××××××××

申 请 人 黄××

被申请人 邱××

决定内容 驳回回避申请

决定理由 邱××不是被害人的表哥，不会影响对案件的公正处理

决 定 人 李××

批准时间 20××年5月28日

办 案 人 邱××、张××

办案单位 ××市公安局××区分局刑事侦查大队

填发时间 20××年5月28日

填 发 人 张××

***公安局

回避/驳回申请回避决定书

（副　本）

×公（刑）~~回~~/驳回 字〔20××〕9号

申请人 黄×× ，性别 男 ，出生日期 19××年×月×日 ，住址 ××市××区××路××号 ，单位 ××市××区××酒店 ，本案中的身份 犯罪嫌疑人 。

被申请人 邱×× ，单位及职务 ××市公安局××区分局刑事侦查大队侦查员 。

申请人于 20×× 年 5 月 26 日以 邱××是被害人刘××的表哥 为由，提出要求办理 黄××强迫交易 案的 邱×× 回避的申请，经审查，认为 邱××不是被害人刘××的表哥 ，根据《中华人民共和国刑事诉讼法》第二十九条、第三十一条之规定，由 本局局长李×× 决定 驳回黄××提出的要求侦查人员邱××回避的申请 。

如不服本决定，申请人可以在收到本决定书五日以内向 ××市公安局××分局 申请复议。

公安局（印）

二〇××年五月二十八日

本决定书已收到。

申请人：黄××

20××年5月28日

此联附卷

＊＊＊公安局

回避/驳回申请回避决定书

×公（刑）~~回~~/驳回字〔20××〕9号

申请人黄××，性别男，出生日期19××年×月×日，住址××市××区××路××号，单位××市××区××酒店，本案中的身份犯罪嫌疑人。

被申请人邱××，单位及职务××市公安局××区分局刑事侦查大队侦查员。

申请人于20××年5月26日以邱××是被害人刘××的表哥为由，提出要求办理黄××强迫交易案的邱××回避的申请，经审查，认为邱××不是被害人刘××的表哥，根据《中华人民共和国刑事诉讼法》第二十九条、第三十一条之规定，由本局局长李××决定驳回黄××提出的要求侦查人员邱××回避的申请。

如不服本决定，申请人可以在收到本决定书五日以内向××市公安局××分局申请复议。

公安局（印）

二〇××年五月二十八日

此联交申请人

＊＊＊公安局

回避/驳回申请回避决定书

（副　本）

×公（刑）~~回~~/驳回字〔20××〕9号

申请人黄××，性别男，出生日期19××年×月×日，住址××市××区××路××号，单位××市××区××酒店，本案中的身份犯罪嫌疑人。

被申请人邱××，单位及职务××市公安局××区分局刑事侦查大队侦查员。

申请人于20××年5月26日以邱××是被害人刘××的表哥为由，提出要求办理黄××强迫交易案的邱××回避的申请，经审查，认为邱××不是被害人刘××的表哥，根据《中华人民共和国刑事诉讼法》第二十九条、第三十一条之规定，由本局局长李××决定驳回黄××提出的要求侦查人员邱××回避的申请。

公安局（印）

二〇××年五月二十八日

此联交被申请人

二、律师参与刑事诉讼文书

9. 提供法律援助通知书

***公安局

提供法律援助通知书

（存　根）

×公（　）法援字〔　　〕　　号

案件名称＿＿＿＿＿＿＿＿＿＿＿＿＿＿＿＿

案件编号＿＿＿＿＿＿＿＿＿＿＿＿＿＿＿＿

犯罪嫌疑人＿＿＿＿＿＿＿＿＿＿＿＿＿男/女

出生日期＿＿＿＿＿＿＿＿＿＿＿＿＿＿＿＿

住　　址＿＿＿＿＿＿＿＿＿＿＿＿＿＿＿＿

法律援助机构＿＿＿＿＿＿＿＿＿＿＿＿＿＿

批 准 人＿＿＿＿＿＿＿＿＿＿＿＿＿＿＿＿

批准时间＿＿＿＿＿＿＿＿＿＿＿＿＿＿＿＿

办 案 人＿＿＿＿＿＿＿＿＿＿＿＿＿＿＿＿

办案单位＿＿＿＿＿＿＿＿＿＿＿＿＿＿＿＿

填发时间＿＿＿＿＿＿＿＿＿＿＿＿＿＿＿＿

填 发 人＿＿＿＿＿＿＿＿＿＿＿＿＿＿＿＿

***公安局

提供法律援助通知书

（副　本）

×公（　　）法援字〔　　〕　　号

________________：

我局办理的______________________________________案，

犯罪嫌疑人________________（性别____，出生日期______________）

因其____，

符合《中华人民共和国刑事诉讼法》<u>第三十五条/第二百七十八条</u>

规定的情形，请依法指派律师为其提供辩护。

犯罪嫌疑人<u>羁押处所/住所</u>：______________________________

联系人、联系方式：____________________________________

公安局（印）

年　　月　　日

本通知书已收到。

法律援助机构收件人：

年　月　日

此联附卷

＊＊＊公安局

提供法律援助通知书

×公（　　）法援字〔　　〕　号

＿＿＿＿＿＿＿＿＿＿：

我局办理的＿＿＿＿＿＿＿＿＿＿＿＿＿＿＿＿＿＿＿＿＿＿＿＿＿＿＿＿＿案，犯罪嫌疑人＿＿＿＿＿＿＿＿＿＿（性别＿＿，出生日期＿＿＿＿＿＿＿）因其＿＿＿＿＿＿＿＿＿＿＿＿＿＿＿＿＿＿＿＿＿＿＿＿＿＿＿＿＿＿＿，符合《中华人民共和国刑事诉讼法》第三十五条/第二百七十八条规定的情形，请依法指派律师为其提供辩护。

犯罪嫌疑人羁押处所/住所：＿＿＿＿＿＿＿＿＿＿＿＿＿＿＿＿＿＿

联系人、联系方式：＿＿＿＿＿＿＿＿＿＿＿＿＿＿＿＿＿＿＿＿＿＿＿

公安局（印）

年　　月　　日

此联交法律援助机构

【制作说明】

1. 本文书根据《中华人民共和国刑事诉讼法》第三十五条、第二百七十八条，《公安机关办理刑事案件程序规定》第四十三条、第四十六条、第三百二十条所制定。提供法律援助通知书是公安机关在办案中发现犯罪嫌疑人没有委托辩护人，且其属于《中华人民共和国刑事诉讼法》第三十五条、第二百七十八条所规定的法律援助对象，通知法律援助机构指派律师为犯罪嫌疑人提供法律援助时使用的文书。

2. 提供法律援助通知书属于多联式填充型文书，该文书由正本、副本和存根组成。其中正本交法律援助机构，副本在交法律援助机构签收后存入诉讼卷，存根用于公安机关存档备查。

3. 提供法律援助通知书正本的内容主要包括制作机关名称、文书名称、文书字号、通知单位、案件名称、犯罪嫌疑人基本情况、提供法律援助理由、法律依据、联系人信息、文书制作日期、公安机关名称及印章等。在填写时需注意：

（1）在填写“通知单位”时，要将提供法律援助单位的名称填写清楚，且要在抬头横线处顶格填写。

（2）在填写“提供法律援助理由”时，办案人员应当根据《中华人民共和国刑事诉讼法》第三十五条、第二百七十八条的规定，结合案情的实际情况，选择其中一项理由进行填写。

（3）在填写“法律依据”时，未成年人案件选择引用《中华人民共和国刑事诉讼法》第二百七十八条，其他案件选择引用《中华人民共和国刑事诉讼法》第三十五条。

（4）在填写“联系人及联系方式”时，一般应填写办案民警的姓名及联系电话。

4. 提供法律援助通知书副本的内容及填写注意事项与正本基本一致，有“本通知书已收到”签收一栏，需交由提供法律援助单位的收件人签字、加盖单位印章后才能附卷。

5. 提供法律援助通知书存根是公安机关通知法律援助机构的凭证，内容较为简单，可以按照文书印制的有关内容和顺序依次填写清楚。

【法律依据】

《中华人民共和国刑事诉讼法》（2018 年 10 月 26 日）

第三十五条 犯罪嫌疑人、被告人因经济困难或者其他原因没有委托辩护人的，本人及其近亲属可以向法律援助机构提出申请。对符合法律援助条件的，法律援助机构应当指派律师为其提供辩护。

犯罪嫌疑人、被告人是盲、聋、哑人，或者是尚未完全丧失辨认或者控制自己行为能力的精神病人，没有委托辩护人的，人民法院、人民检察院和公安机关应当通知法律援助机构指派律师为其提供辩护。

犯罪嫌疑人、被告人可能被判处无期徒刑、死刑，没有委托辩护人的，人民法院、人民检察院和公安机关应当通知法律援助机构指派律师为其提供辩护。

第二百七十八条 未成年犯罪嫌疑人、被告人没有委托辩护人的，人民法院、人民检察院、公安机关应当通知法律援助机构指派律师为其提供辩护。

《公安机关办理刑事案件程序规定》（2020 年 7 月 20 日）

第四十三条 公安机关在第一次讯问犯罪嫌疑人或者对犯罪嫌疑人采取强制措施的时候，应当告知犯罪嫌疑人有权委托律师作为辩护人，并告知其如果因经济困难或者其他原因没有委托辩护律师的，可以向法律援助机构申请法律援助。告知的情形应当记录在案。

对于同案的犯罪嫌疑人委托同一名辩护律师的，或者两名以上未同案处理但实施的犯罪存在关联的犯罪嫌疑人委托同一名辩护律师的，公安机关应当要求其更换辩护律师。

第四十六条 符合下列情形之一，犯罪嫌疑人没有委托辩护人的，公安机关应当自发现该情形之日起三日以内通知法律援助机构为犯罪嫌疑人指派辩护律师：

（一）犯罪嫌疑人是盲、聋、哑人，或者是尚未完全丧失辨认或者控制自己行为能力的精神病人；

（二）犯罪嫌疑人可能被判处无期徒刑、死刑。

第四十七条 公安机关收到在押的犯罪嫌疑人提出的法律援助申请后，应当在二十四小时以内将其申请转交所在地的法律援助机构，并在三日以内通知申请人的法定代理人、近亲属或者其委托的其他人员协助提供有关证件、证明等相关材料。犯罪嫌疑人的法定代理人、近亲属或者其委托的其他人员地址不详无法通知的，应当在转交申请时一并告知法律援助机构。

犯罪嫌疑人拒绝法律援助机构指派的律师作为辩护人或者自行委托辩护人的，公安机关应当在三日以内通知法律援助机构。

第三百二十条 未成年犯罪嫌疑人没有委托辩护人的，公安机关应当通知法律援助机构指派律师为其提供辩护。

【文书范例】

***公安局
提供法律援助通知书
（存　根）

×公（刑）法援字〔20××〕26号

案件名称　丁××盗窃案

案件编号　××××××××××

犯罪嫌疑人　丁××　　男/女

出生日期　20××年×月×日

住　　址　××市××区××路××号

法律援助机构　××市××区法律援助中心

批 准 人　关××

批准时间　20××年×月×日

办 案 人　向××、马××

办案单位　××市公安局××区分局刑事侦查大队

填发时间　20××年×月×日

填 发 人　向××

***公安局

提供法律援助通知书

（副　本）

×公（刑）法援字〔20××〕26号

××市××区法律援助中心：

我局办理的丁××盗窃案，犯罪嫌疑人丁××（性别男，出生日期20××年×月×日）因其属于未成年人，符合《中华人民共和国刑事诉讼法》~~第三十五条~~/第二百七十八条规定的情形，请依法指派律师为其提供辩护。

犯罪嫌疑人羁押处所/~~住所~~：××市××区看守所

联系人、联系方式：向××，电话：×××××××××××

公安局（印）

二〇××年×月×日

本通知书已收到。

法律援助机构收件人：蔡××

20××年×月×日

此联附卷

***公安局

提供法律援助通知书

×公（刑）法援字〔20××〕26号

××市××区法律援助中心：

我局办理的丁××盗窃案，犯罪嫌疑人丁××（性别男，出生日期20××年×月×日）因其属于未成年人，符合《中华人民共和国刑事诉讼法》~~第三十五条~~/第二百七十八条规定的情形，请依法指派律师为其提供辩护。

犯罪嫌疑人羁押处所/~~住所~~：××市××区看守所

联系人、联系方式：向××，电话：×××××××××××

公安局（印）

二〇××年×月×日

此联交法律援助机构

10. 会见犯罪嫌疑人申请表

会见犯罪嫌疑人申请表

<table>
<tr><td>申请人</td><td></td><td>性　　别</td><td></td><td>出生
日期</td><td></td></tr>
<tr><td>单　位</td><td></td><td>律师执业证
编　　号</td><td colspan="3"></td></tr>
<tr><td>犯罪嫌疑人</td><td></td><td>性　　别</td><td></td><td>出生
日期</td><td></td></tr>
<tr><td>涉嫌罪名</td><td></td><td>拘留/逮捕/监视居住
时　间</td><td></td><td colspan="2"></td></tr>
<tr><td colspan="6">我受＿＿＿＿＿委托，为犯罪嫌疑人提供辩护。根据《中华人民共和国刑事诉讼法》第三十九条第＿＿＿＿款之规定，特申请会见犯罪嫌疑人。

申请人：　　　　　　　　　　　　年　　月　　日</td></tr>
<tr><td rowspan="3">侦
查
机
关
意
见</td><td colspan="5">办案人意见：

　　　　　　　　　　　　年　　月　　日</td></tr>
<tr><td colspan="5">办案单位意见：

　　　　　　　　　　　　年　　月　　日</td></tr>
<tr><td colspan="5">领导批示：

　　　　　　　　　　　　年　　月　　日</td></tr>
</table>

【制作说明】

1. 本文书根据《中华人民共和国刑事诉讼法》第三十九条第三款及第五款，《公安机关办理刑事案件程序规定》第五十一条及第五十二条第一款、第二款制定。会见犯罪嫌疑人申请表是公安机关在办理危害国家安全犯罪、恐怖活动犯罪案件过程中，辩护律师向公安机关申请会见在押或者被监视居住的犯罪嫌疑人时所填写的审批性文书。该文书适用于犯罪嫌疑人被拘留、逮捕或者监视居住的案件中。

2. 会见犯罪嫌疑人申请表属于单联式表格型文书，该文书由申请人基本情况、犯罪嫌疑人基本情况、申请内容和侦查机关四部分组成。其中，侦查机关意见又由办案人意见、办案单位意见及领导批示组成。在填写时需注意：

（1）在填写“申请人基本情况、犯罪嫌疑人基本情况、申请内容”时，按照表格所要求的内容将申请人信息、犯罪嫌疑人信息等填写完整即可。但要注意“申请内容”栏中，根据犯罪嫌疑人的实际情况选择适用正确的法律条款，如果犯罪嫌疑人被拘留或逮捕，则适用《中华人民共和国刑事诉讼法》第三十九条第三款。如果犯罪嫌疑人被监视居住，则适用《中华人民共和国刑事诉讼法》第三十九条第五款。

（2）在填写“侦查机关意见”时，“办案人意见”由案件直接承办人填写“建议批准律师会见犯罪嫌疑人”或“建议不批准律师会见犯罪嫌疑人”。但同时注意要根据《公安机关办理刑事案件程序规定》第五十二条第三款、第四款的规定并结合案件的实际情况，将批准会见和不批准会见的具体理由写明，如“因本案涉及恐怖活动犯罪，律师会见可能引起串供、妨碍侦查，建议不批准律师会见犯罪嫌疑人×××”。最后由案件直接承办人签名并填写日期。“办案单位意见”由办案单位负责人填写“建议批准会见”或“不批准会见”并签名即可。“领导批示”由县级以上公安机关负责人填写“准予会见”或“不准予会见”并签名。

3. 经领导批示的会见犯罪嫌疑人申请表在侦查终结时，应当依法存入侦查卷。

【法律依据】

《中华人民共和国刑事诉讼法》（2018 年 10 月 26 日）

第三十九条第三款 危害国家安全犯罪、恐怖活动犯罪案件，在侦查期间辩护律师会见在押的犯罪嫌疑人，应当经侦查机关许可。上述案件，侦查机关应当事先通知看守所。

第三十九条第五款 辩护律师同被监视居住的犯罪嫌疑人、被告人会见、通信，适用第一款、第三款、第四款的规定。

《公安机关办理刑事案件程序规定》（2020 年 7 月 20 日）

第五十一条 辩护律师可以同在押或者被监视居住的犯罪嫌疑人会见、通信。

第五十二条第一款 对危害国家安全犯罪案件、恐怖活动犯罪案件，办案部门应当在将犯罪嫌疑人送看守所羁押时书面通知看守所；犯罪嫌疑人被监视居住的，应当在送交执行时书面通知执行机关。

第五十二条第二款 辩护律师在侦查期间要求会见前款规定案件的在押或者被监视居住的犯罪嫌疑人，应当向办案部门提出申请。

11. 准予会见犯罪嫌疑人决定书、通知书

***公安局

准予会见犯罪嫌疑人决定/通知书

（存　根）

×公（　）准见字〔　〕　　号

案件名称________________

案件编号________________

犯罪嫌疑人________________男/女

出生日期________________

申 请 人________________

执业证编号________________

律师事务所________________

会见时间________________

批 准 人________________

批准时间________________

办 案 人________________

办案单位________________

填发时间________________

填 发 人________________

* * *公安局

准予会见犯罪嫌疑人决定书

（副 本）

×公（ ）准见字〔 〕 号

申请人________________，____________________律师事务所律师，律师执业证编号______________________________。

根据《中华人民共和国刑事诉讼法》第三十九条第______款之规定，决定同意申请人会见犯罪嫌疑人____________________。请持此决定书与________________联系会见事宜。

公安局（印）

年 月 日

本决定书已收到。

申请人：

年 月 日

此联附卷

***公安局

准予会见犯罪嫌疑人决定书

×公（ ）准见字〔 〕 号

申请人____________________，_________________________律师事务所律师，律师执业证编号______________________________________。

根据《中华人民共和国刑事诉讼法》第三十九条第________款之规定，决定同意申请人会见犯罪嫌疑人_________________________。请持此决定书与____________________联系会见事宜。

公安局（印）

年　　月　　日

此联交申请人

＊＊＊公安局

准予会见犯罪嫌疑人通知书

×公（ ）准见字〔 〕 号

__________：

根据《中华人民共和国刑事诉讼法》第三十九条第________款之规定，决定同意________________律师事务所____________________律师（律师执业证编号________________________________）会见犯罪嫌疑人____________________（性别______，出生日期____________，于______年____月____日被执行________）。请予以安排。

公安局（印）

年 月 日

此联交看守所或者执行监视居住单位

【制作说明】

1. 本文书根据《中华人民共和国刑事诉讼法》第三十九条第三款及第五款，《公安机关办理刑事案件程序规定》第五十二条第三款、第五款制定。准予会见犯罪嫌疑人决定书、通知书是公安机关在办理危害国家安全犯罪、恐怖活动犯罪案件过程中，依法决定批准受委托律师会见在押或被监视居住的犯罪嫌疑人并将该决定告知提出会见申请的律师和通知看守所安排会见时所使用的文书。该文书适用于律师提出的会见申请被县级以上公安机关负责人批准的危害国家安全犯罪、恐怖活动犯罪案件。

2. 准予会见犯罪嫌疑人决定书、通知书属于多联式填空型文书，该文书由附卷联、交申请人联、通知书联和存根四部分组成。其中，附卷联是公安机关批准律师会见犯罪嫌疑人的凭证，由申请律师签字后存入诉讼卷。交申请人联是律师会见犯罪嫌疑人的凭证，通知书联是用于通知犯罪嫌疑人羁押场所或监视居住执行单位安排律师会见的依据。

3. 准予会见犯罪嫌疑人决定书附卷联的内容主要包括制作机关名称、文书名称、文书字号、申请人的基本情况、会见的犯罪嫌疑人姓名及羁押场所或监视居住执行单位名称、文书制作日期、公安机关名称及印章等。在填写“申请人的基本情况”时，要注意与“会见犯罪嫌疑人申请表”所填写的“申请人的基本情况”保持一致。此外，在“本决定书已收到”签收一栏，需交由申请律师签字、写明收到日期后才能附卷。

4. 准予会见犯罪嫌疑人决定书交申请人联的内容及填写注意事项与附卷联基本一致，该联交申请人即可。

5. 准予会见犯罪嫌疑人通知书联的主要内容包括制作机关名称、文书名称、文书字号、通知单位名称、法律依据、律师事务所名称、律师的基本情况、犯罪嫌疑人的基本情况及被采取强制措施的时间和种类。在填写“通知单位名称”时，要将单位的名称填写清楚，且要在抬头横线处顶格填写。

6. 准予会见犯罪嫌疑人决定书、通知书存根按照文书印制的有关内容和顺序依次填写清楚即可，但是要注意所填写的内容要与附卷联、交申请人联、通知书联的相关内容保持一致。

【法律依据】

《中华人民共和国刑事诉讼法》（2018 年 10 月 26 日）

第三十九条第三款 危害国家安全犯罪、恐怖活动犯罪案件，在侦查期间辩护律师会见在押的犯罪嫌疑人，应当经侦查机关许可。上述案件，侦查机关应当事先通知看守所。

第三十九条第五款 辩护律师同被监视居住的犯罪嫌疑人、被告人会见、通信，适用第一款、第三款、第四款的规定。

《公安机关办理刑事案件程序规定》（2020 年 7 月 20 日）

第五十二条第三款 对辩护律师提出的会见申请，办案部门应当在收到申请后三日以内，报经县级以上公安机关负责人批准，作出许可或者不许可的决定，书面通知辩护律师，并及时通知看守所或者执行监视居住的部门。除有碍侦查或者可能泄露国家秘密的情形外，应当作出许可的决定。

第五十二条第五款 有下列情形之一的，属于本条规定的“有碍侦查”：

（一）可能毁灭、伪造证据，干扰证人作证或者串供的；

（二）可能引起犯罪嫌疑人自残、自杀或者逃跑的；

（三）可能引起同案犯逃避、妨碍侦查的；

（四）犯罪嫌疑人的家属与犯罪有牵连的。

12. 不准予会见犯罪嫌疑人决定书

***公安局

不准予会见犯罪嫌疑人决定书

（存　根）

×公（　）不准见字〔　　〕　号

案件名称＿＿＿＿＿＿＿＿＿＿＿＿＿＿＿＿

案件编号＿＿＿＿＿＿＿＿＿＿＿＿＿＿＿＿

犯罪嫌疑人＿＿＿＿＿＿＿＿＿＿＿＿＿男/女

出生日期＿＿＿＿＿＿＿＿＿＿＿＿＿＿＿＿

申 请 人＿＿＿＿＿＿＿＿＿＿＿＿＿＿＿＿

执业证编号＿＿＿＿＿＿＿＿＿＿＿＿＿＿＿

律师事务所＿＿＿＿＿＿＿＿＿＿＿＿＿＿＿

不准予会见原因＿＿＿＿＿＿＿＿＿＿＿＿＿

批 准 人＿＿＿＿＿＿＿＿＿＿＿＿＿＿＿＿

批准时间＿＿＿＿＿＿＿＿＿＿＿＿＿＿＿＿

办 案 人＿＿＿＿＿＿＿＿＿＿＿＿＿＿＿＿

办案单位＿＿＿＿＿＿＿＿＿＿＿＿＿＿＿＿

填发时间＿＿＿＿＿＿＿＿＿＿＿＿＿＿＿＿

填 发 人＿＿＿＿＿＿＿＿＿＿＿＿＿＿＿＿

＊＊＊公安局

不准予会见犯罪嫌疑人决定书

（副　本）

×公（　）不准见字〔　　〕　　号

申请人________________，____________________律师事务所律师，律师执业证编号______________________________。

因_________________________________案属于<u>危害国家安全犯罪案件/恐怖活动犯罪案件</u>，会见有碍侦查或者可能泄露国家秘密，根据《中华人民共和国刑事诉讼法》第三十九条第_____款之规定，决定不准予申请人会见犯罪嫌疑人______________________。

公安局（印）

年　　月　　日

本决定书已收到。

申请人：

年　　月　　日

此联附卷

＊＊＊公安局

不准予会见犯罪嫌疑人决定书

×公（ ）不准见字〔 〕 号

申请人____________________，________________________律师事务所律师，律师执业证编号____________________________________。

因____案属于危害国家安全犯罪案件/恐怖活动犯罪案件，会见有碍侦查或者可能泄露国家秘密，根据《中华人民共和国刑事诉讼法》第三十九条第______款之规定，决定不准予申请人会见犯罪嫌疑人____________________________。

公安局（印）

年 月 日

此联交申请人

【制作说明】

1. 本文书根据《中华人民共和国刑事诉讼法》第三十九条第三款及第五款,《公安机关办理刑事案件程序规定》第五十二条第四款、第五款制定。不准予会见犯罪嫌疑人决定书是公安机关在办理危害国家安全犯罪、恐怖活动犯罪案件过程中,依法决定不批准受委托律师会见在押或被监视居住的犯罪嫌疑人并将该决定告知提出会见申请的律师时使用的决定性文书。该文书适用于律师会见在押或被监视居住的犯罪嫌疑人可能有碍侦查或泄露国家秘密的危害国家安全犯罪和恐怖活动犯罪案件。

2. 不准予会见犯罪嫌疑人决定书、通知书属于多联式填空型文书,该文书由正本、副本和存根三部分组成。其中,正本送交申请会见的申请人,是公安机关不准予律师会见犯罪嫌疑人的凭证。副本交由申请律师签字后存入诉讼卷。

3. 不准予会见犯罪嫌疑人决定书正本的内容主要包括制作机关名称、文书名称、文书字号、申请人的基本情况、案件名称、涉及案件类型、法律依据、犯罪嫌疑人姓名、文书制作日期、公安机关名称及印章等。在填写时需注意:

(1)在填写“申请人的基本情况”时,要注意与“会见犯罪嫌疑人申请表”所填写的“申请人的基本情况”保持一致。

(2)在填写“涉及案件类型”时,案件类型属于可选项,要根据案件实际情况,选择“危害国家安全犯罪案件”或“恐怖活动犯罪案件”,对于不需要的选项用横线划去即可。

(3)在填写“法律依据”时,要根据案件实际情况,选择适用《中华人民共和国刑事诉讼法》第三十九条第三款或第五款。

4. 不准予会见犯罪嫌疑人决定书副本的内容及填写注意事项与正本基本一致。但要注意,副本有“本决定书已收到”签收一栏,需交由申请律师签字、写明收到日期后附卷。

5. 不准予会见犯罪嫌疑人决定书存根用于公安机关留存备查,按照文书印制的内容和顺序依次填写清楚,在填写“不准予会见原因”时,填写“有碍侦查”或者“泄露国家秘密”。

【法律依据】

《中华人民共和国刑事诉讼法》（2018年10月26日）

第三十九条第三款 危害国家安全犯罪、恐怖活动犯罪案件，在侦查期间辩护律师会见在押的犯罪嫌疑人，应当经侦查机关许可。上述案件，侦查机关应当事先通知看守所。

第三十九条第五款 辩护律师同被监视居住的犯罪嫌疑人、被告人会见、通信，适用第一款、第三款、第四款的规定。

《公安机关办理刑事案件程序规定》（2020年7月20日）

第五十二条第四款 公安机关不许可会见的，应当说明理由。有碍侦查或者可能泄露国家秘密的情形消失后，公安机关应当许可会见。

第五十二条第五款 有下列情形之一的，属于本条规定的“有碍侦查”：

（一）可能毁灭、伪造证据，干扰证人作证或者串供的；

（二）可能引起犯罪嫌疑人自残、自杀或者逃跑的；

（三）可能引起同案犯逃避、妨碍侦查的；

（四）犯罪嫌疑人的家属与犯罪有牵连的。

三、强制措施文书

13. 拘传证

***公安局
拘　传　证
（存　根）

×公（　）拘传字〔　〕　　号

案件名称________________
案件编号________________
犯罪嫌疑人______________男/女
出生日期________________
住　　址________________
单位及职业______________
拘传原因________________
批 准 人________________
批准时间________________
执 行 人________________
办案单位________________
填发时间________________
填 发 人________________

＊＊＊公安局

拘 传 证

×公（ ）拘传字〔 〕 号

根据《中华人民共和国刑事诉讼法》第六十六条之规定，兹决定对犯罪嫌疑人____________（性别______，出生日期__________，住址________________________）执行拘传。

公安局（印）

年 月 日

本证已于______年____月____日____时向我宣布。

被拘传人： （捺指印）

拘传到案时间______年____月____日____时。

被拘传人： （捺指印）

拘传结束时间______年____月____日____时。

被拘传人： （捺指印）

此联附卷

【制作说明】

1. 本文书根据《中华人民共和国刑事诉讼法》第六十六条、《公安机关办理刑事案件程序规定》第七十八条第一款制定。拘传证是公安机关在侦查过程中，对需要拘传或经传唤无正当理由不到案的，且未被采取其他强制措施的犯罪嫌疑人，依法强制其到所在市、县公安机关执法办案场所进行讯问时所使用的文书。

2. 拘传证属于多联式填空型文书，该文书由正本、存根两部分组成。其中，正本是通知犯罪嫌疑人接受讯问的凭证，在侦查终结时存入诉讼卷。

3. 拘传证正本的内容主要包括制作机关名称、文书名称、文书字号、拘传的法律依据、被拘传人的基本情况（姓名、性别、出生日期、住址）、文书制作日期、公安机关名称及印章、执行拘传的时间、到案时间、结束时间等。在填写时需注意：

（1）在填写“执行拘传时间”时，应当在执行拘传后，由被拘传人填写宣布时间并签名捺印。

（2）在填写“到案时间”和“结束时间”时，应当分别在犯罪嫌疑人被拘传到案后或者被讯问结束后，由犯罪嫌疑人填写“到案时间”或“结束时间”并签名捺印。

（3）如果被拘传人拒绝签字的，由执行拘传的侦查人员在拘传证上注明情况。

4. 拘传证存根用于公安机关留存备查，按照文书印制的内容和顺序依次填写清楚即可。但要注意以下事项：

（1）在填写“拘传原因”时，要根据法律规定并结合案件的实际情况填写清楚，如果犯罪嫌疑人经合法传唤无正当理由不到案的，则填写“经合法传唤不到案”；如果对犯罪嫌疑人直接进行拘传的，则填写“涉嫌×××罪接受讯问”。

（2）如果因案情特别重大、复杂需要拘留、逮捕而要延长拘传时间再次填写拘传证的，则在相应拘传证存根最下方注明该情况，如“注：因案情特别复杂，需要采取拘留措施，所以延长拘传时间12小时”①。

---

① 参见《中华人民共和国刑事诉讼法》第一百一十九条。

【法律依据】

《中华人民共和国刑事诉讼法》（2018 年 10 月 26 日）

第六十六条 人民法院、人民检察院和公安机关根据案件情况，对犯罪嫌疑人、被告人可以拘传、取保候审或者监视居住。

第一百一十九条第二款 传唤、拘传持续的时间不得超过十二小时；案情特别重大、复杂，需要采取拘留、逮捕措施的，传唤、拘传持续的时间不得超过二十四小时。

第一百一十九条第三款 不得以连续传唤、拘传的形式变相拘禁犯罪嫌疑人。传唤、拘传犯罪嫌疑人，应当保证犯罪嫌疑人的饮食和必要的休息时间。

《公安机关办理刑事案件程序规定》（2020 年 7 月 20 日）

第七十八条 公安机关根据案件情况对需要拘传的犯罪嫌疑人，或者经过传唤没有正当理由不到案的犯罪嫌疑人，可以拘传到其所在市、县公安机关执法办案场所进行讯问。

需要拘传的，应当填写呈请拘传报告书，并附有关材料，报县级以上公安机关负责人批准。

【文书范例】

***公安局

拘 传 证

（存 根）

×公（刑）拘传字〔20××〕88号

案件名称 胡××故意杀人案

案件编号 ××××××××××

犯罪嫌疑人 胡×× 男/女

出生日期 19××年×月×日

住 址 ××市××区××路××号

单位及职业 ××市××运输公司员工

拘传原因 涉嫌故意杀人罪接受讯问

批 准 人 高××

批准时间 20××年7月19日

执 行 人 何××、牛××

办案单位 ××市公安局××区分局刑事侦查大队

填发时间 20××年7月19日

填 发 人 牛××

＊＊＊公安局

拘 传 证

×公（刑）拘传字〔20××〕88号

根据《中华人民共和国刑事诉讼法》第六十六条之规定，兹决定对犯罪嫌疑人 胡×× （性别 男 ，出生日期 19××年×月×日，住址 ××市××区××路××号 ）执行拘传。

公安局（印）

二〇××年七月十九日

本证已于 20×× 年 7 月 19 日 9 时向我宣布。

被拘传人：胡××（捺指印）

拘传到案时间 20×× 年 7 月 19 日 9 时。

被拘传人：胡××（捺指印）

拘传结束时间 20×× 年 7 月 19 日 18 时。

被拘传人：胡××（捺指印）

此联附卷

14. 传讯通知书

***公安局

传讯通知书

（存　根）

×公（　）传讯字〔　　〕　　号

案件名称＿＿＿＿＿＿＿＿＿＿＿＿＿＿＿＿

案件编号＿＿＿＿＿＿＿＿＿＿＿＿＿＿＿＿

被传讯人＿＿＿＿＿＿＿＿＿＿＿＿＿男/女

出生日期＿＿＿＿＿＿＿＿＿＿＿＿＿＿＿＿

住　　址＿＿＿＿＿＿＿＿＿＿＿＿＿＿＿＿

单位及职业＿＿＿＿＿＿＿＿＿＿＿＿＿＿＿

强制措施＿＿＿＿＿＿＿＿＿＿＿＿＿＿＿＿

指定时间＿＿＿＿＿＿＿＿＿＿＿＿＿＿＿＿

指定地点＿＿＿＿＿＿＿＿＿＿＿＿＿＿＿＿

批 准 人＿＿＿＿＿＿＿＿＿＿＿＿＿＿＿＿

批准时间＿＿＿＿＿＿＿＿＿＿＿＿＿＿＿＿

执 行 人＿＿＿＿＿＿＿＿＿＿＿＿＿＿＿＿

办案单位＿＿＿＿＿＿＿＿＿＿＿＿＿＿＿＿

填发时间＿＿＿＿＿＿＿＿＿＿＿＿＿＿＿＿

填 发 人＿＿＿＿＿＿＿＿＿＿＿＿＿＿＿＿

＊＊＊公安局

传讯通知书

（副　本）

×公（　）传讯字〔　　〕　　号

________________：

根据《中华人民共和国刑事诉讼法》 第七十一条/第七十七条 第一款第三项之规定，现通知你于________年______月______日______时到____接受讯问。

公安局（印）

年　　月　　日

本传讯通知书已于______年____月____日____时收到。

被传讯人或其家属：　　　　　　　　（捺指印）

被传讯人到达时间______年____月____日____时。

被传讯人：　　　　　　　　（捺指印）

文书无法送达被传讯人，或被传讯人未按规定接受传讯的，注明具体情况：____。

办案人：

年　　月　　日

此联附卷

＊＊＊公安局

传讯通知书

×公（ ）传讯字〔 〕 号

______：

根据《中华人民共和国刑事诉讼法》第七十一条/第七十七条第一款第三项之规定，现通知你于______年______月______日______时到______________________接受讯问。

公安局（印）

年 月 日

此联交被传讯人或其家属

【制作说明】

1. 本文书根据《中华人民共和国刑事诉讼法》第七十一条第一款第三项、第七十七条第一款第三项制定。传讯通知书是公安机关通知正在执行取保候审或监视居住的犯罪嫌疑人接受公安机关讯问时所使用的文书。

2. 传讯通知书属于多联式填空型文书，该文书由正本、副本和存根三部分组成。其中，正本交由被传讯人或其家属，副本由被传讯人或其家属签字捺印后存入诉讼卷。

3. 传讯通知书正本的内容主要包括制作机关名称、文书名称、文书字号、抬头、法律依据、传讯犯罪嫌疑人的时间和地点、文书制作日期、公安机关名称及印章等。在填写时需注意：

（1）在填写“抬头”时，填写被传讯人的姓名并要顶格填写。

（2）“法律依据”是可选择项，可根据犯罪嫌疑人的实际情况进行选择，对不需要的选项用横线划去即可。

（3）在填写“传讯犯罪嫌疑人的时间和地点”时，传讯时间要具体到小时，传讯地点要填写为公安机关执法办案场所的办案区，如“×××市公安局执法办案管理中心”。

4. 传讯通知书副本的主要内容和填写注意事项与正本基本相同。但副本还包括传讯通知书收到时间、被传讯人到案时间及未接受传讯情况。在填写时需注意：

（1）在填写“传讯通知书收到时间”时，由被传讯人或与其同住的成年亲属在传讯通知书送达时填写清楚并签字捺印。

（2）在填写“被传讯人到案时间”时，由被传讯人到案后填写清楚并签字捺印。

（3）在填写“未接受传讯情况”时，未接受传讯情况是指传讯通知书无法送达被传讯人或被传讯人未按规定接受传讯时，由办案人员在横线处注明具体情况并签字、填写日期，必要时，可邀请见证人到场并签名确认。

5. 传讯通知书存根用于公安机关留存备查，按照文书印制的内容和顺序依次填写清楚即可。但要注意在填写“强制措施”时，要根据实际情况填写为“取保候审”或“监视居住”措施。

【法律依据】

《中华人民共和国刑事诉讼法》（2018 年 10 月 26 日）

第七十一条第一款 被取保候审的犯罪嫌疑人、被告人应当遵守以下规定：

（一）未经执行机关批准不得离开所居住的市、县；

（二）住址、工作单位和联系方式发生变动的，在二十四小时以内向执行机关报告；

（三）在传讯的时候及时到案；

（四）不得以任何形式干扰证人作证；

（五）不得毁灭、伪造证据或者串供。

第七十一条第三款 被取保候审的犯罪嫌疑人、被告人违反前两款规定，已交纳保证金的，没收部分或者全部保证金，并且区别情形，责令犯罪嫌疑人、被告人具结悔过，重新交纳保证金、提出保证人，或者监视居住、予以逮捕。

第七十一条第四款 对违反取保候审规定，需要予以逮捕的，可以对犯罪嫌疑人、被告人先行拘留。

第七十七条 被监视居住的犯罪嫌疑人、被告人应当遵守以下规定：

（一）未经执行机关批准不得离开执行监视居住的处所；

（二）未经执行机关批准不得会见他人或者通信；

（三）在传讯的时候及时到案；

（四）不得以任何形式干扰证人作证；

（五）不得毁灭、伪造证据或者串供；

（六）将护照等出入境证件、身份证件、驾驶证件交执行机关保存。

被监视居住的犯罪嫌疑人、被告人违反前款规定，情节严重的，可以予以逮捕；需要予以逮捕的，可以对犯罪嫌疑人、被告人先行拘留。

【文书范例】

***公安局
传讯通知书
（存　根）

×公（刑）传讯字〔20××〕38号

案件名称　蔡××涉嫌危险驾驶案

案件编号　××××××××××××

被传讯人　蔡××　　男/女

出生日期　19××年×月×日

住　　址　××市××区××路××号

单位及职业　××市××超市员工

强制措施　取保候审

指定时间　20××年5月23日15时

指定地点　××市公安局××区分局执法办案管理中心

批 准 人　高××

批准时间　20××年5月22日

执 行 人　张××、施××

办案单位　××市公安局××区分局刑事侦查大队

填发时间　20××年5月22日

填 发 人　张××

＊＊＊公安局

传讯通知书

（副　本）

×公（刑）传讯字〔20××〕38号

蔡××：

根据《中华人民共和国刑事诉讼法》第七十一条/~~第七十七条~~第一款第三项之规定，现通知你于20××年5月23日15时到××市公安局××区分局执法办案管理中心接受讯问。

公安局（印）

二〇××年五月二十二日

本传讯通知书已于20××年5月22日11时收到。

被传讯人或其家属：蔡××　（捺指印）

被传讯人到达时间20××年5月23日15时。

被传讯人：蔡××　（捺指印）

文书无法送达被传讯人，或被传讯人未按规定接受传讯的，注明具体情况：__________。

办案人：

年　月　日

此联附卷

***公安局

传讯通知书

×公（刑）传讯字〔20××〕38号

蔡××：

根据《中华人民共和国刑事诉讼法》第七十一条/~~第七十七条~~第一款第三项之规定，现通知你于20××年5月23日15时到××市公安局××区分局执法办案管理中心接受讯问。

公安局（印）

二〇××年五月二十二日

此联交被传讯人或其家属

15. 取保候审决定书、执行通知书

***公安局

取保候审决定书/执行通知书

（存　根）

×公（　）取保字〔　　〕　　号

案件名称____________________

案件编号____________________

被取保候审人________________ 男/女

出生日期____________________

取保原因____________________

起算时间____________________

保 证 人____________________ 男/女

出生日期____________________

保 证 金____________________

办案单位____________________

执行机关____________________

批 准 人____________________

批准时间____________________

填发时间____________________

填 发 人____________________

***公安局

取保候审决定书

（副　本）

×公（　）取保字〔　　〕　　号

犯罪嫌疑人＿＿＿＿＿＿性别＿＿＿，出生日期＿＿＿＿＿＿＿＿，住址＿＿＿＿＿＿＿＿＿＿＿＿＿＿＿＿＿＿＿＿＿＿＿＿＿＿＿，单位及职业＿＿＿＿＿＿＿＿＿＿＿＿＿＿＿＿＿＿＿＿＿＿，联系方式＿＿＿＿＿＿＿＿＿＿＿＿＿＿＿＿。

我局正在侦查＿＿＿＿＿＿＿＿＿＿＿＿＿＿＿＿＿＿＿＿＿案，因犯罪嫌疑人＿＿＿，根据《中华人民共和国刑事诉讼法》第＿＿＿条之规定，决定对其取保候审，期限从＿＿＿年＿＿月＿＿日起算。犯罪嫌疑人应当接受保证人＿＿＿＿＿＿的监督/交纳保证金（大写）＿＿＿＿＿＿＿＿＿＿＿元。

公安局（印）

年　　月　　日

本决定书已收到。

被取保候审人：　　　　　　　　（捺指印）

年　　月　　日

此联附卷

＊＊＊公安局

取保候审决定书

×公（ ）取保字〔 〕 号

犯罪嫌疑人____________性别______，出生日期_______________，

住址____，

单位及职业____，

联系方式___________________________。

我局正在侦查____案，因犯罪嫌疑人____，根据《中华人民共和国刑事诉讼法》第______条之规定，决定对其取保候审，期限从______年____月____日起算。犯罪嫌疑人应当接受保证人____________的监督/交纳保证金（大写）______________________元。

公安局（印）

年 月 日

此联交被取保候审人

***公安局
取保候审执行通知书

×公（ ）取保字〔 〕 号

______________：

因____，

我局正在侦查______________________________案决定对犯罪嫌疑人______________（性别______，出生日期______________，住址____，单位及职业____，联系方式______________________________）取保候审，交由你单位执行，取保候审期限从______年____月____日起算。

被取保候审人接受保证人________________的监督/交纳保证金（大写）________________元。

公安局（印）

年 月 日

此联交执行单位

【制作说明】

1. 本文书根据《中华人民共和国刑事诉讼法》第六十六条、第六十七条、第九十一条第三款、第九十八条制定。取保候审决定书、执行通知书是公安机关在侦查过程中依法决定对犯罪嫌疑人采取取保候审措施时使用的文书。

2. 取保候审决定书、执行通知书属于多联式填空型文书，该文书由取保候审决定书正本及副本、取保候审执行通知书和存根四部分组成。其中，取保候审决定书正本是公安机关通知犯罪嫌疑人对其取保候审，并责令其接受保证人监督或交纳保证金的凭证，该联送交取保候审人。取保候审决定书副本是公安机关采取强制措施的凭证，由被取保候审人在签收栏签字捺印、填写日期后存入诉讼卷。取保候审执行通知书是取保候审决定机关通知执行单位对被取保候审人实施监管的凭证。

3. 取保候审决定书正本的内容主要包括制作机关名称、文书名称、文书字号、犯罪嫌疑人的基本情况、案件名称、取保候审原因、法律依据、取保候审起算时间、保证方式、文书制作日期、公安机关名称及印章等。在填写时需注意：

（1）在填写"犯罪嫌疑人的基本情况"时，要将犯罪嫌疑人姓名、性别、出生日期、住址、单位及职业和联系方式填写清楚。

（2）在填写"取保候审原因"时，要根据案件的实际情况并结合《中华人民共和国刑事诉讼法》第六十七条的规定将取保候审原因填写清楚，如"崔××需要哺乳自己七个月的婴儿"等。此外，如果因患有重大疾病被取保候审的，要写明患有何种疾病。

（3）在填写"法律依据"时，可根据案件具体情况，选择适用《中华人民共和国刑事诉讼法》第六十七条、第九十一条第三款、第九十八条等条款。

（4）在填写"取保候审起算时间"时，填写取保候审决定日期即可。

（5）在填写"保证方式"时，取保候审保证方式有两种，即保证人保证或保证金保证，但二者不能同时适用。在选择保证人保证时，要将保证人姓名填写清楚，并用横线将交纳保证金及有关数额的内容划去。在选择保证金保证时，要将交纳保证金数额以人民币形式大写数额填写清楚，并用横线将保证人及其姓名的内容划去。

4. 取保候审决定书副本的主要内容和填写注意事项与正本基本相同。但签收栏要由被取保候审人在取保候审决定书送达时签字捺印、填写日期，如果被取保候审人拒绝签字的，执行取保候审的侦查员要在签收栏注明具体情况。最后该副本要在侦查终结时存入诉讼卷。

5. 取保候审执行通知书的内容主要包括制作机关名称、文书名称、文书字号、执行机关名称、取保候审原因、案件名称、被取保候审人的基本情况、取保候审期限起算时间、保证方式、文书制作日期、公安机关名称及印章等。在填写“执行机关名称”时，应当填写被取保候审人居住地派出所名称，居住地包括户籍所在地、经常居住地，如果两地分属不同的派出所，则需要根据实际情况，选择便于执行取保候审措施的公安派出所。“取保候审原因”“被取保候审人的基本情况”等内容的填写注意事项与取保候审决定书正本相同。

6. 取保候审决定书、执行通知书存根用于公安机关留存备查，按照文书印制的内容和顺序依次填写清楚即可。

【法律依据】

《中华人民共和国刑事诉讼法》（2018 年 10 月 26 日）

第六十六条 人民法院、人民检察院和公安机关根据案件情况，对犯罪嫌疑人、被告人可以拘传、取保候审或者监视居住。

第六十七条 人民法院、人民检察院和公安机关对有下列情形之一的犯罪嫌疑人、被告人，可以取保候审：

（一）可能判处管制、拘役或者独立适用附加刑的；

（二）可能判处有期徒刑以上刑罚，采取取保候审不致发生社会危险性的；

（三）患有严重疾病、生活不能自理，怀孕或者正在哺乳自己婴儿的妇女，采取取保候审不致发生社会危险性的；

（四）羁押期限届满，案件尚未办结，需要采取取保候审的。

取保候审由公安机关执行。

第七十二条 取保候审的决定机关应当综合考虑保证诉讼活动正常进行的需要，被取保候审人的社会危险性，案件的性质、情节，可能判处刑罚的轻重，被取保候审人的经济状况等情况，确定保证金的数额。

提供保证金的人应当将保证金存入执行机关指定银行的专门账户。

第九十一条第三款 人民检察院应当自接到公安机关提请批准逮捕书后

的七日以内，作出批准逮捕或者不批准逮捕的决定。人民检察院不批准逮捕的，公安机关应当在接到通知后立即释放，并且将执行情况及时通知人民检察院。对于需要继续侦查，并且符合取保候审、监视居住条件的，依法取保候审或者监视居住。

第九十八条 犯罪嫌疑人、被告人被羁押的案件，不能在本法规定的侦查羁押、审查起诉、一审、二审期限内办结的，对犯罪嫌疑人、被告人应当予以释放；需要继续查证、审理的，对犯罪嫌疑人、被告人可以取保候审或者监视居住。

《公安机关办理刑事案件程序规定》（2020 年 7 月 20 日）

第八十一条 公安机关对具有下列情形之一的犯罪嫌疑人，可以取保候审：

（一）可能判处管制、拘役或者独立适用附加刑的；

（二）可能判处有期徒刑以上刑罚，采取取保候审不致发生社会危险性的；

（三）患有严重疾病、生活不能自理，怀孕或者正在哺乳自己婴儿的妇女，采取取保候审不致发生社会危险性的；

（四）羁押期限届满，案件尚未办结，需要继续侦查的。

对拘留的犯罪嫌疑人，证据不符合逮捕条件，以及提请逮捕后，人民检察院不批准逮捕，需要继续侦查，并且符合取保候审条件的，可以依法取保候审。

第八十二条 对累犯，犯罪集团的主犯，以自伤、自残办法逃避侦查的犯罪嫌疑人，严重暴力犯罪以及其他严重犯罪的犯罪嫌疑人不得取保候审，但犯罪嫌疑人具有本规定第八十一条第一款第三项、第四项规定情形的除外。

第九十一条 公安机关决定取保候审的，应当及时通知被取保候审人居住地的派出所执行。必要时，办案部门可以协助执行。

采取保证人担保形式的，应当同时送交有关法律文书、被取保候审人基本情况、保证人基本情况等材料。采取保证金担保形式的，应当同时送交有关法律文书、被取保候审人基本情况和保证金交纳情况等材料。

第九十二条 人民法院、人民检察院决定取保候审的，负责执行的县级公安机关应当在收到法律文书和有关材料后二十四小时以内，指定被取保候审人居住地派出所核实情况后执行。

【文书范例】

***公安局

取保候审决定书/执行通知书

（存　根）

×公（刑）取保字〔20××〕63号

案件名称 蔡××涉嫌危险驾驶案

案件编号 ×××××××××××××

被取保候审人 蔡×× 男/女

出生日期 19××年×月×日

取保原因 正在哺乳自己未满周岁的儿子

起算时间 20××年1月13日

保 证 人 叶× 男/女

出生日期 19××年×月×日

保 证 金 ——

办案单位 ××市公安局××区分局刑事侦查大队

执行机关 ××市公安局××区分局××派出所

批 准 人 赵××

批准时间 20××年1月13日

填发时间 20××年1月13日

填 发 人 徐××

＊＊＊公安局

取保候审决定书

（副　本）

×公（刑）取保字〔20××〕63号

犯罪嫌疑人＿蔡××＿性别＿女＿，出生日期＿19××年×月×日＿，住址＿××市××区××路××号＿，单位及职业＿××市××超市员工＿，联系方式＿××××××××××××＿。

我局正在侦查＿蔡××涉嫌危险驾驶＿案，因犯罪嫌疑人＿正在哺乳自己未满周岁的儿子＿，根据《中华人民共和国刑事诉讼法》第＿六十七＿条之规定，决定对其取保候审，期限从＿20××＿年＿1＿月＿13＿日起算。犯罪嫌疑人应当接受保证人＿叶××＿的监督~~/交纳保证金（大写）~~＿＿＿＿元。

公安局（印）

二〇××年一月十三日

本决定书已收到。

被取保候审人：蔡××　（捺指印）

20××年1月13日

此联附卷

＊＊＊公安局

取保候审决定书

×公（刑）取保字〔20××〕63号

犯罪嫌疑人<u>蔡××</u>性别<u>女</u>，出生日期<u>19××年×月×日</u>，住址<u>××市××区××路××号</u>，单位及职业<u>××市××超市员工</u>，联系方式<u>×××××××××××</u>。

我局正在侦查<u>蔡××涉嫌危险驾驶</u>案，因犯罪嫌疑人<u>正在哺乳自己未满周岁的儿子</u>，根据《中华人民共和国刑事诉讼法》第<u>六十七</u>条之规定，决定对其取保候审，期限从<u>20××</u>年<u>1</u>月<u>13</u>日起算。犯罪嫌疑人应当接受保证人<u>叶××</u>的监督/~~交纳保证金（大写）______元~~。

公安局（印）

二〇××年一月十三日

此联交被取保候审人

***公安局

取保候审执行通知书

×公（刑）取保字〔20××〕63号

××市公安局××区分局××派出所：

因犯罪嫌疑人蔡××正在哺乳自己未满周岁的儿子，我局正在侦查蔡××涉嫌危险驾驶案决定对犯罪嫌疑人蔡××（性别女，出生日期19××年×月×日，住址××市××区××路××号，单位及职业××市××超市员工，联系方式×××××××××××）取保候审，交由你单位执行，取保候审期限从20××年1月13日起算。

被取保候审人接受保证人叶××的监督/~~交纳保证金（大写）~~＿＿＿＿元。

公安局（印）

二〇××年一月十三日

此联交执行单位

16. 被取保候审人义务告知书

被取保候审人义务告知书

根据《中华人民共和国刑事诉讼法》第七十一条第一款的规定，被取保候审人在取保候审期间应当遵守以下规定：

（一）未经执行机关批准不得离开所居住的市、县；

（二）住址、工作单位和联系方式发生变动的，在二十四小时以内向执行机关报告；

（三）在传讯的时候及时到案；

（四）不得以任何形式干扰证人作证；

（五）不得毁灭、伪造证据或者串供。

根据《中华人民共和国刑事诉讼法》第七十一条第二款的规定，被取保候审人还应遵守以下规定：

（一）不得进入________________________________等场所；

（二）不得与______________________________会见或者通信；

（三）不得从事________________________________等活动；

（四）将____________________________证件交执行机关保存。

被取保候审人在取保候审期间违反上述规定，已交纳保证金的，由公安机关没收部分或者全部保证金，并且区别情形，责令被取保候审人具结悔过，重新交纳保证金、提出保证人，或者监视居住、予以逮捕。

本告知书已收到。

被取保候审人：

年　　月　　日

一式三份，一份附卷，一份交被取保候审人，一份交执行机关。

【制作说明】

1. 本文书根据《中华人民共和国刑事诉讼法》第七十一条，《公安机关办理刑事案件程序规定》第八十九条、第九十条制定。被取保候审人义务告知书是取保候审决定机关告知被采取取保候审措施的犯罪嫌疑人应当遵守一项或多项特定义务时使用的文书。

2. 被取保候审人义务告知书属于单联式填空型文书，但制作时要一式三份，一份交被取保候审人，一份交执行取保候审机关，一份在侦查终结时存入诉讼卷。

3. 被取保候审人义务告知书的内容主要包括文书名称、需要遵守的一般义务和特定义务、被取保候审人的签收栏等。在填写时需注意：

（1）在填写“一般义务和特定义务”时，一般义务已根据《中华人民共和国刑事诉讼法》第七十一条第一款印制好，但对于特定义务，则需要办案机关综合考虑案件的性质、情节、社会影响、犯罪嫌疑人的社会关系等因素，确定被取保候审人在特定场所、特定人员和特定场所活动的范围，从而填写一项或多项被取保候审人应当遵守的规定。如将“护照、驾驶证”证件交执行机关保存，其中“护照、驾驶证”为取保候审决定机关需要填写内容。

（2）在“签收栏”处，需要被取保候审人亲笔签名、捺指印并填写日期。在向犯罪嫌疑人宣布取保候审决定时，要一并送达被取保候审人义务告知书，所以被取保候审人义务告知书的签收日期应该与取保候审决定书的签收日期一致。

4. 取保候审期间，根据办案的实际需要，可以依法增加或变更被取保候审人应当遵守的特定义务，但需要重新制作被取保候审人义务告知书并将其送达被取保候审人和取保候审执行机关。

【法律依据】

《中华人民共和国刑事诉讼法》（2018 年 10 月 26 日）

第七十一条 被取保候审的犯罪嫌疑人、被告人应当遵守以下规定：

（一）未经执行机关批准不得离开所居住的市、县；

（二）住址、工作单位和联系方式发生变动的，在二十四小时以内向执行机关报告；

（三）在传讯的时候及时到案；

（四）不得以任何形式干扰证人作证；

（五）不得毁灭、伪造证据或者串供。

人民法院、人民检察院和公安机关可以根据案件情况，责令被取保候审的犯罪嫌疑人、被告人遵守以下一项或者多项规定：

（一）不得进入特定的场所；

（二）不得与特定的人员会见或者通信；

（三）不得从事特定的活动；

（四）将护照等出入境证件、驾驶证件交执行机关保存。

被取保候审的犯罪嫌疑人、被告人违反前两款规定，已交纳保证金的，没收部分或者全部保证金，并且区别情形，责令犯罪嫌疑人、被告人具结悔过，重新交纳保证金、提出保证人，或者监视居住、予以逮捕。

对违反取保候审规定，需要予以逮捕的，可以对犯罪嫌疑人、被告人先行拘留。

《公安机关办理刑事案件程序规定》（2020年7月20日）

第八十九条 公安机关在宣布取保候审决定时，应当告知被取保候审人遵守以下规定：

（一）未经执行机关批准不得离开所居住的市、县；

（二）住址、工作单位和联系方式发生变动的，在二十四小时以内向执行机关报告；

（三）在传讯的时候及时到案；

（四）不得以任何形式干扰证人作证；

（五）不得毁灭、伪造证据或者串供。

第九十条 公安机关在决定取保候审时，还可以根据案件情况，责令被取保候审人遵守以下一项或者多项规定：

（一）不得进入与其犯罪活动等相关联的特定场所；

（二）不得与证人、被害人及其近亲属、同案犯以及与案件有关联的其他特定人员会见或者以任何方式通信；

（三）不得从事与其犯罪行为等相关联的特定活动；

（四）将护照等出入境证件、驾驶证件交执行机关保存。

公安机关应当综合考虑案件的性质、情节、社会影响、犯罪嫌疑人的社会关系等因素，确定特定场所、特定人员和特定活动的范围。

17. 取保候审保证书

取保候审保证书

我叫__________，性别______，出生日期__________，现住_________________________，身份证件名称________________，号码_________________________________，单位及职业____________________________，联系方式______________________________，与犯罪嫌疑人______________是____________________关系。

我自愿作如下保证：

监督犯罪嫌疑人在取保候审期间遵守下列规定：

（一）未经执行机关批准不得离开所居住的市、县；

（二）住址、工作单位和联系方式发生变动的，在二十四小时以内向执行机关报告；

（三）在传讯的时候及时到案；

（四）不得以任何形式干扰证人作证；

（五）不得毁灭、伪造证据或者串供。

监督犯罪嫌疑人遵守以下规定：

（一）不得进入____等场所；

（二）不得与____会见或者通信；

（三）不得从事____等活动；

（四）将_____________________________________证件交执行机关保存。

本人未履行保证义务的，愿承担法律责任。

此致

________________公安局

保证人：

年　　月　　日

一式两份，一份附卷，一份交保证人。

【制作说明】

1. 本文书根据《中华人民共和国刑事诉讼法》第六十八条、第六十九条、第七十条制定。取保候审保证书是公安机关在侦查过程中依法决定对犯罪嫌疑人采取取保候审措施并采用保证人担保方式，且保证人向公安机关声明愿意监督犯罪嫌疑人遵守有关规定时使用的文书。

2. 取保候审保证书属于单联式填空型文书，但制作时要一式两份，一份交保证人，一份存入诉讼卷。

3. 取保候审保证书的内容主要包括文书名称、保证人基本情况、保证事项、保证承诺及法律责任、取保候审保证书送达的单位名称、保证人签名、捺印栏等。在填写时需注意：

（1）在填写“保证人基本情况”时，按照已印制的内容进行填写即可。其中，与犯罪嫌疑人的关系可根据具体情况填写，如“父子”“兄弟”“夫妻”“姑侄”“朋友”“同事”等。

（2）在填写“保证事项”时，要注意《中华人民共和国刑事诉讼法》第七十一条所规定的犯罪嫌疑人在取保候审期间应当遵守的义务是保证人必须监督被取保候审人遵守的事项，文书已据此将相关内容印制好，对于其中需要填充的内容要根据被取保候审人义务告知书的填充项内容进行填写，二者要保持一致。

（3）在“签收栏”处，要写明作出取保候审决定的机关名称，同时由保证人亲笔签名、捺指印并填写签署保证书的日期。在向犯罪嫌疑人宣布取保候审决定书时，要一并送达被取保候审人义务告知书，所以被取保候审人义务告知书的签收日期应该与取保候审决定书的签收日期一致。

【法律依据】

《中华人民共和国刑事诉讼法》（2018 年 10 月 26 日）

第六十八条 人民法院、人民检察院和公安机关决定对犯罪嫌疑人、被告人取保候审，应当责令犯罪嫌疑人、被告人提出保证人或者交纳保证金。

第六十九条 保证人必须符合下列条件：

（一）与本案无牵连；

（二）有能力履行保证义务；

（三）享有政治权利，人身自由未受到限制；

（四）有固定的住处和收入。

第七十条 保证人应当履行以下义务：

（一）监督被保证人遵守本法第七十一条的规定；

（二）发现被保证人可能发生或者已经发生违反本法第七十一条规定的行为的，应当及时向执行机关报告。

被保证人有违反本法第七十一条规定的行为，保证人未履行保证义务的，对保证人处以罚款，构成犯罪的，依法追究刑事责任。

《公安机关办理刑事案件程序规定》（2020年7月20日）

第八十四条 公安机关决定对犯罪嫌疑人取保候审的，应当责令犯罪嫌疑人提出保证人或者交纳保证金。

对同一犯罪嫌疑人，不得同时责令其提出保证人和交纳保证金。对未成年人取保候审，应当优先适用保证人保证。

第八十五条 采取保证人保证的，保证人必须符合以下条件，并经公安机关审查同意：

（一）与本案无牵连；

（二）有能力履行保证义务；

（三）享有政治权利，人身自由未受到限制；

（四）有固定的住处和收入。

第八十六条 保证人应当履行以下义务：

（一）监督被保证人遵守本规定第八十九条、第九十条的规定；

（二）发现被保证人可能发生或者已经发生违反本规定第八十九条、第九十条规定的行为的，应当及时向执行机关报告。

保证人应当填写保证书，并在保证书上签名、捺指印。

18. 收取保证金通知书

* * * 公安局

收取保证金通知书

（存　根）

×公（　）收保字〔　　〕　　号

案件名称＿＿＿＿＿＿＿＿＿＿＿＿＿＿＿＿

案件编号＿＿＿＿＿＿＿＿＿＿＿＿＿＿＿＿

被取保候审人＿＿＿＿＿＿＿＿＿＿＿＿男/女

出生日期＿＿＿＿＿＿＿＿＿＿＿＿＿＿＿＿

住　　址＿＿＿＿＿＿＿＿＿＿＿＿＿＿＿＿

单位及职业＿＿＿＿＿＿＿＿＿＿＿＿＿＿＿

保证金数额（大写）＿＿＿＿＿＿＿＿＿＿＿

代收银行＿＿＿＿＿＿＿＿＿＿＿＿＿＿＿＿

收取截止时间＿＿＿＿＿＿＿＿＿＿＿＿＿＿

批 准 人＿＿＿＿＿＿＿＿＿＿＿＿＿＿＿＿

批准时间＿＿＿＿＿＿＿＿＿＿＿＿＿＿＿＿

办 案 人＿＿＿＿＿＿＿＿＿＿＿＿＿＿＿＿

办案单位＿＿＿＿＿＿＿＿＿＿＿＿＿＿＿＿

填发时间＿＿＿＿＿＿＿＿＿＿＿＿＿＿＿＿

填 发 人＿＿＿＿＿＿＿＿＿＿＿＿＿＿＿＿

＊＊＊公安局

收取保证金通知书

×公（ ）收保字〔 〕 号

______________________：

根据《中华人民共和国刑事诉讼法》第六十八条、第七十二条之规定，请持此通知书于______年____月____日之前到__________________银行交纳取保候审保证金（大写）______________________________元。

公安局（印）

年 月 日

此联交被取保候审人

***公安局

收取保证金通知书

×公（　）收保字〔　　〕　　号

______________：

根据《中华人民共和国刑事诉讼法》第六十八条、第七十二条之规定，决定对被取保候审人__________（性别____，出生日期________，住址____）收取保证金。请你单位将其交纳的取保候审保证金（大写）______________元存入我局保证金专户。

公安局（印）

年　　月　　日

此联交银行

***公安局

收取保证金通知书

（回　执）

×公（　）收保字〔　　〕　　号

________________：

根据你局通知，我单位已于______年____月____日收取__________（性别____，出生日期____________，住址__________________________________）交来的保证金（大写）______________________元并存入你局保证金专户。

银行（印）

年　　月　　日

此联由银行填写后退回办案机关附卷

【制作说明】

1. 本文书根据《中华人民共和国刑事诉讼法》第六十八条、第七十二条制定。收取保证金通知书是公安机关在侦查过程中依法决定对犯罪嫌疑人采取取保候审措施并采用保证金担保方式时，通知被取保候审的犯罪嫌疑人交纳保证金的通知类文书。

2. 收取保证金通知书属于多联式填空型文书，该文书由交被取保候审人联、交银行联、回执和存根四部分组成。其中，被取保候审人联是通知被取保候审人交纳保证金的凭证。交银行联是银行收取被取保候审人保证金的依据。回执是银行收取被取保候审人交纳的保证金并将其存入保证金专户的凭证，由银行填写完整后退回公安机关保存。存根是公安机关收取保证金的凭证。

3. 收取保证金通知书交被取保候审人联的内容主要包括制作机关名称、文书名称、文书字号、抬头、法律依据、交纳保证金的截止日期、办理银行名称、保证金的数额、文书制作日期、公安机关名称及印章等。在填写时需注意：

（1）在填写“抬头”时，要顶格填写被取保候审的犯罪嫌疑人姓名。

（2）在填写“交纳保证金的截止日期”时，要考虑银行的正常工作日，一般规定在三日以内。

（3）在填写“保证金数额”时，保证金的起点数额为人民币一千元，如果犯罪嫌疑人为未成年人的，保证金起点数额为人民币五百元[①]。具体数额应当综合考虑保证诉讼活动正常进行的需要，犯罪嫌疑人的社会危险性，案件的性质、情节，可能判处刑罚的轻重以及犯罪嫌疑人的经济状况等情况确定。此外，保证金数额要大写并以人民币一次性交纳至取保候审保证金专门账户。

4. 收取保证金通知书交银行联的内容主要包括制作机关名称、文书名称、文书字号、抬头、法律依据、被取保候审人基本情况、应交纳的保证金数额、文书制作日期、公安机关名称及印章等。在填写时需注意：

（1）在填写“抬头”时，要顶格填写收取保证金银行的名称，且银行的名称要具体到“××银行××支行”。

（2）在填写“被取保候审人”时，其包括被取保候审人姓名、性别、出生日期和住址，按照文书印制内容填写清楚。其他内容参照交被取保候审人联填写即可。

---

① 参见《公安机关办理刑事案件程序规定》第八十七条。

5. 收取保证金通知书回执由收取保证金的银行填写退回公安机关保存，其内容主要包括制作机关名称、文书名称、文书字号、抬头、法律依据、收取保证金的日期、被取保候审人基本情况、收取保证金数额、文书制作日期、银行名称及印章等。在填写“抬头”时，要填写决定取保候审的公安机关名称。其他内容按照文书印制内容并参考交被取保候审人联的填写要求填写即可。收取保证金通知书回执在侦查终结时存入诉讼卷。

6. 收取保证金通知书存根用于公安机关留存备查，按照文书印制的内容和顺序依次填写清楚。

【法律依据】

《中华人民共和国刑事诉讼法》（2018 年 10 月 26 日）

第六十八条 人民法院、人民检察院和公安机关决定对犯罪嫌疑人、被告人取保候审，应当责令犯罪嫌疑人、被告人提出保证人或者交纳保证金。

第七十二条 取保候审的决定机关应当综合考虑保证诉讼活动正常进行的需要，被取保候审人的社会危险性，案件的性质、情节，可能判处刑罚的轻重，被取保候审人的经济状况等情况，确定保证金的数额。

提供保证金的人应当将保证金存入执行机关指定银行的专门账户。

《公安机关办理刑事案件程序规定》（2020 年 7 月 20 日）

第八十四条 公安机关决定对犯罪嫌疑人取保候审的，应当责令犯罪嫌疑人提出保证人或者交纳保证金。

对同一犯罪嫌疑人，不得同时责令其提出保证人和交纳保证金。对未成年人取保候审，应当优先适用保证人保证。

第八十七条 犯罪嫌疑人的保证金起点数额为人民币一千元。犯罪嫌疑人为未成年人的，保证金起点数额为人民币五百元。具体数额应当综合考虑保证诉讼活动正常进行的需要、犯罪嫌疑人的社会危险性、案件的性质、情节、可能判处刑罚的轻重以及犯罪嫌疑人的经济状况等情况确定。

第八十八条 县级以上公安机关应当在其指定的银行设立取保候审保证金专门账户，委托银行代为收取和保管保证金。

提供保证金的人，应当一次性将保证金存入取保候审保证金专门账户。保证金应当以人民币交纳。

保证金应当由办案部门以外的部门管理。严禁截留、坐支、挪用或者以其他任何形式侵吞保证金。

【文书范例】

＊＊＊公安局

收取保证金通知书

（存　根）

×公（刑）收保字〔20××〕10号

案件名称　唐××诈骗案

案件编号　×××××××××××

被取保候审人　唐××　男/女

出生日期　19××年×月×日

住　　址　××市××区××路××号

单位及职业　××市××幼儿园保洁员

保证金数额（大写）　壹万元

代收银行　××市××区××银行

收取截止时间　20××年5月28日

批 准 人　赵××

批准时间　20××年5月25日

办 案 人　张××、洪××

办案单位　××市公安局××区分局刑事侦查大队

填发时间　20××年5月25日

填 发 人　张××

***公安局

收取保证金通知书

×公（刑）收保字〔20××〕10号

唐××：

根据《中华人民共和国刑事诉讼法》第六十八条、第七十二条之规定，请持此通知书于20××年5月28日之前到××市××区××银行交纳取保候审保证金（大写）壹万元。

公安局（印）

二〇××年五月二十五日

此联交被取保候审人

＊＊＊公安局

收取保证金通知书

×公（刑）收保字〔20××〕10号

××市××区××银行：

根据《中华人民共和国刑事诉讼法》第六十八条、第七十二条之规定，决定对被取保候审人唐××（性别女，出生日期19××年×月×日，住址××市××区××路××号）收取保证金。请你单位将其交纳的取保候审保证金（大写）壹万元存入我局保证金专户。

公安局（印）

二〇××年五月二十五日

此联交银行

***公安局

收取保证金通知书

（回　执）

×公（刑）收保字〔20××〕10号

××市公安局××区分局：

根据你局通知，我单位已于20××年5月26日收取唐××（性别女，出生日期19××年×月×日，住址××市××区××路××号）交来的保证金（大写）壹万元并存入你局保证金专户。

银行（印）

二〇××年五月二十六日

此联由银行填写后退回办案机关附卷

19. 保存证件清单

保存证件清单

根据《中华人民共和国刑事诉讼法》第____________条之规定，责令犯罪嫌疑人（被告人）______________将以下证件交到公安机关，由我单位予以保存：

编号	名　　称	数量	特　　征	发还情况
证件持有人： 年　月　日	保管人： 年　月　日		办案单位（盖章） 办案人： 年　月　日	

本清单一式三份，一份附卷，一份交证件持有人，一份交公安机关保管人员。

【制作说明】

1. 本文书根据《中华人民共和国刑事诉讼法》第七十一条第二款、第七十七条第一款制定。保存证件清单是公安机关责令被取保候审人、被监视居住人将护照、驾驶证等证件交到公安机关保存时使用的文书。

2. 保存证件清单属于单联式填空型文书，制作时要一式三份，一份附卷，一份交证件持有人，一份交公安机关保管人员。

3. 保存证件清单的内容主要包括文书名称、决定事项、清单内容、证件持有人、保管人、办案人员签名栏等。在填写时需注意：

（1）在填写“决定事项”时，按照文书印制的内容填写保存或扣留证件的法律依据和证据持有人的姓名即可。其中，如果保存或扣留被取保候审人证件时，选择填写《中华人民共和国刑事诉讼法》第七十一条。如果保存或扣留被监视居住人证件时，则要选择填写《中华人民共和国刑事诉讼法》第七十七条。

（2）在填写“清单内容”时，要注意其包括编号、证件名称、数量、特征和发还情况等内容，按照文书已印制好的顺序逐一填写，填写完毕后分别由证件持有人、保管人和办案人员签名、捺指印或盖办案单位印章并注明填写日期。对于“发还情况”，应当在解除取保候审、监视居住或变更强制措施发还所保存证件时，由领取人在“发还情况”栏签名、捺印并注明领取日期，也可以另行制作“发还清单”，由领取人签名、捺印并注明领取日期。

【法律依据】

《中华人民共和国刑事诉讼法》（2018 年 10 月 26 日）

第七十一条第二款 人民法院、人民检察院和公安机关可以根据案件情况，责令被取保候审的犯罪嫌疑人、被告人遵守以下一项或者多项规定：

（一）不得进入特定的场所；

（二）不得与特定的人员会见或者通信；

（三）不得从事特定的活动；

（四）将护照等出入境证件、驾驶证件交执行机关保存。

第七十七条第一款 被监视居住的犯罪嫌疑人、被告人应当遵守以下规定：

（一）未经执行机关批准不得离开执行监视居住的处所；

（二）未经执行机关批准不得会见他人或者通信；

（三）在传讯的时候及时到案；

（四）不得以任何形式干扰证人作证；

（五）不得毁灭、伪造证据或者串供；

（六）将护照等出入境证件、身份证件、驾驶证件交执行机关保存。

《公安机关办理刑事案件程序规定》（2020年7月20日）

第八十六条 保证人应当履行以下义务：

（一）监督被保证人遵守本规定第八十九条、第九十条的规定；

（二）发现被保证人可能发生或者已经发生违反本规定第八十九条、第九十条规定的行为的，应当及时向执行机关报告。

保证人应当填写保证书，并在保证书上签名、捺指印。

第九十条第一款 公安机关在决定取保候审时，还可以根据案件情况，责令被取保候审人遵守以下一项或者多项规定：

（一）不得进入与其犯罪活动等相关联的特定场所；

（二）不得与证人、被害人及其近亲属、同案犯以及与案件有关联的其他特定人员会见或者以任何方式通信；

（三）不得从事与其犯罪行为等相关联的特定活动；

（四）将护照等出入境证件、驾驶证件交执行机关保存。

第一百一十五条 公安机关在宣布监视居住决定时，应当告知被监视居住人必须遵守以下规定：

（一）未经执行机关批准不得离开执行监视居住的处所；

（二）未经执行机关批准不得会见他人或者以任何方式通信；

（三）在传讯的时候及时到案；

（四）不得以任何形式干扰证人作证；

（五）不得毁灭、伪造证据或者串供；

（六）将护照等出入境证件、身份证件、驾驶证件交执行机关保存。

20. 准许被取保候审人离开所居市县决定书

***公安局

准许被取保候审人离开所居市县决定书

（存　根）

×公（　　）准离字〔　　〕　　号

被取保候审人＿＿＿＿＿＿＿＿＿＿＿男/女

出生日期＿＿＿＿＿＿＿＿＿＿＿＿＿＿＿

身份证件种类＿＿＿＿＿＿＿＿＿＿＿＿＿

身份证件号码＿＿＿＿＿＿＿＿＿＿＿＿＿

住　　址＿＿＿＿＿＿＿＿＿＿＿＿＿＿＿

取保候审决定机关＿＿＿＿＿＿＿＿＿＿＿

涉嫌罪名＿＿＿＿＿＿＿＿＿＿＿＿＿＿＿

去往地点＿＿＿＿＿＿＿＿＿＿＿＿＿＿＿

离开事由＿＿＿＿＿＿＿＿＿＿＿＿＿＿＿

离开时间＿＿＿＿＿＿＿＿＿＿＿＿＿＿＿

返回时间＿＿＿＿＿＿＿＿＿＿＿＿＿＿＿

是否准许＿＿＿＿＿＿＿＿＿＿＿＿＿＿＿

批 准 人＿＿＿＿＿＿＿＿＿＿＿＿＿＿＿

批准时间＿＿＿＿＿＿＿＿＿＿＿＿＿＿＿

填发时间＿＿＿＿＿＿＿＿＿＿＿＿＿＿＿

填 发 人＿＿＿＿＿＿＿＿＿＿＿＿＿＿＿

＊＊＊公安局

准许被取保候审人离开所居市县决定书

（副　本）

×公（　）准离字〔　　〕　　号

被取保候审人____________，性别______，出生日期__________，身份证件种类及号码____，住址____________________________。

该人因涉嫌__________________罪，于______年______月______日被__________________决定取保候审。该人因________________________提出申请，经审查，认为具有正当理由，根据《中华人民共和国刑事诉讼法》第七十一条第一款之规定，决定准许其自________年______月______日至__________年______月______日离开其所居住的____________________，去往________________办理______________事宜。

公安局（印）

年　月　日

此联由取保候审执行机关留存

***公安局

准许被取保候审人离开所居市县决定书

（副　本）

×公（　）准离字〔　　〕　号

被取保候审人＿＿＿＿＿＿，性别＿＿＿，出生日期＿＿＿＿＿，身份证件种类及号码＿＿＿＿＿＿＿＿＿＿＿＿＿＿＿＿＿＿＿，住址＿＿＿＿＿＿＿＿＿＿＿＿＿＿。

该人因涉嫌＿＿＿＿＿＿＿＿＿罪，于＿＿＿年＿＿＿月＿＿＿日被＿＿＿＿＿＿＿＿＿决定取保候审。该人因＿＿＿＿＿＿＿＿＿＿＿提出申请，经审查，认为具有正当理由，根据《中华人民共和国刑事诉讼法》第七十一条第一款之规定，决定准许其自＿＿＿＿年＿＿＿月＿＿＿日至＿＿＿＿＿年＿＿＿月＿＿＿日离开其所居住的＿＿＿＿＿＿＿＿＿＿＿，去往＿＿＿＿＿＿＿＿＿办理＿＿＿＿＿＿＿＿事宜。

公安局（印）

年　月　日

此联交取保候审决定机关

***公安局
准许被取保候审人离开所居市县决定书

×公（ ）准离字〔 〕 号

被取保候审人____________，性别______，出生日期__________，身份证件种类及号码____，住址____________________________。

该人因涉嫌__________________罪，于______年______月______日被__________________决定取保候审。该人因______________________提出申请，经审查，认为具有正当理由，根据《中华人民共和国刑事诉讼法》第七十一条第一款之规定，决定准许其自_________年_______月______日至__________年______月______日离开其所居住的____________________，去往__________________办理________________事宜。

公安局（印）

年 月 日

此联交被取保候审人

【制作说明】

1. 本文书根据《中华人民共和国刑事诉讼法》第七十一条第一款第一项，《公安机关办理刑事案件程序规定》第八十九条、第九十五条制定。准许被取保候审人离开所居市县决定书是公安机关在犯罪嫌疑人被执行取保候审措施期间，准许被取保候审人离开所居市县时制作使用的文书。

2. 准许被取保候审人离开所居市县决定书是多联式填空型文书，其由交被取保候审人联、交取保候审执行机关联、交取保候审决定机关联和存根四部分组成。其中，准许被取保候审人离开所居市县决定书交被取保候审人联是公安机关通知犯罪嫌疑人准予其离开所居市、县的凭证。交取保候审执行机关联、交取保候审决定机关联是公安机关准予犯罪嫌疑人离开所居市、县的凭证，此联在侦查终结时存入诉讼卷。存根用于公安机关留存备查。

3. 准许被取保候审人离开所居市县决定书交被取保候审人联的内容主要包括制作机关名称、文书名称、文书字号、被取保候审人基本情况、被取保候审人涉嫌罪名、决定取保候审时间及单位、被取保候审人离开理由、离开起止时间、离开地址、去往地址、办理事项、文书制作日期、公安机关名称及印章等。在填写时要注意：

（1）在填写“被取保候审人基本情况”时，要将被取保候审人的姓名、性别、出生日期、身份证件种类及号码、住址等内容填写清楚。

（2）在填写“被取保候审人离开理由”、“离开起止时间”及“去往地址”等内容时，要详细询问被取保候审人，据实填写。

4. 准许被取保候审人离开所居市县决定书交取保候审执行机关联、交取保候审决定机关联的内容与填写注意事项和交被取保候审人联相同，在具体填写时可进行参考。

5. 准许被取保候审人离开所居市县决定书存根按照文书印制的内容和顺序依次进行填写即可

【法律依据】

《中华人民共和国刑事诉讼法》（2018 年 10 月 26 日）

第七十一条第一款 被取保候审的犯罪嫌疑人、被告人应当遵守以下规定：

（一）未经执行机关批准不得离开所居住的市、县；

（二）住址、工作单位和联系方式发生变动的，在二十四小时以内向执行机关报告；

（三）在传讯的时候及时到案；

（四）不得以任何形式干扰证人作证；

（五）不得毁灭、伪造证据或者串供。

《公安机关办理刑事案件程序规定》（2020年7月20日）

第八十九条 公安机关在宣布取保候审决定时，应当告知被取保候审人遵守以下规定：

（一）未经执行机关批准不得离开所居住的市、县；

（二）住址、工作单位和联系方式发生变动的，在二十四小时以内向执行机关报告；

（三）在传讯的时候及时到案；

（四）不得以任何形式干扰证人作证；

（五）不得毁灭、伪造证据或者串供。

第九十五条 被取保候审人无正当理由不得离开所居住的市、县。有正当理由需要离开所居住的市、县的，应当经负责执行的派出所负责人批准。

人民法院、人民检察院决定取保候审的，负责执行的派出所在批准被取保候审人离开所居住的市、县前，应当征得决定取保候审的机关同意。

【文书范例】

***公安局

准许被取保候审人离开所居市县决定书

（存　根）

×公（刑）准离字〔20××〕3号

被取保候审人　江××　　男/女

出生日期　19××年××月××日

身份证件种类　居民身份证

身份证件号码　××××××××××××××××××

住　　址　××市××县××路××号

取保候审决定机关　××县公安局

涉嫌罪名　交通肇事罪

去往地点　××市××县××村

离开事由　收割庄稼

离开时间　20××年10月3日

返回时间　20××年10月10日

是否准许　是

批 准 人　蒋××

批准时间　20××年10月3日

填发时间　20××年10月3日

填 发 人　陈××

***公安局

准许被取保候审人离开所居市县决定书

（副　本）

×公（刑）准离字〔20××〕3号

被取保候审人＿江××＿，性别＿男＿，出生日期＿19××年×月×日＿，身份证件种类及号码＿居民身份证××××××××××××××××××＿，住址＿××市××县××路××号＿。

该人因涉嫌＿交通肇事＿罪，于＿20××＿年＿7＿月＿21＿日被＿××市××县公安局＿决定取保候审。该人因＿回村收割庄稼＿提出申请，经审查，认为具有正当理由，根据《中华人民共和国刑事诉讼法》第七十一条第一款之规定，决定准许其自＿20××＿年＿10＿月＿3＿日至＿20××＿年＿10＿月＿10＿日离开其所居住的＿××市××县××路××号＿，去往＿××市××县××村＿办理＿收割庄稼＿事宜。

公安局（印）

二〇××年十月三日

此联由取保候审执行机关留存

***公安局

准许被取保候审人离开所居市县决定书

（副　本）

×公（刑）准离字〔20××〕3号

被取保候审人＿江××＿，性别＿男＿，出生日期＿19××年×月×日＿，身份证件种类及号码＿居民身份证××××××××××××××××××＿，住址＿××市××县××路××号＿。

该人因涉嫌＿交通肇事＿罪，于＿20××＿年＿7＿月＿21＿日被＿××市××县公安局＿决定取保候审。该人因＿回村收割庄稼＿提出申请，经审查，认为具有正当理由，根据《中华人民共和国刑事诉讼法》第七十一条第一款之规定，决定准许其自＿20××＿年＿10＿月＿3＿日至＿20××＿年＿10＿月＿10＿日离开其所居住的＿××市××县××路××号＿，去往＿××市××县××村＿办理＿收割庄稼＿事宜。

公安局（印）

二〇××年十月三日

此联交取保候审决定机关

***公安局

准许被取保候审人离开所居市县决定书

（副　本）

×公（刑）准离字〔20××〕3号

被取保候审人＿江××＿，性别＿男＿，出生日期＿19××年×月×日＿，身份证件种类及号码＿居民身份证××××××××××××××××××＿，住址＿××市××县××路××号＿。

该人因涉嫌＿交通肇事＿罪，于＿20××＿年＿7＿月＿21＿日被＿××市××县公安局＿决定取保候审。该人因＿回村收割庄稼＿提出申请，经审查，认为具有正当理由，根据《中华人民共和国刑事诉讼法》第七十一条第一款之规定，决定准许其自＿20××＿年＿10＿月＿3＿日至＿20××＿年＿10＿月＿10＿日离开其所居住的＿××市××县××路××号＿，去往＿××市××县××村＿办理＿收割庄稼＿事宜。

公安局（印）

二〇××年十月三日

此联交被取保候审人

21. 退还保证金决定书、通知书

＊＊＊公安局

退还保证金决定/通知书

（存　根）

×公（　）退保字〔　　〕　　号

案件名称＿＿＿＿＿＿＿＿＿＿＿＿＿＿＿＿

案件编号＿＿＿＿＿＿＿＿＿＿＿＿＿＿＿＿

被取保候审人＿＿＿＿＿＿＿＿＿＿＿＿男/女

出生日期＿＿＿＿＿＿＿＿＿＿＿＿＿＿＿＿

保证金数额（大写）＿＿＿＿＿＿＿＿＿＿＿

退还数额（大写）＿＿＿＿＿＿＿＿＿＿＿＿

办理银行＿＿＿＿＿＿＿＿＿＿＿＿＿＿＿＿

批 准 人＿＿＿＿＿＿＿＿＿＿＿＿＿＿＿＿

批准时间＿＿＿＿＿＿＿＿＿＿＿＿＿＿＿＿

办 案 人＿＿＿＿＿＿＿＿＿＿＿＿＿＿＿＿

办案单位＿＿＿＿＿＿＿＿＿＿＿＿＿＿＿＿

填发时间＿＿＿＿＿＿＿＿＿＿＿＿＿＿＿＿

填 发 人＿＿＿＿＿＿＿＿＿＿＿＿＿＿＿＿

***公安局

退还保证金决定书

（副　本）

×公（　）退保字〔　　〕　号

被取保候审人________，性别____，出生日期________，

住址________________________________。

因被取保候审人在取保候审期间遵守有关规定，根据《中华人民共和国刑事诉讼法》第七十三条之规定，决定退还其交纳的取保候审保证金（大写）____________元。请被取保候审人持此决定书、交款凭证和本人身份证件到________________银行领取。

公安局（印）

年　　月　　日

本决定书已收到。

被取保候审人：　　　　　　（捺指印）

年　　月　　日

此联附卷

* * *公安局

退还保证金决定书

×公（ ）退保字〔 〕 号

被取保候审人________________，性别______，出生日期________，住址____。

因被取保候审人在取保候审期间遵守有关规定，根据《中华人民共和国刑事诉讼法》第七十三条之规定，决定退还其交纳的取保候审保证金（大写）______________________元。请被取保候审人持此决定书、交款凭证和本人身份证件到________________________________银行领取。

公安局（印）

年 月 日

此联交被取保候审人

＊＊＊公安局

退还保证金通知书

×公（ ）退保字〔 〕 号

__________________：

因被取保候审人__________（性别____，出生日期______________，住址____）在取保候审期间遵守有关规定，根据《中华人民共和国刑事诉讼法》第七十三条之规定，我局决定退还其交纳的取保候审保证金（大写）__________________________元。请予以办理。

公安局（印）

年 月 日

此联交银行

***公安局

退还保证金通知书

（回　执）

×公（　）退保字〔　　〕　号

________________：

根据你局通知，我行已退还________________（性别________，出生日期__________，住址________________________________）交纳的取保候审保证金（大写）____________________元。

银行（印）

年　　月　　日

此联由银行填写后退回公安机关，交由取保候审决定机关附卷。

【制作说明】

1. 本文书根据《中华人民共和国刑事诉讼法》第七十三条、《公安机关办理刑事案件程序规定》第一百零一条制定。退还保证金决定书、通知书是公安机关在取保候审结束时对取保候审期间未违反应当遵守的规定的被取保候审人依法退还保证金时使用的文书。对于在取保候审期间未违反取保候审规定但涉嫌重新犯罪被司法机关立案侦查的被取保候审人，负责执行的公安机关应当暂扣其交纳的保证金，待法院判决生效后决定是否没收保证金。

2. 退还保证金决定书、通知书属于多联式填空型文书，该文书由退还保证金决定书正本、副本，退还保证金通知书正本、回执和存根五部分组成。其中，退还保证金决定书正本由侦查机关制作完毕后送达被取保候审人，是被取保候审人到银行领取退还的保证金的凭证。退还保证金决定书副本是公安机关退还保证金的凭证，由被取保候审人在签收栏签名、捺指印并填写签收日期后存入诉讼卷。退还保证金通知书正本是银行办理退还保证金手续的凭证，此联送交指定银行。退还保证金通知书回执是银行已经退还被取保候审人保证金的凭证，由银行填写并加盖印章后退回公安机关，再由公安机关送达被取保候审决定机关附卷。存根是公安机关退还保证金的凭证，由公安机关留存备查。

3. 退还保证金决定书正本的内容主要包括制作机关名称、文书名称、文书字号、被取保候审人基本情况（包括姓名、性别、出生日期和住址）、退还保证金的理由、法律依据、退还数额、办理退还的银行名称、文书制作日期、公安机关名称及印章等。在填写时需注意：

（1）在填写“退还数额”时，要注意只要被取保候审人在取保候审期间未违反应当遵守的规定，就应当全额退还其被取保候审时交纳的保证金，并且退还的保证金数额要大写。

（2）在填写“办理退还的银行名称”时，要填写清楚具体，避免发生银行拒付的情况。

4. 退还保证金决定书副本的内容和填写注意事项与正本相同。但要求被取保候审人在收到退还保证金决定书正本后在副本的签收栏亲笔签名、捺指印并填写签收日期。

5. 退还保证金通知书正本的内容和填写注意事项与退还保证金决定书正本基本相同，在退还保证金通知书有“抬头”栏，填写时要填写办理退还保证金银行的全称。

6. 退还保证金通知书回执的内容主要包括制作机关名称、文书名称、文书字号、抬头、被取保候审人基本情况、已退还的保证金数额、办理退还的银行名称、印章及填写日期等。在填写“抬头”时要填写决定退还保证金的公安机关全称。其他内容按照文书印制内容并参考退还保证金决定书正本的填写要求填写即可。

7. 退还保证金通知书存根按照文书印制的内容和顺序依次填写清楚。

【法律依据】

《中华人民共和国刑事诉讼法》（2018 年 10 月 26 日）

第七十三条 犯罪嫌疑人、被告人在取保候审期间未违反本法第七十一条规定的，取保候审结束的时候，凭解除取保候审的通知或者有关法律文书到银行领取退还的保证金。

《公安机关办理刑事案件程序规定》（2020 年 7 月 20 日）

第一百零一条 被取保候审人在取保候审期间，没有违反本规定第八十九条、第九十条有关规定，也没有重新故意犯罪的，或者具有本规定第一百八十六条规定的情形之一的，在解除取保候审、变更强制措施的同时，公安机关应当制作退还保证金决定书，通知银行如数退还保证金。

被取保候审人可以凭退还保证金决定书到银行领取退还的保证金。被取保候审人委托他人领取的，应当出具委托书。

【文书范例】

***公安局

退还保证金决定/通知书

（存　根）

×公（刑）退保字〔20××〕48号

案件名称＿付××假冒注册商标案＿

案件编号＿××××××××××××＿

被取保候审人＿付××＿　＿男/~~女~~＿

出生日期＿19××年×月×日＿

保证金数额（大写）＿捌仟元＿

退还数额（大写）＿捌仟元＿

办理银行＿××市××区××银行＿

批 准 人＿贾××＿

批准时间＿20××年12月25日＿

办 案 人＿赵××、薛××＿

办案单位＿××市公安局××区分局刑事侦查大队＿

填发时间＿20××年12月25日＿

填 发 人＿赵××＿

＊＊＊公安局

退还保证金决定书

（副　本）

×公（刑）退保字〔20××〕48号

被取保候审人 付×× ，性别 男 ，出生日期 19××年×月×日 ，住址 ××市××区××路××号 。

因被取保候审人在取保候审期间遵守有关规定，根据《中华人民共和国刑事诉讼法》第七十三条之规定，决定退还其交纳的取保候审保证金（大写） 捌仟 元。请被取保候审人持此决定书、交款凭证和本人身份证件到 ××市××区×× 银行领取。

公安局（印）

二〇××年十二月二十五日

本决定书已收到。

被取保候审人：付××（捺指印）

20××年12月25日

此联附卷

***公安局

退还保证金决定书

×公（刑）退保字〔20××〕48号

被取保候审人 付×× ，性别 男 ，出生日期 19××年×月×日 ，住址 ××市××区××路××号 。

因被取保候审人在取保候审期间遵守有关规定，根据《中华人民共和国刑事诉讼法》第七十三条之规定，决定退还其交纳的取保候审保证金（大写） 捌仟 元。请被取保候审人持此决定书、交款凭证和本人身份证件到 ××市××区×× 银行领取。

公安局（印）

二〇××年十二月二十五日

此联交被取保候审人

* * *公安局

退还保证金通知书

×公（刑）退保字〔20××〕48号

××市××区××银行：

因被取保候审人付××（性别男，出生日期19××年×月×日，住址××市××区××路××号）在取保候审期间遵守有关规定，根据《中华人民共和国刑事诉讼法》第七十三条之规定，我局决定退还其交纳的取保候审保证金（大写）捌仟元。请予以办理。

公安局（印）

二〇××年十二月二十五日

此联交银行

* * *公 安 局

退还保证金通知书

（回　执）

×公（刑）退保字〔20××〕48 号

××市公安局××区分局：

根据你局通知，我行已退还 付×× （性别 男 ，出生日期 19××年×月×日 ，住址 ××市××区××路××号 ）交纳的取保候审保证金（大写） 捌仟 元。

银行（印）

二〇××年十二月二十五日

此联由银行填写后退回公安机关，交由取保候审决定机关附卷。

22. 没收保证金决定书、通知书

* * *公安局

没收保证金决定/通知书

（存　根）

×公（　）没保字〔　　〕　号

案件名称＿＿＿＿＿＿＿＿＿＿＿＿＿＿＿＿

案件编号＿＿＿＿＿＿＿＿＿＿＿＿＿＿＿＿

被取保候审人＿＿＿＿＿＿＿＿＿＿＿＿男/女

出生日期＿＿＿＿＿＿＿＿＿＿＿＿＿＿＿＿

单位及职业＿＿＿＿＿＿＿＿＿＿＿＿＿＿＿

取保候审决定机关＿＿＿＿＿＿＿＿＿＿＿＿

保证金数额＿＿＿＿＿＿＿＿＿＿＿＿＿＿＿

没收数额＿＿＿＿＿＿＿＿＿＿＿＿＿＿＿＿

没收原因＿＿＿＿＿＿＿＿＿＿＿＿＿＿＿＿

办理银行＿＿＿＿＿＿＿＿＿＿＿＿＿＿＿＿

批 准 人＿＿＿＿＿＿＿＿＿＿＿＿＿＿＿＿

批准时间＿＿＿＿＿＿＿＿＿＿＿＿＿＿＿＿

办 案 人＿＿＿＿＿＿＿＿＿＿＿＿＿＿＿＿

办案单位＿＿＿＿＿＿＿＿＿＿＿＿＿＿＿＿

填发时间＿＿＿＿＿＿＿＿＿＿＿＿＿＿＿＿

填 发 人＿＿＿＿＿＿＿＿＿＿＿＿＿＿＿＿

＊＊＊公安局

没收保证金决定书

（副　本）

×公（　）没保字〔　　〕　　号

被取保候审人＿＿＿＿＿＿，性别＿＿＿＿，出生日期＿＿＿＿，住址＿＿＿＿＿＿＿＿＿＿＿＿＿＿＿＿＿＿，单位及职业＿＿＿＿＿＿＿＿＿＿＿＿＿＿＿＿。

因被取保候审人在取保候审期间＿＿＿＿＿＿＿＿＿＿＿＿＿＿＿＿＿＿＿＿＿＿＿＿＿＿＿＿＿＿，根据《中华人民共和国刑事诉讼法》第七十一条之规定，决定没收其交纳的取保候审保证金（大写）＿＿＿＿＿＿＿＿元。

如不服本决定，被取保候审人可以在收到决定书之日起五日以内向＿＿＿＿＿＿＿＿＿＿＿＿申请复议一次。

公安局（印）

年　　月　　日

本决定书已收到。

被取保候审人：　　　　　　　　（捺指印）

（被取保候审人在逃的或者具有其他情形不能到场，由其家属、法定代理人、辩护人或单位负责人等签收）

年　　月　　日

此联附卷

***公安局

没收保证金决定书

×公（ ）没保字〔 〕 号

被取保候审人________，性别______，出生日期______，

住址______________________________，

单位及职业______________________________。

因被取保候审人在取保候审期间______________________________

______________________________，

根据《中华人民共和国刑事诉讼法》第七十一条之规定，决定没收其交纳的取保候审保证金（大写）______________元。

如不服本决定，被取保候审人可以在收到决定书之日起五日以内向______________申请复议一次。

公安局（印）

年 月 日

此联交被取保候审人或者其家属、法定代理人、辩护人或其单位等

***公安局

没收保证金通知书

×公（ ）没保字〔 〕 号

______________：

因被取保候审人__________（性别____，出生日期__________，住址______________________________）在取保候审期间______________________________，根据《中华人民共和国刑事诉讼法》第七十一条之规定，决定没收其交纳的取保候审保证金（大写）____________________元。请予以办理。

公安局（印）

年 月 日

此联交银行

*****公安局**

没收保证金通知书

（回　执）

×公（　）没保字〔　　〕　　号

______________：

你单位通知没收被取保候审人______________（性别________，出生日期____________，住址______________________________
____________________）的保证金（大写）______________元，我单位已办理完毕。

银行（印）

年　　月　　日

此联由银行填写后退回公安机关，交由取保候审决定机关附卷。

【制作说明】

1. 本文书根据《中华人民共和国刑事诉讼法》第七十一条第三款、《公安机关办理刑事案件程序规定》第九十六条制定。没收保证金决定书、通知书是公安机关对在取保候审期间违反取保候审应当遵守的规定的被取保候审人，依法没收其交纳的全部或部分保证金时使用的文书。

2. 没收保证金决定书、通知书属于多联式填空型文书，其由没收保证金决定书正本、副本；没收保证金通知书正本、回执和存根五部分组成。其中，没收保证金决定书正本是通知被取保候审人没收保证金和被取保候审人申请复议的凭证，送交被取保候审人或其家属、法定代理人、辩护人或其单位等。没收保证金决定书副本是公安机关没收被取保候审人保证金的凭证，交由取保候审决定机关存入诉讼卷。没收保证金通知书正本是指定银行办理没收保证金手续的凭证，此联送交公安机关指定银行。没收保证金通知书回执是指定银行将保证金没收上缴国库的凭证，由银行填写并加盖印章后退回公安机关保存。

3. 没收保证金决定书正本的内容主要包括制作机关名称、文书名称、文书字号、被取保候审人基本情况、没收保证金事项、复议时间及复议机关、文书制作日期、公安机关名称及印章等内容。在填写时需注意：

（1）在填写“被取保候审人基本情况”时，要填写清楚被取保候审人的姓名、性别、出生日期、住址、单位及职业。

（2）在填写“没收保证金事项”时，包括没收保证金的原因、法律依据、没收保证金数额。其中，没收保证金原因可结合被取保候审人违反取保候审的具体情况并根据《中华人民共和国刑事诉讼法》第七十一条的规定进行填写，如“×××在取保候审期间传讯时不到案”。没收保证金数额要根据被取保候审人在取保候审期间违反取保候审规定的行为的情节轻重，确定没收数额。决定没收五万元以上保证金的，应当经设区的市一级以上公安机关负责人批准。① 在具体填写时保证金数额要大写。

（3）在填写“复议时间及复议机关”时，要注意复议机关为作出没收保证金决定的公安机关。此外，没收保证金的决定已过复议期限，或者复议、复核后维持原决定或者变更没收保证金数额的，公安机关应当及时通知指定

---

① 参见《公安机关办理刑事案件程序规定》第九十七条。

的银行将没收的保证金按照国家的有关规定上缴国库。

4. 没收保证金决定书副本的内容和填写注意事项与正本相同。但要求被取保候审人在收到没收保证金决定书正本后在副本的签收栏亲笔签名、捺指印并填写签收日期。如果被取保候审人在逃的或者具有其他情形不能到场，由其家属、法定代理人、辩护人或单位负责人等签收，如果以上人员拒绝签收，公安机关要在没收保证金决定书副本上注明拒绝签收情况。

5. 没收保证金通知书正本的内容和填写注意事项与没收保证金决定书正本基本相同，在没收保证金通知书有“抬头”栏，填写时要填写指定银行的名称。

6. 没收保证金通知书回执的内容与没收保证金通知书正本基本相同，可参照其填写要求进行填写。但要注意在填写“抬头”时要填写决定没收保证金的公安机关全称，回执加盖印章应为指定银行的印章。

7. 没收保证金通知书存根按照文书印制的内容和顺序依次填写清楚。

【法律依据】

《中华人民共和国刑事诉讼法》（2018 年 10 月 26 日）

第七十一条第三款 被取保候审的犯罪嫌疑人、被告人违反前两款规定，已交纳保证金的，没收部分或者全部保证金，并且区别情形，责令犯罪嫌疑人、被告人具结悔过，重新交纳保证金、提出保证人，或者监视居住、予以逮捕。

《公安机关办理刑事案件程序规定》（2020 年 7 月 20 日）

第九十六条 被取保候审人在取保候审期间违反本规定第八十九条、第九十条规定，已交纳保证金的，公安机关应当根据其违反规定的情节，决定没收部分或者全部保证金，并且区别情形，责令其具结悔过、重新交纳保证金、提出保证人，变更强制措施或者给予治安管理处罚；需要予以逮捕的，可以对其先行拘留。

人民法院、人民检察院决定取保候审的，被取保候审人违反应当遵守的规定，负责执行的派出所应当及时通知决定取保候审的机关。

第九十七条 需要没收保证金的，应当经过严格审核后，报县级以上公安机关负责人批准，制作没收保证金决定书。

决定没收五万元以上保证金的，应当经设区的市一级以上公安机关负责人批准。

第九十八条 没收保证金的决定，公安机关应当在三日以内向被取保候审人宣读，并责令其在没收保证金决定书上签名、捺指印；被取保候审人在逃或者具有其他情形不能到场的，应当向其成年家属、法定代理人、辩护人或者单位、居住地的居民委员会、村民委员会宣布，由其成年家属、法定代理人、辩护人或者单位、居住地的居民委员会或者村民委员会的负责人在没收保证金决定书上签名。

被取保候审人或者其成年家属、法定代理人、辩护人或者单位、居民委员会、村民委员会负责人拒绝签名的，公安机关应当在没收保证金决定书上注明。

第九十九条 公安机关在宣读没收保证金决定书时，应当告知如果对没收保证金的决定不服，被取保候审人或者其法定代理人可以在五日以内向作出决定的公安机关申请复议。公安机关应当在收到复议申请后七日以内作出决定。

被取保候审人或者其法定代理人对复议决定不服的，可以在收到复议决定书后五日以内向上一级公安机关申请复核一次。上一级公安机关应当在收到复核申请后七日以内作出决定。对上级公安机关撤销或者变更没收保证金决定的，下级公安机关应当执行。

第一百条 没收保证金的决定已过复议期限，或者复议、复核后维持原决定或者变更没收保证金数额的，公安机关应当及时通知指定的银行将没收的保证金按照国家的有关规定上缴国库。人民法院、人民检察院决定取保候审的，还应当在三日以内通知决定取保候审的机关。

23. 对保证人罚款决定书、通知书

***公安局

对保证人罚款决定/通知书

（存　根）

×公（　）保罚字〔　　〕　号

案件名称＿＿＿＿＿＿＿＿＿＿＿＿＿＿＿＿＿＿＿＿

案件编号＿＿＿＿＿＿＿＿＿＿＿＿＿＿＿＿＿＿＿＿

保 证 人＿＿＿＿＿＿＿＿＿＿＿＿＿＿＿＿＿＿男/女

出生日期＿＿＿＿＿＿＿＿＿＿＿＿＿＿＿＿＿＿＿＿

住　　址＿＿＿＿＿＿＿＿＿＿＿＿＿＿＿＿＿＿＿＿

被取保候审人＿＿＿＿＿＿＿＿＿＿＿＿＿＿＿男/女

出生日期＿＿＿＿＿＿＿＿＿＿＿＿＿＿＿＿＿＿＿＿

取保候审决定机关＿＿＿＿＿＿＿＿＿＿＿＿＿＿＿＿

罚款原因＿＿＿＿＿＿＿＿＿＿＿＿＿＿＿＿＿＿＿＿

罚款数额（大写）＿＿＿＿＿＿＿＿＿＿＿＿＿＿＿＿

批 准 人＿＿＿＿＿＿＿＿＿＿＿＿＿＿＿＿＿＿＿＿

批准时间＿＿＿＿＿＿＿＿＿＿＿＿＿＿＿＿＿＿＿＿

办 案 人＿＿＿＿＿＿＿＿＿＿＿＿＿＿＿＿＿＿＿＿

办案单位＿＿＿＿＿＿＿＿＿＿＿＿＿＿＿＿＿＿＿＿

填发时间＿＿＿＿＿＿＿＿＿＿＿＿＿＿＿＿＿＿＿＿

填 发 人＿＿＿＿＿＿＿＿＿＿＿＿＿＿＿＿＿＿＿＿

＊＊＊公安局

对保证人罚款决定书

（副　本）

×公（　）保罚字〔　　〕　号

保证人＿＿＿＿＿＿＿，性别＿＿＿，出生日期＿＿＿＿＿＿＿＿，住址＿＿＿＿＿＿＿＿＿＿＿＿＿＿＿＿＿＿＿＿＿＿＿＿＿＿＿＿＿。

被取保候审人＿＿＿＿＿＿＿，性别＿＿，出生日期＿＿＿＿＿＿，住址＿＿＿＿＿＿＿＿＿＿＿＿＿＿＿＿＿＿＿＿＿＿＿＿＿＿＿＿＿。

因被取保候审人在取保候审期间＿＿＿＿＿＿＿＿＿＿＿＿＿＿＿＿＿＿＿＿＿＿＿＿＿＿，违反《中华人民共和国刑事诉讼法》第七十一条的规定，保证人未履行保证义务，根据《中华人民共和国刑事诉讼法》第七十条之规定，决定对保证人处以罚款（大写）＿＿＿＿＿元。

如不服本决定，保证人可以在收到决定书之日起五日以内向＿＿＿＿＿＿＿＿＿＿＿＿＿＿＿＿＿＿＿＿＿申请复议一次。

公安局（印）

年　　月　　日

本决定书已收到。

保证人：　　　　　（捺指印）

年　月　日

此联附卷

*****公安局**

对保证人罚款决定书

×公（ ）保罚字〔 〕 号

保证人＿＿＿＿＿＿＿，性别＿＿＿，出生日期＿＿＿＿＿＿＿＿，住址＿＿＿＿＿＿＿＿＿＿＿＿＿＿＿＿＿＿＿＿＿＿＿＿＿＿＿＿。

被取保候审人＿＿＿＿＿＿＿，性别＿＿，出生日期＿＿＿＿＿＿，住址＿＿＿＿＿＿＿＿＿＿＿＿＿＿＿＿＿＿＿＿＿＿＿＿＿＿＿＿。

因被取保候审人在取保候审期间＿＿＿＿＿＿＿＿＿＿＿＿＿＿＿＿＿＿＿＿＿＿＿＿＿＿，违反《中华人民共和国刑事诉讼法》第七十一条的规定，保证人未履行保证义务，根据《中华人民共和国刑事诉讼法》第七十条之规定，决定对保证人处以罚款（大写）＿＿＿＿＿元。

如不服本决定，保证人可以在收到决定书之日起五日以内向＿＿＿＿＿＿＿＿＿＿＿＿＿＿＿＿＿＿＿＿＿＿＿申请复议一次。

公安局（印）

年 月 日

此联交保证人

*****公安局**

对保证人罚款通知书

×公（　）保罚字〔　　〕　号

________________：

你局（院）于______年_____月_____日以______________字〔_____〕_____号决定书对犯罪嫌疑人____________（性别_____，出生日期_____________，住址____）取保候审，保证人____________，性别_____，出生日期____________，住址_________________________。

因被取保候审人在取保候审期间_____________________，违反《中华人民共和国刑事诉讼法》第七十一条的规定，保证人未履行保证义务，根据《中华人民共和国刑事诉讼法》第七十条之规定，决定对保证人处以罚款（大写）______________元。

公安局（印）

年　　月　　日

此联交取保候审决定机关

【制作说明】

1. 本文书根据《中华人民共和国刑事诉讼法》第七十条、《公安机关办理刑事案件程序规定》第一百零三条制定。对保证人罚款决定书、通知书是被取保候审人在取保候审期间有违反应当遵守的规定的行为，而保证人未履行保证义务，公安机关对保证人依法处以罚款时使用的文书。该文书适用于被公安机关、人民检察院和人民法院决定取保候审的犯罪嫌疑人、被告人的保证人。

2. 对保证人罚款决定书、通知书属于多联式填空型文书，其由对保证人罚款决定书正本、副本，对保证人罚款通知书和存根四部分组成。其中，对保证人罚款决定书正本是公安机关通知保证人罚款决定和保证人申请复议的凭证，此联交由保证人收执。对保证人罚款决定书副本是公安机关对保证人罚款并告知其申请复议等事项的凭证，在侦查终结时存入诉讼卷。对保证人罚款通知书是取保候审执行机关将对保证人所作罚款决定告知取保候审决定机关的凭证，此联交由取保候审决定机关收存。

3. 对保证人罚款决定书正本的内容主要包括制作机关名称、文书名称、文书字号、保证人及被取保候审人的基本情况、被取保候审人违反规定的情况、对保证人罚款的原因及罚款数额、复议时间及复议机关、文书制作日期、公安机关名称及印章等。在填写时需注意：

（1）在填写“保证人及被取保候审人基本情况”时，要按照文书印制内容将姓名、性别、出生日期、住址等内容填写清楚。

（2）在填写“被取保候审人违反规定的情况”时，可根据《中华人民共和国刑事诉讼法》第七十一条的规定写明被取保候审人的具体行为，如“未经批准离开所居住的市、县”等。

（3）在填写“对保证人罚款的数额”时，要注意罚款数额应当根据《公安机关办理刑事案件程序规定》第一百零三条规定的罚款数额为“一千元以上两万元以下”确定，具体数额应当大写。

（4）在填写“复议时间及复议机关”时，文书已将复议时间印制好，复议机关要填写为做出罚款决定的公安机关。

4. 对保证人罚款决定书副本的内容与填写注意事项与正本相同，可参照填写。但要在对保证人罚款决定书正本送达保证人后，由保证人在副本“签收栏”签名、捺指印并填写签收日期。

5. 对保证人罚款通知书的内容主要包括制作机关名称、文书名称、文书字号、抬头、被取保候审时间、被取保候审决定书文号、保证人及被取保候审人的基本情况、被取保候审人违反规定的情况、对保证人罚款的原因及罚款数额、文书制作日期、公安机关名称及印章等。在填写“抬头”时需注意要填写取保候审决定机关名称，其他内容可参照对保证人罚款决定书内容进行填写。此外，根据《公安机关办理刑事案件程序规定》第一百零五条的规定，如果作出取保候审决定的机关是公安机关，则不需要填写对保证人罚款通知书。

6. 对保证人罚款存根按照文书印制内容和顺序依次进行填写即可，由公安机关留存备查。

【法律依据】

《中华人民共和国刑事诉讼法》（2018 年 10 月 26 日）

第七十条 保证人应当履行以下义务：

（一）监督被保证人遵守本法第七十一条的规定；

（二）发现被保证人可能发生或者已经发生违反本法第七十一条规定的行为的，应当及时向执行机关报告。

被保证人有违反本法第七十一条规定的行为，保证人未履行保证义务的，对保证人处以罚款，构成犯罪的，依法追究刑事责任。

《公安机关办理刑事案件程序规定》（2020 年 7 月 20 日）

第一百零三条 被保证人违反应当遵守的规定，保证人未履行保证义务的，查证属实后，经县级以上公安机关负责人批准，对保证人处一千元以上二万元以下罚款；构成犯罪的，依法追究刑事责任。

第一百零四条 决定对保证人罚款的，应当报经县级以上公安机关负责人批准，制作对保证人罚款决定书，在三日以内送达保证人，告知其如果对罚款决定不服，可以在收到决定书之日起五日以内向作出决定的公安机关申请复议。公安机关应当在收到复议申请后七日以内作出决定。

保证人对复议决定不服的，可以在收到复议决定书后五日以内向上一级公安机关申请复核一次。上一级公安机关应当在收到复核申请后七日以内作出决定。对上级公安机关撤销或者变更罚款决定的，下级公安机关应当执行。

第一百零五条 对于保证人罚款的决定已过复议期限，或者复议、复核后维持原决定或者变更罚款数额的，公安机关应当及时通知指定的银行将保证人罚款按照国家的有关规定上缴国库。人民法院、人民检察院决定取保候审的，还应当在三日以内通知决定取保候审的机关。

【文书范例】

*****公安局**

对保证人罚款决定/通知书

（存　根）

×公（刑）保罚字〔20××〕35号

案件名称　葛××破坏选举案

案件编号　××××××××××

保 证 人　刘××　　男/女

出生日期　19××年×月×日

住　　址　××市××县××镇××小区××号楼××单元403室

被取保候审人　葛××　　男/女

出生日期　19××年×月×日

取保候审决定机关　××市公安局××区分局

罚款原因　被保证人住址发生变动，未在二十小时内向执行机关报告，保证人未履行保证义务。

罚款数额（大写）　伍仟元

批 准 人　刘××

批准时间　20××年10月18日

办 案 人　崔××、裘××

办案单位　××市公安局××区分局刑事侦查大队

填发时间　20××年10月18日

填 发 人　崔××

＊＊＊公安局

对保证人罚款决定书

（副　本）

×公（刑）保罚字〔20××〕35号

保证人 刘×× ，性别 男 ，出生日期 19××年×月×日 ，住址 ××市××县××镇××小区××号楼××单元403室 。

被取保候审人 葛×× ，性别 男 ，出生日期 19××年×月×日 ，住址 ××市××区××路××号 。

因被取保候审人在取保候审期间 未在二十四小时内向执行机关报告其发生变动的住址 ，违反《中华人民共和国刑事诉讼法》第七十一条的规定，保证人未履行保证义务，根据《中华人民共和国刑事诉讼法》第七十条之规定，决定对保证人处以罚款（大写） 伍仟 元。

如不服本决定，保证人可以在收到决定书之日起五日以内向 我局 申请复议一次。

公安局（印）

二〇××年十月十八日

本决定书已收到。

保证人：刘××　（捺指印）

20××年10月18日

此联附卷

***公安局

对保证人罚款决定书

×公（刑）保罚字〔20××〕35号

保证人 刘×× ，性别 男 ，出生日期 19××年×月×日 ，住址 ××市××县××镇××小区××号楼××单元403室 。

被取保候审人 葛×× ，性别 男 ，出生日期 19××年×月×日 ，住址 ××市××区××路××号 。

因被取保候审人在取保候审期间 未在二十四小时内向执行机关报告其发生变动的住址 ，违反《中华人民共和国刑事诉讼法》第七十一条的规定，保证人未履行保证义务，根据《中华人民共和国刑事诉讼法》第七十条之规定，决定对保证人处以罚款（大写） 伍仟 元。

如不服本决定，保证人可以在收到决定书之日起五日以内向 我局 申请复议一次。

公安局（印）

二〇××年十月十八日

此联交保证人

***公安局

对保证人罚款通知书①

×公（ ）保罚字〔 〕 号

________________：

你局（院）于______年____月____日以_______字〔____〕____号决定书对犯罪嫌疑人________（性别____，出生日期_______，住址____________________________）取保候审，保证人________，性别____，出生日期______，住址______________________。

因被取保候审人在取保候审期间________________________________，违反《中华人民共和国刑事诉讼法》第七十一条的规定，保证人未履行保证义务，根据《中华人民共和国刑事诉讼法》第七十条之规定，决定对保证人处以罚款（大写）__________元。

公安局（印）

年 月 日

此联交取保候审决定机关

① 如果取保候审决定机关是公安机关则此联不用填写（请参见制作说明）。

24. 责令具结悔过决定书

＊＊＊公安局

责令具结悔过决定书

（存　根）

×公（　）责具字〔　　〕　　号

案件名称________________

案件编号________________

被取保候审人________________男/女

出生日期________________

住　　址________________

具结悔过原　　因________________

批 准 人________________

批准时间________________

办 案 人________________

办案单位________________

填发时间________________

填 发 人________________

***公安局

责令具结悔过决定书

（副　本）

×公（　）责具字〔　　〕　号

被取保候审人__________，性别_____，出生日期__________，住址______________________________。

因被取保候审人在取保候审期间____，根据《中华人民共和国刑事诉讼法》第七十一条之规定，决定责令其具结悔过，并在接到本决定书之日起__________日内将悔过书交我局。

公安局（印）

年　　月　　日

本决定书已收到。

被取保候审人：　　　　　　（捺指印）

年　　月　　日

此联附卷

* * *公安局

责令具结悔过决定书

×公（ ）责具字〔 〕 号

被取保候审人____________，性别____，出生日期____________，住址____。

因被取保候审人在取保候审期间____，根据《中华人民共和国刑事诉讼法》第七十一条之规定，决定责令其具结悔过，并在接到本决定书之日起____________日内将悔过书交我局。

公安局（印）

年 月 日

此联交被取保候审人

【制作说明】

1. 本文书根据《中华人民共和国刑事诉讼法》第七十一条、《公安机关办理刑事案件程序规定》第九十六条制定。责令具结悔过决定书是公安机关对在取保候审期间违反取保候审规定的犯罪嫌疑人、被告人责令具结悔过时所使用的文书。本文书适用于公安机关、人民检察院、人民法院决定取保候审的犯罪嫌疑人和被告人。

2. 责令具结悔过决定书属于多联式填空型文书，其由正本、副本和存根三部分组成。其中，正本是责令被取保候审人具结悔过的凭证，送交被取保候审人收执。副本是公安机关责令被取保候审人具结悔过的凭证，在侦查终结时存入诉讼卷。存根由公安机关留存备查。

3. 责令具结悔过决定书正本的内容主要包括制作机关名称、文书名称、文书字号、被取保候审人的基本情况、责令具结悔过原因、限期交悔过书的时间、制作文书日期、公安机关名称及印章等。在填写时需注意：

（1）在填写“责令具结悔过原因”时，可根据《中华人民共和国刑事诉讼法》第七十一条的规定并结合被取保候审人违反规定的行为进行填写，如“干扰证人作案”“传讯的时候未及时到案”等。

（2）在填写“限期交悔过书的时间”时，一般应当填写为在接到具结悔过决定书之日起三日以内将悔过书交到公安机关。

4. 责令具结悔过书副本的内容和填写注意事项与正本相同，可参照填写，但要在责令具结悔过决定书正本送达被取保候审人后，由被取保候审人在副本“签收栏”签名、捺指印并填写签收日期。

5. 责令具结悔过决定书存根按照文书印制内容和顺序依次填写即可。

【法律依据】

《中华人民共和国刑事诉讼法》（2018 年 10 月 26 日）

第七十一条第三款 被取保候审的犯罪嫌疑人、被告人违反前两款规定，已交纳保证金的，没收部分或者全部保证金，并且区别情形，责令犯罪嫌疑人、被告人具结悔过，重新交纳保证金、提出保证人，或者监视居住、予以逮捕。

《公安机关办理刑事案件程序规定》（2020 年 7 月 20 日）

第九十六条 被取保候审人在取保候审期间违反本规定第八十九条、第九十条规定，已交纳保证金的，公安机关应当根据其违反规定的情节，决定没收部分或者全部保证金，并且区别情形，责令其具结悔过、重新交纳保证金、提出保证人，变更强制措施或者给予治安管理处罚；需要予以逮捕的，可以对其先行拘留。

人民法院、人民检察院决定取保候审的，被取保候审人违反应当遵守的规定，负责执行的派出所应当及时通知决定取保候审的机关。

25. 解除取保候审决定书、通知书

***公安局

解除取保候审决定/通知书

（存　根）

×公（　）解保字〔　　〕　号

案件名称________________

案件编号________________

被取保候审人________________男/女

出生日期________________

住　　址________________

取保方式________________

执行机关________________

取保候审
决定时间________________

解除原因________________

批 准 人________________

批准时间________________

办 案 人________________

办案单位________________

填发时间________________

填 发 人________________

＊＊＊公安局

解除取保候审决定书

（副　本）

×公（　）解保字〔　　〕　号

被取保候审人＿＿＿＿＿＿＿＿，性别＿＿，出生日期＿＿＿＿，住址＿＿＿＿＿＿＿＿＿＿＿＿＿＿＿＿＿＿＿＿＿＿＿＿＿＿。

我局于＿＿＿＿年＿＿＿＿月＿＿＿＿日起对其执行取保候审，现因＿＿＿＿＿＿＿＿＿＿＿＿＿＿＿＿＿＿＿＿＿＿＿＿＿＿，根据《中华人民共和国刑事诉讼法》第七十九条第二款之规定，决定予以解除。

公安局（印）

年　　月　　日

本决定书已收到。

被取保候审人：　　　　　（捺指印）

年　　月　　日

此联附卷

＊＊＊公安局

解除取保候审决定书

×公（ ）解保字〔 〕 号

被取保候审人______________，性别_____，出生日期______________，

住址____。

我局于___________年________月________日起对其执行取保候审，现因____，根据《中华人民共和国刑事诉讼法》第七十九条第二款之规定，决定予以解除。

公安局（印）

年 月 日

此联交被取保候审人

＊＊＊公安局

解除取保候审通知书

×公（ ）解保字〔 〕 号

_______________：

我局于______年______月______日决定对犯罪嫌疑人__________（性别__________，出生日期____________________，住址______________________________）取保候审，现因______________________________，根据《中华人民共和国刑事诉讼法》第七十九条第二款之规定，决定解除对其取保候审，并解除你的保证义务。

公安局（印）

年 月 日

此联交保证人

***公安局

解除取保候审通知书

×公（ ）解保字〔 〕 号

________________：

我局于______年_____月_____日决定对犯罪嫌疑人__________（性别______________，出生日期____________________，住址________________________________）取保候审，现因______________________________________，根据《中华人民共和国刑事诉讼法》第七十九条第二款之规定，决定予以解除。

特此通知。

公安局（印）

年 月 日

此联交执行机关

【制作说明】

1. 本文书根据《中华人民共和国刑事诉讼法》第七十九条第二款、《公安机关办理刑事案件程序规定》第一百零七条制定。解除取保候审决定书、通知书是公安机关对符合解除取保候审情形的犯罪嫌疑人依法决定解除取保候审强制措施时使用的文书。该文书由原作出取保候审决定的机关制作。

2. 解除取保候审决定书、通知书属于多联式填空型文书，其由解除取保候审决定书正本、副本，解除取保候审通知书交保证人联、交执行机关联和存根五部分组成。其中，解除取保候审决定书正本是被取保候审人被解除取保候审的凭证，送交被取保候审人收执。解除取保候审决定书副本是公安机关解除取保候审的凭证，此联存入诉讼卷。解除取保候审通知书交保证人联是保证人被解除保证义务的凭证。解除取保候审通知书交执行机关联是执行机关解除对被取保候审人监督管理的凭证。

3. 解除取保候审决定书正本的内容主要包括制作机关名称、文书名称、文书字号、被取保候审人基本情况、取保候审的日期、解除取保候审的原因、文书制作日期、公安机关名称及印章等内容。在填写时需注意：

（1）在填写“被取保候审人基本情况”时，要写清楚被取保候审人的姓名、性别、出生日期、住址。

（2）在填写“取保候审的日期”时，要与取保候审决定书注明的起算日期一致。

（3）在填写“解除取保候审的原因”时，要结合案件的具体情况进行填写，如“取保候审期限届满”、“不应当追究刑事责任”或者“案件被撤销”。

4. 解除取保候审决定书副本的内容和填写注意事项与正本相同，但被取保候审人要在收到解除取保候审决定书正本后在副本的签收栏亲笔签名、捺指印并填写签收日期。

5. 解除取保候审通知书交保证人联的内容主要包括制作机关名称、文书名称、文书字号、抬头、取保候审的日期、被取保候审人基本情况、解除取保候审的原因、文书制作日期、公安机关名称及印章等。在填写“抬头”栏时，要填写保证人姓名，其他内容可参照解除取保候审决定书正本的填写注意事项进行填写。该联由执行机关向保证人宣布，解除保证人的担保义务。

6. 解除取保候审通知书交执行机关联的内容与交保证人联基本一致，可参照其填写要求进行填写。但在填写“抬头”时要填写对犯罪嫌疑人执行取保候审的派出所名称。

7. 解除取保候审决定书、通知书存根按照文书印制的内容和顺序依次填写清楚即可，由公安机关留存备查。

【法律依据】

《中华人民共和国刑事诉讼法》（2018 年 10 月 26 日）

第七十九条第二款 在取保候审、监视居住期间，不得中断对案件的侦查、起诉和审理。对于发现不应当追究刑事责任或者取保候审、监视居住期限届满的，应当及时解除取保候审、监视居住。解除取保候审、监视居住，应当及时通知被取保候审、监视居住人和有关单位。

《公安机关办理刑事案件程序规定》（2020 年 7 月 20 日）

第一百零七条 公安机关在取保候审期间不得中断对案件的侦查，对取保候审的犯罪嫌疑人，根据案情变化，应当及时变更强制措施或者解除取保候审。

取保候审最长不得超过十二个月。

第一百零八条 需要解除取保候审的，应当经县级以上公安机关负责人批准，制作解除取保候审决定书、通知书，并及时通知负责执行的派出所、被取保候审人、保证人和有关单位。

人民法院、人民检察院作出解除取保候审决定的，负责执行的公安机关应当根据决定书及时解除取保候审，并通知被取保候审人、保证人和有关单位。

第一百六十二条 取保候审变更为监视居住的，取保候审、监视居住变更为拘留、逮捕的，对原强制措施不再办理解除法律手续。

26. 监视居住决定书、执行通知书

＊＊＊公安局

监视居住决定书/执行通知书

（存　根）

×公（　）监居字〔　　〕　　号

案件名称______________________

案件编号______________________

被监视居住人__________________男/女

出生日期______________________

住　　址______________________

监视居住原因__________________

监视居住地点__________________

指定居所__________是　/　否__________

起算时间______________________

执行机关______________________

批 准 人______________________

批准时间______________________

办 案 人______________________

办案单位______________________

填发时间______________________

填 发 人______________________

***公安局

监视居住决定书

（副　本）

×公（　）监居字〔　　〕　号

犯罪嫌疑人＿＿＿＿＿＿，性别＿＿，出生日期＿＿＿＿＿＿，住址＿＿＿＿＿＿＿＿＿＿＿＿＿＿＿＿＿＿＿＿＿＿＿＿＿＿。

我局正在侦查＿＿＿＿＿＿＿＿＿＿案，因＿＿＿＿＿＿＿＿＿＿＿＿＿＿＿＿＿＿＿＿，根据《中华人民共和国刑事诉讼法》第＿＿＿＿条之规定，决定在＿＿＿＿＿＿＿＿＿＿＿＿＿＿＿＿＿＿＿＿对犯罪嫌疑人＿监视居住/指定居所监视居住＿，由＿＿＿＿＿＿＿＿负责执行，监视居住期限从＿＿＿＿年＿＿＿＿月＿＿＿＿日起算。

在监视居住期间，被监视居住人应当遵守下列规定：

一、未经执行机关批准不得离开执行监视居住的处所；

二、未经执行机关批准不得会见他人或者通信；

三、在传讯的时候及时到案；

四、不得以任何形式干扰证人作证；

五、不得毁灭、伪造证据或者串供；

六、将护照等出入境证件、身份证件、驾驶证件交执行机关保存。

如果被监视居住人违反以上规定，情节严重的，可以予以逮捕；需要予以逮捕的，可以先行拘留。

公安局（印）

年　　月　　日

本决定书已收到。

被监视居住人：　　　　　　　（捺指印）

年　　月　　日

此联附卷

***公安局

监视居住决定书

×公（ ）监居字〔 〕 号

犯罪嫌疑人________，性别____，出生日期______，住址________________。

我局正在侦查________案，因________________，根据《中华人民共和国刑事诉讼法》第____条之规定，决定在________________对犯罪嫌疑人_监视居住/指定居所监视居住_，由________负责执行，监视居住期限从____年___月___日起算。

在监视居住期间，被监视居住人应当遵守下列规定：

一、未经执行机关批准不得离开执行监视居住的处所；

二、未经执行机关批准不得会见他人或者通信；

三、在传讯的时候及时到案；

四、不得以任何形式干扰证人作证；

五、不得毁灭、伪造证据或者串供；

六、将护照等出入境证件、身份证件、驾驶证件交执行机关保存。

如果被监视居住人违反以上规定，情节严重的，可以予以逮捕；需要予以逮捕的，可以先行拘留。

公安局（印）

年 月 日

此联交被监视居住人

***公安局
监视居住执行通知书

×公（ ）监居字〔 〕 号

________________：

因____，我局决定在__________________________________对涉嫌__________罪的犯罪嫌疑人__________（性别____，出生日期__________，住址__________________________________）监视居住/指定居所监视居住，交由你单位执行，监视居住期限从______年_____月_____日起算。

在监视居住期间，执行机关监督被监视居住人遵守下列规定：

一、未经执行机关批准不得离开执行监视居住的处所；

二、未经执行机关批准不得会见他人或者通信；

三、在传讯的时候及时到案；

四、不得以任何形式干扰证人作证；

五、不得毁灭、伪造证据或者串供；

六、将护照等出入境证件、身份证件、驾驶证件交执行机关保存。

如果被监视居住人违反以上规定，情节严重的，可以予以逮捕；需要予以逮捕的，可以先行拘留。

属于律师会见需经许可的案件：是/否

公安局（印）

年 月 日

此联交执行机关

【制作说明】

1. 本文书根据《中华人民共和国刑事诉讼法》第六十六条、《公安机关办理刑事案件程序规定》第一百一十条制定。监视居住决定书、执行通知书是公安机关在侦查过程中依法决定对犯罪嫌疑人采取监视居住强制措施时使用的文书。

2. 监视居住决定书、执行通知书属于多联式填空型文书，其由监视居住决定书正本、副本，监视居住执行通知书和存根四部分组成。其中，监视居住决定书正本是告知犯罪嫌疑人决定对其采取监视居住强制措施的凭证，送交被采取监视居住的犯罪嫌疑人。监视居住决定书副本是公安机关采取监视居住的凭证，此联在侦查终结时存入诉讼卷。监视居住执行通知书是监视居住执行机关监督管理被监视居住人的依据，此联交由执行机关收执。

3. 监视居住决定书正本的内容主要包括制作机关名称、文书名称、文书字号、犯罪嫌疑人基本情况、案件名称、监视居住的原因、法律依据、监视居住的地点、监视居住的类型、监视居住执行机关、监视居住期间起算时间、监视居住期间应当遵守的规定、文书制作日期、公安机关名称及印章等内容。在填写时需注意：

（1）在填写“犯罪嫌疑人基本情况”时，要写清楚犯罪嫌疑人的姓名、性别、出生日期、住址。

（2）在填写“监视居住的原因和法律依据”时，要结合案件中犯罪嫌疑人的具体情况并根据《中华人民共和国刑事诉讼法》第七十一条第三款、第七十五条、第九十一条第三款等规定的内容进行填写，如果是指定居所监视居住的，还要同时引用《中华人民共和国刑事诉讼法》第七十五条的规定。

（3）在填写“监视居住的地点和监视居住的类型”时，要根据案件具体情形和犯罪嫌疑人的实际情况，选择适用监视居住或指定居所监视居住，并用删除线划去未被选择的类型，如在住处执行监视居住的，则选择适用“监视居住”，在指定居所执行监视居住的，则选择适用“执行居所监视居住”。对于监视居住的具体地点要进行详细填写，如“××市××区××路××号”。

（4）在填写“执行机关”时，要填写具体负责执行监视居住的派出所或办案单位名称，如“××市公安局××区公安分局××派出所”。

（5）在填写“监视居住期限起算时间”时，要与监视居住决定日期保持一致。

4. 监视居住决定书副本的内容和填写注意事项与正本相同，但被监视居住人要在公安机关向其宣读监视居住决定书后在副本的签收栏亲笔签名、捺指印并填写签收日期。

5. 监视居住通知书的内容主要包括制作机关名称、文书名称、文书字号、抬头、监视居住的原因、监视居住的地点、案件名称、犯罪嫌疑人的基本情况、监视居住的类型、监视居住期限起算时间、监视居住期间应当遵守的规定、是否属于律师会见需经许可的案件、文书制作日期、公安机关名称及印章等。在填写时需注意：

（1）在填写“抬头”栏时，要填写负责执行监视居住的派出所或办案单位名称。

（2）在填写“是否属于律师会见需经许可的案件”时，要结合案件性质及实际情况，并根据《中华人民共和国刑事诉讼法》第三十九条的规定进行选择，对于未被选择项用删除线划去即可。其他内容可参照监视居住决定书正本的填写注意事项进行填写。

6. 监视居住决定书、通知书存根按照文书印制的内容和顺序依次填写清楚即可，由公安机关留存备查。

【法律依据】

《中华人民共和国刑事诉讼法》（2018 年 10 月 26 日）

第三十九条 辩护律师可以同在押的犯罪嫌疑人、被告人会见和通信。其他辩护人经人民法院、人民检察院许可，也可以同在押的犯罪嫌疑人、被告人会见和通信。

辩护律师持律师执业证书、律师事务所证明和委托书或者法律援助公函要求会见在押的犯罪嫌疑人、被告人的，看守所应当及时安排会见，至迟不得超过四十八小时。

危害国家安全犯罪、恐怖活动犯罪案件，在侦查期间辩护律师会见在押的犯罪嫌疑人，应当经侦查机关许可。上述案件，侦查机关应当事先通知看守所。

辩护律师会见在押的犯罪嫌疑人、被告人，可以了解案件有关情况，提供法律咨询等；自案件移送审查起诉之日起，可以向犯罪嫌疑人、被告人核实有关证据。辩护律师会见犯罪嫌疑人、被告人时不被监听。

辩护律师同被监视居住的犯罪嫌疑人、被告人会见、通信，适用第一款、第三款、第四款的规定。

第六十六条 人民法院、人民检察院和公安机关根据案件情况，对犯罪嫌疑人、被告人可以拘传、取保候审或者监视居住。

第七十一条第三款 被取保候审的犯罪嫌疑人、被告人违反前两款规定，已交纳保证金的，没收部分或者全部保证金，并且区别情形，责令犯罪嫌疑人、被告人具结悔过，重新交纳保证金、提出保证人，或者监视居住、予以逮捕。

第七十四条 人民法院、人民检察院和公安机关对符合逮捕条件，有下列情形之一的犯罪嫌疑人、被告人，可以监视居住：

（一）患有严重疾病、生活不能自理的；

（二）怀孕或者正在哺乳自己婴儿的妇女；

（三）系生活不能自理的人的唯一扶养人；

（四）因为案件的特殊情况或者办理案件的需要，采取监视居住措施更为适宜的；

（五）羁押期限届满，案件尚未办结，需要采取监视居住措施的。

对符合取保候审条件，但犯罪嫌疑人、被告人不能提出保证人，也不交纳保证金的，可以监视居住。

监视居住由公安机关执行。

第七十五条 监视居住应当在犯罪嫌疑人、被告人的住处执行；无固定住处的，可以在指定的居所执行。对于涉嫌危害国家安全犯罪、恐怖活动犯罪，在住处执行可能有碍侦查的，经上一级公安机关批准，也可以在指定的居所执行。但是，不得在羁押场所、专门的办案场所执行。

指定居所监视居住的，除无法通知的以外，应当在执行监视居住后二十四小时以内，通知被监视居住人的家属。

被监视居住的犯罪嫌疑人、被告人委托辩护人，适用本法第三十四条的规定。

人民检察院对指定居所监视居住的决定和执行是否合法实行监督。

第七十七条 被监视居住的犯罪嫌疑人、被告人应当遵守以下规定：

（一）未经执行机关批准不得离开执行监视居住的处所；

（二）未经执行机关批准不得会见他人或者通信；

（三）在传讯的时候及时到案；

（四）不得以任何形式干扰证人作证；

（五）不得毁灭、伪造证据或者串供；

（六）将护照等出入境证件、身份证件、驾驶证件交执行机关保存。

被监视居住的犯罪嫌疑人、被告人违反前款规定，情节严重的，可以予以逮捕；需要予以逮捕的，可以对犯罪嫌疑人、被告人先行拘留。

第九十一条第三款 人民检察院应当自接到公安机关提请批准逮捕书后的七日以内，作出批准逮捕或者不批准逮捕的决定。人民检察院不批准逮捕的，公安机关应当在接到通知后立即释放，并且将执行情况及时通知人民检察院。对于需要继续侦查，并且符合取保候审、监视居住条件的，依法取保候审或者监视居住。

《公安机关办理刑事案件程序规定》（2020年7月20日）

第一百零九条 公安机关对符合逮捕条件，有下列情形之一的犯罪嫌疑人，可以监视居住：

（一）患有严重疾病、生活不能自理的；

（二）怀孕或者正在哺乳自己婴儿的妇女；

（三）系生活不能自理的人的唯一扶养人；

（四）因案件的特殊情况或者办理案件的需要，采取监视居住措施更为适宜的；

（五）羁押期限届满，案件尚未办结，需要采取监视居住措施的。

对人民检察院决定不批准逮捕的犯罪嫌疑人，需要继续侦查，并且符合监视居住条件的，可以监视居住。

对于符合取保候审条件，但犯罪嫌疑人不能提出保证人，也不交纳保证金的，可以监视居住。

对于被取保候审人违反本规定第八十九条、第九十条规定的，可以监视居住。

第一百一十条 对犯罪嫌疑人监视居住，应当制作呈请监视居住报告书，说明监视居住的理由、采取监视居住的方式以及应当遵守的规定，经县级以上公安机关负责人批准，制作监视居住决定书。监视居住决定书应当向犯罪嫌疑人宣读，由犯罪嫌疑人签名、捺指印。

第一百一十一条 监视居住应当在犯罪嫌疑人、被告人住处执行；无固定住处的，可以在指定的居所执行。对于涉嫌危害国家安全犯罪、恐怖活动犯罪，在住处执行可能有碍侦查的，经上一级公安机关批准，也可以在指定的居所执行。

有下列情形之一的，属于本条规定的“有碍侦查”：

（一）可能毁灭、伪造证据，干扰证人作证或者串供的；

（二）可能引起犯罪嫌疑人自残、自杀或者逃跑的；

（三）可能引起同案犯逃避、妨碍侦查的；

（四）犯罪嫌疑人、被告人在住处执行监视居住有人身危险的；

（五）犯罪嫌疑人、被告人的家属或者所在单位人员与犯罪有牵连的。

指定居所监视居住的，不得要求被监视居住人支付费用。

第一百一十二条 固定住处，是指被监视居住人在办案机关所在的市、县内生活的合法住处；指定的居所，是指公安机关根据案件情况，在办案机关所在的市、县内为被监视居住人指定的生活居所。

指定的居所应当符合下列条件：

（一）具备正常的生活、休息条件；

（二）便于监视、管理；

（三）保证安全。

公安机关不得在羁押场所、专门的办案场所或者办公场所执行监视居住。

第一百一十七条 公安机关决定监视居住的，由被监视居住人住处或者指定居所所在地的派出所执行，办案部门可以协助执行。必要时，也可以由办案部门负责执行，派出所或者其他部门协助执行。

27. 指定居所监视居住通知书

***公安局
指定居所监视居住通知书
（存　根）

×公（　）监通字〔　　〕　　号

案件名称______________________________

案件编号______________________________

被监视居住人__________________________男/女

出生日期______________________________

住　　址______________________________

被监视居住原因________________________

指定居所地点__________________________

家属姓名______________________________

地　　址______________________________

批准机关______________________________

办 案 人______________________________

办案单位______________________________

填发时间______________________________

填 发 人______________________________

* * *公安局

指定居所监视居住通知书

（副　本）

×公（　）监通字〔　　〕　　号

______________：

根据《中华人民共和国刑事诉讼法》第七十五条之规定，我局已于______年____月____日____时对涉嫌________________________罪的____________________（性别______，出生日期______________，住址____）执行指定居所监视居住。

公安局（印）

年　　月　　日

本通知书已收到。

被监视居住人家属：　　　　　　　　年　　月　　日　　时

如在监视居住后24小时内无法通知的，注明原因：______________
____。

办案人：

年　　月　　日　　时

此联附卷

***公安局

指定居所监视居住通知书

×公（ ）监通字〔 〕 号

______________：

根据《中华人民共和国刑事诉讼法》第七十五条之规定，我局已于____年___月___日___时对涉嫌______________罪的______________（性别____，出生日期________，住址______________________________）执行指定居所监视居住。

公安局（印）

年 月 日

此联交被监视居住人家属

【制作说明】

1. 本文书根据《中华人民共和国刑事诉讼法》第七十五条、《公安机关办理刑事案件程序规定》第一百一十三条制定。指定居所监视居住通知书是公安机关通知被执行指定居所监视居住人的家属监视居住的情况时使用的文书。

2. 指定居所监视居住通知书属于多联式填空型文书，其由指定居所监视居住通知书正本、副本和存根三部分组成。其中，指定居所监视居住通知书正本是公安机关通知犯罪嫌疑人家属其已被指定居所监视居住的凭证，此联送交被监视居住人家属。副本是公安机关已经通知被指定居所监视居住人家属的凭证，该联在侦查终结时存入诉讼卷。

3. 指定居所监视居住通知书正本的内容主要包括制作机关名称、文书名称、文书字号、抬头、法律依据、执行监视居住的时间、监视居住的原因、被监视居住人的基本情况、文书制作日期、公安机关名称及印章等内容。在填写时需注意：

（1）在填写“抬头”时，要填写被指定居所监视居住人家属的姓名，这里的“家属”一般应为与被指定居所监视居住人共同生活的成年家庭成员。

（2）在填写“执行监视居住的时间”时，要与监视居住决定书副本上被监视居住人在签收栏填写的签收时间保持一致，并且要精确到小时。

4. 指定居所监视居住通知书副本的内容和填写注意事项与正本相同，被指定居所监视居住人家属要在副本的签收栏签名、捺指印并填写签收日期。但具体的签收要求根据送达方式的不同分为以下四种：

（1）直接送达。被指定居所监视居住人家属直接在副本的签收栏签名、捺指印并填写签收日期，签收日期要精确到小时，以便监督公安机关是否在对被指定居所监视居住人执行监视居住后24小时内通知家属。

（2）留置送达。如果被指定居所监视居住人的家属拒绝签收，办案人员可以邀请见证人到场，说明理由，留下指定居所监视居住通知书，在签收栏写明相关事由，并由见证人、送达人签字。

（3）邮寄送达。对于犯罪嫌疑人家属在外地的，可以电话传真等方式进行通知，但指定居所监视居住通知书应在被指定居所监视居住人执行监视居住后24小时内交邮，并将邮寄回执附卷。

（4）对于确实无法通知的，则由办案人员在指定居所监视居住通知书副本附注栏写明具体原因并签名、填写日期。同时，在无法通知的情形消失以后，应当立即通知被监视居住人的家属。

5. 指定居所监视居住通知书存根按照文书印制的内容和顺序依次填写清楚即可，由公安机关存档备查。

【法律依据】

《中华人民共和国刑事诉讼法》（2018 年 10 月 26 日）

第七十五条第二款 指定居所监视居住的，除无法通知的以外，应当在执行监视居住后二十四小时以内，通知被监视居住人的家属。

《公安机关办理刑事案件程序规定》（2020 年 7 月 20 日）

第一百一十三条 指定居所监视居住的，除无法通知的以外，应当制作监视居住通知书，在执行监视居住后二十四小时以内，由决定机关通知被监视居住人的家属。

有下列情形之一的，属于本条规定的“无法通知”：

（一）不讲真实姓名、住址、身份不明的；

（二）没有家属的；

（三）提供的家属联系方式无法取得联系的；

（四）因自然灾害等不可抗力导致无法通知的。

无法通知的情形消失以后，应当立即通知被监视居住人的家属。

无法通知家属的，应当在监视居住通知书中注明原因。

【文书范例】

* * *公安局

指定居所监视居住通知书

（存　根）

×公（刑）监通字〔20××〕3号

案件名称　徐××涉嫌抢劫案

案件编号　××××××××××

被监视居住人　徐××　　　男/女

出生日期　19××年×月×日

住　　址　××市××县××镇××路××号

被监视居住原因　涉嫌抢劫罪

指定居所地点　××市××区××路××号

家属姓名　李××

地　　址　××市××县××镇××路××号

批准机关　××市公安局××区分局

办 案 人　王××、谢××

办案单位　××市公安局××区分局刑事侦查大队

填发时间　20××年6月18日

填 发 人　谢××

***公安局

指定居所监视居住通知书

（副　本）

×公（刑）监通字〔20××〕3号

李××：

根据《中华人民共和国刑事诉讼法》第七十五条之规定，我局已于20××年6月18日10时对涉嫌抢劫罪的徐××（性别男，出生日期19××年×月×日，住址××市××县××路××号）执行指定居所监视居住。

公安局（印）

二〇××年六月十八日

本通知书已收到。

被监视居住人家属：李××

20××年6月18日9时

如在监视居住后24小时内无法通知的，注明原因：__________。

办案人：

年　月　日　时

此联附卷

＊＊＊公安局

指定居所监视居住通知书

×公（刑）监通字〔20××〕3号

李××：

根据《中华人民共和国刑事诉讼法》第七十五条之规定，我局已于20××年6月18日10时对涉嫌抢劫罪的徐××（性别男，出生日期19××年×月×日，住址××市××县××路××号）执行指定居所监视居住。

公安局（印）

二〇××年六月十八日

此联交被监视居住人家属

28. 解除监视居住决定书、通知书

***公安局

解除监视居住决定/通知书

（存　根）

×公（　）解监字〔　　〕　号

案件名称＿＿＿＿＿＿＿＿＿＿＿＿＿＿＿＿

案件编号＿＿＿＿＿＿＿＿＿＿＿＿＿＿＿＿

被监视居住人＿＿＿＿＿＿＿＿＿＿＿＿男/女

出生日期＿＿＿＿＿＿＿＿＿＿＿＿＿＿＿＿

住　　址＿＿＿＿＿＿＿＿＿＿＿＿＿＿＿＿

监视居住决定时间＿＿＿＿＿＿＿＿＿＿＿＿

执行机关＿＿＿＿＿＿＿＿＿＿＿＿＿＿＿＿

解除原因＿＿＿＿＿＿＿＿＿＿＿＿＿＿＿＿

批 准 人＿＿＿＿＿＿＿＿＿＿＿＿＿＿＿＿

批准时间＿＿＿＿＿＿＿＿＿＿＿＿＿＿＿＿

办 案 人＿＿＿＿＿＿＿＿＿＿＿＿＿＿＿＿

填发时间＿＿＿＿＿＿＿＿＿＿＿＿＿＿＿＿

填 发 人＿＿＿＿＿＿＿＿＿＿＿＿＿＿＿＿

＊＊＊公安局

解除监视居住决定书

（副　本）

×公（　）解监字〔　　〕　　号

被监视居住人____________，性别______，出生日期__________，住址______________________________________。

我局于______年____月____日决定对其监视居住，现因____，根据《中华人民共和国刑事诉讼法》第七十九条第二款之规定，决定予以解除。

公安局（印）

年　　月　　日

本决定书已收到。

被监视居住人：　　　　　　（捺指印）

年　　月　　日

此联附卷

***公安局

解除监视居住决定书

×公（ ）解监字〔 〕 号

被监视居住人____________，性别______，出生日期__________，住址____________________________________。

我局于_____年____月____日决定对其监视居住，现因____，根据《中华人民共和国刑事诉讼法》第七十九条第二款之规定，决定予以解除。

公安局（印）

年　　月　　日

此联交被监视居住人

***公安局

解除监视居住通知书

×公（　）解监字〔　　〕　　号

____________________：

我局于______年____月____日决定对犯罪嫌疑人________________（性别______，出生日期__________，住址____）监视居住，现因____，根据《中华人民共和国刑事诉讼法》第七十九条第二款之规定，决定予以解除。

公安局（印）

年　　月　　日

此联交执行机关

【制作说明】

1. 本文书根据《中华人民共和国刑事诉讼法》第七十九条、《公安机关办理刑事案件程序规定》第一百二十三条制定。解除监视居住决定书、通知书是公安机关在依法解除对监视居住期限届满或不应当追究刑事责任的犯罪嫌疑人监视居住措施时使用的文书。

2. 解除监视居住决定书、通知书是多联式填空型文书，其由解除监视居住决定书正本、副本，解除监视居住通知书和存根四部分组成。其中，解除监视居住决定书正本是犯罪嫌疑人被解除监视居住措施的依据，该联送交被监视居住人收执。副本是公安机关解除犯罪嫌疑人被监视居住措施的凭证，该联在侦查终结时存入诉讼卷。解除监视居住通知书是通知执行监视居住机关解除对被监视居住人监督管理的凭证，该联送交执行机关。

3. 解除监视居住决定书正本的内容主要包括制作机关名称、文书名称、文书字号、被监视居住人的基本情况、监视居住的日期、解除监视居住的原因、法律依据、文书制作日期、公安机关名称及印章等。在填写时要注意：

（1）在填写“被监视居住人的基本情况”时，要将姓名、性别、出生日期、住址填写清楚。

（2）在填写“监视居住的日期”时，要与采取监视居住决定日期保持一致。根据《中华人民共和国刑事诉讼法》第七十九条，监视居住期限最长不得超过六个月。

（3）在填写“解除监视居住的原因”时，要结合案件的具体情况填写“监视居住期限届满”或者“不应当追究刑事责任”。

4. 解除监视居住决定书副本的内容和填写注意事项与正本相同，但是被监视居住人要在收到解除监视居住决定书正本后，在副本签收栏处签名、捺指印并填写签收日期。

5. 解除监视居住通知书的内容主要包括制作机关名称、文书名称、文书字号、抬头、监视居住的日期、被监视居住人的基本情况、解除监视居住的原因、法律依据、文书制作日期、公安机关名称及印章等。在填写“抬头”栏时需注意要填写负责执行监视居住的派出所或办案部门名称。其他内容可参照解除监视居住决定书正本的内容进行填写。

6. 解除监视居住决定书、通知书存根按照文书印制内容和顺序依次进行填写即可，用于公安机关留存备查。

【法律依据】

《中华人民共和国刑事诉讼法》（2018年10月26日）

第七十九条 人民法院、人民检察院和公安机关对犯罪嫌疑人、被告人取保候审最长不得超过十二个月，监视居住最长不得超过六个月。

在取保候审、监视居住期间，不得中断对案件的侦查、起诉和审理。对于发现不应当追究刑事责任或者取保候审、监视居住期限届满的，应当及时解除取保候审、监视居住。解除取保候审、监视居住，应当及时通知被取保候审、监视居住人和有关单位。

《公安机关办理刑事案件程序规定》（2020年7月20日）

第一百二十二条 在监视居住期间，公安机关不得中断案件的侦查，对被监视居住的犯罪嫌疑人，应当根据案情变化，及时解除监视居住或者变更强制措施。

监视居住最长不得超过六个月。

第一百二十三条 需要解除监视居住的，应当经县级以上公安机关负责人批准，制作解除监视居住决定书，并及时通知负责执行的派出所、被监视居住人和有关单位。

人民法院、人民检察院作出解除、变更监视居住决定的，负责执行的公安机关应当及时解除并通知被监视居住人和有关单位。

【文书范例】

＊＊＊公安局

解除监视居住决定/通知书

（存　根）

×公（刑）解监字〔20××〕43 号

案件名称　方××提供虚假证明文件案

案件编号　××××××××××××

被监视居住人　方××　男/女

出生日期　19××年×月×日

住　　址　××市××区××路××号

监视居住决定时间　20××年4月16日

执行机关　××市公安局××区分局××派出所

解除原因　不应当追究刑事责任

批 准 人　赵××

批准时间　20××年5月14日

办 案 人　苏××、任××

填发时间　20××年×月×日

填 发 人　苏××

***公安局

解除监视居住决定书

（副　本）

×公（刑）解监字〔20××〕43号

被监视居住人　方××　，性别　男　，出生日期　19××年×月×日　，住址　××市××区××路××号　。

我局于　20××　年　4　月　16　日决定对其监视居住，现因　犯罪情节显著轻微，不应当追究刑事责任　，根据《中华人民共和国刑事诉讼法》第七十九条第二款之规定，决定予以解除。

公安局（印）

二〇××年五月十四日

本决定书已收到。

被监视居住人：方××（捺指印）

20××年5月14日

此联附卷

＊＊＊公安局

解除监视居住决定书

×公（刑）解监字〔20××〕43号

被监视居住人 方×× ，性别 男 ，出生日期 19××年×月×日 ，住址 ××市××区××路××号 。

我局于 20×× 年 4 月 16 日决定对其监视居住，现因 犯罪情节显著轻微，不应当追究刑事责任 ，根据《中华人民共和国刑事诉讼法》第七十九条第二款之规定，决定予以解除。

公安局（印）

二〇××年五月十四日

此联交被监视居住人

***公安局

解除监视居住通知书

×公（刑）解监字〔20××〕43号

××市公安局××区分局××派出所：

我局于20××年4月16日决定对犯罪嫌疑人方××（性别男，出生日期19××年×月×日，住址××市××区××路××号）监视居住，现因犯罪情节显著轻微，不应当追究刑事责任，根据《中华人民共和国刑事诉讼法》第七十九条第二款之规定，决定予以解除。

公安局（印）

二〇××年五月十四日

此联交执行机关

29. 拘留证

***公安局

拘　留　证

（存　根）

×公（　）拘字〔　　〕　号

案件名称＿＿＿＿＿＿＿＿＿＿＿＿

案件编号＿＿＿＿＿＿＿＿＿＿＿＿

犯罪嫌疑人＿＿＿＿＿＿＿＿＿＿男/女

出生日期＿＿＿＿＿＿＿＿＿＿＿＿

住　　址＿＿＿＿＿＿＿＿＿＿＿＿

拘留原因＿＿＿＿＿＿＿＿＿＿＿＿

批 准 人＿＿＿＿＿＿＿＿＿＿＿＿

批准时间＿＿＿＿＿＿＿＿＿＿＿＿

执 行 人＿＿＿＿＿＿＿＿＿＿＿＿

办案单位＿＿＿＿＿＿＿＿＿＿＿＿

填发时间＿＿＿＿＿＿＿＿＿＿＿＿

填 发 人＿＿＿＿＿＿＿＿＿＿＿＿

＊＊＊公安局
拘 留 证

×公（ ）拘字〔 〕 号

根据《中华人民共和国刑事诉讼法》第________条之规定，兹决定对犯罪嫌疑人____________（性别______，出生日期______________，住址____）执行拘留，送______________________看守所羁押。

公安局（印）

年 月 日

本证已于__________年______月______日______时向我宣布。

被拘留人： （捺指印）

本证副本已收到，被拘留人______________于________年______月______日____时送至我所。

接收民警： 看守所（印）

此联附卷

＊＊＊公安局

拘 留 证

（副 本）

×公（ ）拘字〔 〕 号

根据《中华人民共和国刑事诉讼法》第________条之规定，兹决定对犯罪嫌疑人__________（性别______，出生日期________________，住址____）执行拘留，送____________________看守所羁押。

执行拘留时间：________年______月______日______时

涉嫌罪名______________________________

属于律师会见需经许可的案件：是/否

公安局（印）

年 月 日

此联交看守所

【制作说明】

1. 本文书根据《中华人民共和国刑事诉讼法》第八十五条第一款、《公安机关办理刑事案件程序规定》第一百二十五条制定。拘留证是公安机关对犯罪嫌疑人依法执行拘留时使用的凭证性文书。

2. 拘留证是多联式填空型文书，其由正本、副本和存根三部分组成。其中正本是公安机关拘留犯罪嫌疑人的凭证，侦查终结时存入诉讼卷，副本是看守所收押被拘留人时的凭证，交由看守所收执。存根用于公安机关存档备查。

3. 拘留证正本的主要内容包括制作机关名称、文书名称、文书字号、法律依据、被拘留人的基本情况、羁押犯罪嫌疑人看守所名称、文书制作日期、公安机关名称及印章、签收栏等。在填写时要注意：

（1）在填写“法律依据”时，要根据案件及犯罪嫌疑人的实际情况，分别选择适用《中华人民共和国刑事诉讼法》第七十一条、第七十七条及第八十二条等规定。

（2）在填写“被拘留人的基本情况”时，要将姓名、性别、出生日期及住址填写清楚。如果犯罪嫌疑人不讲真实姓名时，可填写其自报的姓名。如果犯罪嫌疑人拒绝供述自己姓名的，则可以根据案件内容及性质，对其进行编号填写，如“信用卡诈骗嫌疑人一号”等。

（3）在填写“羁押犯罪嫌疑人看守所名称”时，要填写拟投送羁押的看守所名称，如“××市××县看守所”。

（4）在填写“签收栏”时，要在侦查人员向犯罪嫌疑人宣布拘留后，由犯罪嫌疑人在签收栏处签字、捺指印并填写宣布时间，宣布时间要精确到小时。同时，要在执行拘留后24小时内将被拘留人和拘留证副本送达看守所，由看守所负责收押的民警在“本证书副本已收到”处签名、填写被拘留人的送达时间并加盖看守所的印章，时间要精确到小时。

4. 拘留证副本的内容和填写注意事项与正本一致，可参照正本内容进行填写。但同时也要注意以下事项：

（1）在填写“执行拘留时间”时，要与拘留证正本被拘留人填写的宣布时间保持一致。

（2）在填写“涉嫌罪名”时，要与存根上“拘留原因”保持一致。

（3）在填写“是否属于律师会见需经许可的案件”时，要根据案件实际情况选择是或否，对于未被选择项用删除线划去即可。

5. 存根按照印制好的内容和顺序依次进行填写即可，其中“拘留原因”要填写犯罪嫌疑人涉嫌罪名，如“涉嫌故意杀人罪”等。

【法律依据】

《中华人民共和国刑事诉讼法》（2018年10月26日）

第七十一条第四款 对违反取保候审规定，需要予以逮捕的，可以对犯罪嫌疑人、被告人先行拘留。

第七十七条第二款 被监视居住的犯罪嫌疑人、被告人违反前款规定，情节严重的，可以予以逮捕；需要予以逮捕的，可以对犯罪嫌疑人、被告人先行拘留。

第八十二条 公安机关对于现行犯或者重大嫌疑分子，如果有下列情形之一的，可以先行拘留：

（一）正在预备犯罪、实行犯罪或者在犯罪后即时被发觉的；

（二）被害人或者在场亲眼看见的人指认他犯罪的；

（三）在身边或者住处发现有犯罪证据的；

（四）犯罪后企图自杀、逃跑或者在逃的；

（五）有毁灭、伪造证据或者串供可能的；

（六）不讲真实姓名、住址，身份不明的；

（七）有流窜作案、多次作案、结伙作案重大嫌疑的。

第八十五条第一款 公安机关拘留人的时候，必须出示拘留证。

《公安机关办理刑事案件程序规定》（2020年7月20日）

第一百二十五条 拘留犯罪嫌疑人，应当填写呈请拘留报告书，经县级以上公安机关负责人批准，制作拘留证。执行拘留时，必须出示拘留证，并责令被拘留人在拘留证上签名、捺指印，拒绝签名、捺指印的，侦查人员应当注明。

紧急情况下，对于符合本规定第一百二十四条所列情形之一的，经出示人民警察证，可以将犯罪嫌疑人口头传唤至公安机关后立即审查，办理法律手续。

【文书范例】

***公安局

拘 留 证

(存 根)

×公(刑)拘字〔20××〕58 号

案件名称 冯××非法拘禁案

案件编号 ×××××××××××

犯罪嫌疑人 冯×× 男/女

出生日期 19××年×月×日

住 址 ××市××县××乡××村××号

拘留原因 涉嫌非法拘禁罪

批 准 人 薛××

批准时间 20××年3月28日

执 行 人 孙××、吕××

办案单位 ××市××县公安局刑事侦查大队

填发时间 20××年3月28日

填 发 人 赵××

＊＊＊公安局

拘 留 证

×公（刑）拘字〔20××〕58号

根据《中华人民共和国刑事诉讼法》第 八十二 条之规定，兹决定对犯罪嫌疑人 冯×× （性别 男 ，出生日期 19××年×月×日，住址 ××市××县××乡××村××号 ）执行拘留，送 ××市××县 看守所羁押。

公安局（印）

二〇××年三月二十八日

本证已于 20×× 年 3 月 28 日 11 时向我宣布。

被拘留人：冯××（捺指印）

本证副本已收到，被拘留人 冯×× 于 20×× 年 3 月 28 日 20 时送至我所。

接收民警：徐××　　　　看守所（印）

此联附卷

＊＊＊公安局

拘 留 证

（副 本）

×公（刑）拘字〔20××〕58号

根据《中华人民共和国刑事诉讼法》第＿八十二＿条之规定，兹决定对犯罪嫌疑人＿冯××＿（性别＿男＿，出生日期＿19××年×月×日＿，住址＿××市××县××乡××村××号＿）执行拘留，送＿××市××县＿看守所羁押。

执行拘留时间：＿20××＿年＿3＿月＿28＿日＿11＿时

涉嫌罪名＿非法拘禁罪＿

属于律师会见需经许可的案件：＿是/否＿

公安局（印）

二〇××年三月二十八日

此联交看守所

30. 拘留通知书

***公安局

拘留通知书

（存　根）

×公（　）拘通字〔　　〕　　号

案件名称＿＿＿＿＿＿＿＿＿＿＿＿＿＿＿＿

案件编号＿＿＿＿＿＿＿＿＿＿＿＿＿＿＿＿

被拘留人＿＿＿＿＿＿＿＿＿＿＿＿＿男/女

出生日期＿＿＿＿＿＿＿＿＿＿＿＿＿＿＿＿

拘留原因＿＿＿＿＿＿＿＿＿＿＿＿＿＿＿＿

拘留时间＿＿＿＿＿＿＿＿＿＿＿＿＿＿＿＿

羁押处所＿＿＿＿＿＿＿＿＿＿＿＿＿＿＿＿

家属姓名＿＿＿＿＿＿＿＿＿＿＿＿＿＿＿＿

地　　址＿＿＿＿＿＿＿＿＿＿＿＿＿＿＿＿

办 案 人＿＿＿＿＿＿＿＿＿＿＿＿＿＿＿＿

办案单位＿＿＿＿＿＿＿＿＿＿＿＿＿＿＿＿

填发时间＿＿＿＿＿＿＿＿＿＿＿＿＿＿＿＿

填 发 人＿＿＿＿＿＿＿＿＿＿＿＿＿＿＿＿

＊＊＊公安局

拘留通知书

（副　本）

×公（　）拘通字〔　　〕　　号

______________：

根据《中华人民共和国刑事诉讼法》第________条之规定，我局已于________年____月____日____时将涉嫌______________罪的______________刑事拘留，现羁押在______________看守所。

公安局（印）

年　　月　　日

本通知书已收到。

被拘留人家属：　　　　　　年　　月　　日　时

如未在拘留后24小时内通知被拘留人家属，注明原因：____。

办案人：

年　　月　　日　时

此联附卷

＊＊＊公安局

拘留通知书

×公（　）拘通字〔　　〕　　号

______________________：

根据《中华人民共和国刑事诉讼法》第__________条之规定，我局已于_____年____月____日____时将涉嫌____________________罪的_______________刑事拘留，现羁押在_______________看守所。

公安局（印）

年　　月　　日

注：看守所地址______________________________

此联交被拘留人家属

【制作说明】

1. 本文书根据《中华人民共和国刑事诉讼法》第八十五条第二款、《公安机关办理刑事案件程序规定》第一百二十七条制定。拘留通知书是公安机关在对犯罪嫌疑人执行拘留后，通知被拘留人家属其被拘留的原因和羁押处所时使用的文书。

2. 拘留通知书是多联式填空型文书，其由正本、副本和存根三部分组成。其中，拘留通知书正本是公安机关通知被拘留人家属其已被拘留的凭证，该联送交被拘留人家属收执。副本是公安机关已经通知被拘留人家属拘留事项的凭证，在侦查终结时存入诉讼卷。存根用于公安机关留存备查。

3. 拘留通知书正本的内容主要包括制作机关名称、文书名称、文书字号、抬头、法律依据、拘留的时间、拘留的原因、被拘留人姓名、羁押的看守所名称、文书制作日期、公安机关名称及印章、附注栏等。在填写时要注意：

（1）在填写“抬头”时，要填写被拘留人家属的姓名，一般应为与被拘留人共同居住的成年家庭成员。

（2）在填写“法律依据”时，要根据案件及犯罪嫌疑人的实际情况，选择填写《中华人民共和国刑事诉讼法》第七十一条、第七十七条及第八十二条等规定。

（3）在填写“拘留的时间”时，要与拘留证正本上被拘留人填写的宣布时间保持一致。

（4）在填写“拘留的原因”时，要填写被拘留人涉嫌的具体罪名，与拘留证上的保持一致。对于被拘留人涉嫌数罪的，可填写一个，也可填写数个。

（5）在填写“附注栏”时，要将被拘留人被羁押场所的具体地址填写清楚。

4. 拘留证通知书副本的内容与填写注意事项和正本基本一致，但要求被拘留人家属在收到拘留通知书正本后在拘留通知书副本签收栏处签字、捺指印并填写签收时间，签收时间必须精确到小时，以监督公安机关是否在犯罪嫌疑人被执行拘留后二十四小时内通知家属。如果无法在拘留后二十四小时内通知家属的，办案人员要注明不能通知的具体原因并签名、填写日期。此外，如果拘留通知书以邮寄方式送达，则将邮寄回执粘贴于拘留通知书副本的签收栏，并注明原因即可。

5. 拘留证通知书存根按照文书印制的内容和顺序依次进行填写即可。其中，对于“拘留原因”，可根据案件具体情况，填写犯罪嫌疑人涉嫌的一个或数个罪名，与拘留证上的内容保持一致。

【法律依据】

《中华人民共和国刑事诉讼法》（2018 年 10 月 26 日）

第八十五条第二款 拘留后，应当立即将被拘留人送看守所羁押，至迟不得超过二十四小时。除无法通知或者涉嫌危害国家安全犯罪、恐怖活动犯罪通知可能有碍侦查的情形以外，应当在拘留后二十四小时以内，通知被拘留人的家属。有碍侦查的情形消失以后，应当立即通知被拘留人的家属。

《公安机关办理刑事案件程序规定》（2020 年 7 月 20 日）

第一百二十七条 除无法通知或者涉嫌危害国家安全犯罪、恐怖活动犯罪通知可能有碍侦查的情形以外，应当在拘留后二十四小时以内制作拘留通知书，通知被拘留人的家属。拘留通知书应当写明拘留原因和羁押处所。

本条规定的“无法通知”的情形适用本规定第一百一十三条第二款的规定。

有下列情形之一的，属于本条规定的“有碍侦查”：

（一）可能毁灭、伪造证据，干扰证人作证或者串供的；

（二）可能引起同案犯逃避、妨碍侦查的；

（三）犯罪嫌疑人的家属与犯罪有牵连的。

无法通知、有碍侦查的情形消失以后，应当立即通知被拘留人的家属。

对于没有在二十四小时以内通知家属的，应当在拘留通知书中注明原因。

【文书范例】

＊＊＊公安局

拘留通知书

（存　根）

×公（刑）拘通字〔20××〕76号

案件名称　杨××拐卖妇女、儿童案

案件编号　××××××××××××

被拘留人　杨××　　男/女

出生日期　19××年×月×日

拘留原因　涉嫌拐卖妇女、儿童罪

拘留时间　20××年4月6日10时

羁押处所　××市××县看守所

家属姓名　刘××

地　　址　××市××县××乡××村××号

办 案 人　张××、任××

办案单位　××市××县公安局刑事侦查大队

填发时间　20××年4月6日

填 发 人　张××

＊＊＊公安局

拘留通知书

（副　本）

×公（刑）拘通字〔20××〕76号

刘××：

根据《中华人民共和国刑事诉讼法》第八十二条之规定，我局已于20××年4月6日10时将涉嫌拐卖妇女、儿童罪的杨××刑事拘留，现羁押在××市××县看守所。

公安局（印）

二〇××年四月六日

本通知书已收到。

被拘留人家属：刘××　　　　20××年4月6日15时

如未在拘留后24小时内通知被拘留人家属，注明原因：______

______

办案人：

年　　月　　日　　时

此联附卷

***公安局

拘留通知书

×公（刑）拘通字〔20××〕76号

刘××：

根据《中华人民共和国刑事诉讼法》第 八十二 条之规定，我局已于 20×× 年 4 月 6 日 10 时将涉嫌 拐卖妇女、儿童 罪的 杨×× 刑事拘留，现羁押在 ××市××县 看守所。

公安局（印）

二〇××年四月六日

注：看守所地址 ××市××县××路××号

此联交被拘留人家属

31. 延长拘留期限通知书

＊＊＊公安局

延长拘留期限通知书

（存　根）

×公（　）延拘字〔　　〕　　号

案件名称＿＿＿＿＿＿＿＿＿＿＿＿＿＿＿＿＿＿＿

案件编号＿＿＿＿＿＿＿＿＿＿＿＿＿＿＿＿＿＿＿

犯罪嫌疑人＿＿＿＿＿＿＿＿＿＿＿＿＿＿男/女

出生日期＿＿＿＿＿＿＿＿＿＿＿＿＿＿＿＿＿＿＿

羁押处所＿＿＿＿＿＿＿＿＿＿＿＿＿＿＿＿＿＿＿

执行拘留时间＿＿＿＿＿＿＿＿＿＿＿＿＿＿＿＿＿

延长拘留期限＿＿＿＿＿＿＿＿＿＿＿＿＿＿＿＿＿

延长拘留期限原因＿＿＿＿＿＿＿＿＿＿＿＿＿＿＿

批 准 人＿＿＿＿＿＿＿＿＿＿＿＿＿＿＿＿＿＿＿

批准时间＿＿＿＿＿＿＿＿＿＿＿＿＿＿＿＿＿＿＿

办 案 人＿＿＿＿＿＿＿＿＿＿＿＿＿＿＿＿＿＿＿

办案单位＿＿＿＿＿＿＿＿＿＿＿＿＿＿＿＿＿＿＿

填发时间＿＿＿＿＿＿＿＿＿＿＿＿＿＿＿＿＿＿＿

填 发 人＿＿＿＿＿＿＿＿＿＿＿＿＿＿＿＿＿＿＿

＊＊＊公安局

延长拘留期限通知书

（副 本）

×公（ ）延拘字〔 〕 号

________________看守所：

因____，根据《中华人民共和国刑事诉讼法》第九十一条第______款之规定，决定延长对犯罪嫌疑人______________________（性别____，出生日期______________，于________年________月________日被执行拘留）的拘留期限，时间从________年______月______日至______年____月____日。

公安局（印）

年 月 日

本通知书已向我宣布。

犯罪嫌疑人：

年 月 日

本通知书已收到。

看守所（印）

年 月 日

此联附卷

＊＊＊公安局

延长拘留期限通知书

×公（ ）延拘字〔 〕 号

________________看守所：

因____，根据《中华人民共和国刑事诉讼法》第九十一条第______款之规定，决定延长对犯罪嫌疑人___________________（性别______，出生日期_____________，于_______年________月________日被执行拘留）的拘留期限，时间从________年______月______日至____年____月____日。

公安局（印）

年　　月　　日

此联交看守所

【制作说明】

1. 本文书根据《中华人民共和国刑事诉讼法》第九十一条制定。延长拘留期限通知书是公安机关在拘留犯罪嫌疑人后，发现具有法定特殊情况需要延长拘留期限时使用的文书。

2. 延长拘留期限通知书是多联式填空型文书，其由正本、副本和存根三部分组成。其中，正本是公安机关依法延长犯罪嫌疑人的拘留期限和看守所继续羁押犯罪嫌疑人的凭证，该联交看守所收执。副本是公安机关依法延长犯罪嫌疑人的拘留期限并通知看守所继续羁押的凭证，在侦查终结时存入诉讼卷。存根用于公安机关留存备查。

3. 延长拘留期限通知书的内容主要包括制作机关名称、文书名称、文书字号、抬头、延长拘留期限原因、法律依据、被拘留人基本情况、延长拘留期限、文书制作日期、公安机关名称及印章等。在填写时需注意：

（1）在填写“抬头”时，要填写犯罪嫌疑人被羁押的看守所名称，并且要顶格写。

（2）在填写“延长拘留期限原因和法律依据”时，要根据案件及犯罪嫌疑人的实际情况进行填写，如果属于“特殊情况”需要延长拘留期限一至四日的，则延长拘留期限原因要填写具体，如“犯罪嫌疑人涉嫌重大犯罪，但案件事实尚未查明”“关键性证据鉴定意见尚未作出，案件难以定性”等，此时法律依据选择适用《中华人民共和国刑事诉讼法》第九十一条第一款。如果属于“流窜作案”“多次作案”“团伙作案”需要延长拘留期限超过四日的，则延长拘留期限原因填写前述三种情况即可，法律依据选择适用《中华人民共和国刑事诉讼法》第九十一条第二款。

（3）在填写“被拘留人基本情况”时，要将姓名、性别、出生日期、被执行拘留的时间填写清楚。

（4）在填写“延长拘留期限”时，要注意延长拘留期限的起算时间应为原拘留期限的到期日。

4. 延长拘留期限通知书副本的内容和填写注意事项与正本基本一致，但在副本的签收处要由被拘留人在“被通知书已向我宣读”处签名、捺指印并填写签收日期，由看守所在“本通知书已收到”处填写日期并加盖看守所印章。

5. 延长拘留期限通知书存根按照文书印制内容和顺序依次进行填写即可。

其中，“执行拘留时间”要与拘留证上犯罪嫌疑人被执行拘留的时间保持一致。

【法律依据】

《中华人民共和国刑事诉讼法》（2018 年 10 月 26 日）

第九十一条 公安机关对被拘留的人，认为需要逮捕的，应当在拘留后的三日以内，提请人民检察院审查批准。在特殊情况下，提请审查批准的时间可以延长一日至四日。

对于流窜作案、多次作案、结伙作案的重大嫌疑分子，提请审查批准的时间可以延长至三十日。

人民检察院应当自接到公安机关提请批准逮捕书后的七日以内，作出批准逮捕或者不批准逮捕的决定。人民检察院不批准逮捕的，公安机关应当在接到通知后立即释放，并且将执行情况及时通知人民检察院。对于需要继续侦查，并且符合取保候审、监视居住条件的，依法取保候审或者监视居住。

32. 提请批准逮捕书

*****公安局**

提请批准逮捕书

×公（ ）提捕字〔 〕 号

犯罪嫌疑人×××……［犯罪嫌疑人姓名（别名、曾用名、绰号等），性别，出生日期，出生地，身份证件种类及号码，民族，文化程度，职业或工作单位及职务，居住地（包括户籍所在地、经常居住地、暂住地），政治面貌（如是人大代表、政协委员，一并写明具体级、届代表、委员），违法犯罪经历以及因本案被采取强制措施的情况（时间、种类及执行场所）。案件有多名犯罪嫌疑人的，应逐一写明。］

辩护律师×××……［如有辩护律师，写明其姓名，所在律师事务所或者法律援助机构名称，律师执业证编号。］

犯罪嫌疑人涉嫌×××（罪名）一案，由×××举报（控告、移送）至我局（写明案由和案件来源，具体为单位或者公民举报、控告、上级交办、有关部门移送、本局其他部门移交以及工作中发现等）。简要写明案件侦查过程中的各个法律程序开始的时间，如接受案件、立案的时间。具体写明犯罪嫌疑人归案情况。

经依法侦查查明：……（应当根据具体案件情况，详细叙述经侦查认定的犯罪事实，并说明应当逮捕理由。）

（对于只有一个犯罪嫌疑人的案件，犯罪嫌疑人实施多次犯罪的犯罪事实应逐一列举；同时触犯数个罪名的犯罪嫌疑人的犯罪事实应该按照主次顺序分别列举；

对于共同犯罪的案件，写明犯罪嫌疑人的共同犯罪事实及各自在共同犯罪中的地位和作用后，按照犯罪嫌疑人的主次顺序，分别叙述各个犯罪嫌疑人的单独犯罪事实。）

认定上述事实的证据如下：

……（分列相关证据，并说明证据与犯罪事实的关系。）

犯罪嫌疑人自愿认罪认罚的，简要写明相关情况。

综上所述，犯罪嫌疑人×××……（根据犯罪构成简要说明罪状），其行为已触犯《中华人民共和国刑法》第××条之规定，涉嫌×××罪，可能判处徒刑以上刑罚。现有（证明其犯罪事实的证据、其他证据）等证据证明，其（依据刑事诉讼法第八十一条第一款具体说明其可能具有的社会危险性）或者（……涉嫌×××罪，可能判处十年有期徒刑以上刑罚/可能判处徒刑以上刑罚，曾经故意犯罪或者身份不明）。依照《中华人民共和国刑事诉讼法》第八十一条、第八十七条之规定，犯罪嫌疑人×××符合逮捕条件，特提请批准逮捕。

此致

×××人民检察院

公安局（印）

年　　月　　日

附：本案卷宗　　　卷　　页

【制作说明】

1. 本文书根据《中华人民共和国刑事诉讼法》第八十条、第八十七条，《公安机关办理刑事案件程序规定》第一百三十七条制定。提请批准逮捕书是公安机关依法对犯罪嫌疑人提请人民检察院审查批准逮捕时使用的文书。

2. 提请批准逮捕书是叙述型文书，其一式三份，一份存入诉讼卷，其余两份连同案卷材料、证据等一并移送同级人民检察院审查，作为批准逮捕或不批准逮捕的依据。

3. 提请批准逮捕书由首部、正文和尾部三部分组成。首部的内容主要包括制作机关名称、文书名称、文书字号，该部分内容已印制好，按照顺序和要求依次进行填写即可。

4. 提请批准逮捕书正文的内容主要包括犯罪嫌疑人的基本情况、违法犯罪经历、被采取强制措施情况、辩护律师基本情况、案件办理情况、案件事实、相关证据、犯罪嫌疑人认罪认罚情况、法律依据等。在填写时要注意：

（1）在填写“犯罪嫌疑人的基本情况”时，要将犯罪嫌疑人的姓名、性别、出生日期、出生地、身份证件号码（包括身份证、护照等有关身份证件的号码）、民族、文化程度、职业或工作单位及职务、住址、政治面貌等内容依次写清楚。其中，在填写“犯罪嫌疑人的姓名”时，如果有别名、曾用名、绰号等与案件有关的名字也要一并填写清楚，如果未查清犯罪嫌疑人的姓名，可按其自报的姓名填写，如果犯罪嫌疑人拒绝供述姓名的，可以填写代号。在填写“政治面貌”时，如果犯罪嫌疑人是人大代表、政协委员的，一并写明具体的级、届等信息。如果是单位犯罪的案件，还应当写明单位的名称及地址。

（2）在填写“违法犯罪经历”时，要写明犯罪嫌疑人接受刑事处罚、治安处罚及被劳动教养的情况，包括处罚的时间、地点、原因及处罚的内容等。

如果是共同犯罪案件，有多个犯罪嫌疑人需要提请批准逮捕的，可合写一份提请批准逮捕书，并根据犯罪嫌疑人在犯罪过程中的地位和作用（如主犯、从犯、胁从犯）进行排序制作，将其身份情况及违法犯罪经历分别叙述。对于共同犯罪中未提请批准逮捕的犯罪嫌疑人，要在提请批准逮捕书中写明对其采取的强制措施。

（3）在填写“辩护律师基本情况”时，要将律师姓名、所在律师事务所或者法律援助机构名称、律师执业证编号等内容列在相应辩护对象基本情况的下方。

（4）在填写“案件办理情况”时，需要按照顺序依次写明案由、案件来源、案件侦查过程及犯罪嫌疑人的归案情况等内容。其中，案由一般可表述如“犯罪嫌疑人×××涉嫌故意杀人一案”。案件来源即公安机关获取案件线索或受理案件的来源，如单位或公民举报、控告、上级交办、有关部门移送以及工作中发现等。对于案件侦查过程，简要写明案件侦查过程中各个法律程序（如受案、立案）开始的时间即可。

（5）在填写“案件事实”时，首先要注明“经依法侦查查明”，然后详细叙述经侦查认定的犯罪事实，包括犯罪时间、地点、经过、手段、目的、动机、危害后果等与犯罪相关的事实要素。在具体进行表述时，要注意根据案件情况，围绕《中华人民共和国刑法》规定的犯罪构成要件，结合证据，具体写明。同时要围绕犯罪嫌疑人行为情节的恶劣程度、后果的严重性、社会危害性及依法应当判处有期徒刑以上刑罚等将逮捕的理由写明。

对于只有一个犯罪嫌疑人的案件，其多次实施犯罪的事实应逐一列举，如果犯罪嫌疑人同时触犯数个罪名，应按照主次顺序将其犯罪事实分别列举。对于共同犯罪案件，不仅要写明共同犯罪事实及犯罪嫌疑人各自在共同犯罪中的地位和作用，还要按照犯罪嫌疑人的主次顺序，分别写明各个犯罪嫌疑人的单独犯罪事实。

（6）在填写“相关证据”时，注意分列相关证据时，要填写已经确实掌握的证据，并且要写清所列证据与犯罪嫌疑人、犯罪事实的关系。

（7）在填写“法律依据”时，其包括犯罪嫌疑人涉嫌犯罪的实体法律依据和提请批准逮捕犯罪嫌疑人的程序法律依据两部分，在具体引用法律条文时，要做到准确、全面、分清款和项。同时，在此部分也要写明犯罪嫌疑人认罪认罚的有关情况。

5. 提请批准逮捕书尾部的内容包括文书送达的人民检察院名称、制作文书的公安机关名称及印章、文书制作日及附注。其中，附注包括案卷材料的卷数、犯罪嫌疑人羁押的地点。

【法律依据】

《中华人民共和国刑事诉讼法》（2018年10月26日）

第八十条 逮捕犯罪嫌疑人、被告人，必须经过人民检察院批准或者人民法院决定，由公安机关执行。

第八十一条 对有证据证明有犯罪事实，可能判处徒刑以上刑罚的犯罪嫌疑人、被告人，采取取保候审尚不足以防止发生下列社会危险性的，应当予以逮捕：

（一）可能实施新的犯罪的；

（二）有危害国家安全、公共安全或者社会秩序的现实危险的；

（三）可能毁灭、伪造证据，干扰证人作证或者串供的；

（四）可能对被害人、举报人、控告人实施打击报复的；

（五）企图自杀或者逃跑的。

批准或者决定逮捕，应当将犯罪嫌疑人、被告人涉嫌犯罪的性质、情节，认罪认罚等情况，作为是否可能发生社会危险性的考虑因素。

对有证据证明有犯罪事实，可能判处十年有期徒刑以上刑罚的，或者有证据证明有犯罪事实，可能判处徒刑以上刑罚，曾经故意犯罪或者身份不明的，应当予以逮捕。

被取保候审、监视居住的犯罪嫌疑人、被告人违反取保候审、监视居住规定，情节严重的，可以予以逮捕。

第八十七条 公安机关要求逮捕犯罪嫌疑人的时候，应当写出提请批准逮捕书，连同案卷材料、证据，一并移送同级人民检察院审查批准。必要的时候，人民检察院可以派人参加公安机关对于重大案件的讨论。

《公安机关办理刑事案件程序规定》（2020年7月20日）

第一百三十三条 对有证据证明有犯罪事实，可能判处徒刑以上刑罚的犯罪嫌疑人，采取取保候审尚不足以防止发生下列社会危险性的，应当提请批准逮捕：

（一）可能实施新的犯罪的；

（二）有危害国家安全、公共安全或者社会秩序的现实危险的；

（三）可能毁灭、伪造证据，干扰证人作证或者串供的；

（四）可能对被害人、举报人、控告人实施打击报复的；

（五）企图自杀或者逃跑的。

对于有证据证明有犯罪事实，可能判处十年有期徒刑以上刑罚的，或者有证据证明有犯罪事实，可能判处徒刑以上刑罚，曾经故意犯罪或者身份不明的，应当提请批准逮捕。

公安机关在根据第一款的规定提请人民检察院审查批准逮捕时，应当对犯罪嫌疑人具有社会危险性说明理由。

第一百三十四条 有证据证明有犯罪事实，是指同时具备下列情形：

（一）有证据证明发生了犯罪事实；

（二）有证据证明该犯罪事实是犯罪嫌疑人实施的；

（三）证明犯罪嫌疑人实施犯罪行为的证据已有查证属实的。

前款规定的“犯罪事实”既可以是单一犯罪行为的事实，也可以是数个犯罪行为中任何一个犯罪行为的事实。

第一百三十五条 被取保候审人违反取保候审规定，具有下列情形之一的，可以提请批准逮捕：

（一）涉嫌故意实施新的犯罪行为的；

（二）有危害国家安全、公共安全或者社会秩序的现实危险的；

（三）实施毁灭、伪造证据或者干扰证人作证、串供行为，足以影响侦查工作正常进行的；

（四）对被害人、举报人、控告人实施打击报复的；

（五）企图自杀、逃跑，逃避侦查的；

（六）未经批准，擅自离开所居住的市、县，情节严重的，或者两次以上未经批准，擅自离开所居住的市、县的；

（七）经传讯无正当理由不到案，情节严重的，或者经两次以上传讯不到案的；

（八）违反规定进入特定场所、从事特定活动或者与特定人员会见、通信两次以上的。

第一百三十六条 被监视居住人违反监视居住规定，具有下列情形之一的，可以提请批准逮捕：

（一）涉嫌故意实施新的犯罪行为的；

（二）实施毁灭、伪造证据或者干扰证人作证、串供行为，足以影响侦查工作正常进行的；

（三）对被害人、举报人、控告人实施打击报复的；

（四）企图自杀、逃跑，逃避侦查的；

（五）未经批准，擅自离开执行监视居住的处所，情节严重的，或者两次以上未经批准，擅自离开执行监视居住的处所的；

（六）未经批准，擅自会见他人或者通信，情节严重的，或者两次以上未经批准，擅自会见他人或者通信的；

（七）经传讯无正当理由不到案，情节严重的，或者经两次以上传讯不到案的。

第一百三十七条 需要提请批准逮捕犯罪嫌疑人的，应当经县级以上公安机关负责人批准，制作提请批准逮捕书，连同案卷材料、证据，一并移送同级人民检察院审查批准。

犯罪嫌疑人自愿认罪认罚的，应当记录在案，并在提请批准逮捕书中写明有关情况。

【文书范例】

＊＊＊公安局

提请批准逮捕书

×公（刑）提捕字〔20××〕26号

犯罪嫌疑人李××，曾用名：李×，男，19××年×月×日出生，出生地：××市××县，身份证号码：××××××××××××××××××，汉族，初中文化，无业，户籍所在地：××市××县××路××号，现住××市××县××路××号。20××年5月28日因涉嫌盗窃罪被××市××县人民法院判处有期徒刑3年，20××年7月12日因涉嫌故意毁坏财物罪被我局刑事拘留。

辩护律师蔡××，××市××县××律师事务所律师，执业证号：×××××××××××××××××。

犯罪嫌疑人李××涉嫌故意毁坏财物一案，由受害人张××于20××年7月12日报案至我局。经审查案情属实，于当日立案侦查。犯罪嫌疑人李××已于20××年7月12日被抓获归案。

经依法侦查查明：20××年7月12日晚李××、陈××、田××、沈××在××市××县××饭店吃饭时，因喝酒一事李××与张××发生不快，吃完饭后李××等人提出到张××家理论。当晚23时许，李××带领陈××、田××等人驾驶车辆到张××家与张××理论，在与张××争执的过程中，李××用凳子砸向张××，随后张××开车撞向李××、陈××、田××等人，均未受伤，后李××使用铁棍将张××使用的蒙M××××号丰田牌V8汽车砸坏，经××市××县价格认证中心评估，被损坏丰田牌越野汽车价格为人民币72000元。犯罪嫌疑人李××曾因盗窃罪被判处有期徒刑3年，刑满释放后仍不思悔改，故意毁坏他人的财物，数额巨大，具有较大的社会危害性，应当依法予以逮捕。

认定上述事实的证据如下：受害人张××的报案笔录及陈述，可证实犯罪事实的发生及案发经过；证人陈××、田××等人的证言，可证实张××车辆被损坏情况及车辆损坏是由李××造成的事实；物价评估报告，可证实张××车辆损失价值；现场勘验笔录及辨认笔录，可证实案发经过及作案手段；李××的前科材料，可证实其犯罪经历。犯罪嫌疑人李××对以上事实供认不讳，与上述材料能够相互印证。

综上所述，犯罪嫌疑人李××使用铁棍砸坏张××汽车，故意毁坏他人财物，数额巨大，其行为已触犯《中华人民共和国刑法》第二百七十四条之规定，涉嫌故意毁坏财物罪，符合逮捕条件。依照《中华人民共和国刑事诉讼法》第八十一条、第八十七条之规定，特提请批准逮捕。

此致

××市××县人民检察院

公安局（印）

二〇××年七月十七日

附：1. 本案卷宗×卷×页。

2. 犯罪嫌疑人李××现羁押于××市××县看守所。

33. 逮捕证

***公安局

逮 捕 证

（存 根）

×公（ ）捕字〔 〕 号

案件名称______________________________

案件编号______________________________

犯罪嫌疑人________________________男/女

出生日期______________________________

住　　址______________________________

逮捕原因______________________________

批准或决定逮捕时间____________________

批准或决定机关________________________

执 行 人______________________________

办案单位______________________________

填发时间______________________________

填 发 人______________________________

＊＊＊公安局
逮 捕 证

×公（ ）捕字〔 〕 号

根据《中华人民共和国刑事诉讼法》第八十条之规定，经________________ 批准/决定 ，兹由我局对涉嫌________________罪的________________（性别______，出生日期____________，住址________________________________）执行逮捕，送________________看守所羁押。

公安局（印）

年 月 日

本证已于______年____月____日____时向我宣布。

被逮捕人： （捺指印）

本证副本已收到，被逮捕人______已于______年____月____日送至我所（如先行拘留的，填写拘留后羁押时间）。

接收民警： 看守所（印）

年 月 日

此联附卷

***公安局

逮 捕 证

（副 本）

×公（ ）捕字〔 〕 号

根据《中华人民共和国刑事诉讼法》第八十条之规定，经________________ 批准/决定 ，兹由我局对涉嫌____________________罪的________________（性别______，出生日期________________，住址________________________________）执行逮捕，送____________________看守所羁押。

执行逮捕时间：______年____月____日____时

属于律师会见需经许可的案件： 是/否

公安局（印）

年 月 日

此联交看守所

【制作说明】

1. 本文书根据《中华人民共和国刑事诉讼法》第八十条、第九十三条第一款，《公安机关办理刑事案件程序规定》第一百四十二条、第一百四十三条及第一百四十六条制定。逮捕证是公安机关依法对批准或决定逮捕的犯罪嫌疑人或被告人执行逮捕时使用的凭证性文书。

2. 逮捕证是多联式填空型文书，其由正本、副本和存根三部分组成。其中，逮捕证正本是公安机关逮捕犯罪嫌疑人或被告人的凭证，该联要向被逮捕人宣读并在侦查终结时存入诉讼卷。副本是公安机关将被逮捕人送交看守所以及看守羁押被逮捕人的凭证，此联交看守所。存根用于公安机关留存备查。

3. 逮捕证正本的内容主要包括制作机关名称、文书名称、文书字号、法律依据、批准或决定逮捕的机关名称、涉嫌罪名、被逮捕人的基本情况、拟羁押被逮捕人的看守所名称、文书制作日期、公安机关名称及印章、签收栏等。在填写时要注意：

（1）在填写“批准或决定逮捕的机关名称”时，要根据案件的实际情况进行填写，“批准/逮捕”属于选择项，用删除线划去不需要的选项。

（2）在填写“被逮捕人的基本情况”时，如果被逮捕人不讲真实姓名，可按照其自报的姓名进行填写。如果犯罪嫌疑人拒绝供述自己姓名的，可根据案件具体情况，对其编号后进行填写。

（3）在填写“签收栏”时，要由侦查人员向犯罪嫌疑人出示并宣读逮捕证和身份证件后，由被执行逮捕的犯罪嫌疑人填写被逮捕时间（精确到小时），并签名捺指印。如果被逮捕人拒绝签名、捺指印，侦查人员应当在逮捕证上注明。在执行逮捕后，羁押被逮捕人的看守所在接收被逮捕人和逮捕证副本后，由看守所接收民警在逮捕证正本附注栏“本证副本已收到”处填写被逮捕人姓名、送达时间，签名并加盖看守所印章、填写日期，对于在逮捕前已在看守所拘留的犯罪嫌疑人，填写执行拘留的时间。

4. 逮捕证副本的内容与填写注意事项和正本基本一致，但“属于律师会见需经许可的案件”属于选择项，可根据案件实际情况进行选择，对于不需要的选项用删除线划去即可。

5. 逮捕证存根按照文书印制的内容和顺序依次进行填写即可。其中，对于“逮捕原因”，填写被逮捕人所涉嫌的具体罪名即可，如“涉嫌诈骗罪”。

【法律依据】

《中华人民共和国刑事诉讼法》（2018 年 10 月 26 日）

第八十条 逮捕犯罪嫌疑人、被告人，必须经过人民检察院批准或者人民法院决定，由公安机关执行。

第九十三条第一款 公安机关逮捕人的时候，必须出示逮捕证。

《公安机关办理刑事案件程序规定》（2020 年 7 月 20 日）

第一百四十二条 接到人民检察院批准逮捕决定书后，应当由县级以上公安机关负责人签发逮捕证，立即执行，并在执行完毕后三日以内将执行回执送达作出批准逮捕决定的人民检察院。如果未能执行，也应当将回执送达人民检察院，并写明未能执行的原因。

第一百四十三条 执行逮捕时，必须出示逮捕证，并责令被逮捕人在逮捕证上签名、捺指印，拒绝签名、捺指印的，侦查人员应当注明。逮捕后，应当立即将被逮捕人送看守所羁押。

执行逮捕的侦查人员不得少于二人。

第一百四十四条 对被逮捕的人，必须在逮捕后的二十四小时以内进行讯问。发现不应当逮捕的，经县级以上公安机关负责人批准，制作释放通知书，送看守所和原批准逮捕的人民检察院。看守所凭释放通知书立即释放被逮捕人，并发给释放证明书。

第一百四十五条 对犯罪嫌疑人执行逮捕后，除无法通知的情形以外，应当在逮捕后二十四小时以内，制作逮捕通知书，通知被逮捕人的家属。逮捕通知书应当写明逮捕原因和羁押处所。

本条规定的“无法通知”的情形适用本规定第一百一十三条第二款的规定。

无法通知的情形消除后，应当立即通知被逮捕人的家属。

对于没有在二十四小时以内通知家属的，应当在逮捕通知书中注明原因。

第一百四十六条 人民法院、人民检察院决定逮捕犯罪嫌疑人、被告人的，由县级以上公安机关凭人民法院、人民检察院决定逮捕的法律文书制作逮捕证并立即执行。必要时，可以请人民法院、人民检察院协助执行。执行逮捕后，应当及时通知决定机关。

公安机关未能抓获犯罪嫌疑人、被告人的，应当将执行情况和未能抓获的原因通知决定逮捕的人民检察院、人民法院。对于犯罪嫌疑人、被告人在逃的，在人民检察院、人民法院撤销逮捕决定之前，公安机关应当组织力量继续执行。

【文书范例】

***公安局

逮　捕　证

（存　根）

×公（刑）捕字〔20××〕87号

案件名称 陈××涉嫌诈骗案

案件编号 ×××××××××××

犯罪嫌疑人 陈×× 男/~~女~~

出生日期 19××年×月×日

住　　址 ××市××县××路××号

逮捕原因 涉嫌诈骗罪

批准~~或决定~~逮捕时间 20××年8月28日

批准~~或决定~~机关 ××市××县人民检察院

执 行 人 王××、李××

办案单位 ××市××县公安局刑事侦查大队

填发时间 20××年8月28日

填 发 人 李××

*****公安局**

逮 捕 证

×公（刑）捕字〔20××〕87号

根据《中华人民共和国刑事诉讼法》第八十条之规定，经 ××市××县人民检察院 批准/~~决定~~，兹由我局对涉嫌 诈骗 罪的 陈×× （性别 男 ，出生日期 19××年×月×日 ，住址 ××市××县××路××号 ）执行逮捕，送 ××市××县 看守所羁押。

公安局（印）

二〇××年八月二十八日

本证已于 20×× 年 8 月 28 日 9 时向我宣布。

被逮捕人：陈×× （捺指印）

本证副本已收到，被逮捕人 陈×× 已于 20×× 年 7 月 16 日送至我所（如先行拘留的，填写拘留后羁押时间）。

接收民警：张×× 看守所（印）

二〇××年八月二十八日

此联附卷

＊＊＊公安局

逮　捕　证

（副　本）

×公（刑）捕字〔××〕87号

根据《中华人民共和国刑事诉讼法》第八十条之规定，经 ××市××县人民检察院 批准/~~决定~~，兹由我局对涉嫌 诈骗 罪的 陈×× （性别 男 ，出生日期 19××年×月×日 ，住址 ××市××县××路××号 ）执行逮捕，送 ××市××县 看守所羁押。

执行逮捕时间： 20×× 年 8 月 28 日 9 时

属于律师会见需经许可的案件： 是/~~否~~

公安局（印）

二〇××年八月二十八日

此联交看守所

34. 逮捕通知书

***公安局

逮捕通知书

（存　根）

×公（　）捕通字〔　　〕　　号

案件名称＿＿＿＿＿＿＿＿＿＿＿＿＿＿＿＿＿＿

案件编号＿＿＿＿＿＿＿＿＿＿＿＿＿＿＿＿＿＿

被逮捕人＿＿＿＿＿＿＿＿＿＿＿＿＿＿男/女

出生日期＿＿＿＿＿＿＿＿＿＿＿＿＿＿＿＿＿＿

逮捕原因＿＿＿＿＿＿＿＿＿＿＿＿＿＿＿＿＿＿

逮捕时间＿＿＿＿＿＿＿＿＿＿＿＿＿＿＿＿＿＿

羁押处所＿＿＿＿＿＿＿＿＿＿＿＿＿＿＿＿＿＿

家属姓名＿＿＿＿＿＿＿＿＿＿＿＿＿＿＿＿＿＿

地　　址＿＿＿＿＿＿＿＿＿＿＿＿＿＿＿＿＿＿

办 案 人＿＿＿＿＿＿＿＿＿＿＿＿＿＿＿＿＿＿

办案单位＿＿＿＿＿＿＿＿＿＿＿＿＿＿＿＿＿＿

填发时间＿＿＿＿＿＿＿＿＿＿＿＿＿＿＿＿＿＿

填 发 人＿＿＿＿＿＿＿＿＿＿＿＿＿＿＿＿＿＿

＊＊＊公安局

逮捕通知书

（副　本）

×公（　）捕通字〔　　〕　　号

____________________：

经____________________批准，我局于______年____月____日____时对涉嫌____________________罪的____________________执行逮捕，现羁押在____________________看守所。

公安局（印）

年　　月　　日

本通知书已收到。

被逮捕人家属：　　　　　　　　年　　月　　日　　时

如在逮捕后24小时内无法通知的，注明原因：____。

办案人：

年　　月　　日　时

此联附卷

***公安局

逮捕通知书

×公（ ）捕通字〔 〕 号

______________：

经______________批准，我局于____年____月____日____时对涉嫌______________罪的______________执行逮捕，现羁押在______________看守所。

公安局（印）

年 月 日

注：看守所地址______________________

此联交被捕人家属

【制作说明】

1. 本文书根据《中华人民共和国刑事诉讼法》第九十三条第二款制定。逮捕通知书是公安机关在对犯罪嫌疑人执行逮捕后，通知被逮捕人家属时所使用的文书。如果是人民检察院或人民法院决定逮捕犯罪嫌疑人或被告人的，由承办案件的人民检察院或人民法院负责送达逮捕通知书。

2. 逮捕通知书是多联式填空型文书，其由正本、副本和存根三部分组成。其中，逮捕通知书正本是公安机关通知被逮捕人家属其已被逮捕的凭证，此联交由被逮捕人家属收执。副本是公安机关已经将犯罪嫌疑人被执行逮捕情况通知其家属的凭证，此联在侦查终结时存入诉讼卷。存根用于公安机关留存备查。

3. 逮捕通知书正本的内容主要包括制作机关名称、文书名称、文书字号、抬头、批准逮捕机关、逮捕时间、逮捕原因、被逮捕人姓名、羁押的看守所名称、文书制作日期、公安机关名称及印章、附注栏等。在填写时要注意：

（1）在填写“抬头”时，要填写被逮捕人家属的姓名，这里的家属一般是指与被逮捕人共同居住的成年家庭成员。

（2）在填写“逮捕时间”时，要注意与逮捕证正本上被逮捕人在签收栏所填写的逮捕时间保持一致，并精确到小时。

（3）在填写“附注栏”时，要填写羁押犯罪嫌疑人看守所的具体地址。

4. 逮捕通知书副本的内容与填写注意事项和正本基本一致，但在签收栏处，要由被逮捕人家属（即受送达人）在收到逮捕通知书正本时签名、捺指印并填写签收时间，精确到小时，以监督公安机关是否在24小时内通知被逮捕人家属。在24小时内无法通知的，应当在签收栏的附注部分写明具体原因，并由办案人员签名。如果受送达人拒绝接收或拒绝在逮捕通知书上签名、捺指印的，可以采用留置送达方式进行送达。如果直接送达有困难的，可采用邮寄送达，即在执行逮捕后的24小时以内将逮捕通知书正本以邮寄的方式送达，并将邮寄回执粘贴于逮捕通知书副本的签收栏。

5. 逮捕通知书存根按照文书印制的内容和顺序依次进行填写即可。其中，对于“逮捕原因”，填写被逮捕人所涉嫌的具体罪名即可，如“涉嫌诈骗罪”，“逮捕时间”填写执行逮捕的时间，注意保持文书前后的一致性。

【法律依据】

《中华人民共和国刑事诉讼法》（2018年10月26日）

第九十三条第二款 逮捕后，应当立即将被逮捕人送看守所羁押。除无法通知的以外，应当在逮捕后二十四小时以内，通知被逮捕人的家属。

【文书范例】

***公安局
逮捕通知书
（存　根）

×公（刑）捕通字〔××〕87号

案件名称　陈××涉嫌诈骗案

案件编号　××××××××××××

被逮捕人　陈××　　男/女

出生日期　19××年×月×日

逮捕原因　涉嫌诈骗罪

逮捕时间　20××年8月28日

羁押处所　××市××县看守所

家属姓名　李××

地　　址　××市××县××路××号

办 案 人　王××、李××

办案单位　××市××县公安局刑事侦查大队

填发时间　20××年8月28日

填 发 人　李××

＊＊＊公安局

逮捕通知书

（副　本）

×公（刑）捕通字〔××〕87号

李××：

经 ××市××县人民检察院 批准，我局于 20×× 年 8 月 28 日 9 时对涉嫌 诈骗 罪的 陈×× 执行逮捕，现羁押在 ××市××县 看守所。

公安局（印）

二〇××年八月二十八日

本通知书已收到。

被逮捕人家属：李××　　　　20××年8月28日15时

如在逮捕后24小时内无法通知的，注明原因：＿＿＿＿＿＿＿＿＿＿＿＿＿＿。

办案人：

年　　月　　日　　时

此联附卷

***公安局

逮捕通知书

×公（刑）捕通字〔××〕87号

李××：

经××市××县人民检察院批准，我局于20××年8月28日9时对涉嫌诈骗罪的陈××执行逮捕，现羁押在××市××县看守所。

公安局（印）

二〇××年八月二十八日

注：看守所地址××市××县××路××号

此联交被捕人家属

35. 变更逮捕措施通知书

＊＊＊公安局

变更逮捕措施通知书

（存　根）

×公（　）变通字〔　　〕　　号

案件名称________________

案件编号________________

犯罪嫌疑人________________男/女

出生日期________________

住　　址________________

逮捕时间________________

羁押处所________________

变更原因________________

变更后的强制措施________________

送往单位________________

批 准 人________________

批准时间________________

办 案 人________________

办案单位________________

填发时间________________

填 发 人________________

* * *公安局

变更逮捕措施通知书

（副　本）

×公（　）变通字〔　　〕　　号

____________人民检察院：

你院于______年_____月_____日以______〔______〕______号决定书批准逮捕的犯罪嫌疑人__________________已于____年____月____日被执行逮捕，现因____，根据《中华人民共和国刑事诉讼法》第__________条之规定，我局决定于______年____月____日对其变更强制措施为______________________。

公安局（印）

年　　月　　日

本通知书已收到。

检察院收件人：

年　　月　　日

此联附卷

***公安局

变更逮捕措施通知书

×公（ ）变通字〔 〕 号

__________人民检察院：

你院于_____年____月____日以_____〔_____〕_____号决定书批准逮捕的犯罪嫌疑人______________已于_____年____月____日被执行逮捕，现因________________________________，根据《中华人民共和国刑事诉讼法》第__________条之规定，我局决定于_____年____月____日对其变更强制措施为________________。

公安局（印）

年 月 日

此联交检察院

【制作说明】

1. 本文书根据《中华人民共和国刑事诉讼法》第九十六条、《公安机关办理刑事案件程序规定》第一百五十八条制定。变更逮捕措施通知书是公安机关依法对被逮捕的犯罪嫌疑人变更强制措施并通知原批准逮捕的人民检察院时使用的文书。

2. 变更逮捕措施通知书是多联式填空型文书，其由正本、副本和存根组成。其中，变更逮捕措施通知书正本是公安机关通知作出批准逮捕决定的人民检察院变更逮捕措施的凭证，此联交由人民检察院收存。副本是公安机关对被逮捕的犯罪嫌疑人变更逮捕措施后，已通知原批准逮捕的人民检察院的凭证，该联在侦查终结时存入诉讼卷。存根用于公安机关留存备查。

3. 变更逮捕措施通知书正本的内容主要包括制作机关名称、文书名称、文书字号、抬头、批准逮捕的时间、批准逮捕决定书的文号、被逮捕人的姓名、逮捕时间、变更逮捕措施的原因、变更逮捕措施的法律依据和日期、变更后的强制措施种类、文书制作日期、公安机关名称及印章等。在填写时要注意：

（1）在填写“抬头”时，要填写作出批准逮捕决定的人民检察院名称。

（2）在填写“变更逮捕措施的原因”时，要填写被逮捕的犯罪嫌疑人不应当被逮捕的具体原因，如“怀孕”“生活不能自理”“患有严重疾病”“可能被判处管制、拘役或适用独立附加刑”等。

（3）在填写“法律依据和日期”时，要根据具体的情形进行区别填写，如果被逮捕的犯罪嫌疑人符合取保候审的条件，则在填写法律依据时应当选择适用《中华人民共和国刑事诉讼法》第六十七条、第九十六条。如果被逮捕的犯罪嫌疑人符合监视居住的条件，则应当选择适用《中华人民共和国刑事诉讼法》第七十四条、第九十六条。同时，要注意变更逮捕措施的日期不得超过法定羁押期限届满的时间。

（4）在填写“变更后的强制措施种类”时，要根据实际情况，选择填写“取保候审”或“监视居住”。

4. 变更逮捕措施通知书副本的内容与填写注意事项和正本基本一致，但在签收栏处，要由被通知的人民检察院收件人填写签收日期并签名。

5. 变更逮捕措施通知书存根按照文书印制的内容和顺序依次进行填写即可。其中，对于“送往单位”，填写拟通知的原批准逮捕的人民检察院名称，此外要注意保持文书前后的一致性。

【法律依据】

《中华人民共和国刑事诉讼法》（2018 年 10 月 26 日）

第六十七条 人民法院、人民检察院和公安机关对有下列情形之一的犯罪嫌疑人、被告人，可以取保候审：

（一）可能判处管制、拘役或者独立适用附加刑的；

（二）可能判处有期徒刑以上刑罚，采取取保候审不致发生社会危险性的；

（三）患有严重疾病、生活不能自理，怀孕或者正在哺乳自己婴儿的妇女，采取取保候审不致发生社会危险性的；

（四）羁押期限届满，案件尚未办结，需要采取取保候审的。

取保候审由公安机关执行。

第七十四条 人民法院、人民检察院和公安机关对符合逮捕条件，有下列情形之一的犯罪嫌疑人、被告人，可以监视居住：

（一）患有严重疾病、生活不能自理的；

（二）怀孕或者正在哺乳自己婴儿的妇女；

（三）系生活不能自理的人的唯一扶养人；

（四）因为案件的特殊情况或者办理案件的需要，采取监视居住措施更为适宜的；

（五）羁押期限届满，案件尚未办结，需要采取监视居住措施的。

对符合取保候审条件，但犯罪嫌疑人、被告人不能提出保证人，也不交纳保证金的，可以监视居住。

监视居住由公安机关执行。

第九十六条 人民法院、人民检察院和公安机关如果发现对犯罪嫌疑人、被告人采取强制措施不当的，应当及时撤销或者变更。公安机关释放被逮捕的人或者变更逮捕措施的，应当通知原批准的人民检察院。

《公安机关办理刑事案件程序规定》（2020 年 7 月 20 日）

第一百五十八条 公安机关发现对犯罪嫌疑人采取强制措施不当的，应当及时撤销或者变更。犯罪嫌疑人在押的，应当及时释放。公安机关释放被逮捕的人或者变更逮捕措施的，应当通知批准逮捕的人民检察院。

【文书范例】

***公安局
变更逮捕措施通知书
（存　根）

×公（刑）变通字〔20××〕12号

案件名称　何××涉嫌伪造国家机关公文案

案件编号　××××××××××××

犯罪嫌疑人　何××　男/女

出生日期　19××年×月×日

住　　址　××市××县××路××号

逮捕时间　20××年9月6日

羁押处所　××市××县看守所

变更原因　可能判处管制或拘役

变更后的强制措施　取保候审

送往单位　××市××县人民检察院

批 准 人　张××

批准时间　20××年9月20日

办 案 人　王××、马××

办案单位　××市××县公安局刑事侦查大队

填发时间　20××年9月20日

填 发 人　马××

＊＊＊公安局

变更逮捕措施通知书

（副　本）

×公（刑）变通字〔××〕12号

××市××县人民检察院：

你院于20××年9月6日以×××〔20××〕143号决定书批准逮捕的犯罪嫌疑人何××已于20××年9月6日被执行逮捕，现因何××可能被判处管制或拘役，根据《中华人民共和国刑事诉讼法》第九十六、六十七条之规定，我局决定于20××年9月20日对其变更强制措施为取保候审。

公安局（印）

二〇××年九月二十日

本通知书已收到。

检察院收件人：周××

20××年9月20日

此联附卷

＊＊＊公安局

变更逮捕措施通知书

×公（刑）变通字〔20××〕12号

××市××县 人民检察院：

你院于 20×× 年 9 月 6 日以 ×××〔20××〕 143 号决定书批准逮捕的犯罪嫌疑人 何×× 已于20×× 年 9 月 6 日被执行逮捕，现因 何××可能被判处管制或拘役 ，根据《中华人民共和国刑事诉讼法》第 九十六条、六十七 条之规定，我局决定于 20×× 年 9 月 20 日对其变更强制措施为 取保候审 。

公安局（印）

二〇××年九月二十日

此联交检察院

36. 不予释放/变更强制措施通知书

***公安局

不予释放/变更强制措施
通知书

（存　根）

×公（　）不释/不变字〔　　〕　　号

案件名称______________________

案件编号______________________

犯罪嫌疑人____________________男/女

出生日期______________________

住　　址______________________

拘留/逮捕时间__________________

羁押处所______________________

不予释放/变更原因______________

送往单位/个人__________________

批 准 人______________________

批准时间______________________

办 案 人______________________

办案单位______________________

填发时间______________________

填 发 人______________________

*****公安局**

不予释放/变更强制措施通知书

（副　本）

×公（　）不释/不变字〔　　〕　　号

____________：

你（单位）于____年____月____日建议/申请对已被________的犯罪嫌疑人________（性别____，出生日期________）释放/变更强制措施。经审查，我局认为____，根据《中华人民共和国刑事诉讼法》第________条之规定，决定不予<u>释放/变更强制措施</u>。

公安局（印）

年　　月　　日

本通知书已收到。

收件人：

年　　月　　日

此联附卷

***公安局

不予释放/变更强制措施通知书

×公（ ）不释/不变字〔 〕 号

________________：

你（单位）于______年____月____日建议/申请对已被__________的犯罪嫌疑人______________（性别______，出生日期__________）释放/变更强制措施。经审查，我局认为____，根据《中华人民共和国刑事诉讼法》第______________条之规定，决定不予释放/变更强制措施。

公安局（印）

年 月 日

此联交检察院或者申请人

【制作说明】

1. 本文书根据《中华人民共和国刑事诉讼法》第九十五条、第九十七条,《公安机关办理刑事案件程序规定》第一百五十九条、第一百六十条制定。不予释放/变更强制措施通知书是人民检察院建议公安机关对犯罪嫌疑人予以释放或者变更强制措施,犯罪嫌疑人及其法定代理人、近亲属或者辩护人向公安机关申请变更强制措施,公安机关不同意对犯罪嫌疑人释放或者变更强制措施时,通知人民检察院或者犯罪嫌疑人及其法定代理人、近亲属或者辩护人使用的文书。

2. 不予释放/变更强制措施通知书是多联式填空型文书,其由正本、副本和存根三部分组成。其中,不予释放/变更强制措施通知书正本是公安机关通知人民检察院或申请人对犯罪嫌疑人不予释放或者不予变更强制措施的凭证,此联交人民检察院或申请人收存。副本是公安机关已经通知人民检察院或申请人对犯罪嫌疑人不予释放或者变更强制措施的凭证,该联在侦查终结时存入诉讼卷。存根用于公安机关留存备查。

3. 不予释放/变更强制措施通知书正本的内容主要包括制作机关名称、文书名称、文书字号、抬头、人民检察院建议或有关当事人申请的时间、已经对犯罪嫌疑人采取强制措施的种类、犯罪嫌疑人的基本情况、不予释放或者不予变更强制措施的原因和法律依据、决定事项、文书制作日期、公安机关名称及印章等。在填写时要注意:

(1)在填写“文书字号”时,要注意此处的文书字号(不释/不变)属于选择项,应根据具体情况选择适用,对于不需要的选项用删除线划去即可。

(2)在填写“抬头”时,要填写建议释放或者变更强制措施的人民检察院名称、申请变更强制措施的申请人姓名。

(3)在填写“不予释放或者不予变更强制措施的原因”时,可根据《中华人民共和国刑事诉讼法》第八十一条的规定并结合案件的具体情况进行填写,如“可能实施新的犯罪”“可能自杀或者企图逃跑的”等。

(4)在填写“不予释放或者不予变更强制措施的法律依据”时,要根据具体的情形进行区别填写,如果不予释放/变更强制措施通知书交人民检察院,则选择填写《中华人民共和国刑事诉讼法》第九十五条,如果不予释放/变更强制措施通知书交申请人,则选择填写《中华人民共和国刑事诉讼法》第九十七条。

（5）在填写“决定事项”时，注意不予“释放/变更强措施”“建议/申请”等属于选择项，根据案件具体情况进行选择即可，对于不需要的选项用删除线划去。

4. 不予释放/变更强制措施通知书副本的内容与填写注意事项和正本基本一致，但在签收栏处，要由被通知的人民检察院收件人或申请人签名并填写签收日期。

5. 不予释放/变更强制措施通知书存根按照文书印制的内容和顺序依次进行填写即可。其中，对于“送往单位/个人栏”，填写拟通知的人民检察院名称或申请人姓名，同时“不释/不变”及“释放/变更”等内容属于选择项，可根据实际情况进行选择，对于不需要的内容用删除线划去即可。

【法律依据】

《中华人民共和国刑事诉讼法》（2018年10月26日）

第九十五条 犯罪嫌疑人、被告人被逮捕后，人民检察院仍应当对羁押的必要性进行审查。对不需要继续羁押的，应当建议予以释放或者变更强制措施。有关机关应当在十日以内将处理情况通知人民检察院。

第九十七条 犯罪嫌疑人、被告人及其法定代理人、近亲属或者辩护人有权申请变更强制措施。人民法院、人民检察院和公安机关收到申请后，应当在三日以内作出决定；不同意变更强制措施的，应当告知申请人，并说明不同意的理由。

《公安机关办理刑事案件程序规定》（2020年7月20日）

第一百五十九条 犯罪嫌疑人被逮捕后，人民检察院经审查认为不需要继续羁押，建议予以释放或者变更强制措施的，公安机关应当予以调查核实。认为不需要继续羁押的，应当予以释放或者变更强制措施；认为需要继续羁押的，应当说明理由。

公安机关应当在十日以内将处理情况通知人民检察院。

第一百六十条 犯罪嫌疑人及其法定代理人、近亲属或者辩护人有权申请变更强制措施。公安机关应当在收到申请后三日以内作出决定；不同意变更强制措施的，应当告知申请人，并说明理由。

【文书范例】

＊＊＊公安局

不予释放/变更强制措施

通知书

（存 根）

×公（刑）~~不释~~/不变字〔20××〕24号

案件名称 贺××涉嫌集资诈骗案

案件编号 ×××××××××××××

犯罪嫌疑人 贺×× 男/女

出生日期 19××年×月×日

住　　址 ××市××县××路××号

~~拘留~~/逮捕时间 20××年6月20日

羁押处所 ××市××县看守所

不予~~释放~~/变更原因 可能毁灭、伪造证据

送往~~单位~~/个人 崔××

批 准 人 谢××

批准时间 20××年7月11日

办 案 人 乔××、王××

办案单位 ××市××县公安局刑事侦查大队

填发时间 20××年7月11日

填 发 人 王××

***公安局

不予释放/变更强制措施通知书

（副 本）

×公（刑）~~不释~~/不变字〔20××〕24号

崔××：

你（单位）于20××年7月9日~~建议~~/申请对已被逮捕的犯罪嫌疑人贺××（性别女，出生日期19××年×月×日）~~释放~~/变更强制措施。经审查，我局认为贺××存在伪造、毁灭证据的可能性，根据《中华人民共和国刑事诉讼法》第九十七条之规定，决定不予~~释放~~/变更强制措施。

公安局（印）

二〇××年七月十一日

本通知书已收到。

收件人：崔××

20××年7月11日

此联附卷

***公安局

不予释放/变更强制措施通知书

×公（刑）~~不释~~/不变字〔20××〕24号

崔××：

你（单位）于 20×× 年 7 月 9 日 ~~建议~~/申请 对已被 逮捕 的犯罪嫌疑人 贺×× （性别 女 ，出生日期 19××年×月×日 ） ~~释放~~/变更强制措施 。经审查，我局认为 贺××存在伪造、毁灭证据的可能性 ，根据《中华人民共和国刑事诉讼法》第 九十七 条之规定，决定不予 ~~释放~~/变更强制措施 。

公安局（印）

二〇××年七月十一日

此联交检察院或者申请人

37. 提请批准延长侦查羁押期限意见书

***公安局

提请批准延长侦查羁押期限意见书

（存　根）

×公（　）提延字〔　　　〕　　号

案件名称_______________________________

案件编号_______________________________

犯罪嫌疑人_________________________ 男/女

出生日期_______________________________

住　　址_______________________________

单位及职业______________________________

逮捕时间_______________________________

延长原因_______________________________

提请延长期限____________________________

送往单位_______________________________

批 准 人_______________________________

批准时间_______________________________

办 案 人_______________________________

办案单位_______________________________

填发时间_______________________________

填 发 人_______________________________

＊＊＊公安局

提请批准延长侦查羁押期限意见书

（副　本）

×公（　）提延字〔　　　〕　　号

________人民检察院：

你院于____年____月____日以____〔____〕____号决定书批准逮捕的犯罪嫌疑人________已于____年____月____日被执行逮捕，因____，羁押期限届满不能侦查终结，根据《中华人民共和国刑事诉讼法》第________条之规定，特提请批准对其延长羁押期限________个月。

公安局（印）

年　　月　　日

本意见书已收到。

检察院收件人：

年　　月　　日

此联附卷

＊＊＊公安局
提请批准延长侦查
羁押期限意见书

×公（ ）提延字〔 〕 号

__________人民检察院：

你院于____年___月___日以____〔____〕____号决定书批准逮捕的犯罪嫌疑人____________________已于____年___月___日被执行逮捕，因____，羁押期限届满不能侦查终结，根据《中华人民共和国刑事诉讼法》第________条之规定，特提请批准对其延长羁押期限______个月。

公安局（印）

年 月 日

此联交检察院

【制作说明】

1. 本文书根据《中华人民共和国刑事诉讼法》第一百五十六条、第一百五十八条、第一百五十九条，《公安机关办理刑事案件程序规定》第一百四十八条、第一百四十九条及第一百五十条制定。提请批准延长侦查羁押期限意见书是公安机关对侦查羁押期限届满而不能侦查终结的案件，依法提请人民检察院延长侦查羁押期限时使用的文书。

2. 提请批准延长侦查羁押期限意见书是多联式填空型文书，其由正本、副本和存根三部分组成。其中，提请批准延长侦查羁押期限意见书正本是送交人民检察院审查批准延长侦查羁押期限的凭证，此联交由审查批准的人民检察院收存。副本是公安机关提请延长犯罪嫌疑人侦查羁押期限的凭证，该联由公安机关存入诉讼卷。存根用于公安机关留存备查。

3. 提请批准延长侦查羁押期限意见书正本的内容主要包括制作机关名称、文书名称、文书字号、抬头、原批准逮捕的情况、提请批准延长侦查羁押期限的原因、法律依据、提请批准延长的侦查羁押期限、文书制作日期、公安机关名称及印章等。在填写时要注意：

（1）在填写“抬头”时，应填写拟将提请批准延长侦查羁押期限意见书送交的人民检察院名称，也即原批准逮捕的人民检察院名称。

（2）在填写“原批准逮捕的情况”时，要将批准逮捕的时间、批准逮捕决定书的文号、被逮捕人姓名、执行逮捕的时间等内容填写清楚。

（3）在填写“提请批准延长侦查羁押期限的原因”时，应根据《中华人民共和国刑事诉讼法》的规定，结合案件的具体情况进行详细的叙述，以便人民检察院进行审查，如因案情复杂需要延长一个月的，可以结合案件具体情况填写为“犯罪嫌疑人涉嫌多起犯罪或多个罪名，侦查取证工作量大”等。

（4）在填写“法律依据”时，要结合延长侦查羁押期限的原因及提请延长的羁押期限分别选择适用《中华人民共和国刑事诉讼法》第一百五十六条、第一百五十八条及第一百五十九条。

4. 提请批准延长侦查羁押期限意见书副本的内容与填写注意事项和正本基本一致，但应当注意，提请批准延长侦查羁押期限意见书正本要在侦查羁押期限届满前七日内送交原批准逮捕的人民检察院，由人民检察院收件人在副本签收栏处签收，即在“检察院收件人”处签名并填写收到日期。

5. 提请批准延长侦查羁押期限意见书存根按照文书印制的内容和顺序依

次进行填写即可。其中，对于“送往单位栏”，填写拟提请批准延长侦查羁押期限的人民检察院名称，即原批准逮捕的人民检察院名称。

【法律依据】

《中华人民共和国刑事诉讼法》（2018年10月26日）

第一百五十六条 对犯罪嫌疑人逮捕后的侦查羁押期限不得超过二个月。案情复杂、期限届满不能终结的案件，可以经上一级人民检察院批准延长一个月。

第一百五十八条 下列案件在本法第一百五十六条规定的期限届满不能侦查终结的，经省、自治区、直辖市人民检察院批准或者决定，可以延长二个月：

（一）交通十分不便的边远地区的重大复杂案件；

（二）重大的犯罪集团案件；

（三）流窜作案的重大复杂案件；

（四）犯罪涉及面广，取证困难的重大复杂案件。

第一百五十九条 对犯罪嫌疑人可能判处十年有期徒刑以上刑罚，依照本法第一百五十八条规定延长期限届满，仍不能侦查终结的，经省、自治区、直辖市人民检察院批准或者决定，可以再延长二个月。

《公安机关办理刑事案件程序规定》（2020年7月20日）

第一百四十八条 对犯罪嫌疑人逮捕后的侦查羁押期限不得超过二个月。案情复杂、期限届满不能侦查终结的案件，应当制作提请批准延长侦查羁押期限意见书，经县级以上公安机关负责人批准后，在期限届满七日前送请同级人民检察院转报上一级人民检察院批准延长一个月。

第一百四十九条 下列案件在本规定第一百四十八条规定的期限届满不能侦查终结的，应当制作提请批准延长侦查羁押期限意见书，经县级以上公安机关负责人批准，在期限届满七日前送请同级人民检察院层报省、自治区、直辖市人民检察院批准，延长二个月：

（一）交通十分不便的边远地区的重大复杂案件；

（二）重大的犯罪集团案件；

（三）流窜作案的重大复杂案件；

（四）犯罪涉及面广，取证困难的重大复杂案件。

第一百五十条 对犯罪嫌疑人可能判处十年有期徒刑以上刑罚，依照本规定第一百四十九条规定的延长期限届满，仍不能侦查终结的，应当制作提请批准延长侦查羁押期限意见书，经县级以上公安机关负责人批准，在期限届满七日前送请同级人民检察院层报省、自治区、直辖市人民检察院批准，再延长二个月。

【文书范例】

＊＊＊公安局

提请批准延长侦查羁押期限意见书

（存　根）

×公（刑）提延字〔20××〕21号

案件名称　丁××涉嫌变造货币罪

案件编号　×××××××××××××

犯罪嫌疑人　丁××　　男/女

出生日期　19××年×月×日

住　　址　××市××县××路××号

单位及职业　××××公司 职员

逮捕时间　20××年5月23日

延长原因　犯罪嫌疑人涉嫌多起犯罪，取证工作量大

提请延长期限　一个月

送往单位　××市××县人民检察院

批 准 人　张××

批准时间　20××年7月16日

办 案 人　杨××、李××

办案单位　××市××县公安局刑事侦查大队

填发时间　20××年7月16日

填 发 人　李××

＊＊＊公安局

提请批准延长侦查羁押期限意见书

（副　本）

×公（刑）提延字〔××〕21号

××市××县　人民检察院：

你院于 20×× 年 5 月 22 日以 ××× 〔20××〕 88 号决定书批准逮捕的犯罪嫌疑人 丁×× 已于 20×× 年 5 月 23 日被执行逮捕，因 犯罪嫌疑人丁××涉嫌多起犯罪，取证工作量大 ，羁押期限届满不能侦查终结，根据《中华人民共和国刑事诉讼法》第 一百五十六 条之规定，特提请批准对其延长羁押期限 一 个月。

公安局（印）

二〇××年七月十六日

本意见书已收到。

检察院收件人：俞××

20××年7月16日

此联附卷

***公安局

提请批准延长侦查
羁押期限意见书

×公（刑）提延字〔20××〕21号

××市××县 人民检察院：

你院于 20×× 年 5 月 22 日以 ××× 〔20××〕 88 号决定书批准逮捕的犯罪嫌疑人 丁×× 已于 20×× 年 5 月 23 日被执行逮捕，因 犯罪嫌疑人丁××涉嫌多起犯罪，取证工作量大 ，羁押期限届满不能侦查终结，根据《中华人民共和国刑事诉讼法》第 一百五十六 条之规定，特提请批准对其延长羁押期限 一 个月。

公安局（印）

二〇××年七月十六日

此联交检察院

38. 延长侦查羁押期限通知书①

***公安局

延长侦查羁押期限
通知书

（存　根）

×公（　）延押字〔　　〕　　号

案件名称＿＿＿＿＿＿＿＿＿＿＿＿＿＿＿＿

案件编号＿＿＿＿＿＿＿＿＿＿＿＿＿＿＿＿

犯罪嫌疑人＿＿＿＿＿＿＿＿＿＿＿＿＿男/女

出生日期＿＿＿＿＿＿＿＿＿＿＿＿＿＿＿＿

住　　址＿＿＿＿＿＿＿＿＿＿＿＿＿＿＿＿

单位及职业＿＿＿＿＿＿＿＿＿＿＿＿＿＿＿

逮捕时间＿＿＿＿＿＿＿＿＿＿＿＿＿＿＿＿

延长原因＿＿＿＿＿＿＿＿＿＿＿＿＿＿＿＿

延长时间＿＿＿＿＿＿＿＿＿＿＿＿＿＿＿＿

送往单位＿＿＿＿＿＿＿＿＿＿＿＿＿＿＿＿

办 案 人＿＿＿＿＿＿＿＿＿＿＿＿＿＿＿＿

办案单位＿＿＿＿＿＿＿＿＿＿＿＿＿＿＿＿

填发时间＿＿＿＿＿＿＿＿＿＿＿＿＿＿＿＿

填 发 人＿＿＿＿＿＿＿＿＿＿＿＿＿＿＿＿

---

① 根据相关规定，本文书已不再使用，相应替代文书请参见现行规定。

＊＊＊公安局

延长侦查羁押期限通知书

（副　本）

×公（　）延押字〔　　〕　　号

________________看守所：

我局于______年____月____日对犯罪嫌疑人______________________（性别______，出生日期________________）执行逮捕，因____，羁押期限届满不能侦查终结，根据《中华人民共和国刑事诉讼法》第__________条之规定，经_______________批准，决定延长侦查羁押期限___________，自______年____月____日至______年____月____日。

公安局（印）

年　　月　　日

本通知书已向我宣布。

犯罪嫌疑人：　　　（捺指印）

年　　月　　日

本通知书已收到。

看守所（印）

年　　月　　日

此联附卷

***公安局

延长侦查羁押期限通知书

×公（　）延押字〔　　〕　　号

________看守所：

我局于____年___月___日对犯罪嫌疑人____________（性别____，出生日期________）执行逮捕，因______________________________，羁押期限届满不能侦查终结，根据《中华人民共和国刑事诉讼法》第______条之规定，经__________批准，决定延长侦查羁押期限_____，自____年___月___日至____年___月___日。

公安局（印）

年　　月　　日

此联交看守所

【制作说明】

1. 本文书根据《中华人民共和国刑事诉讼法》第一百五十六条、第一百五十八条及第一百五十九条制定。延长侦查羁押期限通知书是公安机关在人民检察院作出批准延长对犯罪嫌疑人的侦查羁押期限的决定后，告知负责羁押的看守所时所使用的文书。

2. 延长侦查羁押期限通知书是多联式填空型文书，其由正本、副本和存根三部分组成。其中，延长侦查羁押期限通知书正本是看守所延长对犯罪嫌疑人羁押期限的凭证，此联交由看守所收存。副本是公安机关已经通知看守所延长对犯罪嫌疑人羁押期限的凭证，该联在侦查终结时存入诉讼卷。存根用于留存备查。

3. 延长侦查羁押期限通知书正本的内容主要包括制作机关名称、文书名称、文书字号、抬头、执行逮捕的时间、犯罪嫌疑人的基本情况、延长侦查羁押期限的原因、延长侦查羁押期限的法律依据、批准机关名称、延长侦查羁押的期限、文书制作日期、公安机关名称及印章等。在填写时要注意：

（1）在填写“抬头”时，应填写负责羁押犯罪嫌疑人的看守所名称。

（2）在填写“执行逮捕的时间”时，要与逮捕证正本上被逮捕人所填写的签收时间保持一致。

（3）在填写“延长侦查羁押期限的原因及法律依据”时，可参考提请批准延长侦查羁押期限意见书的内容进行填写。对于“法律依据”，可根据实际情况选择适用《中华人民共和国刑事诉讼法》第一百五十六条、第一百五十八条及第一百五十九条。

（4）在填写“延长侦查羁押的期限”时，注意其起始时间，应为前次羁押期限届满之日。

4. 延长侦查羁押期限通知书副本的内容与填写注意事项和正本基本一致，但应当注意，在送达通知书时，应当向犯罪嫌疑人宣读延长侦查羁押期限通知书，并由其在通知书副本“本通知书已向我宣布”处签名、捺指印并填写宣布日期，同时在“本通知书已收到”处加盖看守所印章并填写日期。

5. 延长侦查羁押期限通知书存根按照文书印制的内容和顺序依次进行填写即可。其中，对于“送往单位栏”，应当填写负责羁押犯罪嫌疑人的看守所名称。

【法律依据】

《中华人民共和国刑事诉讼法》（2018年10月26日）

第一百五十六条 对犯罪嫌疑人逮捕后的侦查羁押期限不得超过二个月。案情复杂、期限届满不能终结的案件，可以经上一级人民检察院批准延长一个月。

第一百五十八条 下列案件在本法第一百五十六条规定的期限届满不能侦查终结的，经省、自治区、直辖市人民检察院批准或者决定，可以延长二个月：

（一）交通十分不便的边远地区的重大复杂案件；

（二）重大的犯罪集团案件；

（三）流窜作案的重大复杂案件；

（四）犯罪涉及面广，取证困难的重大复杂案件。

第一百五十九条 对犯罪嫌疑人可能判处十年有期徒刑以上刑罚，依照本法第一百五十八条规定延长期限届满，仍不能侦查终结的，经省、自治区、直辖市人民检察院批准或者决定，可以再延长二个月。

39. 计算/重新计算侦查羁押期限通知书[①]

***公安局

计算/重新计算侦查羁押
期限通知书

（存　根）

×公（　）计押/重计押字〔　　〕号

案件名称______________________

案件编号______________________

犯罪嫌疑人____________________男/女

出生日期______________________

住　　址______________________

单位及职业____________________

拘留/逮捕时间__________________

重新计算原因__________________

重新计算时间__________________

送往单位______________________

批 准 人______________________

批准时间______________________

办 案 人______________________

办案单位______________________

填发时间______________________

填 发 人______________________

① 根据相关规定，本文书已不再使用，相应替代文书请参见现行规定。

*****公安局**

计算/重新计算侦查羁押期限通知书

×公（ ）计押/重计押 字〔 〕 号

________看守所、________人民检察院：

________于____年____月____日以________〔____〕____号决定书 决定拘留/批准逮捕 的犯罪嫌疑人________，于____年____月____日被执行 拘留/逮捕 ，因________，根据《中华人民共和国刑事诉讼法》第一百六十条第____款之规定，自____年____月____日起计算/重新计算侦查羁押期限。

公安局（印）

年 月 日

本通知书已向我宣布。	本通知书已收到。	本通知书已收到。
被羁押人：	看守所（印）	检察院收件人：
年 月 日	年 月 日	年 月 日

此联附卷

***公安局

计算/重新计算侦查羁押期限通知书

×公（ ）<u>计押/重计押</u>字〔 〕 号

________看守所：

________于____年____月____日以________〔____〕____号决定书<u>决定拘留/批准逮捕</u>的犯罪嫌疑人____________，于____年____月____日被执行<u>拘留/逮捕</u>，因________________________，根据《中华人民共和国刑事诉讼法》第一百六十条第____款之规定，自____年____月____日起<u>计算/重新计算</u>侦查羁押期限。

公安局（印）

年 月 日

此联交看守所

*****公安局**

计算/重新计算侦查羁押期限通知书

×公（ ）计押/重计押字〔 〕 号

__________人民检察院：

你院于______年_____月_____日以_____〔_____〕_____号决定书批准逮捕的犯罪嫌疑人__________，于_____年____月____日被执行逮捕，因______________________________，根据《中华人民共和国刑事诉讼法》第一百六十条第______款之规定，自_____年____月____日起 计算/重新计算 侦查羁押期限。

公安局（印）

年 月 日

此联交检察院

【制作说明】

1. 本文书根据《中华人民共和国刑事诉讼法》第一百六十条、《公安机关办理刑事案件程序规定》第一百五十一条及第一百五十二条制定。计算/重新计算侦查羁押期限通知书是公安机关对已经执行拘留或者逮捕的犯罪嫌疑人计算或者重新计算侦查羁押期限时，通知负责羁押的看守所和批准逮捕的人民检察院制作使用的文书。本文书必须在侦查羁押期限届满前制作并送达人民检察院和看守所。

2. 计算/重新计算侦查羁押期限通知书是多联式填空型文书，其由交看守所联、交检察院联、附卷联和存根四部分组成。其中，交看守所联是公安机关通知负责羁押的看守所对犯罪嫌疑人计算或者重新计算侦查羁押期限的凭证，该联交看守所收存。交检察院联是公安机关通知原批准逮捕的人民检察院对犯罪嫌疑人计算或者重新计算侦查羁押期限的凭证，该联交由检察院收存。附卷联是公安机关已经通知看守所和检察院对犯罪嫌疑人计算或者重新计算侦查羁押期限的凭证，该联在侦查终结时存入诉讼卷。存根用于公安机关留存备查。

3. 计算/重新计算侦查羁押期限通知书交看守所联的内容主要包括制作机关名称、文书名称、文书字号、抬头、决定拘留或批准逮捕的公安局或检察院名称、决定拘留或批准逮捕的时间、决定拘留或批准逮捕决定书字号、犯罪嫌疑人的基本情况、执行拘留或者逮捕的时间、计算或重新计算侦查羁押期限的原因及法律依据、计算或重新计算侦查羁押期限的起算之日、文书制作日期、公安机关名称及印章等。在填写时要注意：

（1）在填写“抬头”时，应填写负责羁押犯罪嫌疑人的看守所名称。

（2）在填写“执行拘留或逮捕的时间”时，要与拘留证或逮捕证正本上被执行人所填写的签收时间保持一致。

（3）在填写“计算或重新计算侦查羁押期限的原因及法律依据”时，要根据案件实际情况进行填写，如果是“另有重要罪行”的，则选择适用《中华人民共和国刑事诉讼法》第一百六十条第一款，其中在写原因时还要具体写清是“何种重要罪行”。如果是“犯罪嫌疑人不讲真实姓名、住址，身份不明的”，则选择适用《中华人民共和国刑事诉讼法》第一百六十条第二款。

（4）在填写“计算或重新计算侦查羁押期限的起算之日”时，应填写为发现犯罪嫌疑人另有重要罪行之日或查清犯罪嫌疑人真实身份之日。

（5）在填写“文书字号、决定内容、执行强制措施种类”等内容时，“计押/重计押”“决定拘留/批准逮捕”“拘留/逮捕”等内容均为选择项，可根据案件的实际情况进行选择，对于不需要的内容用删除线划去即可。

4. 计算/重新计算侦查羁押期限通知书交检察院联和附卷联的内容与填写注意事项和交看守所联基本一致。但应当注意，交检察院联的“抬头栏”要填写批准逮捕的人民检察院名称。附卷联的“抬头栏”要同时填写负责羁押的看守所名称和人民检察院名称，同时在向看守所和检察院送达通知书时，应当向被羁押人宣读计算/重新计算侦查羁押期限通知书，并由其在附卷联上“本通知书已向我宣布”处签名、捺指印并填写宣布日期，看守所在“本通知书已收到”处加盖单位印章并填写日期，人民检察院收件人在“本通知书已收到”处填写签收日期并签名。

5. 计算/重新计算侦查羁押期限通知书存根按照文书印制的内容和顺序依次进行填写即可，注意保持文书的前后一致性。

6. 另外，需注意对于公安机关决定拘留的犯罪嫌疑人，查明犯罪嫌疑人身份并开始计算侦查羁押期限后，不需要再通知人民检察院，只需要在公安机关备案即可。

【法律依据】

《中华人民共和国刑事诉讼法》（2018 年 10 月 26 日）

第一百六十条 在侦查期间，发现犯罪嫌疑人另有重要罪行的，自发现之日起依照本法第一百五十六条的规定重新计算侦查羁押期限。

犯罪嫌疑人不讲真实姓名、住址，身份不明的，应当对其身份进行调查，侦查羁押期限自查清其身份之日起计算，但是不得停止对其犯罪行为的侦查取证。对于犯罪事实清楚，证据确实、充分，确实无法查明其身份的，也可以按其自报的姓名起诉、审判。

《公安机关办理刑事案件程序规定》（2020 年 7 月 20 日）

第一百五十一条 在侦查期间，发现犯罪嫌疑人另有重要罪行的，应当自发现之日起五日以内报县级以上公安机关负责人批准后，重新计算侦查羁押期限，制作变更羁押期限通知书，送达看守所，并报批准逮捕的人民检察院备案。

前款规定的“另有重要罪行”，是指与逮捕时的罪行不同种的重大犯罪以及同种犯罪并将影响罪名认定、量刑档次的重大犯罪。

第一百五十二条 犯罪嫌疑人不讲真实姓名、住址，身份不明的，应当对其身份进行调查。经县级以上公安机关负责人批准，侦查羁押期限自查清其身份之日起计算，但不得停止对其犯罪行为的侦查取证。

对于犯罪事实清楚，证据确实、充分，确实无法查明其身份的，按其自报的姓名移送人民检察院审查起诉。

40. 入所健康检查表

入所健康检查表

（计算机编码处）　　　　　　　　　　检查日期　　　年　　月　　日

<table>
<tr><td>姓　　名</td><td></td><td>性　　别</td><td></td><td colspan="2" rowspan="13">附人形图</td></tr>
<tr><td>出生日期</td><td></td><td>体　　重</td><td></td></tr>
<tr><td>身　　高</td><td></td><td>鞋　　号</td><td></td></tr>
<tr><td>民　　族</td><td></td><td>文化程度</td><td></td></tr>
<tr><td>婚姻状况</td><td></td><td>健康状况</td><td></td></tr>
<tr><td>身份证号码</td><td colspan="3"></td></tr>
<tr><td>单位及职业</td><td colspan="3"></td></tr>
<tr><td>体表特殊标记</td><td colspan="3"></td></tr>
<tr><td>既往病史</td><td colspan="3"></td></tr>
<tr><td>吸毒史</td><td colspan="3"></td></tr>
<tr><td>有无急性传染病</td><td colspan="3"></td></tr>
<tr><td>自述症状</td><td colspan="3"></td></tr>
<tr><td>检查状况</td><td colspan="3"></td></tr>
<tr><td>语言表达能力</td><td></td><td>口　　音</td><td></td><td>肢体活动状况</td><td></td></tr>
<tr><td>医生签名</td><td></td><td>领导签名</td><td></td><td>被检查人员签名</td><td></td></tr>
<tr><td>送押人签名</td><td></td><td>送押单位</td><td colspan="3"></td></tr>
<tr><td>备注</td><td colspan="5"></td></tr>
</table>

【制作说明】

1. 本文书根据《公安机关办理刑事案件程序规定》第一百五十四条、《中华人民共和国看守所条例》第十条制定。入所健康检查表是看守所对送看守所羁押的犯罪嫌疑人、被告人进行健康检查时所制作使用的文书。

2. 入所健康检查表是表格式填空型文书，该文书应当给被检查人一人一份，并由看守所留存。

3. 入所健康检查表的内容主要包括文书名称、计算机编码、检查日期、被检查人的基本情况、检查项目、自述症状、检查状况、签名栏及备注等内容。该文书由负责检查的医生对送押的犯罪嫌疑人进行问询及身体检查后进行填写，在填写时要注意：

（1）对于“计算机编码”，其由系统自动生成，不需要填写。

（2）在填写“被检查人基本情况”时，根据被检查人的实际情况，将其姓名、性别、出生日期、体重、身高、鞋号、民族、文化程度、婚姻状况、健康状况、身份证号码、单位及职业等内容填写清楚即可。

（3）在填写“检查状况”时，应当根据检查情况填写被送押人身体的总体状况、精神状况、是否影响收押。其中，对被送押人身体的总体状况的描述里还应包括有无残疾或外伤、有无传染性疾病、体表状况等内容。

（4）在填写“签名栏”时，由负责检查的医生、看守所领导、送押的犯罪嫌疑人、犯罪嫌疑人的送押人签名予以确认。

（5）在填写“备注栏”时，由负责检查的医生根据健康检查情况填写自己的检查意见，如“同意办理收押手续”或者“建议送医院做进一步检查”等。

【法律依据】

《公安机关办理刑事案件程序规定》（2020年7月20日）

第一百五十四条 看守所收押犯罪嫌疑人、被告人和罪犯，应当进行健康和体表检查，并予以记录。

《中华人民共和国看守所条例》（1990年3月17日）

第十条 看守所收押人犯，应当进行健康检查，有下列情形之一的，不予收押：

（一）患有精神病或者急性传染病的；

（二）患有其他严重疾病，在羁押中可能发生生命危险或者生活不能自理的，但是罪大恶极不羁押对社会有危险性的除外；

（三）怀孕或者哺乳自己不满一周岁的婴儿的妇女。

41. 换押证[①]

换押证（第一联，移送机关留存）

（ ）换字〔 〕第 号

犯罪嫌疑人（被告人）____________________

(同案人__________）因____________________案，

经______________，于______年_____月_____日

移送______________________________________，

现羁押在_________________________看守所。

填发人

年 月 日

移送机关（印）

填写说明：

1. 本证三联编号，由移送机关统一填写。（ ）填写移送机关简称，〔 〕内为当年纪元。

2. “经”后根据不同诉讼阶段分别填写：侦查终结、审查终结、审查后需要退回补充侦查、补充侦查完毕。

3. “移送”后根据不同诉讼阶段分别填写：×××人民检察院、×××人民法院、×××公安局补充侦查。

---

① 根据相关规定，本文书已不再使用，相应替代文书请参见现行规定。

换押证（第二联，接收机关交看守所留存）

（ ）换字〔 〕第 号

____________看守所：

犯罪嫌疑人（被告人）____________（同案人____________）因____________案，经____________，于____年___月___日移送____________。

办案起止期限：______年_____月_____日至________年____月____日。

（变动情况：________________________）。

年 月 日　　　　年 月 日

移送机关（印）　　　　接收机关（印）

填写说明：

1. 办案起止期限（不含变动情况）由接收机关填写，变动情况由看守所填写，其余各项由移送机关填写。

2. “变动情况”后，填写由于依法延长或者重新计算的羁押期限；在同一诉讼阶段内依法变更的办案机关及办案起止期限；人民检察院侦查部门移送审查起诉的部门及办案起止期限；人民检察院补充侦查的起止期限及补充侦查完毕移送人民法院的办案起止期限。

换押证（第三联，看守所退接收机关留存）

（ ）换字〔 〕第 号

________________：

你们接收的________________________________案已办理完毕换押手续，《提讯提解证》）也已按有关规定办妥，该案的提讯、提解事宜请与我所联系。

年 月 日

看守所（印）

填写说明：

1. 本联除编号外均由看守所填写。

2. “接收的”后填写犯罪嫌疑人（被告人）姓名、案由。

【制作说明】

1. 本文书根据《最高人民法院、最高人民检察院、公安部关于羁押犯罪嫌疑人、被告人实行换押制度的通知》第一条制定。换押证是公安机关在侦查终结或者在补充侦查完毕后，将案件移送检察机关审查起诉，办理换押手续时制作使用的文书。

2. 换押证是多联式填空型文书，其由三联组成。其中，移送机关填写换押证第一联、第二联、第三联中应当填写的部分后，将第一联留存，作为办理换押手续的凭证，将第二联、第三联交接收机关。接收机关填写完第二联应当填写的部分，连同第三联一并交看守所，看守所留存第二联，作为看守所办理换押手续的凭证。第三联由看守所填写，填写完毕后交接收机关留存，作为接收机关办理换押手续的凭证。

3. 换押证第一联的内容主要包括文书名称、文书字号、换押人姓名、案件名称、诉讼阶段变换情况、负责羁押犯罪嫌疑人的看守所名称、填发人姓名、文书制作日期、移送机关（公安机关）名称及印章等。在填写时要注意：

（1）在填写“文书字号”时，三联文书字号相同且由移送机关统一填写。

（2）在填写“换押人姓名”时，要根据案件实际情况对换押人是属于犯罪嫌疑人还是被告人进行选择，对不需要的选项用删除线划去即可。如果是共同犯罪案件，还要填写同案人的姓名。

（3）在填写“诉讼阶段变换情况”时，要将侦查终结或者补充侦查完毕、移送时间和接收案件的检察机关名称填写清楚。

4. 换押证第二联的内容主要包括文书名称、文书字号、抬头、换押人姓名、案件名称、诉讼阶段变换情况、办案期限起止期限、变动情况、移送机关（公安机关）名称、印章及移送日期、接收机关名称、印章及接收日期等。在填写时要注意：

（1）在填写“抬头”时，写明负责羁押犯罪嫌疑人的看守所名称。

（2）在填写“换押人姓名、案件名称、诉讼阶段变换情况”时，要由移送机关填写，并在本部分内容填写完毕后，填写成文时间、移送机关名称并加盖单位印章。具体填写时可参考第一联填写注意事项。

（3）在填写“办案期限起止日期”时，由接收机关（检察机关）填写换押后的诉讼阶段的起止日期。接收机关在填写完本部分内容后，要填写接收日期并加盖本单位印章。

（4）在填写“变动情况”时，由看守所填写在办理完换押手续后出现的有关变动情况。具体来说，可填写由于依法延长或者重新计算的羁押期限、在同一诉讼阶段内依法变更的办案机关及办案起止期限、人民检察院补充侦查的起止期限及补充侦查完毕移送人民法院的办案起止期限。如果换押后的诉讼阶段中未出现变动情况，则填写“无”或者“无变动情况”。

5. 换押证第三联的内容主要包括文书名称、文书字号、换押人姓名、案件名称、换押日期、看守所名称及印章等。在填写“抬头”时，由看守所填写接收案件的检察机关名称即可。

【法律依据】

《最高人民法院、最高人民检察院、公安部关于羁押犯罪嫌疑人、被告人实行换押制度的通知》（1999 年 10 月 27 日）

一、凡对在押的犯罪嫌疑人、被告人依法变更刑事诉讼程序的，均应办理换押手续。即：公安机关、国家安全机关侦查终结后人民检察院决定受理的，人民检察院审查或者侦查终结后人民法院决定受理的，以及人民检察院退回补充侦查的，在递次移送交接时，移送机关应当填写《换押证》，并加盖公章随案移送；接收机关应当在《换押证》上注明承接时间，填写本诉讼阶段的法定办案起止期限，加盖公章后及时送达看守所。看守所凭《换押证》办理换押手续。

42. 释放通知书

***公安局
释放通知书
（存 根）

×公（ ）释字〔 〕 号

案件名称________________

案件编号________________

被释放人________________男/女

出生日期________________

住 址________________

逮捕/拘留
时 间________________

逮捕/拘留
原 因________________

释放原因________________

批 准 人________________

批准时间________________

办 案 人________________

办案单位________________

填发时间________________

填 发 人________________

*****公安局**

释放通知书

×公（ ）释字〔 〕 号

__________看守所、__________人民检察院：

____________（性别____，出生日期________，住址______________）因______________________，于____年___月___日被执行<u>拘留/逮捕</u>，现因____________________________，根据《中华人民共和国刑事诉讼法》第________条之规定，予以释放。

公安局（印）

年 月 日

本通知书已收到。

接收民警：

看守所（印）

年 月 日

本通知书已收到。

检察院收件人：

年 月 日

此联附卷

*****公安局**

释放通知书

×公（　）释字〔　　〕　　号

____________看守所：

____________________（性别_____，出生日期________，住址_____________________）因____，于_____年____月____日被执行<u>拘留/逮捕</u>，现因____，根据《中华人民共和国刑事诉讼法》第_______________条之规定，予以释放。

公安局（印）

年　　月　　日

此联交看守所

***公安局

释放通知书

×公（ ）释字〔 〕 号

__________人民检察院：

你院____年___月___日以_____〔 〕_____号决定书批准逮捕的__________（性别____，出生日期____，住址____________________）已于____年___月___日被执行逮捕，现因________________________________，根据《中华人民共和国刑事诉讼法》第__________条之规定，予以释放。

公安局（印）

年 月 日

此联交检察院

【制作说明】

1. 本文书根据《公安机关办理刑事案件程序规定》第一百二十八条、第一百四十四条,《中华人民共和国刑事诉讼法》第八十六条、第九十一条第三款、第九十二条等规定制定。释放通知书是公安机关释放被逮捕或拘留的犯罪嫌疑人时,通知看守所及批准逮捕的人民检察院所制作使用的文书。

2. 释放通知书是多联式填空型文书,其由交看守所联、交检察院联、附卷联和存根联组成。其中,交看守所联是公安机关通知看守所释放被羁押犯罪嫌疑人的凭证,交检察院联是公安机关通知原批准逮捕的人民检察院释放被逮捕的犯罪嫌疑人的凭证。附卷联是公安机关已经通知看守所和原批准逮捕的人民检察院释放被羁押犯罪嫌疑人的凭证,该联由公安机关附卷。存根用于公安机关留存备查。

3. 释放通知书交看守所联的内容主要包括制作机关名称、文书名称、文书字号、抬头、被羁押人的基本情况、被拘留或逮捕的原因、执行拘留或逮捕的时间、释放的原因、法律依据、文书制作日期、公安机关名称及印章等。在填写时要注意:

(1)在填写"抬头"时,应填写负责羁押被拘留或逮捕的犯罪嫌疑人的看守所名称。

(2)在填写"被拘留或逮捕的原因"时,填写被羁押人涉嫌的罪名即可。

(3)在填写"释放的原因及法律依据"时,应根据《中华人民共和国刑事诉讼法》的规定,结合案件的具体情况进行填写,如"在侦查过程中,发现不应追究犯罪嫌疑人刑事责任",同时相应选择适用《中华人民共和国刑事诉讼法》第一百六十三条。

4. 释放通知书交检察院联的内容主要包括制作机关名称、文书名称、文书字号、抬头、批准逮捕的时间、批准逮捕决定书的字号、被逮捕人的姓名及基本情况、执行逮捕的时间、释放的原因、法律依据、文书制作日期、公安机关名称及印章等。其中,在填写"抬头栏"时,应填写为原批准逮捕的人民检察院名称。"释放的原因及法律依据"可参考释放通知书交看守所联的注意事项填写。

5. 释放通知书附卷联的内容与填写注意事项和交看守所联基本一致,但要注意,在填写附卷联的"抬头栏"时,应填写负责羁押的看守所和原批准逮捕的人民检察院名称。同时，看守所接收民警收到释放通知书交看守所联时，要在附卷联“本通知书已收到”处签名、填写签收日期并加盖看守所印章。人民检察院收件人收到释放通知书交检察院联时，要在附卷联“本通知书已收到”处签名并填写签收日期。

6. 释放通知书存根按照文书印制的内容和顺序依次进行填写即可。

【法律依据】

《中华人民共和国刑事诉讼法》（2018 年 10 月 26 日）

第八十六条 公安机关对被拘留的人，应当在拘留后的二十四小时以内进行讯问。在发现不应当拘留的时候，必须立即释放，发给释放证明。

第九十一条第三款 人民检察院应当自接到公安机关提请批准逮捕书后的七日以内，作出批准逮捕或者不批准逮捕的决定。人民检察院不批准逮捕的，公安机关应当在接到通知后立即释放，并且将执行情况及时通知人民检察院。对于需要继续侦查，并且符合取保候审、监视居住条件的，依法取保候审或者监视居住。

第九十二条 公安机关对人民检察院不批准逮捕的决定，认为有错误的时候，可以要求复议，但是必须将被拘留的人立即释放。如果意见不被接受，可以向上一级人民检察院提请复核。上级人民检察院应当立即复核，作出是否变更的决定，通知下级人民检察院和公安机关执行。

第九十四条 人民法院、人民检察院对于各自决定逮捕的人，公安机关对于经人民检察院批准逮捕的人，都必须在逮捕后的二十四小时以内进行讯问。在发现不应当逮捕的时候，必须立即释放，发给释放证明。

第九十六条 人民法院、人民检察院和公安机关如果发现对犯罪嫌疑人、被告人采取强制措施不当的，应当及时撤销或者变更。公安机关释放被逮捕的人或者变更逮捕措施的，应当通知原批准的人民检察院。

第九十八条 犯罪嫌疑人、被告人被羁押的案件，不能在本法规定的侦查羁押、审查起诉、一审、二审期限内办结的，对犯罪嫌疑人、被告人应当予以释放；需要继续查证、审理的，对犯罪嫌疑人、被告人可以取保候审或者监视居住。

第九十九条 人民法院、人民检察院或者公安机关对被采取强制措施法定期限届满的犯罪嫌疑人、被告人，应当予以释放、解除取保候审、监视居住或者依法变更强制措施。犯罪嫌疑人、被告人及其法定代理人、近亲属或者辩护人对于人民法院、人民检察院或者公安机关采取强制措施法定期限届满的，有权要求解除强制措施。

第一百六十三条 在侦查过程中，发现不应对犯罪嫌疑人追究刑事责任的，应当撤销案件；犯罪嫌疑人已被逮捕的，应当立即释放，发给释放证明，并且通知原批准逮捕的人民检察院。

《公安机关办理刑事案件程序规定》（2020 年 7 月 20 日）

第一百二十八条 对被拘留的人，应当在拘留后二十四小时以内进行讯问。发现不应当拘留的，应当经县级以上公安机关负责人批准，制作释放通知书，看守所凭释放通知书发给被拘留人释放证明书，将其立即释放。

第一百四十四条 对被逮捕的人，必须在逮捕后的二十四小时以内进行讯问。发现不应当逮捕的，经县级以上公安机关负责人批准，制作释放通知书，送看守所和原批准逮捕的人民检察院。看守所凭释放通知书立即释放被逮捕人，并发给释放证明书。

【文书范例】

***公安局

释放通知书

（存　根）

×公（刑）释字〔20××〕189 号

案件名称　江××涉嫌故意伤害案

案件编号　×××××××××××××

被释放人　江××　　男/女

出生日期　19××年×月×日

住　　址　××市××县××路××号

逮捕/~~拘留~~
时　　间　20××年 10 月 15 日

逮捕/~~拘留~~
原　　因　涉嫌故意伤害罪

释放原因　不构成犯罪，不应当追究刑事责任

批 准 人　薛××

批准时间　20××年 12 月 1 日

办 案 人　谢××、叶××

办案单位　××市××县公安局刑事侦查大队

填发时间　20××年 12 月 1 日

填 发 人　叶××

***公安局

释放通知书

×公（刑）释字〔20××〕189号

××市××县看守所、××市××县人民检察院：

江××（性别女，出生日期19××年×月×日，住址××市××县××路××号）因涉嫌故意伤害罪，于20××年10月15日被执行~~拘留~~/逮捕，现因江××的行为属于正当防卫，不构成犯罪，不应当追究刑事责任，根据《中华人民共和国刑事诉讼法》第一百六十三条之规定，予以释放。

公安局（印）

二〇××年十二月一日

本通知书已收到。

接收民警：朱××

看守所（印）

20××年12月1日

本通知书已收到。

检察院收件人：刘××

20××年12月1日

此联附卷

＊＊＊公安局

释放通知书

×公（刑）释字〔20××〕189号

××市××县看守所、××市××县人民检察院：

江××（性别女，出生日期19××年×月×日，住址××市××县××路××号）因涉嫌故意伤害罪，于20××年10月15日被执行~~拘留~~/逮捕，现因江××的行为属于正当防卫，不构成犯罪，不应当追究刑事责任，根据《中华人民共和国刑事诉讼法》第一百六十三条之规定，予以释放。

公安局（印）

二〇××年十二月一日

此联交看守所

＊＊＊公安局

释放通知书

×公（刑）释字〔20××〕189号

××市××县人民检察院：

你院20××年10月14日以×××〔20××〕263号决定书批准逮捕的江××（性别女，出生日期19××年×月×日，住址××市××县××路××号）已于20××年10月15日被执行逮捕，现因江××的行为属于正当防卫，不构成犯罪，不应当追究刑事责任，根据《中华人民共和国刑事诉讼法》第一百六十三条之规定，予以释放。

公安局（印）

二〇××年十二月一日

此联交检察院

43. 释放证明书

***看守所
释放证明书
（存　根）

×看释字〔　　〕　　号

案件名称＿＿＿＿＿＿＿＿＿＿＿＿＿＿＿＿

被释放人＿＿＿＿＿＿＿＿＿＿＿＿＿男/女

出生日期＿＿＿＿＿＿＿＿＿＿＿＿＿＿＿＿

住　　址＿＿＿＿＿＿＿＿＿＿＿＿＿＿＿＿

拘留/逮捕
原　　因＿＿＿＿＿＿＿＿＿＿＿＿＿＿＿＿

释放原因＿＿＿＿＿＿＿＿＿＿＿＿＿＿＿＿

释放时间＿＿＿＿＿＿＿＿＿＿＿＿＿＿＿＿

决定单位＿＿＿＿＿＿＿＿＿＿＿＿＿＿＿＿

决定时间＿＿＿＿＿＿＿＿＿＿＿＿＿＿＿＿

填发时间＿＿＿＿＿＿＿＿＿＿＿＿＿＿＿＿

填 发 人＿＿＿＿＿＿＿＿＿＿＿＿＿＿＿＿

***看守所

释放证明书

（副　本）

×看释字〔　　〕　　号

________________，性别______，出生日期____________，

住址____，

因____

于________年____月____日被<u>拘留/逮捕</u>，现因______________

________________________________，根据《中华人民共和国

刑事诉讼法》第______________条之规定，经________________决定，

予以释放。

看守所（印）

年　　月　　日

本证明书已收到。

被释放人：

年　　月　　日

此联附卷

***看守所
释放证明书

×看释字〔　　〕　　号

______________，性别______，出生日期____________，

住址____，

因____

于______年____月____日被拘留/逮捕，现因______________，

______________________________根据《中华人民共和国

刑事诉讼法》第________条之规定，经______________决定，

予以释放。

看守所（印）

年　　月　　日

此联交被释放人

【制作说明】

1. 本文书根据《中华人民共和国刑事诉讼法》第八十六条、第一百六十三条等及《公安机关办理刑事案件程序规定》第一百三十六条、第一百四十条、第一百四十四条，《中华人民共和国看守所条例》第五十二条制定。释放证明书是看守所在依法释放被羁押人时制作使用的文书。

2. 释放证明书是多联式填空型文书，其由正本、副本和存根三部分组成。其中，释放证明书正本是看守所释放被拘留人、逮捕人的凭证，此联交由被羁押人收存。副本是看守所为被释放人开具了释放证明的凭证，此联用于附卷。存根用于公安机关留存备查。

3. 释放证明书正本的内容主要包括制作机关名称、文书名称、文书字号、被释放人的姓名及基本情况、被拘留或逮捕的原因、执行拘留或逮捕的时间、释放的原因、法律依据、文书制作日期、看守所名称及印章等。在填写时需注意：

（1）在填写“制作机关名称”时，应填写为负责羁押被拘留或逮捕的犯罪嫌疑人的看守所名称。

（2）在填写“释放的原因及法律依据”等内容时，可参照释放通知书的相关内容填写，注意保持文书内容的一致性。

4. 释放证明书副本的内容与填写注意事项和正本基本一致，但要注意，在将释放证明书正本送达被释放人时，要由被释放人在副本“本通知书已收到”处签名、捺指印并填写签收日期。

5. 释放证明书存根按照文书印制的内容和顺序依次进行填写即可。但也要注意，在填写“决定单位”栏时，应填写为作出释放决定的公安机关名称。“决定时间”应与释放通知书的制发时间保持一致，“释放时间”与释放证明书的成文时间保持一致。

【法律依据】

《中华人民共和国刑事诉讼法》（2018 年 10 月 26 日）

第八十六条 公安机关对被拘留的人，应当在拘留后的二十四小时以内进行讯问。在发现不应当拘留的时候，必须立即释放，发给释放证明。

第九十一条第三款 人民检察院应当自接到公安机关提请批准逮捕书后的七日以内，作出批准逮捕或者不批准逮捕的决定。人民检察院不批准逮捕的，公安机关应当在接到通知后立即释放，并且将执行情况及时通知人民检察院。对于需要继续侦查，并且符合取保候审、监视居住条件的，依法取保候审或者监视居住。

第九十二条 公安机关对人民检察院不批准逮捕的决定，认为有错误的时候，可以要求复议，但是必须将被拘留的人立即释放。如果意见不被接受，可以向上一级人民检察院提请复核。上级人民检察院应当立即复核，作出是否变更的决定，通知下级人民检察院和公安机关执行。

第九十四条 人民法院、人民检察院对于各自决定逮捕的人，公安机关对于经人民检察院批准逮捕的人，都必须在逮捕后的二十四小时以内进行讯问。在发现不应当逮捕的时候，必须立即释放，发给释放证明。

第九十五条 犯罪嫌疑人、被告人被逮捕后，人民检察院仍应当对羁押的必要性进行审查。对不需要继续羁押的，应当建议予以释放或者变更强制措施。有关机关应当在十日以内将处理情况通知人民检察院。

第九十六条 人民法院、人民检察院和公安机关如果发现对犯罪嫌疑人、被告人采取强制措施不当的，应当及时撤销或者变更。公安机关释放被逮捕的人或者变更逮捕措施的，应当通知原批准的人民检察院。

第九十八条 犯罪嫌疑人、被告人被羁押的案件，不能在本法规定的侦查羁押、审查起诉、一审、二审期限内办结的，对犯罪嫌疑人、被告人应当予以释放；需要继续查证、审理的，对犯罪嫌疑人、被告人可以取保候审或者监视居住。

第九十九条 人民法院、人民检察院或者公安机关对被采取强制措施法定期限届满的犯罪嫌疑人、被告人，应当予以释放、解除取保候审、监视居住或者依法变更强制措施。犯罪嫌疑人、被告人及其法定代理人、近亲属或者辩护人对于人民法院、人民检察院或者公安机关采取强制措施法定期限届满的，有权要求解除强制措施。

第一百六十三条 在侦查过程中，发现不应对犯罪嫌疑人追究刑事责任的，应当撤销案件；犯罪嫌疑人已被逮捕的，应当立即释放，发给释放证明，并且通知原批准逮捕的人民检察院。

第一百六十六条 人民检察院对直接受理的案件中被拘留的人，应当在拘留后的二十四小时以内进行讯问。在发现不应当拘留的时候，必须立即释放，发给释放证明。

第一百六十七条 人民检察院对直接受理的案件中被拘留的人，认为需要逮捕的，应当在十四日以内作出决定。在特殊情况下，决定逮捕的时间可以延长一日至三日。对不需要逮捕的，应当立即释放；对需要继续侦查，并且符合取保候审、监视居住条件的，依法取保候审或者监视居住。

第一百七十八条 不起诉的决定，应当公开宣布，并且将不起诉决定书送达被不起诉人和他的所在单位。如果被不起诉人在押，应当立即释放。

第二百条 在被告人最后陈述后，审判长宣布休庭，合议庭进行评议，根据已经查明的事实、证据和有关的法律规定，分别作出以下判决：

（一）案件事实清楚，证据确实、充分，依据法律认定被告人有罪的，应当作出有罪判决；

（二）依据法律认定被告人无罪的，应当作出无罪判决；

（三）证据不足，不能认定被告人有罪的，应当作出证据不足、指控的犯罪不能成立的无罪判决。

第二百六十条 第一审人民法院判决被告人无罪、免除刑事处罚的，如果被告人在押，在宣判后应当立即释放。

《公安机关办理刑事案件程序规定》（2020年7月20日）

第一百二十八条 对被拘留的人，应当在拘留后二十四小时以内进行讯问。发现不应当拘留的，应当经县级以上公安机关负责人批准，制作释放通知书，看守所凭释放通知书发给被拘留人释放证明书，将其立即释放。

第一百四十条 对于人民检察院决定不批准逮捕的，公安机关在收到不批准逮捕决定书后，如果犯罪嫌疑人已被拘留的，应当立即释放，发给释放证明书，并在执行完毕后三日以内将执行回执送达作出不批准逮捕决定的人民检察院。

第一百四十四条 对被逮捕的人，必须在逮捕后的二十四小时以内进行讯问。发现不应当逮捕的，经县级以上公安机关负责人批准，制作释放通知书，送看守所和原批准逮捕的人民检察院。看守所凭释放通知书立即释放被逮捕人，并发给释放证明书。

《中华人民共和国看守所条例实施办法（试行）》（1991年10月5日）

第五十二条 看守所对于有下列情形之一的人，在出所时应当发给释放证明书：

（一）拘留后，办案机关发现不应当拘留或者人民检察院不批准逮捕，通知立即释放的；

（二）逮捕后，办案机关发现不应当逮捕，通知释放的；

（三）人民检察院作出免予起诉、不起诉决定，办案机关通知释放的；
（四）经人民法院审判后宣告无罪或者免于刑事处罚，通知释放的；
（五）看守所监管的已决犯服刑期满的。

四、侦查取证文书

44. 传唤证

***公安局
传 唤 证
（存 根）

×公（ ）传唤字〔 〕 号

案件名称________________

案件编号________________

犯罪嫌疑人______________ 男/女

出生日期________________

住　　址________________

单位及职业______________

传唤原因________________

指定时间________________

指定地点________________

批 准 人________________

批准时间________________

办 案 人________________

办案单位________________

填发时间________________

填 发 人________________

＊＊＊公安局

传 唤 证

（副 本）

×公（ ）传唤字〔 〕 号

根据《中华人民共和国刑事诉讼法》第一百一十九条之规定，兹传唤涉嫌________________罪的犯罪嫌疑人________________（性别______，出生日期________，住址____________________________）于______年____月____日____时到________________接受讯问。无正当理由拒不接受传唤的，可以依法拘传。

公安局（印）

年 月 日

本证已于______________年______月______日收到。

被传唤人： （捺指印）

被传唤人到达时间________年______月______日______时。

被传唤人： （捺指印）

传唤结束时间________年______月______日______时。

被传唤人： （捺指印）

此联附卷

＊＊＊公安局

传　唤　证

×公（　）传唤字〔　　　〕　　号

根据《中华人民共和国刑事诉讼法》第一百一十九条之规定，兹传唤涉嫌____________________罪的犯罪嫌疑人___________________（性别______，出生日期_______，住址_________________________ ____________）于_____年____月____日____时到_________________接受讯问。无正当理由拒不接受传唤的，可以依法拘传。

公安局（印）

年　　月　　日

此联交被传唤人

【制作说明】

1. 本文书根据《中华人民共和国刑事诉讼法》第一百一十九条第一款，《公安机关办理刑事案件程序规定》第一百九十八条第四款、第一百九十九条第一款和第二款制定。传唤证是公安机关为查明案情，传唤不需要逮捕、拘留的犯罪嫌疑人在指定时间到指定地点接受讯问时使用的文书。传唤证仅一次有效，每次传唤的时间为十二小时，除非案情特别重大、复杂，需要对犯罪嫌疑人采取拘留或逮捕措施的，经办案部门负责人批准，传唤持续的时间不得超过二十四小时。

2. 传唤证是多联式填空型文书，其由正本、副本和存根三部分组成。其中，传唤证正本是公安机关通知犯罪嫌疑人接受讯问的凭证，该联交犯罪嫌疑人收存。副本是公安机关已经将传唤证正本交予犯罪嫌疑人和开展取证活动的凭证，该联在侦查终结时存入诉讼卷。存根用于公安机关留存备查。

3. 传唤证正本的内容主要包括制作机关名称、文书名称、文书字号、犯罪嫌疑人涉嫌的犯罪、犯罪嫌疑人的基本情况、指定接受讯问的时间及地点、文书制作日期、公安机关名称及印章等。在填写时要注意：

（1）在填写“犯罪嫌疑人的基本情况”时，要将犯罪嫌疑人的姓名、性别、出生日期、住址等内容填写清楚。

（2）在填写“指定接受讯问的时间及地点”时，要注意“传唤时间”要精确到小时，“讯问地点”包括犯罪嫌疑人所在市、县内的指定地点或者犯罪嫌疑人的住处。对于“指定地点”，一般来说是公安机关的办案地点或者公安机关为了办案需要指定的其他地点。

4. 传唤证副本的内容与填写注意事项和正本基本一致，但应当注意，办案人员将传唤证正本送达犯罪嫌疑人后，由犯罪嫌疑人在传唤证副本签收栏处填写“收到时间”，并签名、捺指印。在犯罪嫌疑人到达办案部门指定讯问地点接受讯问时，要在副本签收栏处填写“到达时间”，并签名、捺指印。在传唤结束时，由犯罪嫌疑人在副本签收栏处填写“结束时间”，并签名、捺指印。以上“时间”均要精确到小时。如果被传唤的犯罪嫌疑人拒绝接受传唤证或者拒绝填写传唤到达时间、结束时间的，由办案人员在副本签注栏注明相关情况。

5. 传唤证存根按照文书印制的内容和顺序依次进行填写即可。其中，对于“传唤原因”一般应当填写为“涉嫌××罪接受讯问”。

【法律依据】

《中华人民共和国刑事诉讼法》（2018 年 10 月 26 日）

第一百一十九条 对不需要逮捕、拘留的犯罪嫌疑人，可以传唤到犯罪嫌疑人所在市、县内的指定地点或者到他的住处进行讯问，但是应当出示人民检察院或者公安机关的证明文件。对在现场发现的犯罪嫌疑人，经出示工作证件，可以口头传唤，但应当在讯问笔录中注明。

传唤、拘传持续的时间不得超过十二小时；案情特别重大、复杂，需要采取拘留、逮捕措施的，传唤、拘传持续的时间不得超过二十四小时。

不得以连续传唤、拘传的形式变相拘禁犯罪嫌疑人。传唤、拘传犯罪嫌疑人，应当保证犯罪嫌疑人的饮食和必要的休息时间。

《公安机关办理刑事案件程序规定》（2020 年 7 月 20 日）

第一百九十八条第四款 对于不需要拘留、逮捕的犯罪嫌疑人，经办案部门负责人批准，可以传唤到犯罪嫌疑人所在市、县公安机关执法办案场所或者到他的住处进行讯问。

第一百九十九条第一款、第二款 传唤犯罪嫌疑人时，应当出示传唤证和侦查人员的人民警察证，并责令其在传唤证上签名、捺指印。

犯罪嫌疑人到案后，应当由其在传唤证上填写到案时间。传唤结束时，应当由其在传唤证上填写传唤结束时间。犯罪嫌疑人拒绝填写的，侦查人员应当在传唤证上注明。

【文书范例】

***公安局

传唤证

（存　根）

×公（刑）传唤字〔20××〕137号

案件名称 彭××涉嫌盗窃案

案件编号 ××××××××××××

犯罪嫌疑人 彭×× 男/女

出生日期 19××年×月×日

住　　址 ××市××县××路××号

单位及职业 无业

传唤原因 涉嫌盗窃罪接受讯问

指定时间 20××年4月22日10时

指定地点 ××市××县公安局执法办案中心

批 准 人 蔡××

批准时间 20××年4月21日

办 案 人 陶××、李××

办案单位 ××市××县公安局刑事侦查大队

填发时间 20××年4月21日

填 发 人 李××

*****公安局**

传 唤 证

（副 本）

×公（刑）传唤字〔20××〕137号

根据《中华人民共和国刑事诉讼法》第一百一十九条之规定，兹传唤涉嫌<u>盗窃</u>罪的犯罪嫌疑人<u>彭××</u>（性别<u>男</u>，出生日期<u>19××年×月×日</u>，住址<u>××市××县××路××号</u>）于<u>20××</u>年<u>4</u>月<u>22</u>日<u>10</u>时到<u>××市××县公安局执法办案中心</u>接受讯问。无正当理由拒不接受传唤的，可以依法拘传。

公安局（印）

二〇××年四月二十一日

本证已于<u>20××</u>年<u>4</u>月<u>21</u>日收到。

被传唤人：彭×× （捺指印）

被传唤人到达时间<u>20××</u>年<u>4</u>月<u>21</u>日<u>10</u>时。

被传唤人：彭×× （捺指印）

传唤结束时间<u>20××</u>年<u>4</u>月<u>21</u>日<u>17</u>时。

被传唤人：彭×× （捺指印）

此联附卷

***公安局
传 唤 证

×公（刑）传唤字〔20××〕137号

根据《中华人民共和国刑事诉讼法》第一百一十九条之规定，兹传唤涉嫌<u>盗窃</u>罪的犯罪嫌疑人<u>彭××</u>（性别<u>男</u>，出生日期<u>19××年×月×日</u>，住址<u>××市××县××路××号</u>）于<u>20××</u>年<u>4</u>月<u>22</u>日<u>10</u>时到<u>××市××县公安局执法办案中心</u>接受讯问。无正当理由拒不接受传唤的，可以依法拘传。

公安局（印）

二〇××年四月二十一日

此联交被传唤人

45. 提讯提解证①

＊＊＊公安局提讯提解证

（看守所公章）

犯罪嫌疑人		性别		出生日期		代号	
提讯提解证编号		发证日期					
羁押期限		办案单位					
提讯提解时间	事　由	办案人签　名	收监或回所时间			看守员签　名	
年　月　日　时　分			年　月　日　时　分				
年　月　日　时　分			年　月　日　时　分				
年　月　日　时　分			年　月　日　时　分				
年　月　日　时　分			年　月　日　时　分				
年　月　日　时　分			年　月　日　时　分				
年　月　日　时　分			年　月　日　时　分				
年　月　日　时　分			年　月　日　时　分				
年　月　日　时　分			年　月　日　时　分				
1. 提讯、提解时办案人员不得少于二人。 2. “事由”栏根据情况填写“讯问”、“出所辨认”、“出所起赃”等。							

① 根据相关规定，本文书已不再使用，相应替代文书请参见现行规定。

【制作说明】

1. 本文书根据《中华人民共和国看守所条例》第十九条、第二十条，《中华人民共和国看守所条例实施办法（试行）》第二十三条第二款制定。提讯提解证是办案机关提讯、提解在押的犯罪嫌疑人时使用的证明性文书。

2. 提讯提解证是表格式填空型文书，可多次使用，在侦查终结时存入诉讼卷。

3. 提讯提解证的内容主要包括犯罪嫌疑人基本情况、羁押期限起止时间、提讯提解记录及附注等。在填写时要注意：

（1）在填写“犯罪嫌疑人基本情况”时，要将犯罪嫌疑人姓名、性别、出生日期、代号、提讯提解证编号、发证日期、羁押期限及办案单位名称等内容填写清楚。其中，代号由看守所民警负责填写，其他内容由办案人员填写。

（2）在填写“提讯提解记录”时，要注意其分为两部分，即提讯提解记录和收监记录。由办案人员负责填写提讯提解时间和事由，并由其签名。其中，“提讯提解时间”要精确到分；“事由”要根据案件办理实际情况进行填写，如“讯问”、“出所辨认”或“出所起赃”等。同时，参与提讯的人员均要进行签名。对于收监记录，由看守所民警负责填写收监时间并签名，时间同样要精确到分。

4. 在侦查终结时，如果提讯提解证上仍留有未使用完的“提讯提解记录”空格的，用从左到右的斜线顶格划去即可。

【法律依据】

《中华人民共和国看守所条例》（1990年3月17日）

第十九条 公安机关、国家安全机关、人民检察院、人民法院提讯人犯时，必须持有提讯证或者提票。提讯人员不得少于二人。

不符合前款规定的，看守所应当拒绝提讯。

第二十条 提讯人员讯问人犯完毕，应当立即将人犯交给值班看守人员收押，并收回提讯证或者提票。

《中华人民共和国看守所条例实施办法（试行）》（1991年10月5日）

第二十三条第二款 因侦查工作需要，提人犯出所辨认罪犯、罪证或者起赃的，必须持有县级以上公安机关、国家安全机关或者人民检察院领导的批示，凭加盖看守所公章的《提讯证》或者《提票》，由二名以上办案人员提解。

46. 询问/讯问笔录

第　次

询问/讯问笔录

时间____年____月____日____时____分至____年____月____日____时____分

地点____

询问/讯问人（签名）__________、__________工作单位__________________

记录人（签名）______________工作单位________________________________

被询问/讯问人__________性别______年龄________出生日期______________

身份证件种类及号码________________________________是□　否□人大代表

现住址____联系方式______________

户籍所在地____

（口头传唤/被扭送/自动投案的被询问/讯问人于____月____日____时____分到达，____月____日____时____分离开，本人签名：______________________）。

问：____

答：____

____

____

____

____

____

____

____

第　　页 共　　页

【制作说明】

1. 本文书根据《中华人民共和国刑事诉讼法》第一百一十八条至第一百二十三条、《公安机关办理刑事案件程序规定》第二百零一条至第二百零九条制定。询问笔录是公安机关在办理刑事案件过程中，办案人员依法向案件中的被害人、证人了解有关情况时制作的记载询问情况的文字记录。讯问笔录是公安机关在办理刑事案件过程中，办案人员依法讯问犯罪嫌疑人时，记载讯问情况的文字记录。

2. 询问/讯问笔录是叙述型文书，其由首部、正文和尾部三部分组成。询问/讯问笔录首部的内容主要包括文书名称、询问/讯问的时间及地点、询问/讯问人、记录人的基本情况、被询问/讯问人的基本情况、被询问/讯问人到达和离开的时间及签名等。在填写时要注意：

（1）在填写“询问/讯问的时间和被询问/讯问人到达、离开时间”时，时间要精确到分。同时，要注意“询问/讯问的时间”是指询问/讯问开始和结束的时间，“被询问/讯问人到达和离开时间”是指被询问/讯问人到达或离开办案场所的时间。

（2）在填写“询问/讯问人、记录人的基本情况”时，要将询问/讯问人、记录人的姓名、工作单位填写清楚。

（3）在填写“被询问/讯问人的基本情况”时，要将被询问/讯问人的姓名、性别、年龄、出生日期、身份证种类及号码、是否是人大代表、现住址、联系方式、户籍所在地等内容填写清楚。其中，“是否是人大代表”是选择项，根据实际情况在对应的选项上进行勾选。

3. 询问/讯问笔录正文的内容主要包括侦查人员表明身份、告知被询问/讯问人诉讼权利及义务、被询问/讯问人的基本情况、向被询问/讯问人了解与案件事实有关的内容等。在填写时要注意：

（1）在填写“侦查人员表明身份”时，应当由询问/讯问人出示工作证件或公安机关的证明文件，并将其记录在笔录中。

（2）在填写“告知被询问/讯问人诉讼权利及义务”时，要在第一次询问/讯问时，根据被询问/讯问对象的不同，而向其告知不同的内容。如果询问的是被害人、证人的，向其告知并送交被害人诉讼权利义务告知书、证人诉讼权利义务告知书的内容。如果讯问的是犯罪嫌疑人，则向其告知并送交犯罪嫌疑人的诉讼权利义务。要注意被询问/讯问人如果不能进行阅读，要由询问/讯问人向其宣读，对于被询问/讯问人不理解的部分，询问/讯问人应向其作出解释，并将相关情况记录在笔录中。同时，侦查人员要询问被询问/讯问人是否看清或听清告知书的内容、是否申请有关人员回避、是否需要聘请律师等内容，并将被询问/讯问人的要求记录在笔录中。

（3）在填写“被询问/讯问人的基本情况”时，要根据被询问/讯问对象的不同而有所区别。如果询问的是被害人、证人的，则要记明被害人、证人的姓名、性别、出生日期、民族、文化水平、身份证种类及号码、单位及职务、住址、联系方式等内容。如果讯问的是犯罪嫌疑人，则要记明犯罪嫌疑人的姓名、别名、曾用名、绰号、性别、年龄、民族、出生年月日、出生地点、身份证种类及号码、籍贯、户籍所在地、现住址、文化程度、职业和工作单位、政治面貌、身体健康、家庭情况（包括家庭成员的姓名、年龄、性别、职业、联系方式等）、社会经历、是否受过刑事或行政处罚、是否是人大代表或政协委员等，特别是在第一次讯问时，要详细讯问并作记录，在以后的讯问中，要根据实际情况的需要有针对性地讯问和记载。

（4）在填写“向被询问/讯问人了解与案件事实有关的内容”时，应根据被询问/讯问对象的不同而要有所区别。如果询问的是证人、被害人的，则对案件涉及的人物、时间、地点、经过、结果、案发现场情况等都应当详细询问并记录。如果讯问的是犯罪嫌疑人，可根据案件办理需要，进行多次讯问，可针对全部案情或部分案情进行讯问。在第一次讯问时，首先要讯问犯罪嫌疑人是否有犯罪行为，应当让其为自己的行为进行陈述或辩解，然后再根据案件侦查需要进行提问，并根据犯罪嫌疑人的回答清楚、准确、详细地记录犯罪事实、动机、目的、手段、与犯罪有关的时间、地点、人物等内容。同时，还要记载犯罪嫌疑人认罪认罚的情况。此外，在对犯罪嫌疑人的讯问笔录中，还要记载安排犯罪嫌疑人饮食和必要休息时间的情况。

4. 询问/讯问笔录尾部的内容主要包括被询问/讯问人对笔录的意见、被询问/讯问人的签名。在填写时要注意：

在笔录制作完成后，应当交由被询问/讯问人核对，对于没有阅读能力的被询问/讯问人，由询问/讯问人向其宣读。对于其中记录有误的或遗漏的，应按照被询问/讯问人的意思进行修改或者补充，并由其在修改或补充的地方捺指印。被询问/讯问人确认笔录无误后，由其在笔录末尾注明“以上笔录我看过（或向我宣读过），与我说的相符”。并签名、捺指印并填写时间。此外，还要注意，在询问/讯问结束后，由被询问/讯问人在除最后一页的每一页末尾下端签名、捺指印并填写时间，由侦查人员计算笔录的页数和次序，并在笔录相应位置予以注明。

【法律依据】

《中华人民共和国刑事诉讼法》（2018 年 10 月 26 日）

第一百一十八条 讯问犯罪嫌疑人必须由人民检察院或者公安机关的侦查人员负责进行。讯问的时候，侦查人员不得少于二人。

犯罪嫌疑人被送交看守所羁押以后，侦查人员对其进行讯问，应当在看守所内进行。

第一百一十九条 对不需要逮捕、拘留的犯罪嫌疑人，可以传唤到犯罪嫌疑人所在市、县内的指定地点或者到他的住处进行讯问，但是应当出示人民检察院或者公安机关的证明文件。对在现场发现的犯罪嫌疑人，经出示工作证件，可以口头传唤，但应当在讯问笔录中注明。

传唤、拘传持续的时间不得超过十二小时；案情特别重大、复杂，需要采取拘留、逮捕措施的，传唤、拘传持续的时间不得超过二十四小时。

不得以连续传唤、拘传的形式变相拘禁犯罪嫌疑人。传唤、拘传犯罪嫌疑人，应当保证犯罪嫌疑人的饮食和必要的休息时间。

第一百二十条 侦查人员在讯问犯罪嫌疑人的时候，应当首先讯问犯罪嫌疑人是否有犯罪行为，让他陈述有罪的情节或者无罪的辩解，然后向他提出问题。犯罪嫌疑人对侦查人员的提问，应当如实回答。但是对与本案无关的问题，有拒绝回答的权利。

侦查人员在讯问犯罪嫌疑人的时候，应当告知犯罪嫌疑人享有的诉讼权利，如实供述自己罪行可以从宽处理和认罪认罚的法律规定。

第一百二十一条 讯问聋、哑的犯罪嫌疑人，应当有通晓聋、哑手势的人参加，并且将这种情况记明笔录。

第一百二十二条 讯问笔录应当交犯罪嫌疑人核对，对于没有阅读能力的，应当向他宣读。如果记载有遗漏或者差错，犯罪嫌疑人可以提出补充或者改正。犯罪嫌疑人承认笔录没有错误后，应当签名或者盖章。侦查人员也应当在笔录上签名。犯罪嫌疑人请求自行书写供述的，应当准许。必要的时候，侦查人员也可以要犯罪嫌疑人亲笔书写供词。

第一百二十三条 侦查人员在讯问犯罪嫌疑人的时候，可以对讯问过程进行录音或者录像；对于可能判处无期徒刑、死刑的案件或者其他重大犯罪案件，应当对讯问过程进行录音或者录像。

录音或者录像应当全程进行，保持完整性。

《公安机关办理刑事案件程序规定》（2020 年 7 月 20 日）

第二百零一条 传唤、拘传、讯问犯罪嫌疑人，应当保证犯罪嫌疑人的饮食和必要的休息时间，并记录在案。

第二百零二条 讯问犯罪嫌疑人，必须由侦查人员进行。讯问的时候，侦查人员不得少于二人。

讯问同案的犯罪嫌疑人，应当个别进行。

第二百零三条 侦查人员讯问犯罪嫌疑人时，应当首先讯问犯罪嫌疑人是否有犯罪行为，并告知犯罪嫌疑人享有的诉讼权利，如实供述自己罪行可以从宽处理以及认罪认罚的法律规定，让他陈述有罪的情节或者无罪的辩解，然后向他提出问题。

犯罪嫌疑人对侦查人员的提问，应当如实回答。但是对与本案无关的问题，有拒绝回答的权利。

第一次讯问，应当问明犯罪嫌疑人的姓名、别名、曾用名、出生年月日、户籍所在地、现住地、籍贯、出生地、民族、职业、文化程度、政治面貌、工作单位、家庭情况、社会经历，是否属于人大代表、政协委员，是否受过刑事处罚或者行政处理等情况。

第二百零四条 讯问聋、哑的犯罪嫌疑人，应当有通晓聋、哑手势的人参加，并在讯问笔录上注明犯罪嫌疑人的聋、哑情况，以及翻译人员的姓名、工作单位和职业。

讯问不通晓当地语言文字的犯罪嫌疑人，应当配备翻译人员。

第二百零五条 侦查人员应当将问话和犯罪嫌疑人的供述或者辩解如实地记录清楚。制作讯问笔录应当使用能够长期保持字迹的材料。

第二百零六条 讯问笔录应当交犯罪嫌疑人核对；对于没有阅读能力的，应当向他宣读。如果记录有遗漏或者差错，应当允许犯罪嫌疑人补充或者更正，并捺指印。笔录经犯罪嫌疑人核对无误后，应当由其在笔录上逐页签名、捺指印，并在末页写明“以上笔录我看过（或向我宣读过），和我说的相符”。拒绝签名、捺指印的，侦查人员应当在笔录上注明。

讯问笔录上所列项目，应当按照规定填写齐全。侦查人员、翻译人员应当在讯问笔录上签名。

第二百零七条 犯罪嫌疑人请求自行书写供述的，应当准许；必要时，侦查人员也可以要求犯罪嫌疑人亲笔书写供词。犯罪嫌疑人应当在亲笔供词上逐页签名、捺指印。侦查人员收到后，应当在首页右上方写明“于某年某月某日收到”，并签名。

第二百零八条 讯问犯罪嫌疑人，在文字记录的同时，可以对讯问过程进行录音录像。对于可能判处无期徒刑、死刑的案件或者其他重大犯罪案件，应当对讯问过程进行录音录像。

前款规定的“可能判处无期徒刑、死刑的案件”，是指应当适用的法定刑或者量刑档次包含无期徒刑、死刑的案件。“其他重大犯罪案件”，是指致人重伤、死亡的严重危害公共安全犯罪、严重侵犯公民人身权利犯罪，以及黑社会性质组织犯罪、严重毒品犯罪等重大故意犯罪案件。

对讯问过程录音录像的，应当对每一次讯问全程不间断进行，保持完整性。不得选择性地录制，不得剪接、删改。

第二百零九条 对犯罪嫌疑人供述的犯罪事实、无罪或者罪轻的事实、申辩和反证，以及犯罪嫌疑人提供的证明自己无罪、罪轻的证据，公安机关应当认真核查；对有关证据，无论是否采信，都应当如实记录、妥善保管，并连同核查情况附卷。

第二百一十二条 本规定第二百零六条、第二百零七条的规定，也适用于询问证人、被害人。

【文书范例】

第 1 次

~~询问/~~讯问笔录

时间 20×× 年 7 月 21 日 9 时 30 分至 20×× 年 7 月 21 日 10 时 45 分

地点 ××市××县公安局执法办案中心

询问/讯问人（签名）刘××、马×× 工作单位 ××公安局刑侦大队

记录人（签名）谢×× 工作单位 ××公安局刑侦大队

被询问/讯问人 蔡×× 性别 男 年龄 48 出生日期 19××年×月×日

身份证件种类及号码 居民身份证：×××××××××××××××××× 是□否☑人大代表

现住址 ××市××县××路××号 联系方式 ×× ×× ×× ×× ×××

户籍所在地 ××市××县××路××号

（口头传唤/被扭送/自动投案的被询问/讯问人于__月__日__时__分到达，__月__日__时__分离开，本人签名：________________）。

问：我们是××市××县公安局刑侦大队的民警（出示人民警察证），现依法对你进行讯问，你应当如实回答我们的提问，对与案件无关的问题，你有拒绝回答的权利。你听明白了吗？

答：我听明白了。

问：因你涉嫌盗窃，依法对你进行讯问，现将《犯罪嫌疑人权利义务告知书》交给你，如果你阅读有困难，我们可以向你宣读，你听清楚了吗？

答：我听清楚了，我看完了（大约3分钟）没有异议。

问：你是否是人大代表或政协委员？

答：不是。

蔡××（捺指印） 20××年7月21日 第1页 共5页

问：根据《中华人民共和国刑事诉讼法》第十五条之规定，犯罪嫌疑人、被告人因如实供述自己的罪行，愿接受处罚的可以依法从宽处理，你是否认罪认罚？

答：我听明白了，我认罪认罚。

问：根据《中华人民共和国刑事诉讼法》的有关规定，自接受第一次讯问或者被采取强制措施之日起，你有权委托律师作为辩护人，经济困难或者其他原因没有委托辩护人的，可以向法律援助机构提出申请。

答：我知道，暂时不需要。

问：根据《中华人民共和国刑事诉讼法》的有关规定，我们需要通知你的家属，请告知我们你家属的联系方式。

答：你们通知我妻子吧，金××，联系方式：×× ×× ×× ×× ×××。

问：你的个人基本情况？

答：我叫蔡××，男，汉族，19××年×月×日出生，初中文化程度。身份证号：××××××××××××××××××户籍地：××市××县××路××号，联系电话：×××××××××××。

问：讲一下你的个人简历？

答：19××年×月×日出生，19××年至19××年在××县××小学上学，19××年至19××年在××市××中学上学，19××年至19××年在××市××县打工至今。20××年3月28日因故意伤害罪被××市××县人民法院判处有期徒刑2年。

问：你的家庭情况？

答：妻子：金××，45岁，户籍所在地：××市××县××路××号，现住：××市××县××路××号，××超市员工，联系方式：×××××××××××；儿子：蔡×，12岁，××小学学生，户籍所在地：××市××县××路××号，现

蔡××（捺指印）　20××年7月21日　　第2页　共5页

住：××市××县××路××号。

问：你是否是中国共产党党员？

答：不是。

问：你是否是公职人员？

答：不是。

问：你是否受过刑事或行政处罚？

答：20××年3月28日因故意伤害罪被××市××县人民法院判处有期徒刑2年。

问：你是否申请办案人员回避？

答：不申请。

问：你是否知道公安机关因何事将你传唤至××市××县公安局？

答：我知道，因为我盗窃了刘××的东西。

问：你把当时的情况详细说一遍。

答：20××年7月12日傍晚18时左右，我下班后，骑着电动车从工地赶回家，当时的天将黑未黑，途经××路××巷子，车子骑得也较慢，路过刘××的院子，看着虚掩的大门，院内也没有亮灯，周围也没有人，心想着进去看看。进去后，去到院内左边靠里的一间房子里，看到里间卧室床头柜上放着一对金手镯、一只金戒指以及一个钱包，我看着周围没有人，就迅速装进兜里出去，骑着自己的电动车回家了。

问：你具体在哪里进行盗窃的？

答：我是在××路××巷子的一户人家，门号应该是26号或28号，朱红色的大门，门口放着两个篓子，其他的我记不清了。

问：你在这户人家盗窃了哪些东西？

答：我盗窃了一对金手镯、一只金戒指，一只红色网格纹络钱包，钱包里有现金1000元、银行卡2张及××超市购物卡1张。

问：你实施盗窃的确切时间和确切地点？

答：时间是20××年7月12日18时至18时15分左右，在××路××巷子26号或28号人家院内左边靠里的一间房子的卧室床头柜上。

问：你实施盗窃时具体是否使用工具？

答：没有使用工具，我就是看院内无人、大门虚掩溜进去，偷了东西后就出来了。

问：你盗窃的物品是如何带走的？

答：我就装在自己裤子的口袋里，直接骑电动车回家了。

问：你实施盗窃行为是否还有其他同伙？

答：没有。就我自己一个人。

问：你实施此次盗窃是否是之前计划好的？

答：不是，我当时只是看着院门虚掩，想进去看看，一时糊涂，做了这样的事情，偷了别人家的东西。

问：你为什么要去实施盗窃行为？

答：我的贷款和欠款较多，挣钱不容易，我想弄点钱还清贷款和欠款。

问：你盗窃的物品如何处置了？

答：我本来打算找买家卖掉的，可是一直忙，没有时间，所以就一直藏在家里衣柜的最底层抽屉里，没有人知道。

问：你还有没有再盗窃其他东西？

答：没有。

问：你是否还有其他违法行为？

答：没有。

问：你在被讯问期间的饮食和休息得到保障了吗？

答：得到保障了。

蔡××（捺指印）　20××年7月21日　　第4页　共5页

问：你还有什么需要补充说明的吗？

答：没有了。

问：你以上所讲的是否属实？

答：属实。

问：你是否有阅读能力？

答：有。

问：以上笔录请你仔细阅看。如果记录有误请指出来，我们即给予更正。请你确认记录无误后再在笔录上逐页签名。

答：好的。

以上笔录我看过，和我说的相符。

蔡××（捺指印）

20××年7月21日

侦查人员：刘××、马××

47. 犯罪嫌疑人诉讼权利义务告知书

犯罪嫌疑人诉讼权利义务告知书

根据《中华人民共和国刑事诉讼法》的规定，在公安机关对案件进行侦查期间，犯罪嫌疑人有如下诉讼权利和义务：

1. 不通晓当地通用的语言文字时有权要求配备翻译人员，有权用本民族语言文字进行诉讼。

2. 对于公安机关及其侦查人员侵犯其诉讼权利和人身侮辱的行为，有权提出申诉或者控告。

3. 对于侦查人员、鉴定人、记录人、翻译人员有下列情形之一的，有权申请他们回避：（一）是本案的当事人或者是当事人的近亲属的；（二）本人或者他的近亲属和本案有利害关系的；（三）担任过本案的证人、鉴定人、辩护人、诉讼代理人的；（四）与本案当事人有其他关系，可能影响公正处理案件的。对于驳回申请回避的决定，可以申请复议一次。

4. 自接受第一次讯问或者被采取强制措施之日起，有权委托律师作为辩护人。如在押或者被监视居住，公安机关应当及时转达其委托辩护人的要求；也可以由其监护人、近亲属代为委托辩护人；依法同辩护律师会见和通信。因经济困难或者其他原因没有委托辩护人的，本人及其近亲属可以向法律援助机构提出申请。对于未成年人，盲、聋、哑人，尚未完全丧失辨认或者控制自己行为能力的精神病人，以及可能判处无期徒刑、死刑的犯罪嫌疑人，没有委托辩护人的，有权要求公安机关通知法律援助机构指派律师提供辩护。

犯罪嫌疑人没有委托辩护人，法律援助机构也没有指派律师提供辩护的，有权约见值班律师，获得法律咨询、程序选择建议、申请变更强制措施、对案件处理提出意见等法律帮助。

5. 在接受传唤、拘传、讯问时，有权要求饮食和必要的休息时间。

6. 本人及其法定代理人、近亲属或者辩护人有权申请变更强制措施；对于采取强制措施届满的，有权要求解除强制措施。

7. 对于侦查人员的提问，应当如实回答。但是对与本案无关的问题，有拒绝回答的权利。在接受讯问时有权为自己辩解。如实供述自己罪行的，可以从轻处罚；因如实供述自己罪行，避免特别严重后果发生的，可以减轻处罚。

8. 犯罪嫌疑人自愿如实供述自己的罪行，承认指控的犯罪事实，愿意接受处罚的，可以依法从宽处理。

9. 有核对讯问笔录的权利；如果没有阅读能力，侦查人员应当向其宣读笔录。笔录记载有遗漏或者差错，可以提出补充或者改正。可以请求自行书写供述。

10. 未成年犯罪嫌疑人在接受讯问时，有要求通知其法定代理人到场的权利。女性未成年犯罪嫌疑人有权要求讯问时有女性工作人员在场。

11. 聋、哑的犯罪嫌疑人在讯问时有要求通晓聋、哑手势的人参加的权利。

12. 有权知道用作证据的鉴定意见的内容，可以申请补充鉴定或重新鉴定。

13. 依法接受拘传、取保候审、监视居住、拘留、逮捕等强制措施和人身检查、搜查、扣押、鉴定等侦查措施。

14. 公安机关送达的各种法律文书经确认无误后，应当签名、捺指印。

15. 知悉案件移送审查起诉情况。

以上内容，我已看过/已向我宣读。（犯罪嫌疑人本人书写）

犯罪嫌疑人不能书写，以上内容已向其告知。（办案民警注明）

犯罪嫌疑人：________

办案民警：________

本告知书在第一次讯问犯罪嫌疑人或者对其采取强制措施之日交犯罪嫌疑人，并在第一次讯问笔录中记明，同时将本告知书复印一份附卷。

【制作说明】

1. 本文书根据《中华人民共和国刑事诉讼法》和《公安机关办理刑事案件程序规定》中关于对犯罪嫌疑人在侦查阶段所享有的权利和应当承担的义务的规定制定的，如《中华人民共和国刑事诉讼法》第九条、第十四条、第十五条等。犯罪嫌疑人诉讼权利义务告知书是公安机关办理刑事案件过程中，对犯罪嫌疑人采取强制措施之日或者对其第一次讯问时，将《中华人民共和国刑事诉讼法》和《公安机关办理刑事案件程序规定》中规定的犯罪嫌疑人所享有的权利和应承担的义务告知犯罪嫌疑人的文书。

2. 犯罪嫌疑人诉讼权利义务告知书属于已经印制好的文书，其将《中华人民共和国刑事诉讼法》和《公安机关办理刑事案件程序规定》中规定的犯罪嫌疑人所享有的权利和应承担的义务归纳成篇，需要办案人员向犯罪嫌疑人宣读后，由犯罪嫌疑人告知书上亲笔书写“以上内容，我已看过（或已向我宣读）”、签名、捺指印并填写时间。如果犯罪嫌疑人不能书写的，由办案民警注明“犯罪嫌疑人不能书写，以上内容已向其告知”，并由办案民警签名、填写日期。

3. 要将签名并填写日期后的犯罪嫌疑人权利义务告知书复印一份附卷，原件交犯罪嫌疑人留存。

4. 犯罪嫌疑人在第一次讯问笔录上签名时，要一并签上“犯罪嫌疑人诉讼权利义务告知书已收到”，同时，在讯问笔录中要有对犯罪嫌疑人阅读、讲解犯罪嫌疑人诉讼权利义务告知书内容的记录。

【法律依据】

《中华人民共和国刑事诉讼法》（2018 年 10 月 26 日）

第九条 各民族公民都有用本民族语言文字进行诉讼的权利。人民法院、人民检察院和公安机关对于不通晓当地通用的语言文字的诉讼参与人，应当为他们翻译。

在少数民族聚居或者多民族杂居的地区，应当用当地通用的语言进行审讯，用当地通用的文字发布判决书、布告和其他文件。

第十四条 人民法院、人民检察院和公安机关应当保障犯罪嫌疑人、被告人和其他诉讼参与人依法享有的辩护权和其他诉讼权利。

诉讼参与人对于审判人员、检察人员和侦查人员侵犯公民诉讼权利和人身侮辱的行为，有权提出控告。

第十五条 犯罪嫌疑人、被告人自愿如实供述自己的罪行，承认指控的犯罪事实，愿意接受处罚的，可以依法从宽处理。

48. 被害人诉讼权利义务告知书

被害人诉讼权利义务告知书

根据《中华人民共和国刑事诉讼法》的规定，在公安机关对案件进行侦查期间，被害人有如下权利和义务：

1. 不通晓当地通用的语言文字时有权要求配备翻译人员，有权用本民族语言文字进行诉讼。

2. 对于公安机关及其侦查人员侵犯其诉讼权利或者进行人身侮辱的行为，有权提出申诉或者控告。

3. 因在诉讼中作证，人身安全面临危险的，可以向公安机关请求对本人或其近亲属予以保护。

4. 对于侦查人员、鉴定人、记录人、翻译人员有下列情形之一的，被害人及其法定代理人有权申请回避：（一）是本案的当事人或者是当事人的近亲属的；（二）本人或者他的近亲属和本案有利害关系的；（三）担任过本案的证人、鉴定人、辩护人、诉讼代理人的；（四）与本案当事人有其他关系，可能影响公正处理案件的。对驳回申请回避的决定，可以申请复议一次。

5. 有权核对询问笔录。如果记载有遗漏或者差错，有权提出补充或者改正，经核对无误后，应当在询问笔录上逐页签名、捺指印。有权自行书写亲笔证词。

6. 未满 18 周岁的被害人在接受询问时有权要求通知其法定代理人到场。

7. 由于被告人的犯罪行为而遭受物质损失的，有权提起附带民事诉讼。

8. 公安机关对被害人的报案作出不予立案决定的，被害人如果不服，可以申请复议、复核。被害人认为公安机关对应当立案侦查的案件而不立案侦查的，有权向人民检察院提出。

9. 有权知道用作证据的鉴定意见的内容，可以申请补充鉴定或重新鉴定。

10. 知道案件情况的有作证的义务。

11. 应当如实地提供证据、证言，有意作伪证或者隐匿罪证应负相应的法律责任。

以上内容，我已看过/已向我宣读。（被害人本人书写）

被害人不能书写，以上内容已向其告知。（办案民警注明）

被 害 人：________________

办案民警：________________

本告知书在第一次询问时交被害人，并在第一次询问笔录中记明情况，同时将本告知书复印一份附卷。

【制作说明】

1. 本文书根据《中华人民共和国刑事诉讼法》和《公安机关办理刑事案件程序规定》中规定被害人在侦查阶段所享有的权利和应当承担的义务的有关条款制定的，如《中华人民共和国刑事诉讼法》第九条、第十四条、第二十九条等。被害人诉讼权利义务告知书是公安机关办理刑事案件过程中，第一次询问被害人时，将《中华人民共和国刑事诉讼法》和《公安机关办理刑事案件程序规定》中规定的被害人所享有的权利和应承担的义务告知被害人的文书。

2. 被害人诉讼权利义务告知书属于已经印制好的文书，其将《中华人民共和国刑事诉讼法》和《公安机关办理刑事案件程序规定》中规定的被害人所享有的权利和应承担的义务归纳成篇，由办案人员在对被害人进行第一次询问时，交给被害人，由其在被害人诉讼权利义务告知书上亲笔书写“以上内容，我已看过（或已向我宣读）”、签名、捺指印并填写时间。如果被害人不能书写的，由办案民警注明“被害人不能书写，以上内容已向其告知”，并由办案民警签名、填写日期。同时在第一次询问被害人笔录中注明告知被害人权利义务的相关情况。

3. 要将签名并填写日期后的被害人权利义务告知书复印一份附卷，原件交被害人留存。

【法律依据】

《中华人民共和国刑事诉讼法》（2018 年 10 月 26 日）

第九条　各民族公民都有用本民族语言文字进行诉讼的权利。人民法院、人民检察院和公安机关对于不通晓当地通用的语言文字的诉讼参与人，应当为他们翻译。

在少数民族聚居或者多民族杂居的地区，应当用当地通用的语言进行审讯，用当地通用的文字发布判决书、布告和其他文件。

第十四条　人民法院、人民检察院和公安机关应当保障犯罪嫌疑人、被告人和其他诉讼参与人依法享有的辩护权和其他诉讼权利。

诉讼参与人对于审判人员、检察人员和侦查人员侵犯公民诉讼权利和人身侮辱的行为，有权提出控告。

第二十九条　审判人员、检察人员、侦查人员有下列情形之一的，应当自行回避，当事人及其法定代理人也有权要求他们回避：

（一）是本案的当事人或者是当事人的近亲属的；

（二）本人或者他的近亲属和本案有利害关系的；

（三）担任过本案的证人、鉴定人、辩护人、诉讼代理人的；

（四）与本案当事人有其他关系，可能影响公正处理案件的。

49. 证人诉讼权利义务告知书

证人诉讼权利义务告知书

根据《中华人民共和国刑事诉讼法》的规定，在公安机关对案件进行侦查期间，证人有如下权利和义务：

1. 不通晓当地通用的语言文字时有权要求配备翻译人员，有权用本民族语言文字进行诉讼。

2. 对于公安机关及其侦查人员侵犯其诉讼权利或者进行人身侮辱的行为，有权提出申诉或者控告。

3. 因在诉讼中作证，人身安全面临危险的，可以向公安机关请求对本人或其近亲属予以保护。

4. 有权核对询问笔录。如果记载有遗漏或者差错，有权提出补充或者改正，经核对无误后，应当在询问笔录上逐页签名、捺指印。有权自行书写亲笔证词。

5. 未满18周岁的证人在接受询问时有权要求通知其法定代理人到场。

6. 知道案件情况的有作证的义务。

7. 应当如实地提供证据、证言，有意作伪证或者隐匿罪证应负相应的法律责任。

以上内容，我已看过/已向我宣读。(证人本人书写)______

证人不能书写，以上内容已向其告知。(办案民警注明)______

证　　人：______

办案民警：______

本告知书在第一次询问时交证人，并在第一次询问笔录中记明情况，同时将本告知书复印一份附卷。

【制作说明】

1. 本文书根据《中华人民共和国刑事诉讼法》和《公安机关办理刑事案件程序规定》中规定证人在侦查阶段所享有的权利和应当承担的义务的有关条款制定的，如《中华人民共和国刑事诉讼法》第九条、第六十四条、第二百八十一条第五款等。证人诉讼权利义务告知书是公安机关办理刑事案件过程中，第一次询问证人时，将《中华人民共和国刑事诉讼法》和《公安机关办理刑事案件程序规定》中规定的证人所享有的权利和应承担的义务告知证人的文书。

2. 证人诉讼权利义务告知书属于已经印制好的文书，其将《中华人民共和国刑事诉讼法》和《公安机关办理刑事案件程序规定》中规定的证人所享有的权利和应承担的义务归纳成篇，由办案人员在对证人进行第一次询问时，交给证人，由其在证人诉讼权利义务告知书上亲笔书写“以上内容，我已看过（或已向我宣读）”、签名、捺指印并填写时间。如果证人不能书写的，由办案民警注明“证人不能书写，以上内容已向其告知”，并由办案民警签名、填写日期。同时在第一次询问证人笔录中注明告知证人权利义务的相关情况。

3. 要将签名并填写日期后的证人权利义务告知书复印一份附卷，原件交证人留存。

【法律依据】

《中华人民共和国刑事诉讼法》（2018 年 10 月 26 日）

第九条 各民族公民都有用本民族语言文字进行诉讼的权利。人民法院、人民检察院和公安机关对于不通晓当地通用的语言文字的诉讼参与人，应当为他们翻译。

在少数民族聚居或者多民族杂居的地区，应当用当地通用的语言进行审讯，用当地通用的文字发布判决书、布告和其他文件。

第六十四条 对于危害国家安全犯罪、恐怖活动犯罪、黑社会性质的组织犯罪、毒品犯罪等案件，证人、鉴定人、被害人因在诉讼中作证，本人或者其近亲属的人身安全面临危险的，人民法院、人民检察院和公安机关应当采取以下一项或者多项保护措施：

（一）不公开真实姓名、住址和工作单位等个人信息；

（二）采取不暴露外貌、真实声音等出庭作证措施；

（三）禁止特定的人员接触证人、鉴定人、被害人及其近亲属；

（四）对人身和住宅采取专门性保护措施；

（五）其他必要的保护措施。

证人、鉴定人、被害人认为因在诉讼中作证，本人或者其近亲属的人身安全面临危险的，可以向人民法院、人民检察院、公安机关请求予以保护。

人民法院、人民检察院、公安机关依法采取保护措施，有关单位和个人应当配合。

第二百八十一条 对于未成年人刑事案件，在讯问和审判的时候，应当通知未成年犯罪嫌疑人、被告人的法定代理人到场。无法通知、法定代理人不能到场或者法定代理人是共犯的，也可以通知未成年犯罪嫌疑人、被告人的其他成年亲属，所在学校、单位、居住地基层组织或者未成年人保护组织的代表到场，并将有关情况记录在案。到场的法定代理人可以代为行使未成年犯罪嫌疑人、被告人的诉讼权利。

到场的法定代理人或者其他人员认为办案人员在讯问、审判中侵犯未成年人合法权益的，可以提出意见。讯问笔录、法庭笔录应当交给到场的法定代理人或者其他人员阅读或者向他宣读。

讯问女性未成年犯罪嫌疑人，应当有女工作人员在场。

审判未成年人刑事案件，未成年被告人最后陈述后，其法定代理人可以进行补充陈述。

询问未成年被害人、证人，适用第一款、第二款、第三款的规定。

50. 未成年人法定代理人到场通知书

***公安局

未成年人法定代理人
到场通知书
（存　根）

×公（　）法代通字〔　　〕　号

案件名称______________________

案件编号______________________

犯罪嫌疑人__________________男/女

证人/被害人_________________男/女

法定代理人______________________

住　　址______________________

单　　位______________________

应到时间______________________

应到地点______________________

批 准 人______________________

批准时间______________________

办 案 人______________________

办案单位______________________

填发时间______________________

填 发 人______________________

***公安局

未成年人法定代理人到场通知书

（副　本）

×公（　）法代通字〔　　〕　　号

________________：

我局定于______年____月____日____时在________________________ ________对__________________进行 询问/讯问 。因其系未成年人，根据《中华人民共和国刑事诉讼法》第二百八十一条之规定，通知你届时到场。

公安局（印）

年　　月　　日

本通知书已收到。

法定代理人或者其他人员：　　　年　　月　　日　时

通知其他人员到场的，注明原因：____________________。

办案人：

年　　月　　日　时

此联附卷

*****公安局**

未成年人法定代理人到场通知书

×公（ ）法代通字〔 〕 号

________________：

我局定于______年____月____日____时在______________________________对____________________进行 询问/讯问 。因其系未成年人，根据《中华人民共和国刑事诉讼法》第二百八十一条之规定，通知你届时到场。

公安局（印）

年 月 日

此联交未成年人法定代理人或者其他人员

【制作说明】

1. 本文书根据《中华人民共和国刑事诉讼法》第二百八十一条第一款、第五款，《公安机关办理刑事案件程序规定》第二百二十三条、第二百二十六条制定。未成年人法定代理人到场通知书是公安机关办理刑事案件过程中，对未成年人（包括未成年犯罪嫌疑人、未成年被害人、未成年证人）进行询问或讯问，依法通知其法定代理人到场时使用的文书。

2. 未成年人法定代理人到场通知书是多联式填空型文书，其由正本、副本和存根三部分组成。其中，未成年人法定代理人到场通知书正本是公安机关在对未成年人进行询问或讯问时，其法定代理人到场的凭证，该联交未成年人的法定代理人或其他人员收存。副本是公安机关已经对接受询问或讯问的未成年人的法定代理人进行通知的凭证，该联在侦查终结时存入诉讼卷。存根用于公安机关留存备查。

3. 未成年人法定代理人到场通知书正本的内容主要包括制作机关名称、文书名称、文书字号、被通知到场人的姓名、询问或讯问未成年人的时间和地点、被询问或讯问的未成年人姓名、文书制作日期、公安机关名称及印章等。在填写时需注意：

（1）在填写“被通知到场人的姓名”时，一般应填写实际到场的未成年人法定代理人或其他人员的姓名。其中，“其他人员”包括未成年人的其他成年亲属、所在单位、学校、居住地基层组织或未成年人保护组织的代表。

（2）在填写“询问或讯问未成年人的时间和地点”时，时间要精确到小时，地点可以是公安机关，也可以是未成年人的住所、学校、单位或者其他适宜的地点。

4. 未成年人法定代理人到场通知书副本的内容与填写注意事项和正本基本相同，但要注意，未成年人法定代理人收到通知书正本时，要由其在通知书副本“本通知书已收到”处签名并填写签收时间，时间要精确到小时。如果被通知人拒绝签字的，办案人员应当予以注明。如果存在未成年人法定代理人接到通知无法到场的，或者未成年人无法定代理人、不提供联系方式等特殊原因的，也可以通知其他人员到场，并由其他人员在副本签收栏签名、填写签收时间。同时，办案人员要在附注栏内写明原因，并签字、填写时间。

5. 未成年人法定代理人到场通知书存根按照文书印制的内容和顺序依次进行填写即可。但要注意，此处存根填写的“法定代理人姓名”和正本、副本中填写的实际到场人员可能存在不一致的情况。因为如果犯罪嫌疑人的法定代理人因各种原因无法通知或无法到场的，公安机关可根据《中华人民共和国刑事诉讼法》第二百八十一条的规定，通知其他人员到场，正本、副本中的抬头填写的是实际到场人员的姓名，所以会存在不一致的情况。

【法律依据】

《中华人民共和国刑事诉讼法》（2018 年 10 月 26 日）

第二百八十一条第一款 对于未成年人刑事案件，在讯问和审判的时候，应当通知未成年犯罪嫌疑人、被告人的法定代理人到场。无法通知、法定代理人不能到场或者法定代理人是共犯的，也可以通知未成年犯罪嫌疑人、被告人的其他成年亲属，所在学校、单位、居住地基层组织或者未成年人保护组织的代表到场，并将有关情况记录在案。到场的法定代理人可以代为行使未成年犯罪嫌疑人、被告人的诉讼权利。

第二百八十一条第五款 询问未成年被害人、证人，适用第一款、第二款、第三款的规定。

《公安机关办理刑事案件程序规定》（2020 年 7 月 20 日）

第三百二十三条 讯问未成年犯罪嫌疑人，应当通知未成年犯罪嫌疑人的法定代理人到场。无法通知、法定代理人不能到场或者法定代理人是共犯的，也可以通知未成年犯罪嫌疑人的其他成年亲属，所在学校、单位、居住地或者办案单位所在地基层组织或者未成年人保护组织的代表到场，并将有关情况记录在案。到场的法定代理人可以代为行使未成年犯罪嫌疑人的诉讼权利。

到场的法定代理人或者其他人员提出侦查人员在讯问中侵犯未成年人合法权益的，公安机关应当认真核查，依法处理。

第三百二十六条 询问未成年被害人、证人，适用本规定第三百二十三条、第三百二十四条、第三百二十五条的规定。

询问未成年被害人、证人，应当以适当的方式进行，注意保护其隐私和名誉，尽可能减少询问频次，避免造成二次伤害。必要时，可以聘请熟悉未成年人身心特点的专业人员协助。

【文书范例】

***公安局

未成年人法定代理人

到场通知书

（存　根）

×公（刑）法代通字〔20××〕67号

案件名称　刘××涉嫌抢劫案

案件编号　××××××××××××

犯罪嫌疑人　刘××　　男/~~女~~

证人/被害人　———　　男/女

法定代理人　刘×

住　　址　××市××县××路××号

单　　位　无

应到时间　20××年6月11日9时

应到地点　××市××县公安局执法办案中心

批 准 人　张××

批准时间　20××年6月10日

办 案 人　崔××、谢××

办案单位　××市××县公安局刑事侦查大队

填发时间　20××年6月10日

填 发 人　谢××

***公安局

未成年人法定代理人到场通知书

（副　本）

×公（刑）法代通字〔20××〕67号

刘×：

我局定于 20×× 年 6 月 11 日 9 时在 ××市××县公安局执法办案中心 对 刘×× 进行 ~~询问~~/讯问。因其系未成年人，根据《中华人民共和国刑事诉讼法》第二百八十一条之规定，通知你届时到场。

公安局（印）

二〇××年六月十日

本通知书已收到。

法定代理人或者其他人员：刘×

20××年6月10日10时

通知其他人员到场的，注明原因：——————。

办案人：

年　月　日　时

此联附卷

***公安局

未成年人法定代理人到场通知书

×公（刑）法代通字〔20××〕67 号

刘×：

我局定于 20×× 年 6 月 11 日 9 时在 ××市××县公安局执法办案中心 对 刘×× 进行 ~~询问~~/讯问 。因其系未成年人，根据《中华人民共和国刑事诉讼法》第二百八十一条之规定，通知你届时到场。

公安局（印）

二〇××年六月十日

此联交未成年人法定代理人或者其他人员

51. 询问通知书

＊＊＊公安局
询问通知书
（存　根）

×公（　）询通字〔　　〕　　号

案件名称______________________

案件编号______________________

证人/被害人__________________ 男/女

出生日期______________________

住　　址______________________

单　　位______________________

应到时间______________________

应到地点______________________

批 准 人______________________

批准时间______________________

办 案 人______________________

办案单位______________________

填发时间______________________

填 发 人______________________

＊＊＊公安局

询问通知书

（副　本）

×公（　）询通字〔　　〕　　号

______________：

我局正在办理______________________案，为查明案件事实，根据《中华人民共和国刑事诉讼法》第一百二十四条之规定，通知你于______年____月____日____时到____接受询问。

公安局（印）

年　　月　　日

本通知书已收到。

被询问人：

年　　月　　日

此联附卷

***公安局
询问通知书

×公（　）询通字〔　　〕　　号

______________：

我局正在办理______________案，为查明案件事实，根据《中华人民共和国刑事诉讼法》第一百二十四条之规定，通知你于____年____月____日____时到______________________________接受询问。

公安局（印）

年　　月　　日

此联交被询问人

【制作说明】

1. 本文书根据《中华人民共和国刑事诉讼法》第一百二十四条第一款、第一百二十五条、第一百二十七条及《公安机关办理刑事案件程序规定》第二百一十条制定。询问通知书是公安机关在办理刑事案件过程中，依法通知证人、被害人到公安机关、其所在单位、住处或者其提出的地点接受询问时制作使用的文书。

2. 询问通知书是多联式填空型文书，其由正本、副本和存根三部分组成。其中，询问通知书正本是公安机关通知证人、被害人接受询问的凭证，该联交由被询问人收存。副本是公安机关已经通知证人、被害人到公安机关接受询问的凭证，该联在侦查终结时存入诉讼卷。存根由公安机关留存备查。

3. 询问通知书正本的内容主要包括制作机关名称、文书名称、文书字号、证人或被害人的姓名、案件名称、接受询问的时间和地点、文书制作日期、公安机关名称及印章等。在填写时要注意，“接受询问的时间”要精确到小时，“接受询问的地点”应填写为公安机关的办案场所。

4. 询问通知书副本的内容与填写注意事项和正本基本相同，但要注意，在证人或被害人收到通知书时，由其在询问通知书副本上签名并填写签收日期。对于拒绝签字的，由办案人员注明相关情况。

5. 询问通知书存根按照文书印制的内容和顺序依次进行填写即可，其中，“应到时间”填写询问时间，“应到地点”填写询问地点。

【法律依据】

《中华人民共和国刑事诉讼法》（2018 年 10 月 26 日）

第一百二十四条第一款 侦查人员询问证人，可以在现场进行，也可以到证人所在单位、住处或者证人提出的地点进行，在必要的时候，可以通知证人到人民检察院或者公安机关提供证言。在现场询问证人，应当出示工作证件，到证人所在单位、住处或者证人提出的地点询问证人，应当出示人民检察院或者公安机关的证明文件。

第一百二十五条 询问证人，应当告知他应当如实地提供证据、证言和有意作伪证或者隐匿罪证要负的法律责任。

第一百二十七条 询问被害人，适用本节各条规定。

《公安机关办理刑事案件程序规定》（2020 年 7 月 20 日）

第二百一十条 询问证人、被害人，可以在现场进行，也可以到证人、被害人所在单位、住处或者证人、被害人提出的地点进行。在必要的时候，可以书面、电话或者当场通知证人、被害人到公安机关提供证言。

询问证人、被害人应当个别进行。

在现场询问证人、被害人，侦查人员应当出示人民警察证。到证人、被害人所在单位、住处或者证人、被害人提出的地点询问证人、被害人，应当经办案部门负责人批准，制作询问通知书。询问前，侦查人员应当出示询问通知书和人民警察证。

【文书范例】

＊＊＊公安局

询问通知书

（存　根）

×公（刑）询通字〔20××〕192号

案件名称　费××涉嫌投放危险物质案

案件编号　×××××××××××××　×

证人/~~被害人~~　吴××　男/~~女~~

出生日期　19××年×月×日

住　　址　××市××县××路××号

单　　位　×××有限公司　职工

应到时间　20××年6月23日10时

应到地点　××市××县公安局执法办案中心

批 准 人　胡××

批准时间　20××年6月22日

办 案 人　杜××、王××

办案单位　××市××县公安局刑事侦查大队

填发时间　20××年6月22日

填 发 人　王××

***公安局

询问通知书

（副　本）

×公（刑）询通字〔20××〕192号

吴××：

我局正在办理费××涉嫌投放危险物质案，为查明案件事实，根据《中华人民共和国刑事诉讼法》第一百二十四条之规定，通知你于20××年6月23日10时到××市××县公安局执法办案中心接受询问。

公安局（印）

二〇××年六月二十二日

本通知书已收到。

被询问人：吴××

20××年6月22日

此联附卷

*****公安局**

询问通知书

×公（刑）询通字〔20××〕192号

吴××：

我局正在办理费××涉嫌投放危险物质案，为查明案件事实，根据《中华人民共和国刑事诉讼法》第一百二十四条之规定，通知你于20××年6月23日10时到××市××县公安局执法办案中心接受询问。

公安局（印）

二〇××年六月二十二日

此联交被询问人

52. 现场勘验笔录

现场勘验笔录

现场勘验单位：____

指派/报告单位：____________________时间：____年____月____日__时__分

勘验事由：____

____

现场勘验开始时间______年____月____日____时____分

现场勘验结束时间______年____月____日____时____分

现场地点：____

现场保护情况：____（空白处记载保护人、保护措施、是原始现场还是变动现场等情况）____

天气：阴□/晴□/雨□/雪□/雾□，温度：_____湿度：_____风向：_____

勘验前现场的条件：变动现场□/ 原始现场□____________________

现场勘验利用的光线：自然光□/ 灯光□/____________________

现场勘验指挥人：__________单位__________________职务______________

现场勘验情况：（空白处记载现场勘验详细情况，包括现场方位和现场概貌、中心现场位置，现场是否有变动，变动的原因，勘验过程、提取痕迹物证情况、现场周边搜索情况、现场访问情况以及其他需要说明的情况）

____

____

____

____

第　　页 共　　页

现场勘验制图____张；照相____张；录像____分钟；录音____分钟。

现场勘验记录人员：

笔录人：____

制图人：____

照相人：____

录像人：____

录音人：____

现场勘验人员：

本人签名：____________单位________________职务________

本人签名：____________单位________________职务________

本人签名：____________单位________________职务________

本人签名：____________单位________________职务________

本人签名：____________单位________________职务________

本人签名：____________单位________________职务________

现场勘验见证人：________________________________

本人签名________性别_____出生日期________，住址____________

本人签名________性别_____出生日期________，住址____________

年　　月　　日

附件 1

提取痕迹、物证登记表

序号	名称	基本特征	数量	提取部位	提取方法	提取人	备注

见 证 人：　　　　　　　　　　　　　　　　　办案单位（盖章）

提取人：

年　月　日　　　　　　　　　　　　　　　　　年　月　日

第　　页共　　页

附件 2

现场勘验平面示意图

制图人：____________________

制图时间：____________________

附件3

现场照片

照相人：________________

照相时间：________________

附件4

现场勘验情况分析报告

案件编号：　　　　　　　　　　　　勘查号：

<table>
<tr><td>现场分析依据的资料</td><td colspan="3">（包括实地勘验、调查访问和检验鉴定等资料）</td></tr>
<tr><td>侵害目标及损失</td><td colspan="3"></td></tr>
<tr><td>作案地点</td><td colspan="3"></td></tr>
<tr><td>作案时段</td><td></td><td>作案进出口</td><td></td></tr>
<tr><td>作案手段</td><td></td><td>侵入方式</td><td></td></tr>
<tr><td>作案工具</td><td colspan="3">（包括用于破坏、威胁、行凶、交通、照明的工具、及其数量和特征等）</td></tr>
<tr><td>作案动机目的</td><td colspan="3"></td></tr>
<tr><td>案件性质</td><td colspan="3"></td></tr>
<tr><td>作案人数</td><td colspan="3"></td></tr>
<tr><td>作案过程</td><td colspan="3"></td></tr>
<tr><td>作案人特点</td><td colspan="3"></td></tr>
<tr><td>串并意见与根据</td><td colspan="3"></td></tr>
<tr><td>工作建议</td><td colspan="3">（包括侦查方向与范围、痕迹物证应用与保管、侦查破案途径与措施、技术防范对策等）</td></tr>
<tr><td>现场分析人</td><td colspan="3"></td></tr>
</table>

年　　月　　日

【制作说明】

1. 本文书根据《中华人民共和国刑事诉讼法》第一百二十八条、第一百二十九条、第一百三十条制定。现场勘验笔录是公安机关侦查人员对与犯罪有关的场所进行勘验、检查时，记录现场勘查过程和在现场提取证据情况的文书。

2. 现场勘验笔录是叙述型文书，其由首部、正文、尾部和相关附件组成。其中，首部的内容主要包括文书名称、现场勘验单位、指派/报告单位及时间、勘验事由、现场勘验开始时间、现场勘验结束时间、勘验地点、现场保护情况、天气情况、勘验前现场的条件、现场勘验利用的光线、现场勘验指挥人的基本情况等。在填写时要注意：

（1）在填写“指派/报告时间、现场勘验开始时间和结束时间”时，要精确到“分”。

（2）在填写“勘验事由”时，要将案件来源、简要案情、勘验目的等内容叙述清楚。

（3）在填写“勘验地点”时，要准确写明犯罪现场的地点。

（4）在填写“现场保护情况”时，要将保护人的姓名、单位、采取的保护措施、原始现场还是变动现场及现场变动的原因等内容填写清楚，以便对现场有关情况作出准确判断。

（5）在填写“天气情况”时，要将现场勘验时的天气、温度、湿度、风向等内容记录清楚。其中“天气”状况为选择项，在填写时根据实际情况在相对应的选项上进行勾选。

（6）在填写“勘验前现场的条件、现场勘验利用的光线”时，可根据勘验过程中的实际情况在相对应的“原始现场”“变动现场”等选项上勾选，对于另有特殊情况的，可以在横线上予以说明。

（7）在填写“现场勘验指挥人的基本情况”时，写明相关人员的姓名、单位和职务等内容。

3. 现场勘验笔录正文的主要内容包括现场勘验过程和现场勘验结果，主要记载现场方位、现场概貌、中心现场位置、现场是否有变动、勘验步骤和方法、提取痕迹物证、现场周边搜索情况及现场访问等情况。在填写时要注意：

（1）在填写“现场勘验过程”时，首先要记录清楚发现或者接到报案的情况以及组织人员到达现场勘验情况，包括接到报案的时间、案件发生的时间及地点、赴现场勘验人员姓名、分工情况及到达现场时间等内容。然后要重点记录现场和勘验的具体情况，包括现场的具体位置和周围环境、罪犯在现场遗留的物证、痕迹情况（如具体位置、种类、形状、大小、分布情况、提取方法等）、现场物品损害情况及被害人情况等内容。在具体记录时，要根据不同性质案件的不同特点，结合现场实际情况，有针对性地进行勘验和记录。

（2）在填写“现场勘验结果”时，主要记录对现场物证、痕迹的处理情况，如提取物品的名称、数量、标记、特征及提取痕迹的名称和数量等内容。注意在记录过程中，记载顺序要与实际勘验顺序相对应，并且要保持客观、准确、清楚，侦查人员对现场的分析意见不能记录在内。

4. 现场勘验笔录尾部的主要内容包括拍摄现场照片、录音录像和绘制现场图的种类和数量，以及现场勘验记录人员、勘验人员、见证人签名等。

5. 现场勘验笔录附件由提取痕迹、物证登记表、现场勘验平面示意图、现场照片、现场勘验情况分析报告等内容组成。在撰写现场勘验分析报告时，由办案人员根据具体勘验情况，综合运用证据分析、推断，逐项进行填写即可。

【法律依据】

《中华人民共和国刑事诉讼法》（2018年10月26日）

第一百二十八条 侦查人员对于与犯罪有关的场所、物品、人身、尸体应当进行勘验或者检查。在必要的时候，可以指派或者聘请具有专门知识的人，在侦查人员的主持下进行勘验、检查。

第一百二十九条 任何单位和个人，都有义务保护犯罪现场，并且立即通知公安机关派员勘验。

第一百三十条 侦查人员执行勘验、检查，必须持有人民检察院或者公安机关的证明文件。

《公安机关办理刑事案件程序规定》（2020年7月20日）

第二百一十六条 勘查现场，应当拍摄现场照片、绘制现场图，制作笔录，由参加勘查的人和见证人签名。对重大案件的现场勘查，应当录音录像。

【文书范例】

现场勘验笔录

现场勘验单位：××市××县公安局刑事侦查大队

指派/报告单位：××派出所 时间：20×× 年 3 月 4 日 10 时 5 分

勘验事由：20××年3月4日凌晨3时20分，××派出所接李××报警称：在××市××县××小区××号楼前绿化带处其被人殴打，致使其五颗门牙脱落，犯罪嫌疑人逃跑，需要派人勘验现场。

现场勘验开始时间 20×× 年 3 月 4 日 10 时 15 分

现场勘验结束时间 20×× 年 3 月 4 日 11 时 30 分

现场地点：××市××县××小区××号楼前绿化带

现场保护情况：现场已由××镇派出所民警苏××、王××划定范围并用警戒带隔离，同时疏散了无关人员。

天气：阴□/晴☑/雨□/雪□/雾□，温度：11℃至12℃ 湿度：15% 风向：无风

勘验前现场的条件：变动现场□/原始现场☑

现场勘验利用的光线：自然光☑/ 灯光□/

现场勘验指挥人：刘×× 单位 ××市××县公安局刑事侦查大队

职务 ××市××县公安局刑事侦查大队长

现场勘验情况：××市××县公安局刑事侦查大队长刘××带领××县公安局刑事科学技术室痕迹技术员杨××、照相技术员张××、民警许××于20××年3月4日10时10分到达现场。

现场勘验由××市××县公安局刑事侦查大队长刘××指挥，由民警许××制作现场勘验笔录，照相技术员张××负责拍摄照片，杨××负责绘制勘验现场平面示意图，并邀请××小区居民葛××、王××作为现场勘验见证人。

现场位于××市××县××小区××号楼3单元门前绿化带附近，××小区东邻学校路，南邻××广场，西邻××工厂，北邻××路，小区门朝东开，进入小区，××号楼位于小区西北角，由北向南第二栋楼房，该楼坐北朝南，为10层居民住宅楼，3单元楼门朝北开，双扇铁质门外开，为该楼最西侧，单元门前为水泥硬化路面及东西走向绿化带。

现场无明显血迹，在靠近绿化带的西侧，有草坪被踩踏、折损的痕迹，面积约为160cm×50cm。在被踩踏的草坪处发现两种类型的鞋印，长分别为25cm、24cm。

现场经认真搜索后，未发现其他痕迹及物证。

现场勘验于20××年3月4日上午11时30分结束。提取了鞋印。

现场勘验制图__1__张；照相__6__张；录像__—__分钟；录音__—__分钟。

现场勘验记录人员：

笔录人：许××

制图人：杨××

照相人：张××

录像人：——

录音人：——

现场勘验人员：

本人签名：刘×× 单位 ××市××公安局刑事侦查大队 职务 大队长

本人签名：张×× 单位 ××市××公安局刑事侦查大队 职务 技术员

本人签名：杨×× 单位 ××市××公安局刑事侦查大队 职务 技术员

本人签名：许×× 单位 ××市××公安局刑事侦查大队 职务 民警

现场勘验见证人：葛××、王××

本人签名 葛×× 性别 男 出生日期 19××年×月×日，住址 ××县××小区×号楼

本人签名 王×× 性别 女 出生日期 19××年×月×日，住址 ××县××小区×号楼

20××年3月4日

附件 1

提取痕迹、物证登记表

序号	名称	基本特征	数量	提取部位	提取方法	提取人	备注
1	鞋印	长分别为：25cm、24cm	贰枚	绿化带草坪的湿地上	制作石膏模型	刘××、杨××	

见 证 人：葛××、王××

办案单位（盖章）××市××县公安局刑事侦查大队

提取人：刘××、许××

杨××、张××

20××年3月4日　　20××年3月4日

第1页　共1页

附件 2

现场勘验平面示意图

略

制图人：刘××、杨××

制图时间：20××年3月4日

附件 3

现场照片

略

略

照相人：张 ××

照相时间：20××年 3 月 4 日

附件4

现场勘验情况分析报告

案件编号：××××××　　　　　　　　　　　　勘查号：×××

<table>
<tr><td>现场分析依据的资料</td><td colspan="3">现场提取的证据，包括鞋印；小区门口监控视频；小区居民证言及被害人伤情鉴定等。</td></tr>
<tr><td>侵害目标及损失</td><td colspan="3">中年男性被殴打致使门牙脱落。</td></tr>
<tr><td>作案地点</td><td colspan="3">××市××县××小区××号楼前绿化带</td></tr>
<tr><td>作案时段</td><td>凌晨3时10分至3时30分</td><td>作案进出口</td><td>××小区东门</td></tr>
<tr><td>作案手段</td><td>用拳头击打、用脚踢</td><td>侵入方式</td><td></td></tr>
<tr><td>作案工具</td><td colspan="3">无</td></tr>
<tr><td>作案动机目的</td><td colspan="3">发泄情绪</td></tr>
<tr><td>案件性质</td><td colspan="3">故意伤害他人</td></tr>
<tr><td>作案人数</td><td colspan="3">1人</td></tr>
<tr><td>作案过程</td><td colspan="3">经分析，20××年3月4日凌晨3时10分至3时30分左右，在××市××县××小区××号楼前绿化带处李××被人殴打，犯罪嫌疑人将李××打倒在绿化带草坪处，使用拳头多次砸向被害人脸部，致使其五颗门牙脱落。</td></tr>
<tr><td>作案人特点</td><td colspan="3">从监控录像、鞋印综合分析，犯罪嫌疑人为平头，方脸，大眼睛，左侧脸部有约3cm长的刀疤，身高约170cm，体重80kg，体型偏胖。身穿深蓝色夹克、黑色长裤、黑色球鞋。</td></tr>
<tr><td>串并意见与根据</td><td colspan="3"></td></tr>
<tr><td>工作建议</td><td colspan="3">建议提取监控录像中犯罪嫌疑人的图像发至各有关部门协查；调取附近路段治安视频监控录像查找犯罪嫌疑人逃跑路线及方向。</td></tr>
<tr><td>现场分析人</td><td colspan="3">许××</td></tr>
</table>

20××年3月5日

53. 解剖尸体通知书

***公安局
解剖尸体通知书
（存　根）

×公（　）剖通字〔　　〕　　号

案件名称＿＿＿＿＿＿＿＿＿＿＿＿＿＿＿＿

案件编号＿＿＿＿＿＿＿＿＿＿＿＿＿＿＿＿

死者姓名＿＿＿＿＿＿＿＿＿＿＿＿＿＿＿＿

死者家属＿＿＿＿＿＿＿＿＿＿＿＿＿＿＿＿

住　　址＿＿＿＿＿＿＿＿＿＿＿＿＿＿＿＿

解剖时间＿＿＿＿＿＿＿＿＿＿＿＿＿＿＿＿

解剖地点＿＿＿＿＿＿＿＿＿＿＿＿＿＿＿＿

解剖目的＿＿＿＿＿＿＿＿＿＿＿＿＿＿＿＿

批 准 人＿＿＿＿＿＿＿＿＿＿＿＿＿＿＿＿

批准时间＿＿＿＿＿＿＿＿＿＿＿＿＿＿＿＿

办 案 人＿＿＿＿＿＿＿＿＿＿＿＿＿＿＿＿

办案单位＿＿＿＿＿＿＿＿＿＿＿＿＿＿＿＿

填发时间＿＿＿＿＿＿＿＿＿＿＿＿＿＿＿＿

填 发 人＿＿＿＿＿＿＿＿＿＿＿＿＿＿＿＿

＊＊＊公安局

解剖尸体通知书

（副　本）

×公（　）剖通字〔　　〕　　号

______________：

为确定死者________________的死亡原因，我局决定于______年____月____日____时在______________对其尸体进行解剖检验。根据《中华人民共和国刑事诉讼法》第一百三十一条之规定，请你届时到场。无正当理由拒不到场的，不影响解剖检验。

公安局（印）

年　　月　　日

本通知书已收到。

死者家属：

年　　月　　日

死者家属拒绝签收或拒不到场的，注明情况：______________________________________。

办案人：

年　　月　　日

此联附卷

＊＊＊公安局

解剖尸体通知书

×公（ ）剖通字〔 〕 号

__________________：

为确定死者__________________的死亡原因，我局决定于______年____月____日____时在__________________对其尸体进行解剖检验。根据《中华人民共和国刑事诉讼法》第一百三十一条之规定，请你届时到场。无正当理由拒不到场的，不影响解剖检验。

公安局（印）

年 月 日

此联交死者家属

【制作说明】

1. 本文书根据《中华人民共和国刑事诉讼法》第一百三十一条、《公安机关办理刑事案件程序规定》第二百一十八条及第二百一十九条制定。解剖尸体通知书是公安机关在办理刑事案件过程中，对死因不明的尸体进行解剖，通知死者家属到场时制作使用的文书。

2. 解剖尸体通知书是多联式填空型文书。其由正本、副本和存根三部分组成。其中，解剖尸体通知书正本是公安机关解剖死因不明的尸体时，通知死者家属到场的凭证，该联交由死者家属收存。副本是公安机关解剖死因不明的尸体时，已经通知死者家属到场的凭证，该联在侦查终结时存入诉讼卷。

3. 解剖尸体通知书正本的内容主要包括制作机关名称、文书名称、文书字号、抬头、死者姓名、决定解剖的时间、解剖地点、文书制作日期、公安机关名称及印章等。在填写时要注意，"抬头"填写死者家属姓名，"决定解剖的时间"应精确到小时，"解剖地点"根据案件实际情况进行填写，如"公安机关法医室""殡仪馆"等。

4. 解剖尸体通知书副本的内容与填写注意事项和正本基本相同，但要注意，在死者家属收到通知书正本时，由其在解剖尸体通知书副本上签名并填写签收日期。对于拒绝签字或者拒不到场的，由办案人员在附注栏里写明相关情况。

5. 解剖尸体通知书存根按照文书印制的内容和顺序依次进行填写即可，其中，"解剖目的"应填写确定死亡原因或查明死亡原因。

【法律依据】

《中华人民共和国刑事诉讼法》（2018 年 10 月 26 日）

第一百三十一条　对于死因不明的尸体，公安机关有权决定解剖，并且通知死者家属到场。

《公安机关办理刑事案件程序规定》（2020 年 7 月 20 日）

第二百一十八条　为了确定死因，经县级以上公安机关负责人批准，可以解剖尸体，并且通知死者家属到场，让其在解剖尸体通知书上签名。

死者家属无正当理由拒不到场或者拒绝签名的，侦查人员应当在解剖尸体通知书上注明。对身份不明的尸体，无法通知死者家属的，应当在笔录中注明。

第二百一十九条 对已查明死因，没有继续保存必要的尸体，应当通知家属领回处理，对于无法通知或者通知后家属拒绝领回的，经县级以上公安机关负责人批准，可以及时处理。

【文书范例】

***公安局
解剖尸体通知书
（存　根）

×公（刑）剖通字〔20××〕33 号

案件名称　苏××涉嫌故意杀人案

案件编号　××××××××××××

死者姓名　白××

死者家属　白×

住　　址　××市××区××路××号

解剖时间　20××年5月24日

解剖地点　××市××区公安分局法医室

解剖目的　确定死亡原因

批 准 人　王××

批准时间　20××年5月23日

办 案 人　齐××、石××

办案单位　××市××区公安分局刑事侦查大队

填发时间　20××年5月23日

填 发 人　石××

＊＊＊公安局

解剖尸体通知书

（副　本）

×公（刑）剖通字〔20××〕33号

___白×___：

为确定死者__白××__的死亡原因，我局决定于__20××__年__5__月__24__日__10__时在__××市××区公安分局法医室__对其尸体进行解剖检验。根据《中华人民共和国刑事诉讼法》第一百三十一条之规定，请你届时到场。无正当理由拒不到场的，不影响解剖检验。

公安局（印）

二〇××年五月二十三日

本通知书已收到。

死者家属：白××

20××年5月23日

死者家属拒绝签收或拒不到场的，注明情况：____。

办案人：

年　　月　　日

此联附卷

* * *公安局

解剖尸体通知书

×公（刑）剖通字〔20××〕33号

白×：

为确定死者 白×× 的死亡原因，我局决定于 20×× 年 5 月 24 日 10 时在 ××市××区公安分局法医室 对其尸体进行解剖检验。根据《中华人民共和国刑事诉讼法》第一百三十一条之规定，请你届时到场。无正当理由拒不到场的，不影响解剖检验。

公安局（印）

二〇××年五月二十三日

此联交死者家属

54. 笔录

________笔录

时间______年______月______日______时______分

至______年______月______日______时______分

侦查人员姓名、单位____

记录人姓名、单位____

当事人：____

对象：____

见证人：____

其他在场人员：____

事由和目的：____

____

地点：____

过程和结果：____

____

________________________________侦查人员：________________

________________________________记录人：________________

________________________________当事人：________________

________________________________见证人：________________

________________________________其他在场人员：________________

第　　页共　　页

注明：该笔录适用于检查、复验复查、侦查实验、搜查、查封、扣押、辨认、提取。

【制作说明】

1. 本文书根据《中华人民共和国刑事诉讼法》第一百一十八条、第一百三十二条至第一百三十六条,《公安机关办理刑事案件程序规定》第五十九条第二款、第一百四十二条、第二百二十条、第二百二十一条、第二百二十六条、第二百二十九条、第二百五十八条、第二百六十二条制定。“____笔录”是公安机关在办理刑事案件过程中,为查明案情、确定犯罪嫌疑人而开展各项侦查措施时用于记载相关情况的文字记录。“____笔录”属于通用型文书,其包括检查、复验复查、侦查实验、搜查、查封、扣押、辨认、提取八份笔录。

2. “____笔录”是叙述型文书,其由首部、正文和尾部三部分组成。其中,“____笔录”首部的内容主要包括文书名称、起止时间、侦查人员和记录人的姓名和单位、当事人、对象、见证人、其他在场人员、事由和目的等内容。在填写时要注意:

(1)在填写“起止时间”时,要注意时间要精确到分。

(2)在填写“当事人”时,要将当事人的姓名、性别、年龄、住址等信息填写清楚。同时,要注意根据侦查活动的不同,当事人也不同。如在检查笔录和提取笔录中,应填写被害人、犯罪嫌疑人的信息;在搜查笔录中,应填写犯罪嫌疑人的信息;在查封笔录和扣押笔录中,应填写涉案财物持有人的信息;在辨认笔录中,应填写辨认人的信息;在复验复查笔录和侦查实验笔录中,不涉及“当事人”项内容,可用删除线划去或者直接将此栏留空。

(3)在填写“对象”时,要根据侦查活动实际情况填写,如在搜查笔录中,此项可填写为“犯罪嫌疑人 ××× 的身体”“犯罪嫌疑人 ××× 的住所”等。对于没有此项内容的笔录中,可用删除线划去或者直接将此栏留空。

(4)在填写“见证人”时,要将见证人的姓名、性别、年龄、住址或单位等信息填写清楚。复验复查和侦查实验活动中不强制要求见证人在场,所以如果没有见证人的,可在相关笔录中“见证人”栏处填写“无”或用删除线划去。

(5)在填写“其他在场人员”时,要将其他在场人员的诉讼身份、姓名、性别、年龄、住址或单位等内容填写清楚。“其他在场人员”一般是指如搜查笔录中的犯罪嫌疑人家属、复验复查笔录中的检查人员等。

(6)在填写“事由和目的”时,要根据实际情况填写简要案情和开展侦查措施的对象、目的，如搜查目的是查找赃物或犯罪嫌疑人，提取目的是及时收集和固定证据等。

3. “____笔录”正文的内容主要为侦查措施实施的过程和结果。根据侦查措施的不同，填写笔录时的具体内容和注意事项也不同。具体如下：

（1）在检查笔录中，要写明检查方法、检查情况、检查结果，如检查使用的仪器、被检查人的身体特征、精神状态、伤害情况（如伤口形状、大小）等内容。

（2）在复验复查笔录中，要将复验复查的具体地点、使用的方法和仪器、现场环境、收集的证据情况及被复验复查对象的位置、特征、处置情况、复验复查的结果等内容填写清楚。

（3）在侦查实验笔录中，首先要写明进行侦查实验的事实依据、侦查实验要解决的问题及侦查实验环境（包括地理环境和自然环境）等内容，其次要根据侦查实验的实际情况将侦查实验的过程分层次写明，最后写明侦查实验的结果。

（4）在搜查笔录中，写明搜查的顺序及范围、提取或扣押的证据情况（名称、数量、形状、规格等）及被搜查人和其家属是否配合等搜查的相关情况。

（5）在查封笔录和扣押笔录中，写明查封或扣押财物的地点、规格、名称、价值及查封或扣押过程中物品损坏情况等内容。

（6）在辨认笔录中，写明辨认人进行辨认的具体情况和现实条件、辨认对象的情况、辨认方法、辨认人的态度、辨认结果（还应包括辨认人对辨认对象能够辨别或不能辨别的原因）及辨认人提出的疑义或要求等内容。

（7）在提取笔录中，写明所提取对象的现场位置、分布情况、特征（包括种类、大小、数量等）、提取方法及提取过程中的损坏情况等内容。

以上侦查措施开展过程中，如果有拍照或录像的，要一并在相对应的笔录中注明相关情况。

4. “____笔录”尾部为签名栏，由侦查人员、记录人、当事人、见证人及其他在场人员分别签名。如果有不在现场的或者拒绝签名的人员，由侦查人员在笔录中注明相关情况。

【法律依据】

《中华人民共和国刑事诉讼法》（2018 年 10 月 26 日）

第一百一十八条 讯问犯罪嫌疑人必须由人民检察院或者公安机关的侦查人员负责进行。讯问的时候，侦查人员不得少于二人。

犯罪嫌疑人被送交看守所羁押以后，侦查人员对其进行讯问，应当在看守所内进行。

第一百三十二条 为了确定被害人、犯罪嫌疑人的某些特征、伤害情况或者生理状态，可以对人身进行检查，可以提取指纹信息，采集血液、尿液等生物样本。

犯罪嫌疑人如果拒绝检查，侦查人员认为必要的时候，可以强制检查。

检查妇女的身体，应当由女工作人员或者医师进行。

第一百三十三条 勘验、检查的情况应当写成笔录，由参加勘验、检查的人和见证人签名或者盖章。

第一百三十四条 人民检察院审查案件的时候，对公安机关的勘验、检查，认为需要复验、复查时，可以要求公安机关复验、复查，并且可以派检察人员参加。

第一百三十五条 为了查明案情，在必要的时候，经公安机关负责人批准，可以进行侦查实验。

侦查实验的情况应当写成笔录，由参加实验的人签名或者盖章。

侦查实验，禁止一切足以造成危险、侮辱人格或者有伤风化的行为。

第一百三十六条 为了收集犯罪证据、查获犯罪人，侦查人员可以对犯罪嫌疑人以及可能隐藏罪犯或者犯罪证据的人的身体、物品、住处和其他有关的地方进行搜查。

《公安机关办理刑事案件程序规定》（2020 年 7 月 20 日）

第一百四十二条 接到人民检察院批准逮捕决定书后，应当由县级以上公安机关负责人签发逮捕证，立即执行，并在执行完毕后三日以内将执行回执送达作出批准逮捕决定的人民检察院。如果未能执行，也应当将回执送达人民检察院，并写明未能执行的原因。

第二百二十条 公安机关进行勘验、检查后，人民检察院要求复验、复查的，公安机关应当进行复验、复查，并可以通知人民检察院派员参加。

第二百二十一条 为了查明案情，在必要的时候，经县级以上公安机关负责人批准，可以进行侦查实验。

进行侦查实验，应当全程录音录像，并制作侦查实验笔录，由参加实验的人签名。

进行侦查实验，禁止一切足以造成危险、侮辱人格或者有伤风化的行为。

第二百二十六条 搜查的情况应当制作笔录，由侦查人员和被搜查人或者他的家属，邻居或者其他见证人签名。

如果被搜查人拒绝签名，或者被搜查人在逃，他的家属拒绝签名或者不在场的，侦查人员应当在笔录中注明。

第二百二十九条 执行查封、扣押的侦查人员不得少于二人，并出示本规定第二百二十八条规定的有关法律文书。

查封、扣押的情况应当制作笔录，由侦查人员、持有人和见证人签名。对于无法确定持有人或者持有人拒绝签名的，侦查人员应当在笔录中注明。

第二百五十八条 为了查明案情，在必要的时候，侦查人员可以让被害人、证人或者犯罪嫌疑人对与犯罪有关的物品、文件、尸体、场所或者犯罪嫌疑人进行辨认。

第二百六十二条 对辨认经过和结果，应当制作辨认笔录，由侦查人员、辨认人、见证人签名。必要时，应当对辨认过程进行录音录像。

【文书范例】

搜查 笔录

时间 20×× 年 8 月 21 日 16 时 30 分

至 20×× 年 8 月 21 日 17 时 30 分

侦查人员姓名、单位 崔××、王××，××市××县公安局刑事侦查大队

记录人姓名、单位 姜××，××市××县公安局刑事侦查大队

当事人： 犯罪嫌疑人叶××，男，46 岁，住××市××县××路××号

对象： 犯罪嫌疑人叶××的住宅

见证人： 齐××，男，32 岁，××小学教师

其他在场人员： 犯罪嫌疑人叶××的外甥女，刘××，女，26 岁，无业

事由和目的： 犯罪嫌疑人叶××供述其盗窃的金手镯、金戒指等物品放在其住宅卧室的床头柜里，其作案使用的绳索、撬门用的刀具等丢弃在储藏室内。为及时获取、固定犯罪证据，查找赃物，需要对叶××的住宅进行搜查。

地点： ××市××县××路××号叶××的住宅中

过程和结果： 20××年 8 月 21 日下午 16 时 30 分，侦查人员崔××、王××邀请××小学教师齐××作为见证人，经出示搜查证，对犯罪嫌疑人叶××的住宅进行搜查，叶××的外甥女，刘××在场。经搜查，侦查人员在叶××住宅客厅西侧卧室的右边床头柜的第一层抽屉里发现用蓝色方巾包裹着的金手镯一对、金戒指一只。在靠近厨房的储藏室内发现黑色尼龙绳索一条（约 8 米长）、皮质手套一双、撬门用的刀具两把。

在搜查过程中，未损坏任何物品，搜查时进行了拍照，照片 4 张。被搜查人能够配合搜查工作，对搜查活动没有意见。

第 1 页 共 2 页

侦查人员：崔××、王××

记录人：姜××

当事人：叶××

见证人：齐××

其他在场人员：刘××

第2页　共2页

注明：该笔录适用于检查、复验复查、侦查实验、搜查、查封、扣押、辨认、提取。

55. 调取证据通知书、调取证据清单

***公安局

调取证据通知书

（存　根）

×公（　）调证字〔　　〕　　号

案件名称________________

案件编号________________

证据持有人________________

地　　址________________

调取证据________________

批 准 人________________

批准时间________________

办 案 人________________

办案单位________________

填发时间________________

填 发 人________________

***公安局

调取证据通知书

（副 本）

×公（ ）调证字〔 〕 号

______________：

根据《中华人民共和国刑事诉讼法》第五十四条之规定，我局侦办的______________案需调取你处下列有关证据：______________

______________。

伪造证据、隐匿证据或者毁灭证据的，将受法律追究。

公安局（印）

年 月 日

本通知书已收到。

证据持有人：

年 月 日

此联附卷

＊＊＊公安局

调取证据通知书

×公（ ）调证字〔 〕 号

______________________：

根据《中华人民共和国刑事诉讼法》第五十四条之规定，我局侦办的______________________________案需调取你处下列有关证据：______________________________

______________________________。

伪造证据、隐匿证据或者毁灭证据的，将受法律追究。

公安局（印）

年 月 日

此联交证据持有人

调取证据清单

编号	名　　称	数量	特　　征	备注

证据持有人：　　　　保管人：　　　　办案单位（盖章）

办案人：

年　月　日　　　　年　月　日　　　　年　月　日

本清单一式三份，一份附卷，一份交证据持有人，一份交公安机关保管人员。

【制作说明】

1. 本文书根据《中华人民共和国刑事诉讼法》第五十四条第一款，《公安机关办理刑事案件程序规定》第六十一条、第六十二条制定。调取证据通知书是公安机关在办理刑事案件过程中，依法向有关单位和个人调取与案件有关的实物证据时制作使用的文书。调取证据清单是公安机关登记其依法向有关单位和个人调取证据情况的文书。在使用调取证据通知书调取证据时，应当制作调取证据清单。

2. 调取证据通知书是多联式填空型文书，其由正本、副本和存根三部分组成。其中，调取证据通知书正本是公安机关向有关单位和个人调取证据的凭证，此联交证据持有人收存。副本是公安机关已向证据持有人调取证据的凭证，此联在侦查终结时存入证据卷。存根用于公安机关留存备查。

3. 调取证据通知书正本的内容主要包括制作机关名称、文书名称、文书字号、抬头、案件名称、需要调取的证据情况、文书制作日期、公安机关名称及印章等。在填写时要注意：

（1）在填写“抬头”时，应填写证据持有单位名称或证据持有人姓名。

（2）在填写“需要调取的证据情况”时，应当对调取证据的名称、数量、特征等内容进行详细和具体的填写。

4. 调取证据通知书副本的内容与填写注意事项和正本基本相同，但要注意，在证据持有单位或个人收到通知书正本时，由证据持有单位在调取证据通知书副本上加盖印章、提供人签名或者由证据持有人签名并填写签收日期。对于拒绝签字或者拒绝盖章的，由办案人员写明相关情况。

5. 调取证据通知书存根按照文书印制的内容和顺序依次进行填写即可。

6. 调取证据清单是单表式填空型文书，其内容主要包括文书名称、编号、名称、数量、特征、备注及附注栏等。在填写时要注意：

（1）在填写“编号”时，用阿拉伯数字表示调取物品或文件的序号即可。

（2）在填写“数量”时，应当用数字大写表示，如“壹张”“壹个”等。

（3）在填写“特征”时，要详细写明物品的规格、形状、颜色、新旧程度、大小、重量、缺陷、产地等，或者文件的制作者、日期及是否是原件等特征。

（4）在附注栏里，要由证据持有单位加盖印章，签发人签名、盖章，或者由证据持有人签名、捺指印并写明调取时间，由公安机关证据保管人员签名、捺指印并注明时间，由办案人员签名、填写办案单位名称、加盖办案单位印章并填写证据调取时间。

（5）在填写以上内容时，要一件物品占一格，逐格编号，中间不应当有空格，如果填写完页面仍留有空格，则用斜线沿对角线从左到右划去空白部分。

7. 调取证据清单在制作时应当一式三份，一份与调取证据通知书一起存入证据卷，一份交证据持有人或单位，一份交公安机关的证据保管人。

【法律依据】

《中华人民共和国刑事诉讼法》（2018 年 10 月 26 日）

第五十四条第一款 人民法院、人民检察院和公安机关有权向有关单位和个人收集、调取证据。有关单位和个人应当如实提供证据。

《公安机关办理刑事案件程序规定》（2020 年 7 月 20 日）

第六十一条 公安机关向有关单位和个人收集、调取证据时，应当告知其必须如实提供证据。

对涉及国家秘密、商业秘密、个人隐私的证据，应当保密。

对于伪造证据、隐匿证据或者毁灭证据的，应当追究其法律责任。

第六十二条 公安机关向有关单位和个人调取证据，应当经办案部门负责人批准，开具调取证据通知书，明确调取的证据和提供时限。被调取单位及其经办人、持有证据的个人应当在通知书上盖章或者签名，拒绝盖章或者签名的，公安机关应当注明。必要时，应当采用录音录像方式固定证据内容及取证过程。

【文书范例】

***公安局
调取证据通知书
（存　根）

×公（刑）调证字〔20××〕262 号

案件名称　徐××涉嫌诈骗案

案件编号　××××××××××××

证据持有人　中国农业银行××市××县支行

地　　址　××市××县××路××号

调取证据　农业银行卡（1 张）交易明细

批 准 人　崔××

批准时间　20××年 9 月 5 日

办 案 人　张××、杨××

办案单位　××市××县公安局刑事侦查大队

填发时间　20××年 9 月 5 日

填 发 人　杨××

＊＊＊公安局

调取证据通知书

（副　本）

×公（刑）调证字〔20××〕262号

中国农业银行××市××县支行：

根据《中华人民共和国刑事诉讼法》第五十四条之规定，我局侦办的徐××涉嫌诈骗案需调取你处下列有关证据：徐××农业银行卡（1张）交易明细。

伪造证据、隐匿证据或者毁灭证据的，将受法律追究。

公安局（印）

二〇××年九月五日

本通知书已收到。

证据持有人：中国××银行××市××县支行

20××年9月5日

此联附卷

* * *公安局

调取证据通知书

×公（刑）调证字〔20××〕262号

中国农业银行××市××县支行：

根据《中华人民共和国刑事诉讼法》第五十四条之规定，我局侦办的 徐××诈骗 案需调取你处下列有关证据： 徐××农业银行卡（1张）交易明细 。

伪造证据、隐匿证据或者毁灭证据的，将受法律追究。

公安局（印）

二〇××年九月五日

此联交证据持有人

调取证据清单

编号	名　　称	数量	特　　征	备注
1	农业银行卡（1张）交易明细	壹张	卡号：××××××××××××××××××××	

证据持有人：　　　　保管人：肖××　　　　办案单位（盖章）

中国农业银行　　　　　　　　　　　　　　办案人：张××、杨××

20××年9月5日　　　　20××年9月5日　　　　20××年9月5日

本清单一式三份，一份附卷，一份交证据持有人，一份交公安机关保管人员。

56. 搜查证

***公安局

搜 查 证

（存 根）

×公（ ）搜查字〔 〕 号

案件名称______________________

案件编号______________________

犯罪嫌疑人____________________男/女

出生日期______________________

住　　址______________________

单位及职业____________________

搜查原因______________________

搜查对象______________________

批 准 人______________________

批准时间______________________

办 案 人______________________

办案单位______________________

填发时间______________________

填 发 人______________________

＊＊＊公安局

搜 查 证

×公（ ）搜查字〔 〕 号

因侦查犯罪需要，根据《中华人民共和国刑事诉讼法》第一百三十六条之规定，我局依法对____进行搜查。

公安局（印）

年 月 日

本证已于______年______月______日______时向我宣布。

被搜查人或其家属或其他见证人：

此联附卷

【制作说明】

1. 本文书根据《中华人民共和国刑事诉讼法》第一百三十六条、第一百三十八条，《公安机关办理刑事案件程序规定》第二百二十二条、第二百二十三条制定。搜查证是公安机关在办理刑事案件过程中，依法对犯罪嫌疑人以及可能隐藏罪犯或者犯罪证据的人的身体、物品、住处和其他有关的地方进行搜查时制作使用的文书。

2. 搜查证是多联式填空型文书，其由正本和存根两部分组成。其中，搜查证正本是公安机关进行搜查时的凭证，该联在侦查终结时存入诉讼卷。存根用于公安机关留存备查。

3. 搜查证正本的内容主要包括制作机关名称、文书名称、文书字号、搜查对象内容、文书制作日期、公安机关名称及印章、附注栏等。在填写时要注意：

（1）在填写“搜查对象内容”时，要将被搜查的人、物品、住处或其他相关地方的名称填写清楚、具体且准确。

（2）在填写“附注栏”时，应当在办案人员向被搜查人出示搜查证后，由被搜查人或其家属、其他见证人在附注栏签名、捺指印并填写宣布搜查证时间，并且时间要精确到小时。如果被搜查人或其家属、其他见证人拒绝签字的，办案人员要在搜查证上写明相关情况。

4. 搜查证存根按照文书印制的内容和顺序依次进行填写即可，其中，搜查原因可根据案件实际情况具体填写为“查找赃物”、“查找犯罪嫌疑人×××”或“收集犯罪证据”等。

【法律依据】

《中华人民共和国刑事诉讼法》（2018年10月26日）

第一百三十六条 为了收集犯罪证据、查获犯罪人，侦查人员可以对犯罪嫌疑人以及可能隐藏罪犯或者犯罪证据的人的身体、物品、住处和其他有关的地方进行搜查。

第一百三十八条 进行搜查，必须向被搜查人出示搜查证。

在执行逮捕、拘留的时候，遇有紧急情况，不另用搜查证也可以进行搜查。

第一百三十九条 在搜查的时候，应当有被搜查人或者他的家属，邻居或者其他见证人在场。

搜查妇女的身体，应当由女工作人员进行。

《公安机关办理刑事案件程序规定》（2020年7月20日）

第二百二十二条 为了收集犯罪证据、查获犯罪人，经县级以上公安机关负责人批准，侦查人员可以对犯罪嫌疑人以及可能隐藏罪犯或者犯罪证据的人的身体、物品、住处和其他有关的地方进行搜查。

第二百二十三条 进行搜查，必须向被搜查人出示搜查证，执行搜查的侦查人员不得少于二人。

第二百二十五条 进行搜查时，应当有被搜查人或者他的家属、邻居或者其他见证人在场。

公安机关可以要求有关单位和个人交出可以证明犯罪嫌疑人有罪或者无罪的物证、书证、视听资料等证据。遇到阻碍搜查的，侦查人员可以强制搜查。

搜查妇女的身体，应当由女工作人员进行。

57. 接受证据材料清单

接受证据材料清单

编号	名　　称	数量	特　　征	备注

提交人：　　　　保管人：　　　　办案单位（盖章）

办案人：

年　月　日　　　　年　月　日　　　　年　月　日

本清单一式三份，一份附卷，一份交证据持有人，一份交公安机关保管人员。

【制作说明】

1. 本文书根据《中华人民共和国刑事诉讼法》第一百一十条及《公安机关办理刑事案件程序规定》第一百七十条制定。接受证据材料清单是公安机关在接受案件和办理案件的过程中，对扭送人、报案人、控告人、举报人、投案人提供的有关证据材料、物品等进行接受、登记时制作使用的文书。

2. 接受证据材料清单是单表式填空型文书，其内容主要包括文书名称、编号、名称、数量、特征、备注及附注栏等。其中，在附注栏里，要由证据提交人、公安机关证据保管人及办案人员分别签名、捺指印并填写提交、接受时间，在接受单位处加盖单位公章。接受证据材料清单其他填写注意事项可参考调取证据清单的填写注意事项。

3. 接受证据清单在制作时应当一式三份，一份由公安机关存入证据卷，一份交证据提交人，一份交公安机关的证据保管人。

【法律依据】

《中华人民共和国刑事诉讼法》（2018 年 10 月 26 日）

第一百一十条 任何单位和个人发现有犯罪事实或者犯罪嫌疑人，有权利也有义务向公安机关、人民检察院或者人民法院报案或者举报。

被害人对侵犯其人身、财产权利的犯罪事实或者犯罪嫌疑人，有权向公安机关、人民检察院或者人民法院报案或者控告。

公安机关、人民检察院或者人民法院对于报案、控告、举报，都应当接受。对于不属于自己管辖的，应当移送主管机关处理，并且通知报案人、控告人、举报人；对于不属于自己管辖而又必须采取紧急措施的，应当先采取紧急措施，然后移送主管机关。

犯罪人向公安机关、人民检察院或者人民法院自首的，适用第三款规定。

《公安机关办理刑事案件程序规定》（2020 年 7 月 20 日）

第一百七十条 公安机关对扭送人、报案人、控告人、举报人、投案人提供的有关证据材料等应当登记，制作接受证据材料清单，由扭送人、报案人、控告人、举报人、投案人签名，并妥善保管。必要时，应当拍照或者录音录像。

58. 查封决定书

***公安局

查封决定书

(存　根)

×公（　）封字〔　　〕　　号

案件名称＿＿＿＿＿＿＿＿＿＿＿＿＿＿＿＿＿＿＿＿

案件编号＿＿＿＿＿＿＿＿＿＿＿＿＿＿＿＿＿＿＿＿

犯罪嫌疑人＿＿＿＿＿＿＿＿＿＿＿＿＿＿＿男/女

出生日期＿＿＿＿＿＿＿＿＿＿＿＿＿＿＿＿＿＿＿＿

被查封单位＿＿＿＿＿＿＿＿＿＿＿＿＿＿＿＿＿＿＿

查封原因＿＿＿＿＿＿＿＿＿＿＿＿＿＿＿＿＿＿＿＿

批 准 人＿＿＿＿＿＿＿＿＿＿＿＿＿＿＿＿＿＿＿＿

批准时间＿＿＿＿＿＿＿＿＿＿＿＿＿＿＿＿＿＿＿＿

办 案 人＿＿＿＿＿＿＿＿＿＿＿＿＿＿＿＿＿＿＿＿

办案单位＿＿＿＿＿＿＿＿＿＿＿＿＿＿＿＿＿＿＿＿

填发时间＿＿＿＿＿＿＿＿＿＿＿＿＿＿＿＿＿＿＿＿

填 发 人＿＿＿＿＿＿＿＿＿＿＿＿＿＿＿＿＿＿＿＿

＊＊＊公安局

查封决定书

（副　本）

×公（　）封字〔　　〕　　号

姓名________，性别____，出生日期________，身份证件种类及号码____________住址____________。

单位名称________法定代表人__________，单位地址及联系方式____________________。

我局在侦查________________案件中发现你（单位）持有的下列财物、文件可用以证明犯罪嫌疑人有罪或者无罪，根据《中华人民共和国刑事诉讼法》第一百四十一条之规定，现决定查封：

编号	名称	地址	特征

持有人：　　　　　　见证人：　　　　　　公安局（印）

年　月　日　　　　年　月　日　　　　年　月　日

此联附卷

* * *公安局

查封决定书

×公（ ）封字〔 〕 号

姓名＿＿＿＿＿＿，性别＿＿，出生日期＿＿＿＿＿＿，身份证件种类及号码＿＿＿＿＿＿＿＿＿住址＿＿＿＿＿＿＿＿。

单位名称＿＿＿＿＿＿法定代表人＿＿＿＿＿＿＿，单位地址及联系方式＿＿＿＿＿＿＿＿＿＿＿＿。

我局在侦查＿＿＿＿＿＿＿＿＿＿案件中发现你（单位）持有的下列财物、文件可用以证明犯罪嫌疑人有罪或者无罪，根据《中华人民共和国刑事诉讼法》第一百四十一条之规定，现决定查封：

编号	名称	地址	特征

公安局（印）

年 月 日

此联交持有人

【制作说明】

1. 本文书根据《中华人民共和国刑事诉讼法》第一百四十一条第一款、《公安机关办理刑事案件程序规定》第二百二十七条及第二百二十八条第二款制定。查封决定书是公安机关在办理案件过程中，对发现的可以用来证明犯罪嫌疑人有罪或无罪的各种财物、文件进行查封时使用的法律文书。

2. 查封决定书是多联式填空型文书，其由正本、副本和存根三部分组成。其中，查封决定书正本是公安机关查封相关不动产或特定动产的凭证，此联交被查封证据持有人收存。副本是公安机关向有关单位和个人调查取证的凭证，此联在侦查终结时存入证据卷。存根用于公安机关存档备查。

3. 查封决定书正本的内容主要包括制作机关名称、文书名称、文书字号、被查封证据持有人或单位的基本情况、案件名称、被查封证据情况、文书制作日期、公安机关名称及印章等。在填写时要注意：

（1）在填写“被查封证据持有人或单位的基本情况”时，要将被查封证据持有人的姓名、性别、出生日期、身份证件种类及号码、住址，或者被查封证据持有单位的名称、法定代表人姓名、单位地址及联系方式填写清楚。同时，要注意持有人或持有单位应当选择填写，不能同时填写。如果要同时对持有人和持有单位的相关物品都进行查封，则应分别开具查封决定书，对于文书中不需要的内容用横线在空格上划去。

（2）在填写“被查封证据情况”时，要在表格中将被查封证据的编号、名称、地址及特征填写清楚、具体且准确。在具体填写时可参考调取证据清单的填写注意事项。

4. 查封决定书副本的内容与填写注意事项和正本基本相同，但要注意，在证据持有单位或个人收到查封决定书正本时，由证据持有人在副本“持有人”处签名并填写时间，或者由持有单位在副本“持有人”处加盖单位印章、法定代表人签名并填写时间，见证人在副本“见证人”处签名并填写时间。

5. 查封决定书存根按照文书印制的内容和顺序依次进行填写即可。

【法律依据】

《中华人民共和国刑事诉讼法》（2018 年 10 月 26 日）

第一百四十一条第一款　在侦查活动中发现的可用以证明犯罪嫌疑人有罪或者无罪的各种财物、文件，应当查封、扣押；与案件无关的财物、文件，不得查封、扣押。

《公安机关办理刑事案件程序规定》（2020 年 7 月 20 日）

第二百二十七条 在侦查活动中发现的可用以证明犯罪嫌疑人有罪或者无罪的各种财物、文件，应当查封、扣押；但与案件无关的财物、文件，不得查封、扣押。

持有人拒绝交出应当查封、扣押的财物、文件的，公安机关可以强制查封、扣押。

第二百二十八条第二款 在侦查过程中需要查封土地、房屋等不动产，或者船舶、航空器以及其他不宜移动的大型机器、设备等特定动产的，应当经县级以上公安机关负责人批准并制作查封决定书。

【文书范例】

***公安局
查封决定书
（存　根）

×公（刑）封字〔20××〕256号

案件名称　肖××涉嫌开设赌场案

案件编号　×××××××××××××

犯罪嫌疑人　肖××　男/女

出生日期　19××年××月××日

被查封单位　

查封原因　侦查肖××开设赌场案的需要

批 准 人　王××

批准时间　20××年10月21日

办 案 人　卢××、林××

办案单位　××市××县公安局刑事侦查大队

填发时间　20××年10月21日

填 发 人　林××

＊＊＊公安局

查封决定书

（副 本）

×公（刑）封字〔20××〕256号

姓名 肖×× ，性别 男 ，出生日期 19××年×月×日 ，身份证件种类及号码 身份证，×××××××××××××××××× 住址 ××市××县××路××号 。

单位名称＿＿＿＿＿＿法定代表人＿＿＿＿＿＿，单位地址及联系方式＿＿＿＿＿＿。

我局在侦查 肖××涉嫌开设赌场 案件中发现你（单位）持有的下列财物、文件可用以证明犯罪嫌疑人有罪或者无罪，根据《中华人民共和国刑事诉讼法》第一百四十一条之规定，现决定查封：

编号	名称	地址	特征
1	商品房	××市××县××路××号	房地产权登记业主姓名：肖××，身份证号：××××××××××××××××××××

持有人：肖×× 20××年10月21日

见证人：李×× 20××年10月21日

公安局（印） 20××年10月21日

此联附卷

***公安局
查封决定书

×公（刑）封字〔20××〕256 号

姓名<u>肖××</u>，性别<u>男</u>，出生日期<u>19××年×月×日</u>，身份证件种类及号码<u>身份证，××××××××××××××××××</u>住址<u>××市××县××路××号</u>。

单位名称<u>——————</u>法定代表人<u>——————</u>，单位地址及联系方式<u>——————</u>。

我局在侦查<u>肖××涉嫌开设赌场</u>案件中发现你（单位）持有的下列财物、文件可用以证明犯罪嫌疑人有罪或者无罪，根据《中华人民共和国刑事诉讼法》第一百四十一条之规定，现决定查封：

编号	名称	地址	特征
1	商品房	××市××县××路××号	房地产权登记业主姓名：肖××，身份证号：××××××××××××××××××

公安局（印）

20××年10月21日

此联交持有人

59. 扣押决定书

＊＊＊公安局

扣押决定书

（存　根）

×公（　）扣字〔　　〕　　号

案件名称______________________________

案件编号______________________________

犯罪嫌疑人________________________ 男/女

出生日期______________________________

被扣押单位____________________________

扣押原因______________________________

批 准 人______________________________

批准时间______________________________

办 案 人______________________________

办案单位______________________________

填发时间______________________________

填 发 人______________________________

***公安局

扣押决定书

（副　本）

×公（　）扣字〔　　〕　　号

姓名______________，性别____，出生日期____________，身份证件种类及号码________________________住址______________________。

单位名称________________法定代表人__________________，单位地址及联系方式____。

我局在侦查________________________________案件中发现你（单位）持有的下列财物、文件可用以证明犯罪嫌疑人有罪或者无罪，根据《中华人民共和国刑事诉讼法》第一百四十一条之规定，现决定扣押：

编号	名称	数量	特征

持有人：　　　　　　　　见证人：　　　　　　　　公安局（印）

年　月　日　　　　　　　年　月　日　　　　　　　年　月　日

此联附卷

***公安局
扣押决定书

×公（ ）扣字〔 〕 号

姓名__________，性别____，出生日期__________，身份证件种类及号码________________住址______________。

单位名称____________法定代表人______________，单位地址及联系方式____________________________。

我局在侦查________________________案件中发现你（单位）持有的下列财物、文件可用以证明犯罪嫌疑人有罪或者无罪，根据《中华人民共和国刑事诉讼法》第一百四十一条之规定，现决定扣押：

编号	名称	数量	特征

公安局（印）

年 月 日

此联交持有人

【制作说明】

1. 本文书根据《中华人民共和国刑事诉讼法》第一百四十一条第一款、《公安机关办理刑事案件程序规定》第二百二十七条、第二百二十八条第一款制定。扣押决定书是公安机关在办理案件过程中，对发现的可以用来证明犯罪嫌疑人有罪或无罪的各种财物、文件进行扣押时使用的法律文书。

2. 扣押决定书是多联式填空型文书，其由正本、副本和存根三部分组成。其中，扣押决定书正本是公安机关扣押相关不动产或特定动产的凭证，此联交被扣押证据持有人收存。副本是公安机关向有关单位和个人调查取证的凭证，此联在侦查终结时存入证据卷。存根用于公安机关存档备查。

3. 扣押决定书正本的内容主要包括制作机关名称、文书名称、文书字号、被扣押证据持有人或单位的基本情况、案件名称、被扣押证据情况、文书制作日期、公安机关名称及印章等。在填写时要注意：

（1）在填写“被扣押证据持有人或单位的基本情况”时，要将被扣押证据持有人的姓名、性别、出生日期、身份证件种类及号码、住址，或者被扣押证据持有单位的名称、法定代表人姓名、单位地址及联系方式填写清楚。同时，要注意持有人或持有单位应当选择填写，不能同时填写。如果要同时对持有人和持有单位的相关物品都进行扣押，则应分别开具扣押决定书，对于文书中不需要的内容用横线在空格上划去。

（2）在填写“被扣押证据情况”时，要在表格中将被扣押证据的编号、名称、地址及特征填写清楚、具体且准确。在具体填写时可参考调取证据清单的填写注意事项。

4. 扣押决定书副本的内容与填写注意事项和正本基本相同，但要注意，在证据持有人或单位收到扣押决定书正本时，由证据持有人在副本“持有人”处签名并填写时间，或者由持有单位在副本“持有人”处加盖单位印章、法定代表人签名并填写时间，见证人在副本“见证人”处签名并填写时间。

5. 扣押决定书存根按照文书印制的内容和顺序依次进行填写即可。

【法律依据】

《中华人民共和国刑事诉讼法》（2018 年 10 月 26 日）

第一百四十一条第一款 在侦查活动中发现的可用以证明犯罪嫌疑人有罪或者无罪的各种财物、文件，应当查封、扣押；与案件无关的财物、文件，不得查封、扣押。

《公安机关办理刑事案件程序规定》（2020 年 7 月 20 日）

第二百二十七条　在侦查活动中发现的可用以证明犯罪嫌疑人有罪或者无罪的各种财物、文件，应当查封、扣押；但与案件无关的财物、文件，不得查封、扣押。

持有人拒绝交出应当查封、扣押的财物、文件的，公安机关可以强制查封、扣押。

第二百二十八条第一款　在侦查过程中需要扣押财物、文件的，应当经办案部门负责人批准，制作扣押决定书；在现场勘查或者搜查中需要扣押财物、文件的，由现场指挥人员决定；但扣押财物、文件价值较高或者可能严重影响正常生产经营的，应当经县级以上公安机关负责人批准，制作扣押决定书。

60. 扣押清单

*****公安局**

扣押清单

法律文书号：______________

编号	名　　称	数量	特　　征	备注

持有人：　　　　见证人：　　　　保管人：　　　　办案单位（盖章）

办案人：

年　月　日　　　年　月　日　　　年　月　日　　　年　月　日

本清单一式三份，一份附卷，一份交持有人，一份交公安机关保管人员。

【制作说明】

1. 本样式根据《中华人民共和国刑事诉讼法》第一百四十二条，《公安机关办理刑事案件程序规定》第二百二十八条第一款和第二百三十条第一款、第二款制定。扣押清单是公安机关在办理刑事案件中，对扣押的用来证明犯罪嫌疑人有罪或无罪的各种财物、文件情况进行登记时制作使用的文书。

2. 扣押清单是单表式填空型文书，其主要内容包括制作机关名称、文书名称、法律文书编号、物品编号、名称、数量、特征、备注及签注栏等，需要说明的问题可以在“备注”栏内注明。其他内容的填写可参考调取证据清单的填写注意事项。在填写完扣押的有关财物、文件后，在“签注栏”内，由证据持有单位加盖印章，签发人签名、盖章，或者由证据持有人签名、捺指印并填写时间，由见证人、公安机关证据保管人员签名、捺指印并注明时间，由办案人员签名、填写办案部门名称、加盖办案部门印章并填写时间。

3. 扣押清单在制作时应当一式三份，一份存入证据卷，一份交证据持有人或单位，一份交公安机关的证据保管人。

【法律依据】

《中华人民共和国刑事诉讼法》（2018 年 10 月 26 日）

第一百四十二条 对查封、扣押的财物、文件，应当会同在场见证人和被查封、扣押财物、文件持有人查点清楚，当场开列清单一式二份，由侦查人员、见证人和持有人签名或者盖章，一份交给持有人，另一份附卷备查。

《公安机关办理刑事案件程序规定》（2020 年 7 月 20 日）

第二百二十八条第一款 在侦查过程中需要扣押财物、文件的，应当经办案部门负责人批准，制作扣押决定书；在现场勘查或者搜查中需要扣押财物、文件的，由现场指挥人员决定；但扣押财物、文件价值较高或者可能严重影响正常生产经营的，应当经县级以上公安机关负责人批准，制作扣押决定书。

第二百三十条第一款、第二款 对查封、扣押的财物和文件，应当会同在场见证人和被查封、扣押财物、文件的持有人查点清楚，当场开列查封、扣押清单一式三份，写明财物或者文件的名称、编号、数量、特征及其来源等，由侦查人员、持有人和见证人签名，一份交给持有人，一份交给公安机关保管人员，一份附卷备查。

对于财物、文件的持有人无法确定，以及持有人不在现场或者拒绝签名的，侦查人员应当在清单中注明。

61. 登记保存清单

* * *公安局

登记保存清单

（公安机关名称和印章）

<table>
<tr><td>案　　由</td><td colspan="3"></td><td>办案单位</td><td colspan="2"></td></tr>
<tr><td>持 有 人</td><td colspan="2"></td><td>性别</td><td></td><td>出生日期</td><td></td></tr>
<tr><td>现 住 址</td><td colspan="6"></td></tr>
<tr><td>工作单位</td><td colspan="3"></td><td>联系电话</td><td colspan="2"></td></tr>
<tr><td colspan="7">根据《公安机关办理刑事案件程序规定》第二百三十一条的规定，决定对下列财物、文件进行登记保存。在登记保存期间内未经本机关批准，不得转移、变卖、毁损。</td></tr>
</table>

编号	名 称	保存地点	数量	特 征	备 注

证据持有人：　　　　见证人：　　　　办案人：

年　月　日　　　　年　月　日　　　　年　月　日

本清单一式两份，一份附卷，一份交证据持有人。

【制作说明】

1. 本文书根据《公安机关办理刑事案件程序规定》第二百三十一条制定。登记保存清单是公安机关在办理刑事案件中，对作为犯罪证据但不便提取或者没有必要提取的财物、文件，经登记、拍照或者录音录像、估价后，交财物、文件持有人保管或者封存时制作使用的法律文书。

2. 登记保存清单是单表式填空型文书，其内容主要包括制作机关名称、文书名称、公安机关名称及印章、案由、办案单位名称、证据持有人基本情况、法律依据、登记的财物及文件情况及签注栏等。在填写时要注意：

（1）在填写“证据持有人基本情况”时，要将持有人姓名、性别、出生日期、现住址、工作单位及联系方式填写清楚。

（2）在填写“登记的财物及文件情况”时，要写明财物、文件的编号、名称、保存地点、数量及特征，具体填写注意事项可参照调取证据清单的填写注意事项。

（3）在填写“签注栏”时，由证据持有人、见证人及办案人员分别签名并填写登记保存时间。

3. 登记保存清单在制作时应一式两份，一份由公安机关连同照片或录像资料存入证据卷，一份交由证据持有人收存。

【法律依据】

《公安机关办理刑事案件程序规定》（2020 年 7 月 20 日）

第二百三十一条 对作为犯罪证据但不便提取或者没有必要提取的财物、文件，经登记、拍照或者录音录像、估价后，可以交财物、文件持有人保管或者封存，并且开具登记保存清单一式两份，由侦查人员、持有人和见证人签名，一份交给财物、文件持有人，另一份连同照片或者录音录像资料附卷备查。财物、文件持有人应当妥善保管，不得转移、变卖、毁损。

62. 查封/解除查封清单

＊＊＊公安局

查封/解除查封清单

法律文书号：________________

编号	名称	数量	特　　征	财产所在地	登记机关	备注

持有人：　　　　　　见证人：　　　　　　办案单位（盖章）

办案人：

年　月　日　　　　年　月　日　　　　年　月　日

本清单一式三份，一份附卷，一份交持有人，一份交公安机关保管人员。

【制作说明】

1. 本文书根据《中华人民共和国刑事诉讼法》第一百四十二条、第一百四十五条，《公安机关办理刑事案件程序规定》第二百三十条第一款、第二款及第二百三十三条制定。查封/解除查封清单是公安机关在办理刑事案件过程中，对查封的用来证明犯罪嫌疑人有罪或无罪的各种财物、文件进行登记以及对解除查封的与案件无关的被查封财物、文件进行登记时制作使用的文书。

2. 查封/解除查封清单是单表式填空型文书，其内容主要包括文书名称、查封财物及文件的编号、数量、特征、财产所在第、登记机关、备注及签注栏等。在填写时可参照调取证据清单的填写注意事项进行填写。在填写完毕后，由证据持有人及见证人签名、捺指印并填写时间，由办案人员签名、填写办案部门名称、加盖办案部门印章并填写时间。

3. 查封/解除查封清单在制作时应一式三份，一份由公安机关连同照片或录像资料存入证据卷，一份交由证据持有人收存，一份交给公安机关保管人员。

【法律依据】

《中华人民共和国刑事诉讼法》（2018 年 10 月 26 日）

第一百四十二条 对查封、扣押的财物、文件，应当会同在场见证人和被查封、扣押财物、文件持有人查点清楚，当场开列清单一式二份，由侦查人员、见证人和持有人签名或者盖章，一份交给持有人，另一份附卷备查。

第一百四十五条 对查封、扣押的财物、文件、邮件、电报或者冻结的存款、汇款、债券、股票、基金份额等财产，经查明确实与案件无关的，应当在三日以内解除查封、扣押、冻结，予以退还。

《公安机关办理刑事案件程序规定》（2020 年 7 月 20 日）

第二百三十条第一款、第二款 对查封、扣押的财物和文件，应当会同在场见证人和被查封、扣押财物、文件的持有人查点清楚，当场开列查封、扣押清单一式三份，写明财物或者文件的名称、编号、数量、特征及其来源等，由侦查人员、持有人和见证人签名，一份交给持有人，一份交给公安机关保管人员，一份附卷备查。

对于财物、文件的持有人无法确定，以及持有人不在现场或者拒绝签名的，侦查人员应当在清单中注明。

第二百三十三条 对查封、扣押的财物、文件、邮件、电子邮件、电报，经查明确实与案件无关的，应当在三日以内解除查封、扣押，退还原主或者原邮电部门、网络服务单位；原主不明确的，应当采取公告方式告知原主认领。在通知原主或者公告后六个月以内，无人认领的，按照无主财物处理，登记后上缴国库。

63. 协助查封/解除查封通知书

***公安局

协助查封/解除查封通知书

（存　根）

×公（　）封通/解封通字〔　　〕　　号

案件名称＿＿＿＿＿＿＿＿

案件编号＿＿＿＿＿＿＿＿

犯罪嫌疑人＿＿＿＿＿＿＿男/女

出生日期＿＿＿＿＿＿＿＿

协助查封单位＿＿＿＿＿＿

查封/解除查封
对　　象＿＿＿＿＿＿＿＿

查封/解除查封
原　　因＿＿＿＿＿＿＿＿

查封/解除查封
原　　因＿＿＿＿＿＿＿＿

批 准 人＿＿＿＿＿＿＿＿

批准时间＿＿＿＿＿＿＿＿

办 案 人＿＿＿＿＿＿＿＿

办案单位＿＿＿＿＿＿＿＿

填发时间＿＿＿＿＿＿＿＿

填 发 人＿＿＿＿＿＿＿＿

＊＊＊公安局

协助查封/解除查封通知书

×公（　）封通/解封通字〔　　〕　号

________：

根据《中华人民共和国刑事诉讼法》第一百四十一条/第一百四十五条之规定，请予以协助查封/解除查封________案件中犯罪嫌疑人________的下列财物、文件：

编号	名称	权利人姓名及证件号码	特　征	财产所在地	登记机关	备注

查封时间从____年____月____日起至____年____月____日止。请在解除查封之前对查封对象不予办理出售、转让、抵押等手续，暂扣产权证件，并将协助查封/解除查封情况及时复我局。

公安局（印）

年　月　日

此联交协助查封或者协助解除查封单位

***公安局

协助查封/解除查封通知书

（回　执）

×公（　）释字〔　　〕　　号

______________公安局：

根据你局通知，犯罪嫌疑人__________在____________________的

____

____

____

____

已办理协助查封/解除查封手续，此复。

协助查封/解除查封单位（印）

年　　月　　日

此联由协助单位填写退通知机关附卷

【制作说明】

1. 本文书根据《中华人民共和国刑事诉讼法》第一百四十一条第一款、第一百四十五条，《公安机关办理刑事案件程序规定》第二百二十八条第二款、第二百三十三条制定。协助查封/解除查封通知书是公安机关在办理刑事案件过程中，依法查封或解除查封价值较高的不动产、需要登记的特殊动产或者大宗、不便搬运的各类涉案财物，在其他有关部门协助实施该项查封或解除查封时制作使用的文书。

2. 协助查封/解除查封通知书是多联式填空型文书，其由正本、回执和存根三部分组成。协助查封/解除查封通知书正本是协助查封/解除查封各类涉案财物的凭证，该联交协助查封或协助解除查封的单位收存。回执是协助查封、解除查封各类涉案财物的结果，该联由协助查封或协助解除查封的有关单位填写后退回公安机关，存入证据卷。存根用于公安机关留存备查。

3. 协助查封/解除查封通知书正本的内容主要包括制作机关名称、文书名称、文书字号、抬头、查封或者解除查封的法律依据、案件名称、犯罪嫌疑人姓名、需要查封或解除查封的财产情况、查封的起止时间、文书制作日期、公安机关名称及印章等。在填写时要注意：

（1）在填写“抬头”时，要填写协助查封/解除查封的单位名称或个人姓名。

（2）在填写“查封或者解除查封的法律依据”时，要注意该项内容属于选择项，要根据案件实际情况进行选择，对于不需要的选项用删除线划去即可。

（3）在填写“需要查封或解除查封的财产情况”，要将相关财务的编号、名称、权利人姓名及证件号码、特征、财产所在地、登记机关、备注等信息填写清楚、具体且准确。在具体填写时可参考调取证据清单的填写注意事项。

4. 协助查封/解除查封通知书回执的内容主要包括制作机关名称、文书名称、文书字号、抬头、犯罪嫌疑人的姓名、查封或解除查封的犯罪嫌疑人的财物情况、填写日期、协助查封或解除查封单位名称及印章等。其中，“文书字号”由公安机关填写。同时，在填写“抬头栏”时，要填写制作协助查封/解除查封通知书的公安机关名称。其他内容根据实际情况按格式填写即可。

5. 协助查封/解除查封通知书存根按照文书印制的内容和顺序依次进行填写即可。

【法律依据】

《中华人民共和国刑事诉讼法》（2018 年 10 月 26 日）

第一百四十一条第一款 在侦查活动中发现的可用以证明犯罪嫌疑人有罪或者无罪的各种财物、文件，应当查封、扣押；与案件无关的财物、文件，不得查封、扣押。

第一百四十五条 对查封、扣押的财物、文件、邮件、电报或者冻结的存款、汇款、债券、股票、基金份额等财产，经查明确实与案件无关的，应当在三日以内解除查封、扣押、冻结，予以退还。

《公安机关办理刑事案件程序规定》（2020 年 7 月 20 日）

第二百二十八条第二款 在侦查过程中需要查封土地、房屋等不动产，或者船舶、航空器以及其他不宜移动的大型机器、设备等特定动产的，应当经县级以上公安机关负责人批准并制作查封决定书。

第二百三十三条 对查封、扣押的财物、文件、邮件、电子邮件、电报，经查明确实与案件无关的，应当在三日以内解除查封、扣押，退还原主或者原邮电部门、网络服务单位；原主不明确的，应当采取公告方式告知原主认领。在通知原主或者公告后六个月以内，无人认领的，按照无主财物处理，登记后上缴国库。

【文书范例】

***公安局

协助查封/解除查封通知书

（存　根）

×公（刑）封通/ ~~解封通~~ 字〔20××〕68 号

案件名称　刘××涉嫌诈骗案

案件编号　×××××××××××××

犯罪嫌疑人　刘××　　男/~~女~~

出生日期　19××年×月×日

协助查封单位　××市××区房地产管理局

查封/~~解除查封~~
对　　象　××市××区××小区××号602号房屋

查封/~~解除查封~~
原　　因　侦查刘××涉嫌诈骗案的需要

查封/~~解除查封~~
时　　间　20××年11月21日

批 准 人　孟××

批准时间　20××年11月21日

办 案 人　谢××、彭××

办案单位　××市××区公安分局刑事侦查大队

填发时间　20××年11月21日

填 发 人　彭××

***公安局

协助查封/解除查封通知书

×公（刑）封通/ ~~解封通~~ 字〔20××〕68 号

××市××区房地产管理局：

根据《中华人民共和国刑事诉讼法》第一百四十一条/ ~~第一百四十五条~~ 之规定，请予以协助查封/ ~~解除查封~~ 刘××涉嫌诈骗 案件中犯罪嫌疑人刘××的下列财物、文件：

编号	名称	权利人姓名及证件号码	特　　征	财产所在地	登记机关	备注
1	商品房	刘××，身份证号：××××××××××××××××××	120 平方米，房地产权登记业主姓名：徐××	××市××区××小区××号 602 号	××市××区房地产管理局	

查封时间从20××年 1 月 21 日起至 20×× 年 3 月 12 日止。请在解除查封之前对查封对象不予办理出售、转让、抵押等手续，暂扣产权证件，并将协助查封/ ~~解除查封~~ 情况及时复我局。

公安局（印）

二〇××年一月二十一日

此联交持有人

*****公安局**

协助查封/解除查封通知书

（回　执）

×公（刑）封通/ ~~解封通~~ 字〔20××〕68 号

××市××县 公安局：

根据你局通知，犯罪嫌疑人 徐×× 在 我局登记 的 ××市××区××小区××号602号的房屋 已办理协助查封/ ~~解除查封~~ 手续，此复。

协助查封/~~解除查封~~单位（印）

二〇××年一月二十一日

此联由协助单位填写退通知机关附卷

64. 发还清单

发还清单

编号	名　　称	数量	特　　征	备注

以上财物、文件、证件如数收到。　　　　办案单位（盖章）

领取人：　　　　　　　　　　　　　　　　办案人：

年　　月　　日　　　　　　　　　　　　　年　　月　　日

本清单一式两份，一份附卷，一份交领取人。

【制作说明】

1. 本文书根据《中华人民共和国刑事诉讼法》第一百四十五条、第二百四十五条第一款，《公安机关办理刑事案件程序规定》第二百三十三条、第二百三十四条制定。发还清单是公安机关在办理刑事案件过程中，用来记载依法退还有关单位或个人物品、文件情况的文书。

2. 发还清单是单表式填空型文书，其内容主要包括文书名称、发还物品或文件的情况、备注及签注栏等。在填写时要注意：

（1）在填写“发还物品或文件的情况”时，要将物品或文件的编号、名称、数量、特征等内容填写清楚、具体且准确，具体填写注意事项可参照调取证据清单的填写注意事项。需要说明的问题填写在“备注”栏内。

（2）在填写“签注栏”时，由物品或文件领取人在“以上财物、文件、证件如数收到”处签字、捺指印并填写领取日期，由办案人员签字、填写办案单位名称、加盖办案单位印章并填写日期。

3. 发还清单一式两份，一份交领取人收存，一份由公安机关办案部门存入诉讼卷。

【法律依据】

《中华人民共和国刑事诉讼法》（2018 年 10 月 26 日）

第一百四十五条 对查封、扣押的财物、文件、邮件、电报或者冻结的存款、汇款、债券、股票、基金份额等财产，经查明确实与案件无关的，应当在三日以内解除查封、扣押、冻结，予以退还。

第二百四十五条第一款 公安机关、人民检察院和人民法院对查封、扣押、冻结的犯罪嫌疑人、被告人的财物及其孳息，应当妥善保管，以供核查，并制作清单，随案移送。任何单位和个人不得挪用或者自行处理。对被害人的合法财产，应当及时返还。对违禁品或者不宜长期保存的物品，应当依照国家有关规定处理。

《公安机关办理刑事案件程序规定》（2020 年 7 月 20 日）

第二百三十三条 对查封、扣押的财物、文件、邮件、电子邮件、电报，经查明确实与案件无关的，应当在三日以内解除查封、扣押，退还原主或者原邮电部门、网络服务单位；原主不明确的，应当采取公告方式告知原主认领。在通知原主或者公告后六个月以内，无人认领的，按照无主财物处理，登记后上缴国库。

第二百三十四条 有关犯罪事实查证属实后，对于有证据证明权属明确且无争议的被害人合法财产及其孳息，且返还不损害其他被害人或者利害关系人的利益，不影响案件正常办理的，应当在登记、拍照或者录音录像和估价后，报经县级以上公安机关负责人批准，开具发还清单返还，并在案卷材料中注明返还的理由，将原物照片、发还清单和被害人的领取手续存卷备查。

领取人应当是涉案财物的合法权利人或者其委托的人；委托他人领取的，应当出具委托书。侦查人员或者公安机关其他工作人员不得代为领取。

查找不到被害人，或者通知被害人后，无人领取的，应当将有关财产及其孳息随案移送。

65. 随案移送清单

随 案 移 送 清 单

编号	名　称	数量	特征	财产所在地	侦查措施	处理建议	备注
接收单位： 接收人员： 年　月　日				办案单位（盖章） 办案人： 年　月　日			

本清单一式两份，一份附卷，一份交接收单位。实物未移送的应当在备注中注明并附照片或其他证明文件。

【制作说明】

1. 本文书根据《中华人民共和国刑事诉讼法》第二百四十五条第一款、第二款，《公安机关办理刑事案件程序规定》第一百八十五条、第二百八十八条制定。随案移送清单是公安机关在办理刑事案件过程中，用来记载随案移送物品、文件情况的文书。

2. 随案移送清单是单表式填空型文书，其内容主要包括文书名称、随案移送物品、文件情况及签注栏等内容。在填写时要注意：

（1）在填写“随案移送物品或文件的情况”时，要将移送物品或文件的编号、名称、数量、特征、财产所在地、侦查措施、处理建议等内容填写清楚、具体且准确。其中，“侦查措施”填写扣押、查封等，“处理建议”可填写没收、发还、拍卖等，其他具体填写注意事项可参照调取证据清单的填写注意事项。需要说明的问题填写在“备注”栏内。

（2）在填写“签注栏”时，要将接收单位和移交单位名称分别写清楚，并分别加盖单位印章。由接收人员、办案人员在对应位置上分别签名并填写接收日期和移交日期。

3. 随案移送清单一式两份，一份交接收单位，一份由公安机关办案部门附卷。

【法律依据】

《中华人民共和国刑事诉讼法》（2018 年 10 月 26 日）

第二百四十五条第一款、第二款 公安机关、人民检察院和人民法院对查封、扣押、冻结的犯罪嫌疑人、被告人的财物及其孳息，应当妥善保管，以供核查，并制作清单，随案移送。任何单位和个人不得挪用或者自行处理。对被害人的合法财产，应当及时返还。对违禁品或者不宜长期保存的物品，应当依照国家有关规定处理。

对作为证据使用的实物应当随案移送，对不宜移送的，应当将其清单、照片或者其他证明文件随案移送。

《公安机关办理刑事案件程序规定》（2020 年 7 月 20 日）

第一百八十五条 案件变更管辖或者移送其他公安机关并案侦查时，与案件有关的法律文书、证据、财物及其孳息等应当随案移交。

移交时，由接收人、移交人当面查点清楚，并在交接单据上共同签名。

第二百八十八条 对查封、扣押的犯罪嫌疑人的财物及其孳息、文件或者冻结的财产，作为证据使用的，应当随案移送，并制作随案移送清单一式两份，一份留存，一份交人民检察院。制作清单时，应当根据已经查明的案情，写明对涉案财物的处理建议。

对于实物不宜移送的，应当将其清单、照片或者其他证明文件随案移送。待人民法院作出生效判决后，按照人民法院送达的生效判决书、裁定书依法作出处理，并向人民法院送交回执。人民法院在判决、裁定中未对涉案财物作出处理的，公安机关应当征求人民法院意见，并根据人民法院的决定依法作出处理。

66. 销毁清单

销毁清单

编号	名称	数量	特征	来源	销毁理由	备注

批准人：　　　　　　办案人：　　　　　　监销人：

年　月　日　　　　　年　月　日　　　　　年　月　日

本清单附卷。

【制作说明】

1. 本文书根据《中华人民共和国刑事诉讼法》第二百四十五条第一款、《公安机关办理刑事案件程序规定》第二百三十六条制定。销毁清单是公安机关在刑事案件办理过程中，用来记载依照规定销毁物品、文件的文书。

2. 销毁清单是单表式填空型文书，其内容主要包括文书名称、销毁物品或文件的情况、备注及签注栏等。在填写时要注意：

（1）在填写“销毁物品或文件的情况”时，要将物品或文件的编号、名称、数量、特征、来源、销毁理由等内容填写清楚、具体且准确。其中，在填写“来源”时，要写明物品或文件的获取途径，如“搜查”“调取”“犯罪嫌疑人提供”等，在填写“销毁理由”时，可根据法律、法规的规定进行填写，如“属于毒品”“属于违禁物品”等。其他具体填写注意事项可参照调取证据清单的填写注意事项。需要说明的问题填写在“备注”栏内。

（2）在填写“签注栏”时，由销毁物品或文件批准人、办案人、监销人分别签名并分别填写批准日期、监销日期。

3. 在侦查终结时，销毁清单存入诉讼卷。

【法律依据】

《中华人民共和国刑事诉讼法》（2018 年 10 月 26 日）

第二百四十五条第一款　公安机关、人民检察院和人民法院对查封、扣押、冻结的犯罪嫌疑人、被告人的财物及其孳息，应当妥善保管，以供核查，并制作清单，随案移送。任何单位和个人不得挪用或者自行处理。对被害人的合法财产，应当及时返还。对违禁品或者不宜长期保存的物品，应当依照国家有关规定处理。

《公安机关办理刑事案件程序规定》（2020 年 7 月 20 日）

第二百三十六条　在侦查期间，对于易损毁、灭失、腐烂、变质而不宜长期保存，或者难以保管的物品，经县级以上公安机关主要负责人批准，可以在拍照或者录音录像后委托有关部门变卖、拍卖，变卖、拍卖的价款暂予保存，待诉讼终结后一并处理。

对于违禁品，应当依照国家有关规定处理；需要作为证据使用的，应当在诉讼终结后处理。

67. 扣押/解除扣押邮件/电报通知书

＊＊＊公安局

扣押/解除扣押邮件/电报通知书

（存 根）

×公（ ）扣通/解扣通字〔 〕 号

案件名称______________________

案件编号______________________

犯罪嫌疑人____________________ 男/女

出生日期______________________

扣押/解除扣押
邮件/电报特征__________________

协助扣押
/解除扣押单位__________________

扣押/解除扣押
时 间______________________

批 准 人______________________

批准时间______________________

办 案 人______________________

办案单位______________________

填发时间______________________

填 发 人______________________

＊＊＊公安局

扣押/解除扣押邮件/电报通知书

×公（　）扣通/解扣通字〔　　〕　　号

______________：

根据《中华人民共和国刑事诉讼法》第一百四十三条之规定，决定从________年________月______日起，扣押/解除扣押犯罪嫌疑人________________________的下列邮件、电报：

____

____

____

____

请将扣押/解除扣押情况及时告我局。

公安局（印）

年　　月　　日

此联交协助单位

＊＊＊公安局

扣押/解除扣押邮件/电报通知书

（回　执）

×公（　）扣通/解扣通字〔　　〕　　号

____________公安局：

根据你局通知，犯罪嫌疑人________________________

的____

____

____

已于______年_____月_____日扣押/解除扣押，此复。

协助扣押/解除扣押单位（印）

年　　月　　日

此联由协助单位填写退通知机关附卷

【制作说明】

1. 本文书根据《中华人民共和国刑事诉讼法》第一百四十三条、《公安机关办理刑事案件程序规定》第二百三十二条制定。扣押/解除扣押邮件/电报通知书是公安机关为了查明案情，依法通知有关部门对犯罪嫌疑人的邮件、电报进行扣押或解除扣押时制作使用的文书。

2. 扣押/解除扣押邮件/电报通知书是多联式填空型文书，其由正本、回执和存根三部分组成。其中，扣押/解除扣押邮件/电报通知书正本是公安机关通知有关部门协助扣押或解除扣押犯罪嫌疑人邮件或电报的凭证，该联交被通知的相关部门收存。回执是协助扣押或解除扣押的有关部门将协助扣押或解除扣押的结果通知公安机关的凭证，该联由协助扣押或解除扣押部门填写后退回公安机关，由公安机关在侦查终结时存入证据卷。存根用于公安机关留存备查。

3. 扣押/解除扣押邮件/电报通知书正本的内容主要包括制作机关名称、文书名称、文书字号、抬头、扣押或解除扣押邮件或电报的时间、犯罪嫌疑人的姓名、需要扣押或解除扣押的邮件、电报的情况、文书制作日期、公安机关名称及印章等。在填写时要注意：

（1）在填写“抬头”时，应填写协助扣押或解除扣押的有关部门名称。

（2）在填写“扣押或解除扣押邮件或电报的时间”时，要填写扣押或解除扣押邮件或电报的起始时间。

（3）在填写“需要扣押或解除扣押的邮件、电报情况”时，要将编号、名称、数量、特征等内容填写清楚、具体且准确。

4. 扣押/解除扣押邮件/电报通知书回执的内容主要包括制作机关名称、文书名称、文书字号、抬头、犯罪嫌疑人姓名、扣押或解除的邮件、电报情况、填写日期、协助扣押或解除扣押部门名称及印章等。其中，“文书字号”由公安机关填写。同时，在填写“抬头栏”时，要填写制作扣押/解除扣押邮件/电报通知书的公安机关名称。其他内容根据实际情况按格式填写即可。

5. 扣押/解除扣押邮件/电报通知书存根按照文书印制的内容和顺序依次进行填写即可。

【法律依据】

《中华人民共和国刑事诉讼法》（2018 年 10 月 26 日）

第一百四十三条 侦查人员认为需要扣押犯罪嫌疑人的邮件、电报的时候，经公安机关或者人民检察院批准，即可通知邮电机关将有关的邮件、电报检交扣押。

不需要继续扣押的时候，应即通知邮电机关。

《公安机关办理刑事案件程序规定》（2020 年 7 月 20 日）

第二百三十二条 扣押犯罪嫌疑人的邮件、电子邮件、电报，应当经县级以上公安机关负责人批准，制作扣押邮件、电报通知书，通知邮电部门或者网络服务单位检交扣押。

不需要继续扣押的时候，应当经县级以上公安机关负责人批准，制作解除扣押邮件、电报通知书，立即通知邮电部门或者网络服务单位。

【文书范例】

***公安局

扣押/解除扣押邮件/电报通知书

（存　根）

×公（刑）扣通/~~解扣通~~字〔20××〕19号

案件名称　霍××非法制造、出售非法制造的发票案

案件编号　××××××××××××××

犯罪嫌疑人　霍××　男/~~女~~

出生日期　19××年×月×日

扣押/~~解除扣押~~
邮件/~~电报~~特征　特快专递一件

协助扣押
/~~解除扣押~~单位　××市××县邮政局

扣押/~~解除扣押~~
时　　间　20××年8月23日

批准人　杨××

批准时间　20××年8月23日

办案人　李××、周××

办案单位　××市××县公安局刑事侦查大队

填发时间　20××年8月23日

填发人　周××

＊＊＊公安局

扣押/解除扣押邮件/电报通知书

×公（刑）扣通/~~解扣通~~字〔20××〕19号

××市××县邮政局：

根据《中华人民共和国刑事诉讼法》第一百四十三条之规定，决定从20×× 年 8 月 23 日起，扣押/~~解除扣押~~犯罪嫌疑人霍××的下列邮件、电报：

特快专递1件，寄出人：霍××，收件人：齐××，寄出地址：××市××县××路××号。

请将扣押/~~解除扣押~~情况及时告我局。

公安局（印）

二〇××年八月二十三日

此联交协助单位

***公安局
扣押/解除扣押邮件/电报通知书
（回　执）

×公（刑）扣通/~~解扣通~~字〔20××〕19号

××市××县公安局：

根据你局通知，犯罪嫌疑人＿霍××＿的＿特快专递1件＿＿＿已于＿20××＿年＿8＿月＿23＿日扣押/~~解除扣押~~，此复。

协助扣押/~~解除扣押~~单位（印）

二〇××年八月二十三日

此联由协助单位填写退通知机关附卷

68. 协助查询财产通知书

***公安局
协助查询财产通知书
（存　根）

×公（　）查财字〔　　〕　　号

案件名称____________________

案件编号____________________

犯罪嫌疑人__________________男/女

出生日期____________________

查询内容____________________

协助查询单位________________

批 准 人____________________

批准时间____________________

办 案 人____________________

办案单位____________________

填发时间____________________

填 发 人____________________

＊＊＊公安局

协助查询财产通知书

×公（　）查财字〔　　〕　　号

________________：

因侦查犯罪需要，根据《中华人民共和国刑事诉讼法》第一百四十四条之规定，我局派员前往你处查询犯罪嫌疑人________________（性别____，出生日期________________）的财产，请予协助！

财产种类：____

查询线索：____

____

____

____

公安局（印）

年　　月　　日

此联交协助查询单位

* * *公 安 局

协助查询财产通知书

（回　执）

×公（　）查财字〔　　〕　　号

__________公安局：

根据你局通知，现将犯罪嫌疑人__________财产的情况提供如下：____

____

____

____

____

____

协助查询单位（印）

年　　月　　日

此联由协助查询单位填写退通知机关附卷

【制作说明】

1. 本文书根据《中华人民共和国刑事诉讼法》第一百四十四条第一款，《公安机关办理刑事案件程序规定》第二百三十七条、第二百三十八条制定。协助查询财产通知书是公安机关在办理刑事案件过程中，因侦查犯罪的需要，通知银行、邮电部门、证券公司等协助查询犯罪嫌疑人的财产情况时制作使用的文书。

2. 协助查询财产通知书是多联式填空型文书，其由正本、回执和存根三部分组成。其中，协助查询财产通知书正本是公安机关通知银行、邮电部门、证券公司等单位协助查询犯罪嫌疑人财产状况的凭证，该联交由协助查询单位收存。回执是银行、邮电部门、证券公司等将对犯罪嫌疑人财产的查询结果通知公安机关的凭证，该联由协助查询单位填写后退回公安机关，由公安机关在侦查终结时存入证据卷。

3. 协助查询财产通知书正本的内容主要包括制作机关名称、文书名称、文书字号、抬头、犯罪嫌疑人的基本情况、财产种类、查询线索、文书制作日期、公安机关名称及印章等。在填写时要注意：

（1）在填写“抬头”时，应填写协助查询单位名称。

（2）在填写“犯罪嫌疑人的基本情况”时，要将犯罪嫌疑人的姓名、性别及出生日期填写清楚。

（3）在填写“查询线索”时，要在最大程度上将查询线索写清楚，如查询存款或汇款的，要尽量写明存款人或汇款人姓名、收款人姓名、存款或汇款账号、存款或汇款时间、存款或汇款金额等内容。

4. 协助查询财产通知书回执的内容主要包括制作机关名称、文书名称、文书字号、抬头、犯罪嫌疑人姓名、犯罪嫌疑人的财产查询结果、填写日期、协助查询单位名称及印章等。其中，“文书字号”由公安机关填写。同时，在填写“抬头栏”时，要填写制作协助查询财产通知书的公安机关名称。其他内容根据实际情况按格式填写即可。

5. 协助查询财产通知书存根按照文书印制的内容和顺序依次进行填写即可。

【法律依据】

《中华人民共和国刑事诉讼法》（2018 年 10 月 26 日）

第一百四十四条第一款 人民检察院、公安机关根据侦查犯罪的需要，可以依照规定查询、冻结犯罪嫌疑人的存款、汇款、债券、股票、基金份额等财产。有关单位和个人应当配合。

《公安机关办理刑事案件程序规定》（2020 年 7 月 20 日）

第二百三十七条 公安机关根据侦查犯罪的需要，可以依照规定查询、冻结犯罪嫌疑人的存款、汇款、证券交易结算资金、期货保证金等资金，债券、股票、基金份额和其他证券，以及股权、保单权益和其他投资权益等财产，并可以要求有关单位和个人配合。

对于前款规定的财产，不得划转、转账或者以其他方式变相扣押。

第二百三十八条 向金融机构等单位查询犯罪嫌疑人的存款、汇款、证券交易结算资金、期货保证金等资金，债券、股票、基金份额和其他证券，以及股权、保单权益和其他投资权益等财产，应当经县级以上公安机关负责人批准，制作协助查询财产通知书，通知金融机构等单位协助办理。

69. 协助冻结/解除冻结财产通知书

***公安局

协助冻结/解除冻结财产通知书

（存　根）

×公（　）冻财/解冻财字〔　　〕　　号

案件名称______________________

案件编号______________________

犯罪嫌疑人____________________男/女

出生日期______________________

协助冻结单位__________________

冻结/解除冻结
原　　因______________________

财产类型______________________

数　　额______________________

冻结/解除冻结
时　　间______________________

批 准 人______________________

批准时间______________________

办 案 人______________________

办案单位______________________

填发时间______________________

填 发 人______________________

＊＊＊公安局

协助冻结/解除冻结财产通知书

×公（　）冻财/解冻财字〔　　〕　　号

____________________：

根据《中华人民共和国刑事诉讼法》第一百四十四条/第一百四十五条之规定，请予冻结/解除冻结犯罪嫌疑人________________（性别____出生日期________）的下列财产：

类型（名称）________________________

所在机构________________________

户名或权利人________________________

账号等号码________________________

冻结数额（大、小写）________________________

____

其他________________________

冻结时间从____年____月____日起至____年____月____日止。

公安局（印）

年　　月　　日

此联交协助单位

* * *公安局

协助冻结/解除冻结财产通知书

（回　执）

×公（　）冻财/解冻财字〔　　〕　　号

__________公安局：

根据你局通知，犯罪嫌疑人__________在__________的______

____

____

____

已冻结/解除冻结，此复。

协助冻结/解除冻结单位（印）

年　　月　　日

此联由协助单位填写退通知机关附卷

【制作说明】

1. 本文书根据《中华人民共和国刑事诉讼法》第一百四十四条、第一百四十五条，《公安机关办理刑事案件程序规定》第二百三十九条、第二百四十一条制定。协助冻结/解除冻结财产通知书是公安机关在办理刑事案件过程中，因侦查犯罪的需要，依法通知有关单位协助冻结或解除冻结犯罪嫌疑人的存款、汇款、债券、股票、基金份额等财产时制作使用的文书。

2. 协助冻结/解除冻结财产通知书是多联式填空型文书，其由正本、回执和存根三部分组成。其中，协助冻结/解除冻结财产通知书正本是公安机关通知有关单位协助冻结或解除冻结犯罪嫌疑人财产的凭证，该联交由协助冻结或解除冻结单位收存。回执是协助冻结或解除冻结的单位将对犯罪嫌疑人财产的冻结或解除冻结结果通知公安机关的凭证，该联由协助单位填写后退回公安机关，由公安机关在侦查终结时存入证据卷。

3. 协助冻结/解除冻结财产通知书正本的内容主要包括制作机关名称、文书名称、文书字号、抬头、法律依据、犯罪嫌疑人的基本情况、冻结或解除冻结财产情况、文书制作日期、公安机关名称及印章等。在填写时要注意：

（1）在填写“抬头”时，应填写协助冻结或解除冻结的单位名称。

（2）在填写“法律依据”时，要根据实际情况来选择适用具体的法律条款，如果是冻结财产则选择适用《中华人民共和国刑事诉讼法》第一百四十四条，如果是解除冻结财产的，则选择适用《中华人民共和国刑事诉讼法》第一百四十五条。

（3）在填写“犯罪嫌疑人的基本情况”时，要将犯罪嫌疑人的姓名、性别及出生日期填写清楚。

（4）在填写“冻结或解除冻结的财产情况”时，要将财产的“类型”“所在机构”“户名或权利人”“账号”“冻结数额”等内容填写完整。

4. 协助冻结/解除冻结财产通知书回执的内容主要包括制作机关名称、文书名称、文书字号、抬头、犯罪嫌疑人姓名、财产所在机构名称、冻结或解除冻结犯罪嫌疑人财产的数额、填写日期、协助查询单位名称及印章等。其中，“文书字号”由公安机关填写。同时，在填写“抬头栏”时，要填写制作协助冻结/解除冻结财产通知书的公安机关名称。其他内容根据实际情况按格式要求填写即可。

5. 协助冻结/解除冻结财产通知书存根按照文书印制的内容和顺序依次进行填写即可。

【法律依据】

《中华人民共和国刑事诉讼法》（2018 年 10 月 26 日）

第一百四十四条 人民检察院、公安机关根据侦查犯罪的需要，可以依照规定查询、冻结犯罪嫌疑人的存款、汇款、债券、股票、基金份额等财产。有关单位和个人应当配合。

犯罪嫌疑人的存款、汇款、债券、股票、基金份额等财产已被冻结的，不得重复冻结。

第一百四十五条 对查封、扣押的财物、文件、邮件、电报或者冻结的存款、汇款、债券、股票、基金份额等财产，经查明确实与案件无关的，应当在三日以内解除查封、扣押、冻结，予以退还。

《公安机关办理刑事案件程序规定》（2020 年 7 月 20 日）

第二百三十九条 需要冻结犯罪嫌疑人财产的，应当经县级以上公安机关负责人批准，制作协助冻结财产通知书，明确冻结财产的账户名称、账户号码、冻结数额、冻结期限、冻结范围以及是否及于孳息等事项，通知金融机构等单位协助办理。

冻结股权、保单权益的，应当经设区的市一级以上公安机关负责人批准。

冻结上市公司股权的，应当经省级以上公安机关负责人批准。

第二百四十一条 不需要继续冻结犯罪嫌疑人财产时，应当经原批准冻结的公安机关负责人批准，制作协助解除冻结财产通知书，通知金融机构等单位协助办理。

第二百四十三条 冻结存款、汇款、证券交易结算资金、期货保证金等财产的期限为六个月。每次续冻期限最长不得超过六个月。

对于重大、复杂案件，经设区的市一级以上公安机关负责人批准，冻结存款、汇款、证券交易结算资金、期货保证金等财产的期限可以为一年。每次续冻期限最长不得超过一年。

第二百四十四条 冻结债券、股票、基金份额等证券的期限为二年。每次续冻期限最长不得超过二年。

第二百四十五条 冻结股权、保单权益或者投资权益的期限为六个月。每次续冻期限最长不得超过六个月。

70. 鉴定聘请书

＊＊＊公安局
鉴定聘请书
（存　根）

×公（　）鉴聘字〔　　〕　　号

案件名称________________

案件编号________________

犯罪嫌疑人______________男/女

出生日期________________

鉴定内容________________

被聘请人________________

单位及职务______________

鉴定意见________________

提交时间________________

批 准 人________________

批准时间________________

办 案 人________________

办案单位________________

填发时间________________

填 发 人________________

＊＊＊公安局

鉴定聘请书

（副　本）

×公（　）鉴聘字〔　　〕　　号

________________：

为了查明________________________________案，根据《中华人民共和国刑事诉讼法》第一百四十六条之规定，特聘请你对____进行鉴定。请于______年____月____日前将鉴定情况和意见书面送交我局。

公安局（印）

年　　月　　日

本聘请书已收到。

被聘请人：

年　　月　　日

此联附卷

***公安局

鉴定聘请书

×公（ ）鉴聘字〔 〕 号

________________________：

为了查明____案，根据《中华人民共和国刑事诉讼法》第一百四十六条之规定，特聘请你对____进行鉴定。请于______年____月____日前将鉴定情况和意见书面送交我局。

公安局（印）

年 月 日

此联交被聘请人

【制作说明】

1. 本文书根据《中华人民共和国刑事诉讼法》第一百四十六条、《公安机关办理刑事案件程序规定》第二百四十八条制定。鉴定聘请书是公安机关在办理刑事案件过程中，为了查明案情，聘请具有专门知识的人对案件中某些专门性问题进行鉴定时制作使用的文书。

2. 鉴定聘请书是多联式填空型文书，其由正本、副本和存根三部分组成。其中，鉴定聘请书正本是公安机关聘请具有专门知识的人进行鉴定的凭证，该联交由被聘请人收存。副本是公安机关已聘请具有专门知识的人对案件中的专门性问题进行鉴定的凭证，该联在侦查终结时存入诉讼卷。存根用于公安机关留存备查。

3. 鉴定聘请书正本的内容主要包括制作机关名称、文书名称、文书字号、抬头、案件名称、鉴定内容、有关鉴定情况和意见的书面材料的提交时间、文书制作日期、公安机关名称及印章等。在填写时要注意：

（1）在填写“抬头”时，要写明被聘请的鉴定单位名称或鉴定人姓名。

（2）在填写“鉴定内容”时，要将需要解决的专门性问题和鉴定目的写清楚。

4. 鉴定聘请书副本的内容与填写注意事项和正本基本相同，但要注意，在办案人员将鉴定聘请书正本送达被聘请人时，应由被聘请人在副本“本聘请书已收到”处签名并填写签收日期。

5. 鉴定聘请书存根按照文书印制的内容和顺序依次进行填写即可。

【法律依据】

《中华人民共和国刑事诉讼法》（2018年10月26日）

第一百四十六条 为了查明案情，需要解决案件中某些专门性问题的时候，应当指派、聘请有专门知识的人进行鉴定。

《公安机关办理刑事案件程序规定》（2020年7月20日）

第二百四十八条 为了查明案情，解决案件中某些专门性问题，应当指派、聘请有专门知识的人进行鉴定。

需要聘请有专门知识的人进行鉴定，应当经县级以上公安机关负责人批准后，制作鉴定聘请书。

【文书范例】

***公安局
鉴定聘请书
（存 根）

×公（刑）鉴聘字〔20××〕132号

案件名称 朱××交通肇事案

案件编号 ××××××××××××

犯罪嫌疑人 朱×× 男/女

出生日期 19××年×月×日

鉴定内容 鉴定朱××血液中酒精含量

被聘请人 陈××

单位及职务 ××市××鉴定中心工作人员

鉴定意见
提交时间 20××年4月15日前

批 准 人 王××

批准时间 20××年4月1日

办 案 人 狄××、张××

办案单位 ××市××县公安局交通警察大队

填发时间 20××年4月1日

填 发 人 张××

＊＊＊公安局

鉴定聘请书

（副　本）

×公（刑）鉴聘字〔20××〕132号

陈××：

为了查明朱××交通肇事案，根据《中华人民共和国刑事诉讼法》第一百四十六条之规定，特聘请你对朱××血液中酒精的含量进行鉴定。请于20××年4月15日前将鉴定情况和意见书面送交我局。

公安局（印）

二〇××年四月一日

本聘请书已收到。

被聘请人：陈××

20××年4月1日

此联附卷

***公安局

鉴定聘请书

×公（刑）鉴聘字〔20××〕132号

陈××：

为了查明朱××交通肇事案，根据《中华人民共和国刑事诉讼法》第一百四十六条之规定，特聘请你对朱××血液中酒精的含量进行鉴定。请于20××年4月15日前将鉴定情况和意见书面送交我局。

公安局（印）

二〇××年四月一日

本聘请书已收到。

被聘请人：陈××

20××年4月1日

此联交被聘请人

71. 鉴定意见通知书

***公安局
鉴定意见通知书
（存　根）

×公（　）鉴通字〔　　〕　　号

案件名称________________

案件编号________________

犯罪嫌疑人______________男/女

出生日期________________

被害人__________________男/女

出生日期________________

鉴定内容________________

鉴定结论________________

批 准 人________________

批准时间________________

办 案 人________________

办案单位________________

填发时间________________

填 发 人________________

＊＊＊公安局

鉴定意见通知书

（副　本）

×公（　）鉴通字〔　　〕　　号

____________________：

我局指派/聘请有关人员，对____进行了____鉴定。鉴定意见是____。根据《中华人民共和国刑事诉讼法》第一百四十八条之规定，如果你对该鉴定意见有异议，可以提出补充鉴定或者重新鉴定的申请。

公安局（印）

年　　月　　日

本通知书已收到。　　　　本通知书已收到。

被害人或其家属：　　　　犯罪嫌疑人：　　（捺指印）

年　　月　　日　　　　　　年　　月　　日

此联附卷

***公安局

鉴定意见通知书

×公（ ）鉴通字〔 〕 号

_______________：

我局指派/聘请有关人员，对_______________________________

__________进行了___________________________________鉴

定。鉴定意见是______________________________________

_______________________。根据《中华人民共和国刑事诉讼法》第一百四十八条之规定，如果你对该鉴定意见有异议，可以提出补充鉴定或者重新鉴定的申请。

公安局（印）

年 月 日

此联交被害人或其法定代理人

＊＊＊公安局

鉴定意见通知书

×公（ ）鉴通字〔 〕 号

________________：

我局指派/聘请有关人员，对________________________________

____________进行了____鉴

定。鉴定意见是____

____________________________。根据《中华人民共和国刑事诉讼法》

第一百四十八条之规定，如果你对该鉴定意见有异议，可以提出补充鉴

定或者重新鉴定的申请。

公安局（印）

年 月 日

此联交犯罪嫌疑人

【制作说明】

1. 本文书根据《中华人民共和国刑事诉讼法》第一百四十八条、《公安机关办理刑事案件程序规定》第二百五十二条制定。鉴定意见通知书是公安机关在办理刑事案件过程中，通知犯罪嫌疑人、被害人或者其法定代理人相关鉴定意见时制作使用的文书。

2. 鉴定意见通知书是多联式填空型文书，其由交被害人或其法定代理人联、交犯罪嫌疑人联、附卷联和存根四部分组成。其中，鉴定意见通知书交被害人或其法定代理人联是公安机关将用作证据的鉴定意见通知被害人或其法定代理人的凭证，该联交被害人或其法定代理人收存。交犯罪嫌疑人联是公安机关将用作证据的鉴定意见通知犯罪嫌疑人的凭证，该联交犯罪嫌疑人收存。附卷联是公安机关已经将用作证据的鉴定意见通知犯罪嫌疑人、被害人或其法定代理人的凭证，该联在侦查终结时存入诉讼卷。存根用于公安机关留存备查。

3. 鉴定意见通知书交被害人或其法定代理人联的内容主要包括制作机关名称、文书名称、文书字号、抬头、鉴定内容、鉴定意见、文书制作日期、公安机关名称及印章等。在填写时要注意：

（1）在填写“抬头”时，要写明被害人或其法定代理人的姓名。

（2）在填写“鉴定意见”时，写明专业人员对专业问题进行鉴定后得出的结论性意见即可，对鉴定过程中检测事项、具体的方法手段等内容不需要填写。

4. 鉴定意见通知书交犯罪嫌疑人联的内容与填写注意事项和交被害人或其法定代理人联相同，在填写时可参照其填写。

5. 鉴定意见通知书附卷联的内容与填写注意事项和交被害人或其法定代理人联基本相同，但要注意，在办案人员将鉴定意见通知书送达犯罪嫌疑人、被害人或其法定代理人后，由被害人或其法定代理人、犯罪嫌疑人分别在附卷联“本通知书已收到”处签字、捺指印并填写签收日期。

6. 鉴定意见通知书存根按照文书印制的内容和顺序依次进行填写即可。

【法律依据】

《中华人民共和国刑事诉讼法》（2018 年 10 月 26 日）

第一百四十八条 侦查机关应当将用作证据的鉴定意见告知犯罪嫌疑人、

被害人。如果犯罪嫌疑人、被害人提出申请，可以补充鉴定或者重新鉴定。

《公安机关办理刑事案件程序规定》（2020 年 7 月 20 日）

第二百五十二条 对鉴定意见，侦查人员应当进行审查。

对经审查作为证据使用的鉴定意见，公安机关应当及时告知犯罪嫌疑人、被害人或者其法定代理人。

【文书范例】

***公安局

鉴定意见通知书

（存　根）

×公（刑）鉴通字〔20××〕197 号

案件名称 应××故意伤害案

案件编号 ×××××××××××

犯罪嫌疑人 应×× 男/~~女~~

出生日期 19××年×月×日

被 害 人 姜×× 男/~~女~~

出生日期 19××年×月×日

鉴定内容 被害人姜××的伤情鉴定

鉴定结论 被害人姜××的伤情构成重伤

批 准 人 贺××

批准时间 20××年9月26日

办 案 人 吕××、何××

办案单位 ××市××县公安局刑事侦查大队

填发时间 20××年9月26日

填 发 人 何××

*****公安局**

鉴定意见通知书

（副 本）

×公（刑）鉴通字〔20××〕197号

姜××、应××：

我局~~指派~~/聘请有关人员，对 姜×× 进行了 伤情 鉴定。鉴定意见是 被害人姜××的伤情构成重伤 。根据《中华人民共和国刑事诉讼法》第一百四十八条之规定，如果你对该鉴定意见有异议，可以提出补充鉴定或者重新鉴定的申请。

公安局（印）

二〇××年九月二十六日

本通知书已收到。

被害人或其家属：姜××

20××年9月26日

本通知书已收到。

犯罪嫌疑人：应××（捺指印）

20××年9月26日

此联附卷

＊＊＊公安局
鉴定意见通知书

×公（刑）鉴通字〔20××〕197号

姜××：

我局~~指派~~/聘请有关人员，对姜××进行了伤情鉴定。鉴定意见是被害人姜××的伤情构成重伤。根据《中华人民共和国刑事诉讼法》第一百四十八条之规定，如果你对该鉴定意见有异议，可以提出补充鉴定或者重新鉴定的申请。

公安局（印）

二〇××年九月二十六日

此联交被害人或其法定代理人

***公安局

鉴定意见通知书

×公（刑）鉴通字〔20××〕197 号

应××：

我局~~指派~~/聘请有关人员，对 姜×× 进行了 伤情 鉴定。鉴定意见是 被害人姜××的伤情构成重伤 。根据《中华人民共和国刑事诉讼法》第一百四十八条之规定，如果你对该鉴定意见有异议，可以提出补充鉴定或者重新鉴定的申请。

公安局（印）

二〇××年九月二十六日

此联交犯罪嫌疑人

72. 准予补充鉴定/重新鉴定决定书

***公安局
准予补充鉴定/重新鉴定决定书
（存　根）

×公（　　）准鉴字〔　　〕号

案件名称＿＿＿＿＿＿＿＿＿＿＿＿＿＿＿＿＿＿＿＿

案件编号＿＿＿＿＿＿＿＿＿＿＿＿＿＿＿＿＿＿＿＿

犯罪嫌疑人＿＿＿＿＿＿＿＿＿＿＿＿＿＿＿男/女

出生日期＿＿＿＿＿＿＿＿＿＿＿＿＿＿＿＿＿＿＿＿

被 害 人＿＿＿＿＿＿＿＿＿＿＿＿＿＿＿＿＿＿＿＿

出生日期＿＿＿＿＿＿＿＿＿＿＿＿＿＿＿＿＿＿＿＿

批 准 人＿＿＿＿＿＿＿＿＿＿＿＿＿＿＿＿＿＿＿＿

批准时间＿＿＿＿＿＿＿＿＿＿＿＿＿＿＿＿＿＿＿＿

办 案 人＿＿＿＿＿＿＿＿＿＿＿＿＿＿＿＿＿＿＿＿

办案单位＿＿＿＿＿＿＿＿＿＿＿＿＿＿＿＿＿＿＿＿

填发时间＿＿＿＿＿＿＿＿＿＿＿＿＿＿＿＿＿＿＿＿

填 发 人＿＿＿＿＿＿＿＿＿＿＿＿＿＿＿＿＿＿＿＿

* * *公安局

准予补充鉴定/重新鉴定决定书

（副　本）

×公（　）准鉴字〔　　〕　　号

申请人＿＿＿＿＿＿，性别＿＿＿，出生日期＿＿＿＿＿＿＿，系＿＿＿＿＿＿＿＿＿案＿＿＿＿（犯罪嫌疑人、被害人或者其法定代理人）＿＿＿＿。

因其对＿＿＿＿＿＿出具的＿＿＿＿＿＿＿＿＿＿＿＿案的鉴定意见（鉴定文书编号：＿＿＿＿＿＿＿＿＿＿＿＿）所提异议符合重新鉴定/补充鉴定条件，根据《中华人民共和国刑事诉讼法》第一百四十八条之规定，决定准予补充鉴定/重新鉴定。

公安局（印）

年　月　日

本决定书已收到。

申请人：

年　　月　　日

此联附卷

***公安局

准予补充鉴定/重新鉴定决定书

×公（　）准鉴字〔　　〕　　号

申请人＿＿＿＿＿＿，性别＿＿＿，出生日期＿＿＿＿＿＿＿＿，系＿＿＿＿＿＿＿＿＿＿案＿＿＿＿（犯罪嫌疑人、被害人或者其法定代理人）＿＿＿＿＿。

因其对＿＿＿＿＿＿＿出具的＿＿＿＿＿＿＿＿＿＿＿＿＿＿案的鉴定意见（鉴定文书编号：＿＿＿＿＿＿＿＿＿＿）所提异议符合重新鉴定/补充鉴定条件，根据《中华人民共和国刑事诉讼法》第一百四十八条之规定，决定准予补充鉴定/重新鉴定。

公安局（印）

年　月　日

本决定书已收到。

申请人：

年　　月　　日

此联交申请人

【制作说明】

1. 本文书根据《中华人民共和国刑事诉讼法》第一百四十八条，《公安机关办理刑事案件程序规定》第二百五十四条第一款、第二百五十五条第一款制定。准予补充鉴定/重新鉴定决定书是公安机关在刑事案件办理过程中，因犯罪嫌疑人、被害人对鉴定意见有异议而提出补充鉴定或者重新鉴定的申请，公安机关批准补充鉴定或者重新鉴定时制作使用的文书。

2. 准予补充鉴定/重新鉴定决定书是多联式填空型文书，其由正本、副本和存根三部分组成。其中，准予补充鉴定/重新鉴定决定书正本是公安机关通知申请人准予补充鉴定或者重新鉴定决定的凭证，此联交由申请人收存。副本是公安机关准予补充鉴定或者重新鉴定的凭证，此联由公安机关附卷。存根用于公安机关留存备查。

3. 准予补充鉴定/重新鉴定决定书正本的内容主要包括制作机关名称、文书名称、文书字号、申请人的基本情况、出具鉴定意见的单位、案件名称、鉴定意见文书编号、申请事项、文书制作日期、公安机关名称及印章等。在填写时要注意：

（1）在填写“申请人的基本情况”时，要将申请人的姓名、性别、出生日期、案件名称及申请人与案件的关系填写清楚。其中，“申请人与案件的关系”一般应填写为“×××是该案的犯罪嫌疑人”或“×××是该案的被害人”等。

（2）在填写“申请事项”时，要注意其为选择项，可根据实际需要选择“补充鉴定”或“重新鉴定”，对于不需要的选项用删除线划去。

4. 准予补充鉴定/重新鉴定决定书副本的内容与填写注意事项和正本相同。但要注意，在向申请人宣读准予补充鉴定/重新鉴定决定书正本后，由申请人在正本和副本上“本决定书已收到”处签名、捺指印并填写签收日期。

5. 准予补充鉴定/重新鉴定决定书存根按照文书印制的内容和顺序依次进行填写即可。

【法律依据】

《中华人民共和国刑事诉讼法》（2018年10月26日）

第一百四十八条 侦查机关应当将用作证据的鉴定意见告知犯罪嫌疑人、被害人。如果犯罪嫌疑人、被害人提出申请，可以补充鉴定或者重新鉴定。

《公安机关办理刑事案件程序规定》（2020 年 7 月 20 日）

第二百五十四条第一款 经审查，发现有下列情形之一的，经县级以上公安机关负责人批准，应当补充鉴定：

（一）鉴定内容有明显遗漏的；

（二）发现新的有鉴定意义的证物的；

（三）对鉴定证物有新的鉴定要求的；

（四）鉴定意见不完整，委托事项无法确定的；

（五）其他需要补充鉴定的情形。

第二百五十五条第一款 经审查，发现有下列情形之一的，经县级以上公安机关负责人批准，应当重新鉴定：

（一）鉴定程序违法或者违反相关专业技术要求的；

（二）鉴定机构、鉴定人不具备鉴定资质和条件的；

（三）鉴定人故意作虚假鉴定或者违反回避规定的；

（四）鉴定意见依据明显不足的；

（五）检材虚假或者被损坏的；

（六）其他应当重新鉴定的情形。

【文书范例】

***公安局

准予补充鉴定/重新鉴定决定书

（存　根）

×公（刑）准鉴字〔20××〕6号

案件名称　李××涉嫌故意伤害案

案件编号　××××××××××××

犯罪嫌疑人　李××　男/女

出生日期　19××年×月×日

被 害 人　齐××

出生日期　19××年×月×日

批 准 人　王××

批准时间　20××年6月23日

办 案 人　周××、赵××

办案单位　××市××县公安局刑警大队

填发时间　20××年6月23日

填 发 人　赵××

***公安局

准予补充鉴定/重新鉴定决定书

（副　本）

×公（刑）准鉴字〔20××〕6号

申请人<u>　齐××　</u>，性别<u>　男　</u>，出生日期<u>　19××年×月×日</u>，系<u>　李××涉嫌故意伤害　</u>案<u>　被害人　　　　　</u>。

因其对<u>　××市司法鉴定中心　</u>出具的<u>　李××涉嫌故意伤害　</u>案的<u>　鉴定意见（鉴定文书编号：×××××××××××）　</u>所提异议符合重新鉴定/~~补充鉴定~~条件，根据《中华人民共和国刑事诉讼法》第一百四十八条之规定，决定准予~~补充鉴定~~/重新鉴定。

公安局（印）

二〇××年六月二十三日

本决定书已收到。

申请人：齐××

20××年6月23日

此联附卷

*****公安局**

准予补充鉴定/重新鉴定决定书

×公（刑）准鉴字〔20××〕6号

申请人<u>齐××</u>，性别<u>男</u>，出生日期<u>19××年×月×日</u>，系<u>李××涉嫌故意伤害</u>案<u>被害人</u>。

因其对<u>××市司法鉴定中心</u>出具的<u>李××涉嫌故意伤害</u>案的<u>鉴定意见（鉴定文书编号：××××××××××）</u>所提异议符合重新鉴定/~~补充鉴定~~条件，根据《中华人民共和国刑事诉讼法》第一百四十八条之规定，决定准予~~补充鉴定~~/重新鉴定。

公安局（印）

二〇××年六月二十三日

本决定书已收到。

申请人：齐××

20××年6月23日

此联交申请人

73. 不准予补充鉴定/重新鉴定决定书

***公安局

不准予补充鉴定/重新鉴定决定书

（存　根）

×公（　）不准鉴字〔　　〕　　号

案件名称＿＿＿＿＿＿＿＿＿＿

案件编号＿＿＿＿＿＿＿＿＿＿

犯罪嫌疑人＿＿＿＿＿＿＿＿男/女

出生日期＿＿＿＿＿＿＿＿＿＿

被 害 人＿＿＿＿＿＿＿＿＿＿

出生日期＿＿＿＿＿＿＿＿＿＿

批 准 人＿＿＿＿＿＿＿＿＿＿

批准时间＿＿＿＿＿＿＿＿＿＿

办 案 人＿＿＿＿＿＿＿＿＿＿

办案单位＿＿＿＿＿＿＿＿＿＿

填发时间＿＿＿＿＿＿＿＿＿＿

填 发 人＿＿＿＿＿＿＿＿＿＿

***公安局

不准予补充鉴定/重新鉴定决定书

（副　本）

×公（　）不准鉴字〔　　〕　　号

申请人＿＿＿＿＿＿，性别＿＿＿，出生日期＿＿＿＿＿＿＿＿，系＿＿＿＿＿＿＿＿案＿＿＿＿（犯罪嫌疑人、被害人或者其法定代理人）＿＿＿＿。

因其对＿＿＿＿＿＿出具的＿＿＿＿＿＿＿＿＿＿＿案的鉴定意见（鉴定文书编号：＿＿＿＿＿＿＿＿）所提异议不符合重新鉴定/补充鉴定条件，根据《中华人民共和国刑事诉讼法》第一百四十八条之规定，决定不准予补充鉴定/重新鉴定。

公安局（印）

年　月　日

本决定书已收到。

申请人：

年　月　日

此联附卷

***公安局

不准予补充鉴定/重新鉴定决定书

×公（ ）不准鉴字〔 〕 号

申请人____________，性别______，出生日期____________，系____________案______（犯罪嫌疑人、被害人或者其法定代理人）______。

因其对____________出具的____________案的鉴定意见（鉴定文书编号：____________）所提异议不符合重新鉴定/补充鉴定条件，根据《中华人民共和国刑事诉讼法》第一百四十八条之规定，决定不准予补充鉴定/重新鉴定。

公安局（印）

年 月 日

本决定书已收到。

申请人：

年 月 日

此联交申请人

【制作说明】

1. 本文书根据《中华人民共和国刑事诉讼法》第一百四十八条，《公安机关办理刑事案件程序规定》第二百五十四条、第二百五十五条制定。不准予补充鉴定/重新鉴定决定书是犯罪嫌疑人、被害人针对有异议的鉴定意见提出补充鉴定或者重新鉴定的申请，公安机关不予批准时制作使用的文书。

2. 不准予补充鉴定/重新鉴定决定书是多联式填空型文书，其由正本、副本和存根三部分组成。其中，不准予补充鉴定/重新鉴定决定书正本是公安机关通知申请人不准予补充鉴定或者重新鉴定决定的凭证，此联交由申请人收存。副本是公安机关不准予补充鉴定或者重新鉴定的凭证，此联由公安机关附卷。存根用于公安机关留存备查。

3. 不准予补充鉴定/重新鉴定决定书正本的内容主要包括制作机关名称、文书名称、文书字号、申请人的基本情况、出具鉴定意见的单位、案件名称、鉴定意见文书编号、申请事项、文书制作日期、公安机关名称及印章等。在填写时要注意：

（1）在填写“申请人的基本情况”时，要将申请人的姓名、性别、出生日期、案件名称及申请人与案件的关系填写清楚。其中，“申请人与案件的关系”一般应填写为“×××是该案的犯罪嫌疑人”或“×××是该案的被害人”等。

（2）在填写“申请事项”时，要注意其为选择项，可根据实际需要选择“补充鉴定”或“重新鉴定”，对于不需要的选项用删除线划去。

4. 不准予补充鉴定/重新鉴定决定书副本的内容与填写注意事项和正本相同。但要注意，在向申请人宣读准予补充鉴定/重新鉴定决定书正本后，由申请人在正本和副本上“本决定书已收到”处签名、捺指印并填写签收日期。

5. 不准予补充鉴定/重新鉴定决定书存根按照文书印制的内容和顺序依次进行填写即可。

【法律依据】

《中华人民共和国刑事诉讼法》（2018年10月26日）

第一百四十八条 侦查机关应当将用作证据的鉴定意见告知犯罪嫌疑人、被害人。如果犯罪嫌疑人、被害人提出申请，可以补充鉴定或者重新鉴定。

《公安机关办理刑事案件程序规定》（2020 年 7 月 20 日）

第二百五十四条 经审查，发现有下列情形之一的，经县级以上公安机关负责人批准，应当补充鉴定：

（一）鉴定内容有明显遗漏的；

（二）发现新的有鉴定意义的证物的；

（三）对鉴定证物有新的鉴定要求的；

（四）鉴定意见不完整，委托事项无法确定的；

（五）其他需要补充鉴定的情形。

经审查，不符合上述情形的，经县级以上公安机关负责人批准，作出不准予补充鉴定的决定，并在作出决定后三日以内书面通知申请人。

第二百五十五条 经审查，发现有下列情形之一的，经县级以上公安机关负责人批准，应当重新鉴定：

（一）鉴定程序违法或者违反相关专业技术要求的；

（二）鉴定机构、鉴定人不具备鉴定资质和条件的；

（三）鉴定人故意作虚假鉴定或者违反回避规定的；

（四）鉴定意见依据明显不足的；

（五）检材虚假或者被损坏的；

（六）其他应当重新鉴定的情形。

重新鉴定，应当另行指派或者聘请鉴定人。

经审查，不符合上述情形的，经县级以上公安机关负责人批准，作出不准予重新鉴定的决定，并在作出决定后三日以内书面通知申请人。

74. 通缉令

***公安局

通缉令

（存　根）

×公（　）缉字〔　　〕　　号

案件名称＿＿＿＿＿＿＿＿＿＿＿＿＿＿＿＿

案件编号＿＿＿＿＿＿＿＿＿＿＿＿＿＿＿＿

被通缉人＿＿＿＿＿＿＿＿＿＿＿＿＿ 男/女

出生日期＿＿＿＿＿＿＿＿＿＿＿＿＿＿＿＿

身份证号码＿＿＿＿＿＿＿＿＿＿＿＿＿＿＿

住　　址＿＿＿＿＿＿＿＿＿＿＿＿＿＿＿＿

单位及职业＿＿＿＿＿＿＿＿＿＿＿＿＿＿＿

通缉时间＿＿＿＿＿＿＿＿＿＿＿＿＿＿＿＿

批 准 人＿＿＿＿＿＿＿＿＿＿＿＿＿＿＿＿

批准时间＿＿＿＿＿＿＿＿＿＿＿＿＿＿＿＿

办 案 人＿＿＿＿＿＿＿＿＿＿＿＿＿＿＿＿

办案单位＿＿＿＿＿＿＿＿＿＿＿＿＿＿＿＿

填发时间＿＿＿＿＿＿＿＿＿＿＿＿＿＿＿＿

填 发 人＿＿＿＿＿＿＿＿＿＿＿＿＿＿＿＿

通 缉 令

×公（ ）缉字〔 〕 号

犯罪嫌疑人的基本情况、在逃人员网上编号、身份证号码、体貌特征、行为特征、口音、携带物品、特长：____

____

____

____

发布范围：____

简要案情：____

____

____

____

工作要求和注意事项：____

____

____

联系人、联系电话：____

附：1. 犯罪嫌疑人照片、指纹。

2. 犯罪嫌疑人社会关系。

3. DNA 编号。

公安局（印）

年 月 日

抄送部门：____

（注：此联用于对内发布）

通 缉 令

×公（ ）缉字〔 〕 号

犯罪嫌疑人的基本情况、身份证号码、体貌特征、行为特征、口音、携带物品、特长：______________________________

____

____

____

____

____

发布范围：______________________________

简要案情：______________________________

____

____

____

注意事项：______________________________

____

联系人、联系方式：______________________________

附：犯罪嫌疑人照片。

公安局（印）

年 月 日

（注：此联用于对外发布）

【制作说明】

1. 本文书根据《中华人民共和国刑事诉讼法》第一百五十五条，《公安机关办理刑事案件程序规定》第二百七十四条、第二百七十五条制定。通缉令是公安机关在办理刑事案件过程中，对在逃的应当逮捕的犯罪嫌疑人发布追捕归案命令时制作使用的文书。

2. 通缉令是多联式填空型文书，其由对内发布联、对外发布联和存根三部分组成。其中，对内发布联是公安机关对在逃的犯罪嫌疑人进行依法追捕的凭证，属于内部文书。对外发布联是公安机关通过广播、电视、报刊等方式发布通缉令的凭证。存根用于公安机关留存备查。

3. 通缉令对内发布联的内容主要包括文书名称、文书字号、犯罪嫌疑人的基本情况、犯罪嫌疑人的其他情况、发布范围、简要案情、工作要求和注意事项、附件、文书制作日期、公安机关名称及印章、抄送部门等。在填写时要注意：

（1）在填写“犯罪嫌疑人的基本情况”时，要写明犯罪嫌疑人的姓名（包括别名、曾用名、绰号等）、性别、年龄、民族、职业、工作单位、户籍所在地、住址、网上编号、身份证件号码等。

（2）在填写“犯罪嫌疑人的其他情况”时，要将犯罪嫌疑人的体貌特征、行为特征、口音特征、携带物品、特长等内容写清楚、具体且详细。其中，“体貌特征”包括面部特征、肤色、身高、体态、发型、衣着等。“行为特征”包括行为活动规律、行为动作的特殊表现形态。“口音特征”即是否有地方口音，“携带物品”即在逃跑时是否携带枪支、弹药、爆炸物、赃款赃物以及所携带物品的数量、特征等。“特长”即被通缉人掌握何种技能，如驾驶、拳击、爆破等。

（3）在填写“发布范围”时，可根据案件实际需要，并参照《中华人民共和国刑事诉讼法》第一百五十五条规定的公安机关的管辖范围填写发布范围。

（4）在填写“简要案情”时，要写明被通缉的犯罪嫌疑人的作案时间、地点、手段、案件性质、情节及后果等。对需要保密的，应当有选择地进行说明。

（5）在填写“工作要求和注意事项”时，要写明被通缉对象的追捕措施、抓获后的处置措施、办案单位名称、联系人、联系方式及通信地址等内容。

（6）在填写“附件”时，可根据实际情况对犯罪嫌疑人的相关信息进行填写，如犯罪嫌疑人的照片、指纹、DNA 编号及社会关系人员信息（包括姓名、性别、单位、地址等）。

（7）在填写“抄送部门”时，写明通缉令应当抄送的部门名称即可。

4. 通缉令对外发布联的内容与填写注意事项和对内发布联相同，在填写时可参照其填写。但是对外发布联不需要公开犯罪嫌疑人的指纹、DNA 编号以及犯罪嫌疑人的社会关系信息。同时，对于其中需要保密的内容，也要有选择性地进行说明。

5. 通缉令存根按照文书印制的内容和顺序依次进行填写即可。

【法律依据】

《中华人民共和国刑事诉讼法》（2018 年 10 月 26 日）

第一百五十五条 应当逮捕的犯罪嫌疑人如果在逃，公安机关可以发布通缉令，采取有效措施，追捕归案。

各级公安机关在自己管辖的地区以内，可以直接发布通缉令；超出自己管辖的地区，应当报请有权决定的上级机关发布。

《公安机关办理刑事案件程序规定》（2020 年 7 月 20 日）

第二百七十四条 应当逮捕的犯罪嫌疑人在逃的，经县级以上公安机关负责人批准，可以发布通缉令，采取有效措施，追捕归案。

县级以上公安机关在自己管辖的地区内，可以直接发布通缉令；超出自己管辖的地区，应当报请有权决定的上级公安机关发布。

通缉令的发送范围，由签发通缉令的公安机关负责人决定。

第二百七十五条 通缉令中应当尽可能写明被通缉人的姓名、别名、曾用名、绰号、性别、年龄、民族、籍贯、出生地、户籍所在地、居住地、职业、身份证号码、衣着和体貌特征、口音、行为习惯，并附被通缉人近期照片，可以附指纹及其他物证的照片。除了必须保密的事项以外，应当写明发案的时间、地点和简要案情。

75. 关于撤销　　字〔　　〕　　号通缉令的通知

***公安局
关于撤销　　字
〔　　〕　　号
通缉令的通知
（存　根）

×公（　）撤缉字〔　　〕　　号

案件名称＿＿＿＿＿＿＿＿＿＿＿＿＿＿＿＿

案件编号＿＿＿＿＿＿＿＿＿＿＿＿＿＿＿＿

被通缉人＿＿＿＿＿＿＿＿＿＿＿＿＿男/女

出生日期＿＿＿＿＿＿＿＿＿＿＿＿＿＿＿＿

身份证号码＿＿＿＿＿＿＿＿＿＿＿＿＿＿＿

住　　址＿＿＿＿＿＿＿＿＿＿＿＿＿＿＿＿

单位及职业＿＿＿＿＿＿＿＿＿＿＿＿＿＿＿

通缉时间＿＿＿＿＿＿＿＿＿＿＿＿＿＿＿＿

撤销原因＿＿＿＿＿＿＿＿＿＿＿＿＿＿＿＿

批 准 人＿＿＿＿＿＿＿＿＿＿＿＿＿＿＿＿

批准时间＿＿＿＿＿＿＿＿＿＿＿＿＿＿＿＿

办 案 人＿＿＿＿＿＿＿＿＿＿＿＿＿＿＿＿

办案单位＿＿＿＿＿＿＿＿＿＿＿＿＿＿＿＿

填发时间＿＿＿＿＿＿＿＿＿＿＿＿＿＿＿＿

填 发 人＿＿＿＿＿＿＿＿＿＿＿＿＿＿＿＿

关于撤销　　　字〔　　〕号
通缉令的通知

×公（　）撤缉字〔　　〕　　号

发布范围：______________________________

内容：

____________字〔　　〕____________号通缉令

通缉的____________________，于______年____月____日

在____________________已____________________

________________，请撤销通缉工作。

公安局（印）

年　　月　　日

抄送部门：______________________________

【制作说明】

1. 本文书根据《公安机关办理刑事案件程序规定》第二百八十一条制定。关于撤销　字〔　〕号通缉令的通知是当通缉令通缉的犯罪嫌疑人具有自动投案、已经死亡、被公安机关抓获或其他不需要继续通缉的情形时，由原发布通缉令的公安机关通知其他有关单位撤销通缉工作时制作使用的文书。

2. 关于撤销　字〔　〕号通缉令的通知是多联式填空型文书，其由正本和存根两部分组成。其中，关于撤销　字〔　〕号通缉令的通知正本是原发布通缉令的公安机关通知有关单位撤销对相关通缉工作的凭证。存根是公安机关撤销对犯罪嫌疑人通缉的凭证，用于公安机关留存备查。

3. 关于撤销　字〔　〕号通缉令的通知正本的内容主要包括文书名称、发布范围、内容、文书制作日期、公安机关名称及印章、抄送部门等。在填写时要注意：

（1）在填写“文书名称”时，在名称的空白处需要填写的发文字号与原通缉令的发文字号保持一致。

（2）在填写“发布范围、抄送部门”时，要与原通缉令的发布范围、抄送部门保持一致，并且发布范围要顶格书写。

（3）在填写“内容”时，按照规定的格式要求将原通缉令的发文字号、被通缉的犯罪嫌疑人姓名、犯罪嫌疑人死亡或者归案的时间、地点以及死亡或归案的情形等内容填写清楚。

4. 关于撤销　字〔　〕号通缉令的通知存根按照文书印制的内容和顺序依次进行填写即可。

【法律依据】

《公安机关办理刑事案件程序规定》（2020 年 7 月 20 日）

第二百八十一条　经核实，犯罪嫌疑人已经自动投案、被击毙或者被抓获，以及发现有其他不需要采取通缉、边控、悬赏通告的情形的，发布机关应当在原通缉、通知、通告范围内，撤销通缉令、边控通知、悬赏通告。

76. 办案协作函

***公安局

办案协作函

（存　根）

×公（　　）协字〔　　〕　　号

案件名称______________________________

案件编号______________________________

犯罪嫌疑人____________________________男/女

出生日期______________________________

住　　址______________________________

单位及职业____________________________

协作单位______________________________

协作事项______________________________

批 准 人______________________________

批准时间______________________________

办 案 人______________________________

办案单位______________________________

填发时间______________________________

填 发 人______________________________

***公安局

办案协作函

×公（　　）协字〔　　〕　　号

______________：

我局因办理______________________案，需要前往你辖区/委托你局代为执行______________________________任务，请予以协助。

前往执行任务侦查人员姓名、单位、职务：

____

____

____

____

公安局（印）

年　　月　　日

此联交协作地公安机关

【制作说明】

1. 本文书根据《公安机关办理刑事案件程序规定》第三百四十六条、第三百四十七条第一款制定。办案协作函是公安机关因办理刑事案件需要异地公安机关进行协作时制作使用的文书。

2. 办案协作函是多联式填空型文书，其由正本和存根两部分组成。其中，办案协作函正本是当地公安机关请求异地公安机关予以协作办案的凭证，此联交由协作地公安机关收存。存根用于公安机关留存备查。

3. 办案协作函正本的内容主要包括制作机关名称、文书名称、文书字号、抬头、案件名称、请求协作事项、侦查人员的基本情况、文书制作日期、公安机关名称及印章等。在填写时要注意：

（1）在填写“抬头”时，要写明被请求协作的公安机关名称。

（2）在填写“请求协作事项”时，要根据具体实际情况填写请求协作的具体内容，如查询犯罪信息、执行强制措施、查询、查封、扣押、冻结与犯罪相关的物品、文件等。

（3）在填写“侦查人员的基本情况”时，要将侦查人员的姓名、单位及职务等情况写明。如果是委托异地公安机关代为执行的，对侦查人员的基本情况不进行填写。

4. 办案协作函存根按照文书印制的内容和顺序依次进行填写即可。

【法律依据】

《公安机关办理刑事案件程序规定》（2020 年 7 月 20 日）

第三百四十六条　公安机关在异地执行传唤、拘传、拘留、逮捕，开展勘验、检查、搜查、查封、扣押、冻结、讯问等侦查活动，应当向当地公安机关提出办案协作请求，并在当地公安机关协助下进行，或者委托当地公安机关代为执行。

开展查询、询问、辨认等侦查活动或者送达法律文书的，也可以向当地公安机关提出办案协作请求，并按照有关规定进行通报。

第三百四十七条第一款　需要异地公安机关协助的，办案地公安机关应当制作办案协作函件，连同有关法律文书和人民警察证复印件一并提供给协作地公安机关。必要时，可以将前述法律手续传真或者通过公安机关有关信息系统传输至协作地公安机关。

77. 撤销案件决定书

***公安局
撤销案件决定书
（存　根）

×公（　）撤案字〔　　〕　　号

案件名称________________________________

案件编号________________________________

原案件犯罪嫌疑人________________________男/女

出生日期________________________________

住　　址________________________________

单位及职务______________________________

撤销案件原因____________________________

批 准 人________________________________

批准时间________________________________

办 案 人________________________________

办案单位________________________________

填发时间________________________________

填 发 人________________________________

＊＊＊公安局

撤销案件决定书

（副　本）

×公（　）撤案字〔　　〕　　号

我局办理的________________________________案，因__________________________________，根据《中华人民共和国刑事诉讼法》第________________条之规定，决定撤销此案。

公安局（印）

年　　月　　日

本决定书已收到。	本决定书已收到。	本决定书已收到。
原案件犯罪嫌疑人：	原案件被害人：	移送机关：
年　月　日	年　月　日	年　月　日

此联附卷

***公安局

撤销案件决定书

×公（　）撤案字〔　　〕　号

我局办理的______________________________________

案，因______________________________________，

根据《中华人民共和国刑事诉讼法》第____________条

之规定，决定撤销此案。

公安局（印）

年　月　日

此联交原案件犯罪嫌疑人（原案件犯罪嫌疑人死亡的交其家属）

* * *公安局

撤销案件决定书

×公（ ）撤案字〔 〕 号

我局办理的______________________________

案，因____________________________________，

根据《中华人民共和国刑事诉讼法》第________________条

之规定，决定撤销此案。

公安局（印）

年 月 日

此联交原案件被害人或者其近亲属、法定代理人

***公安局

撤销案件决定书

×公（ ）撤案字〔 〕 号

我局办理的____

案，因____，

根据《中华人民共和国刑事诉讼法》第______________条

之规定，决定撤销此案。

公安局（印）

年 月 日

此联交移送机关

【制作说明】

1. 本文书根据《中华人民共和国刑事诉讼法》第十六条、第一百六十三条，《公安机关办理刑事案件程序规定》第一百八十六条制定。撤销案件决定书是公安机关对发现不应当追究犯罪嫌疑人刑事责任、犯罪嫌疑人不负刑事责任或已经死亡的案件进行撤销时制作使用的文书。

2. 撤销案件决定书是多联式填空型文书，其由交原案件犯罪嫌疑人联，交原案件被害人或者其近亲属、法定代理人联，交移送机关联，附卷联和存根五部分组成。其中，撤销案件决定书交原案件犯罪嫌疑人联是犯罪嫌疑人撤销案件，不被追究刑事责任的凭证。交原案件被害人或者其近亲属、法定代理人联是公安机关已经将撤销案件的决定通知原案件被害人或者其近亲属、法定代理人的凭证。交移送机关联是公安机关已经将撤销案件的决定通知移送机关的凭证。附卷联是公安机关已经撤销案件的凭证。存根用于公安机关留存备查。

3. 撤销案件决定书交原案件犯罪嫌疑人联的内容主要包括制作机关名称、文书名称、文书字号、案件名称、撤销案件的原因、撤销案件的法律依据、文书制作日期、公安机关名称及印章等。在填写时要注意：

（1）在填写“撤销案件的原因”时，应结合《中华人民共和国刑事诉讼法》第十六条及第一百六十三条的规定简要写明侦查结果及属于应当撤销案件的具体情形。

（2）在填写“法律依据”时，根据案件实际情况及撤销案件的原因，选择适用《中华人民共和国刑事诉讼法》第十六条或第一百六十三条。

4. 撤销案件决定书交被害人或者其近亲属、法定代理人联和交移送机关联及附卷联的内容与填写注意事项和交犯罪嫌疑人联相同。但要注意，在犯罪嫌疑人、被害人或者其近亲属、法定代理人、移送机关收到撤销案件决定书正本时，由犯罪嫌疑人、被害人或者其近亲属、法定代理人分别在附卷联“本决定书已收到”处签名、捺指印并填写签收日期，由移送机关在“本决定书已收到”处盖章并填写日期。

5. 撤销案件决定书存根按照文书印制的内容和顺序依次进行填写即可。

【法律依据】

《中华人民共和国刑事诉讼法》（2018 年 10 月 26 日）

第十六条 有下列情形之一的，不追究刑事责任，已经追究的，应当撤销案件，或者不起诉，或者终止审理，或者宣告无罪：

（一）情节显著轻微、危害不大，不认为是犯罪的；

（二）犯罪已过追诉时效期限的；

（三）经特赦令免除刑罚的；

（四）依照刑法告诉才处理的犯罪，没有告诉或者撤回告诉的；

（五）犯罪嫌疑人、被告人死亡的；

（六）其他法律规定免予追究刑事责任的。

第一百六十三条 在侦查过程中，发现不应对犯罪嫌疑人追究刑事责任的，应当撤销案件；犯罪嫌疑人已被逮捕的，应当立即释放，发给释放证明，并且通知原批准逮捕的人民检察院。

《公安机关办理刑事案件程序规定》（2020 年 7 月 20 日）

第一百八十六条 经过侦查，发现具有下列情形之一的，应当撤销案件：

（一）没有犯罪事实的；

（二）情节显著轻微、危害不大，不认为是犯罪的；

（三）犯罪已过追诉时效期限的；

（四）经特赦令免除刑罚的；

（五）犯罪嫌疑人死亡的；

（六）其他依法不追究刑事责任的。

对于经过侦查，发现有犯罪事实需要追究刑事责任，但不是被立案侦查的犯罪嫌疑人实施的，或者共同犯罪案件中部分犯罪嫌疑人不够刑事处罚的，应当对有关犯罪嫌疑人终止侦查，并对该案件继续侦查。

【文书范例】

***公安局

撤销案件决定书

（存　根）

×公（刑）撤案字〔20××〕45号

案件名称　楚××故意伤害案

案件编号　××××××××

嫌 疑 人　楚××　　男/女

出生日期　19××年××月××日

住　　址　××市××县××路××号

单位及职业　无

撤销案件原因　犯罪已过追诉时效期限

批 准 人　赵××

批准时间　20××年6月17日

办 案 人　林××、胡××

办案单位　××市××县××路××号

填发时间　20××年6月17日

填 发 人　胡××

＊＊＊公安局

撤销案件决定书

（副　本）

×公（刑）撤案字〔20××〕45号

我局办理的<u>楚××故意伤害</u>案，因<u>犯罪已过追诉时效期限</u>，根据《中华人民共和国刑事诉讼法》第<u>十六</u>条之规定，决定撤销此案。

公安局（印）

二〇××年六月十七日

本决定书已收到。	本决定书已收到。	本决定书已收到。
原案件犯罪嫌疑人：楚××	原案件被害人：李××	移送机关：××市××县人民检察院
20××年6月17日	20××年6月17日	20××年6月17日

此联附卷

＊＊＊公安局

撤销案件决定书

×公（刑）撤案字〔20××〕45号

我局办理的__楚××故意伤害__案，因__犯罪已过追诉时效期限__，根据《中华人民共和国刑事诉讼法》第__十六__条之规定，决定撤销此案。

公安局（印）

二〇××年六月十七日

此联交原案件犯罪嫌疑人（原案件犯罪嫌疑人死亡的交其家属）

＊＊＊公安局

撤销案件决定书

×公（刑）撤案字〔20××〕45号

我局办理的__楚××故意伤害__案，因__犯罪已过追诉时效期限__，根据《中华人民共和国刑事诉讼法》第__十六__条之规定，决定撤销此案。

公安局（印）

二〇××年六月十七日

此联交原案件被害人或者其近亲属、法定代理人

＊＊＊公安局

撤销案件决定书

×公（刑）撤案字〔20××〕45号

我局办理的＿楚××故意伤害＿案，因＿犯罪已过追诉时效期限＿，根据《中华人民共和国刑事诉讼法》第＿十六＿条之规定，决定撤销此案。

公安局（印）

二〇××年六月十七日

此联交移送机关

78. 终止侦查决定书

***公安局
终止侦查决定书
（存　根）

×公（　）终侦字〔　　〕　　号

案件名称＿＿＿＿＿＿＿＿＿＿＿＿＿＿＿＿

案件编号＿＿＿＿＿＿＿＿＿＿＿＿＿＿＿＿

原犯罪嫌疑人＿＿＿＿＿＿＿＿＿＿＿＿男/女

出生日期＿＿＿＿＿＿＿＿＿＿＿＿＿＿＿＿

住　　址＿＿＿＿＿＿＿＿＿＿＿＿＿＿＿＿

单位及职业＿＿＿＿＿＿＿＿＿＿＿＿＿＿＿

终止侦查原因＿＿＿＿＿＿＿＿＿＿＿＿＿＿

批 准 人＿＿＿＿＿＿＿＿＿＿＿＿＿＿＿＿

批准时间＿＿＿＿＿＿＿＿＿＿＿＿＿＿＿＿

办 案 人＿＿＿＿＿＿＿＿＿＿＿＿＿＿＿＿

办案单位＿＿＿＿＿＿＿＿＿＿＿＿＿＿＿＿

填发时间＿＿＿＿＿＿＿＿＿＿＿＿＿＿＿＿

填 发 人＿＿＿＿＿＿＿＿＿＿＿＿＿＿＿＿

* * *公安局

终止侦查决定书

（副　本）

×公（　）终侦字〔　　〕　　号

姓名________________，性别____，出生日期________________，住址____________________________________，单位及职业________________________________。

我局办理的____________________________案，经查明____________________________________，根据《公安机关办理刑事案件程序规定》第一百八十六条第二款之规定，现决定终止对________________________的侦查。

公安局（印）

年　　月　　日

本决定书已收到。

原犯罪嫌疑人或其家属：

年　　月　　日

此联附卷

***公安局

终止侦查决定书

×公（ ）终侦字〔 〕 号

姓名________________，性别____，出生日期________________，住址____，单位及职业____________________________________。

我局办理的__________________________________案，经查明____，根据《公安机关办理刑事案件程序规定》第一百八十六条第二款之规定，现决定终止对____________________________的侦查。

公安局（印）

年 月 日

此联交原犯罪嫌疑人（原犯罪嫌疑人死亡的交其家属）

【制作说明】

1. 本文书根据《公安机关办理刑事案件程序规定》第一百八十六条第二款、第一百八十七条制定。终止侦查决定书是公安机关在刑事案件办理过程中，发现不是被立案侦查的某犯罪嫌疑人实施的犯罪行为，对该犯罪嫌疑人终止侦查时制作使用的文书。

2. 终止侦查决定书是多联式填空型文书，其由正本、副本和存根三部分组成。其中，终止侦查决定书正本是公安机关对某犯罪嫌疑人终止侦查的凭证，此联交由原犯罪嫌疑人收存，如果原犯罪嫌疑人死亡的，则交由其家属收存。副本是原犯罪嫌疑人被终止侦查的凭证，此联用于公安机关附卷。存根用于公安机关留存备查。

3. 终止侦查决定书正本的内容主要包括制作机关名称、文书名称、文书字号、犯罪嫌疑人的基本情况、案件名称、对犯罪嫌疑人终止侦查的原因、被终止侦查的犯罪嫌疑人姓名、文书制作日期、公安机关名称及印章等。在填写时要注意：

（1）在填写“犯罪嫌疑人的基本情况”时，将犯罪嫌疑人的姓名、性别、出生日期、住址、单位及职业填写清楚即可。

（2）在填写“对犯罪嫌疑人终止侦查的原因”时，根据案件实际情况进行填写即可。

4. 终止侦查决定书副本的内容与填写注意事项和正本相同。但要注意，在犯罪嫌疑人或者其家属收到终止侦查决定书正本时，由犯罪嫌疑人或者其家属在副本“本决定书已收到”处签名、捺指印并填写签收日期。

5. 终止侦查决定书存根按照文书印制的内容和顺序依次进行填写即可。

【法律依据】

《公安机关办理刑事案件程序规定》（2020 年 7 月 20 日）

第一百八十六条第二款 对于经过侦查，发现有犯罪事实需要追究刑事责任，但不是被立案侦查的犯罪嫌疑人实施的，或者共同犯罪案件中部分犯罪嫌疑人不够刑事处罚的，应当对有关犯罪嫌疑人终止侦查，并对该案件继续侦查。

第一百八十七条 需要撤销案件或者对犯罪嫌疑人终止侦查的，办案部门应当制作撤销案件或者终止侦查报告书，报县级以上公安机关负责人批准。

公安机关决定撤销案件或者对犯罪嫌疑人终止侦查时，原犯罪嫌疑人在押的，应当立即释放，发给释放证明书。原犯罪嫌疑人被逮捕的，应当通知原批准逮捕的人民检察院。对原犯罪嫌疑人采取其他强制措施的，应当立即解除强制措施；需要行政处理的，依法予以处理或者移交有关部门。

对查封、扣押的财物及其孳息、文件，或者冻结的财产，除按照法律和有关规定另行处理的以外，应当解除查封、扣押、冻结，并及时返还或者通知当事人。

第一百八十九条第二款 公安机关作出终止侦查决定后，应当在三日以内告知原犯罪嫌疑人。

79. 起诉意见书

＊＊＊公安局

起诉意见书

×公（　）诉字〔　　〕　　号

犯罪嫌疑人×××……［犯罪嫌疑人姓名（别名、曾用名、绰号等），性别，出生日期，出生地，身份证件种类及号码，民族，文化程度，职业或工作单位及职务，居住地（包括户籍所在地、经常居住地、暂住地），政治面貌（如是人大代表、政协委员，一并写明具体级、届代表、委员），违法犯罪经历以及因本案被采取强制措施的情况（时间、种类及执行场所）。案件有多名犯罪嫌疑人的，应逐一写明。］

辩护律师×××……［如有辩护律师，写明其姓名，所在律师事务所或者法律援助机构名称，律师执业证编号。］

犯罪嫌疑人涉嫌×××（罪名）一案，由×××举报（控告、移送）至我局（写明案由和案件来源，具体为单位或者公民举报、控告、上级交办、有关部门移送或工作中发现等）。简要写明案件侦查过程中的各个法律程序开始的时间，如接受案件、立案的时间。具体写明犯罪嫌疑人归案情况。最后写明犯罪嫌疑人×××涉嫌×××案，现已侦查终结。

经依法侦查查明：……（详细叙述经侦查认定的犯罪事实，包括犯罪时间、地点、经过、手段、目的、动机、危害后果等与定罪有关的事实要素。应当根据具体案件情况，围绕刑法规定的该罪构成要件，进行叙述。）

（对于只有一个犯罪嫌疑人的案件，犯罪嫌疑人实施多次犯罪的犯罪事实应逐一列举；同时触犯数个罪名的犯罪嫌疑人的犯罪事实应该按照主次顺序分别列举；

对于共同犯罪的案件，写明犯罪嫌疑人的共同犯罪事实及各自在共同犯罪中的地位和作用后，按照犯罪嫌疑人的主次顺序，分别叙述各个犯罪嫌疑人的单独犯罪事实。)

认定上述事实的证据如下：

……（分列相关证据，并说明证据与案件事实的关系）上述犯罪事实清楚，证据确实、充分，足以认定。

犯罪嫌疑人×××……（具体写明是否有累犯、立功、自首、和解等影响量刑的从重、从轻、减轻等犯罪情节）

犯罪嫌疑人自愿认罪认罚的，简要写明相关情况。

综上所述，犯罪嫌疑人×××……（根据犯罪构成简要说明罪状），其行为已触犯《中华人民共和国刑法》第××条之规定，涉嫌×××罪。依照《中华人民共和国刑事诉讼法》第一百六十二条之规定，现将此案移送审查起诉。(当事人和解的公诉案件，应当写明双方当事人已自愿达成和解协议以及履行情况，同时可以提出从宽处理的建议。犯罪嫌疑人自愿认罪认罚的，如果认为案件符合速裁程序适用条件，可以在起诉意见书中建议人民检察院适用速裁程序办理，并简要说明理由)。

此致

×××人民检察院

公安局（印）

年　　月　　日

附：1. 本案卷宗　　卷　　页。

2. 随案移交物品　　件。

【制作说明】

1. 本文书根据《中华人民共和国刑事诉讼法》第一百六十二条、《公安机关办理刑事案件程序规定》第二百八十九条制定。起诉意见书是公安机关对于侦查终结的案件，认为犯罪事实清楚，证据确实、充分，应当依法追究犯罪嫌疑人的刑事责任的，在移送同级人民检察院起诉时制作使用的文书。

2. 起诉意见书是叙述型文书，其由首部、正文和尾部三部分组成。首部的内容主要包括制作机关名称、文书名称、文书字号，该部分内容已印制好，按照顺序和要求依次进行填写即可。

3. 起诉意见书正文的内容主要包括犯罪嫌疑人的基本情况、违法犯罪经历、被采取强制措施情况、辩护律师基本情况、案件办理情况、案件事实、证据情况、案件有关情节、犯罪嫌疑人认罪认罚情况、提出起诉意见的依据、接受案件的同级人民检察院名称等。在填写时要注意：

（1）在填写“犯罪嫌疑人的基本情况、违法犯罪经历、被采取强制措施情况、辩护律师基本情况”等内容时，可参照“提请批准逮捕书”的相关内容和注意事项进行填写。

（2）在填写“案件办理情况”时，需要依次写明案由、案件来源、案件侦查过程中的各个法律程序开始的时间及犯罪嫌疑人的归案情况等内容，具体注意事项可参照“提请批准逮捕书”的相关要求。最后要写明“犯罪嫌疑人×××涉嫌×××案，现已侦查终结”。

（3）在填写“案件事实”时，首先要注明“经依法侦查查明”，然后详细写明经侦查认定的犯罪事实，包括犯罪时间、地点、经过、手段、目的、动机、危害后果等与犯罪相关的事实要素。具体填写注意事项可参照“提请批准逮捕书”的相关要求。

（4）在填写“证据情况”时，要在规定格式“认定上述事实的证据如下”后分列相关证据，并写清所列证据与案件事实的关系。在叙述完案件事实和证据情况之后，另起一段，写明总结概括的语句“上述犯罪事实清楚，证据确实、充分，足以认定”。

（5）在填写“案件有关情节”时，要根据案件实际情况写明犯罪嫌疑人是否有累犯、立功、自首等影响量刑的从重、从轻、减轻等犯罪情节。

（6）在填写“犯罪嫌疑人认罪认罚情况”时，要根据案件实际情况进行填写，即犯罪嫌疑人自愿认罪认罚的，简要写明相关情况。

(7) 在填写“提出起诉意见的依据”时，一般包括事实依据和法律依据。对于“事实依据”，要说明犯罪嫌疑人的行为罪状和涉嫌的罪名，依法追究刑事责任。对于“法律依据”，即要全面、正确地引用所依据的具体法律条款，如《中华人民共和国刑事诉讼法》第一百六十二条等。如果是当事人和解的公诉案件，还应当写明双方当事人已自愿达成和解协议以及履行协议的相关情况，同时提出从宽处理的意见。

4. 起诉意见书尾部的内容主要包括文书制作日期、公安机关名称及印章、附注等。在填写“附注”时，要根据实际情况写明犯罪嫌疑人所在的羁押地点、案件卷宗数量、随案移交物品情况、被害人提起附带民事诉讼的情况等内容。

【法律依据】

《中华人民共和国刑事诉讼法》（2018 年 10 月 26 日）

第一百六十二条 公安机关侦查终结的案件，应当做到犯罪事实清楚，证据确实、充分，并且写出起诉意见书，连同案卷材料、证据一并移送同级人民检察院审查决定；同时将案件移送情况告知犯罪嫌疑人及其辩护律师。

犯罪嫌疑人自愿认罪的，应当记录在案，随案移送，并在起诉意见书中写明有关情况。

《公安机关办理刑事案件程序规定》（2020 年 7 月 20 日）

第二百八十九条 对侦查终结的案件，应当制作起诉意见书，经县级以上公安机关负责人批准后，连同全部案卷材料、证据，以及辩护律师提出的意见，一并移送同级人民检察院审查决定；同时将案件移送情况告知犯罪嫌疑人及其辩护律师。

犯罪嫌疑人自愿认罪的，应当记录在案，随案移送，并在起诉意见书中写明有关情况；认为案件符合速裁程序适用条件的，可以向人民检察院提出适用速裁程序的建议。

【文书范例】

***公安局

起诉意见书

×公（ ）诉字〔 〕28号

犯罪嫌疑人韩××，曾用名：韩×，男，19××年×月×日出生，出生地：××市××县，身份证号码：××××××××××××××××××，汉，初中文化，无业，户籍所在地：××市××县××路××号，现住××市××县××路××号。20××年5月28日因涉嫌抢劫罪被××市××县人民法院判处有期徒刑5年，20××年8月16日因涉嫌故意伤害罪被我局刑事拘留，经××市××县人民检察院批准，于20××年8月21日被依法逮捕。

辩护律师杜××，××市××县××律师事务所律师，执业证号：×××××××××××××××××。

犯罪嫌疑人韩××涉嫌故意伤害一案，由受害人张××于20××年8月15日报案至我局。经审查案情属实，于当日立案侦查。犯罪嫌疑人韩××已于20××年8月16日被抓获归案。犯罪嫌疑人韩××涉嫌故意伤害一案，现已侦查终结。

经依法侦查查明：20××年8月15日凌晨1时30分，犯罪嫌疑人韩××与其朋友苏××、孟××、张××四人在张××家中（××小区×号楼×单元202室）喝酒，喝酒过程中，韩××与张××二人因为琐事发生冲突，二人随即在张××家里相互厮打，后转至楼前单元门口继续厮打，后苏××、孟××将厮打在一起的二人拉开后四人各自回家。20××年8月15日上午10时，被害人张××将此案报至××市××县公安局刑事侦查大队。20××年8月16日，经我局依法聘请××市司法医学鉴定所鉴定，被害人张××在与韩××相互厮打过程中，韩××的暴力行为致使张××的牙齿脱落为轻伤二级。

认定上述事实的证据如下：

被害人张××的报案记录及被害人陈述、犯罪嫌疑人韩××的供述、证人证言、现场监控视频等，可证实有犯罪事实的发生及韩××伤害他人的过程。现场勘验笔录、提取的作案工具，可证实韩××实施犯罪的手段和方法，与被害人陈述、犯罪嫌疑人供述相互印证。伤情鉴定意见书，可证实被害人张××的受伤情况。

上述犯罪事实清楚，证据确实、充分，足以认定。

犯罪嫌疑人韩××在案发以后能够主动到××市××县公安局刑事侦查大队交代案件相关情况，并在讯问过程中能够如实供述犯罪事实，自愿认罪认罚。并主动与被害人张××积极沟通赔偿医疗费及其他相关费用，取得被害人张××的谅解并出具了谅解书。

综上所述，犯罪嫌疑人韩××酒后与被害人张××厮打，致使张××四颗牙齿被打落的行为已触犯了《中华人民共和国刑法》第二百三十三条之规定，涉嫌故意伤害罪。现经依法查证，认为此案案件事实清楚，证据确实充分、案件性质和罪名认定准确，法律手续完备，依照《中华人民共和国刑事诉讼法》第一百六十二条之规定，本案现已侦查终结，移送××市××县人民检察院审查起诉。

此致

××市××县人民检察院

公安局（印）

二〇××年十二月二十六日

附：1. 本案卷宗×卷×页。

2. 随案移交物品×件。

80. 补充侦查报告书

***公安局
补充侦查报告书

×公（ ）补侦字〔 〕 号

____________人民检察院：

你院于______年____月____日以_______________〔 〕________号补充侦查决定书退回的__________________________________案，已经补充侦查完毕。结果如下：

____

____

____

____

____

____

____

现将该案卷宗____卷____页及补充查证材料____卷____页附后，请审查。

公安局（印）

年 月 日

本报告书一式两份，一份附卷，一份交检察院。

【制作说明】

1. 本文书根据《中华人民共和国刑事诉讼法》第一百七十五条第二款、第三款制定。补充侦查报告书是公安机关根据人民检察院补充侦查决定书的要求将补充侦查结果告知人民检察院时制作使用的文书。

2. 补充侦查报告书是叙述型文书，一式两份，一份交退补充侦查的人民检察院收存、一份由公安机关留存。

3. 补充侦查报告书的内容主要包括制作机关名称、文书名称、文书字号、抬头、补充侦查事由、补充侦查结果、随案移送材料情况、文书制作日期、公安机关名称及印章等。在填写时要注意：

（1）在填写"抬头"时，写明作出补充侦查决定的人民检察院名称即可。

（2）在填写"补充侦查事由"时，要将人民检察院作出补充侦查决定书的时间及文书字号、退回补充侦查的案件名称等内容填写清楚。

（3）在填写"补充侦查结果"时，要针对人民检察院退回补充侦查决定书所附的补充侦查提纲，结合补充侦查的实际情况，对补充侦查结果进行详细说明。其中，对于经过补充侦查查清的事项，要结合证据写明查清的事实。对于经过补充侦查仍未查清或者无法查清的事项，要写明未查清或无法查清的原因。对于案卷材料中已有证据证实、不需要补充侦查的事项，要注明所需证据所在的卷宗及具体页码。

（4）在填写"随案移送材料情况"时，要将侦查报告书所附卷宗的卷数和补充侦查的证据材料的页数及随案移送的物证情况。

【法律依据】

《中华人民共和国刑事诉讼法》（2018 年 10 月 26 日）

第一百七十五条第二款、第三款 人民检察院审查案件，对于需要补充侦查的，可以退回公安机关补充侦查，也可以自行侦查。

对于补充侦查的案件，应当在一个月以内补充侦查完毕。补充侦查以二次为限。补充侦查完毕移送人民检察院后，人民检察院重新计算审查起诉期限。

【文书范例】

***公安局
补充侦查报告书

×公（刑）补侦字〔20××〕6号

××市××县 人民检察院：

你院于 20×× 年 12 月 11 日以 ×检补侦字〔20××〕 6 号补充侦查决定书退回的姜××涉嫌盗窃 案，已经补充侦查完毕。结果如下：

1. 关于20××年9月6日××市××县××饭店被盗是否是犯罪嫌疑人姜××所为的问题。经查证，补充了××市××县××村村民李×和赛××的证言2份、姜××去往××市××县的往返车票2张。所获证据证实了犯罪嫌疑人姜××在9月4日离开××市××县乘坐客车前往××市××县××村看望生病的老母亲，直至9月7日回到××市××县。而××市××县××饭店被盗的时间为20××年9月6日，此期间姜××没有作案时间，所以20××年9月6日××市××县××饭店被盗并非犯罪嫌疑人姜××所为。

2. 关于犯罪嫌疑人姜××在20××年8月12日盗窃××市××县××烟酒超市的香烟品牌及数量问题。原案卷已有证据证明，请见原卷宗第3卷第56页至第57页。

现将该案卷宗 × 卷 × 页及补充查证材料 × 卷 × 页附后，请审查。

公安局（印）

二〇××年十二月二十一日

本报告书一式两份，一份附卷，一份交检察院。

81. 没收违法所得意见书、违法所得清单

***公安局
没收违法所得意见书

×公（ ）没字〔 〕 号

犯罪嫌疑人×××……［姓名（别名、曾用名、绰号等），性别，出生日期，出生地，身份证件种类及号码，民族，文化程度，职业或工作单位及职务，住址，政治面貌，违法犯罪经历以及因本案被采取强制措施、逃匿、通缉或死亡情况。案件有多名犯罪嫌疑人需要被没收违法所得的，逐一写明。单位犯罪案件中，应当写明单位的名称、地址。］

犯罪嫌疑人×××涉嫌×××（罪名）一案，由×××举报（控告、移送）至我局（写明案由和案件来源，具体为单位或者公民举报、控告、上级交办、有关部门移送或工作中发现等）。简要写明案件侦查过程中的各个法律程序开始的时间。

经依法侦查查明：……（详细叙述经侦查认定的犯罪事实。重点阐明该案中潜逃、死亡犯罪嫌疑人违法所得及其他涉案财产的情况，包括涉案财产的名称、种类、数量、特征、所在地及查封、扣押、冻结情况。）

认定上述事实的证据如下：

……（分列相关证据，并说明证据与案件事实的关系）

上述犯罪事实清楚，证据确实、充分，足以认定。

综上所述，犯罪嫌疑人×××的行为已触犯《中华人民共和国刑法》第×

××条之规定，涉嫌×××罪，因犯罪嫌疑人×××死亡，依照《中华人民共和国刑事诉讼法》第二百九十八条第二款之规定，建议没收犯罪嫌疑人×××的违法所得及其他涉案财产。（如犯罪嫌疑人逃匿的写明：综上所述，犯罪嫌疑人×××的行为已触犯《中华人民共和国刑法》第×××条之规定，涉嫌恐怖活动犯罪等重大犯罪，因犯罪嫌疑人逃匿，在通缉一年后未能到案，依照《中华人民共和国刑事诉讼法》第二百二百九十八条第二款之规定，建议没收犯罪嫌疑人×××的违法所得及其他涉案财产。）

此致

×××人民检察院

公安局（印）

年　月　日

附：1. 本案卷宗______卷____页。

2. 违法所得清单。

违法所得清单

编号	名 称	数量	特征	财产所在地	侦查措施	备注

本清单一式两份，一份附卷，一份由办案单位留存。

【制作说明】

1. 本文书根据《中华人民共和国刑事诉讼法》第二百九十八条，《公安机关办理刑事案件程序规定》第三百三十九条、第三百四十条、第三百四十一条制定。没收违法所得意见书、违法所得清单是公安机关针对贪污贿赂犯罪、恐怖活动犯罪等重大犯罪案件中的犯罪嫌疑人、被告人逃匿一年未抓获归案的，或者犯罪嫌疑人、被告人死亡的，依照《中华人民共和国刑法》规定应当追缴其违法所得及其他涉案财产时制作使用的文书。

2. 没收违法所得意见书是叙述型文书，违法所得清单是单表式填空型文书。其中违法所得清单可参照“随案物品移送清单”的相关内容和注意事项进行填写。没收违法所得意见书制作完毕后，应当连同案卷材料、证据等一并移送同级人民检察院审查决定。

3. 没收违法所得意见书由首部、正文和尾部三部分组成。其中首部的内容主要包括制作机关名称、文书名称、文书字号，该部分内容已印制好，按照顺序和要求依次进行填写即可。

4. 没收违法所得意见书正文的内容主要包括犯罪嫌疑人的基本情况及违法犯罪经历、案件办理情况、案件事实、证据情况、犯罪性质认定及没收违法所得的依据、接受没收违法所得意见书的同级人民检察院名称等。在填写时要注意：

（1）在填写“犯罪嫌疑人的基本情况及违法犯罪经历”时，要将犯罪嫌疑人的姓名、性别、出生日期、出生地、身份证件号码（包括身份证、护照等有关身份证件的号码）、民族、文化程度、职业或工作单位及职务、住址、政治面貌、违法犯罪经历等内容依次写清楚，同时要写明因本案犯罪嫌疑人、被告人被采取的强制措施或逃匿、通缉、死亡情况，可参照“提请批准逮捕书”的相关内容和注意事项进行填写。

（2）在填写“案件办理情况”时，需要依次写明案由、案件来源、案件侦查过程中的各个法律程序开始的时间及犯罪嫌疑人的归案情况等内容，具体注意事项可参照“提请批准逮捕书”的相关要求。

（3）在填写“案件事实”时，要详细叙述经侦查认定的犯罪事实，重点阐明该案中潜逃或者死亡犯罪嫌疑人、被告人违法所得及其他涉案财产的情况，包括涉案财产的名称、种类、数量、特征、所在地及查封、扣押、冻结情况等内容。

（4）在填写“证据情况”时，要根据案件的实际情况，在规定格式“认定上述事实的证据如下”后分列相关证据，并写清所列证据与案件事实的关系。在叙述完案件事实和违法所得的相关证据情况之后，另起一段，写明总结概括的语句“上述犯罪事实清楚，证据确实、充分，足以认定”。

（5）在填写“犯罪性质认定及没收违法所得的依据”时，概括写明犯罪嫌疑人、被告人的行为特征及触犯《中华人民共和国刑法》条款、涉嫌罪名及建议没收违法所得等涉案财产的法律依据。

5. 没收违法所得意见书尾部的内容主要包括文书制作日期、公安机关名称及印章、附注等。在填写“附注”时，要根据实际情况写明案件卷宗数量、违法所得清单等内容。

【法律依据】

《中华人民共和国刑事诉讼法》（2018 年 10 月 26 日）

第二百九十八条 对于贪污贿赂犯罪、恐怖活动犯罪等重大犯罪案件，犯罪嫌疑人、被告人逃匿，在通缉一年后不能到案，或者犯罪嫌疑人、被告人死亡，依照刑法规定应当追缴其违法所得及其他涉案财产的，人民检察院可以向人民法院提出没收违法所得的申请。

公安机关认为有前款规定情形的，应当写出没收违法所得意见书，移送人民检察院。

没收违法所得的申请应当提供与犯罪事实、违法所得相关的证据材料，并列明财产的种类、数量、所在地及查封、扣押、冻结的情况。

人民法院在必要的时候，可以查封、扣押、冻结申请没收的财产。

《公安机关办理刑事案件程序规定》（2020 年 7 月 20 日）

第三百三十九条 有下列情形之一，依照刑法规定应当追缴其违法所得及其他涉案财产的，经县级以上公安机关负责人批准，公安机关应当写出没收违法所得意见书，连同相关证据材料一并移送同级人民检察院：

（一）恐怖活动犯罪等重大犯罪案件，犯罪嫌疑人逃匿，在通缉一年后不能到案的；

（二）犯罪嫌疑人死亡的。

犯罪嫌疑人死亡，现有证据证明其存在违法所得及其他涉案财产应当予以没收的，公安机关可以进行调查。公安机关进行调查，可以依法进行查封、扣押、查询、冻结。

第三百四十条 没收违法所得意见书应当包括以下内容：

（一）犯罪嫌疑人的基本情况；

（二）犯罪事实和相关的证据材料；

（三）犯罪嫌疑人逃匿、被通缉或者死亡的情况；

（四）犯罪嫌疑人的违法所得及其他涉案财产的种类、数量、所在地；

（五）查封、扣押、冻结的情况等。

第三百四十一条 公安机关将没收违法所得意见书移送人民检察院后，在逃的犯罪嫌疑人自动投案或者被抓获的，公安机关应当及时通知同级人民检察院。

【文书范例】

＊＊＊公安局
没收违法所得意见书

×公（刑）没字〔20××〕12号

犯罪嫌疑人黄××，男，19××年×月×日出生，出生地：××市××县，身份证号码：××××××××××××××××××，汉，初中文化，无业，户籍所在地：××市××县××路××号，现住××市××县××路××号。20××年4月28日因涉嫌诈骗罪被我局刑事拘留，经××市××县人民检察院批准于同年5月15日被依法逮捕，5月25日因突发脑出血在××看守所死亡。

犯罪嫌疑人黄××涉嫌诈骗一案，由受害人张××于20××年4月12日报案至我局。经审查案情属实，于20××年4月20日立案侦查。犯罪嫌疑人黄××已于20××年4月28日被抓获归案。

经依法侦查查明：20××年4月8日，黄××冒充××贷款公司工作人员，电话联系受害人张××，以“无抵押、低利润、秒到账”等条件进行诱惑，驱使张××在自己手机上下载了名为“×××”的APP，随后受害人张××在黄××的指导下，通过“×××”APP贷款人民币30000元后，发现自己的APP账户被冻结，黄××称是张××操作失误导致账户被冻结，需缴纳1000元解冻费。随后黄××又以账户流水不够、信誉度不够、操作失误等各种理由让张××向其账户前后五次转账共计人民币85000元。

侦查期间，我局依法扣押犯罪嫌疑人黄××的××银行卡两张，××牌手机两部；冻结黄××名下在××市的××银行存款100000（大写拾万）元人民币，上述财产详见违法所得清单。

认定上述事实的证据如下：

被害人张××的报案记录及陈述，可证实张××被诈骗的事实；扣押的银行卡、手机，可证实犯罪嫌疑人黄××准备实施诈骗活动；犯罪嫌疑人黄××与被害人的通话记录、微信聊天记录截屏等，可证实黄××实施诈骗行为的经过；被害人张××的转账记录、银行流水等，证明张××被黄××诈骗的事实；犯罪嫌疑人黄××的供述，与案件其他证据相互印证。

上述犯罪事实清楚，证据确实、充分，足以认定。

综上所述，犯罪嫌疑人黄××的行为已触犯《中华人民共和国刑法》第二百六十六条之规定，涉嫌诈骗罪，因犯罪嫌疑人黄××死亡，依照《中华人民共和国刑事诉讼法》第二百九十八条第二款之规定，建议没收犯罪嫌疑人黄××的违法所得及其他涉案财产。

此致

××市××县人民检察院

公安局（印）

二〇××年×月×日

附：1. 本案卷宗×卷×页。

2. 违法所得清单。

违法所得清单

编号	名 称	数量	特征	财产所在地	侦查措施	备注
1	银行卡	2	分别为××银行、××银行；卡号分别为：××××××××××，××××××××××××。		扣押	
2	手机	2	分别为：××牌，黑色，型号××××××；××牌，蓝色，型号××××××。		扣押	
3	存款	10 万元	账号：××××××××××××。	××银行××市支行	冻结	人民币

本清单一式两份，一份附卷，一份由办案单位留存。

82. 强制医疗意见书

***公安局

强制医疗意见书

×公（ ）强医字〔 〕 号

×××……［姓名（别名、曾用名、绰号等），性别，出生日期，出生地，身份证件种类及号码，民族，文化程度，职业或工作单位及职务，住址，政治面貌，违法犯罪经历以及因本案曾被采取强制措施或者临时的保护性约束措施的情况］。

×××涉嫌×××（罪名）一案，由×××举报（控告、移送）至我局（写明案由和案件来源，具体为单位或者公民举报、控告、有关部门移送或工作中发现等）。简要写明案件侦查过程中的各个法律程序开始的时间，如接受案件、立案的时间。具体写明精神病人归案情况。

经依法侦查查明：……（详细叙述经侦查认定的精神病人实施的暴力行为，包括行为时间、地点、经过、手段、危害后果等事实要素。应当根据具体案件情况，围绕刑法规定的该罪构成要件，说明对公共安全的危害或者对公民人身安全的严重危害情况。）

我局于×年×月×日聘请×××机构，对×××进行了精神病鉴定，鉴定意见为……。

认定上述事实的证据如下：

……（分列相关证据，并说明证据与案件事实的关系）

综上所述，根据《中华人民共和国刑事诉讼法》第二百八十四条、第二百八十五条之规定，建议对×××强制医疗。

此致

×××人民检察院

公安局（印）

年　月　日

附：本案卷宗______卷____页

【制作说明】

1. 本文书根据《中华人民共和国刑法》第十八条第一款、《中华人民共和国刑事诉讼法》第三百零二条、《公安机关办理刑事案件程序规定》第三百四十三条制定。强制医疗意见书是公安机关对经法定程序鉴定确认的不负刑事责任的精神病人，符合强制医疗条件，将其情况移送同级人民检察院时制作使用的文书。

2. 强制医疗意见书是叙述型文书，其内容主要包括制作机关名称、文书名称、文书字号、行为人的基本情况及违法犯罪经历、案件办理情况、危害行为及证据、移送强制医疗意见的依据、文书送达的同级人民检察院名称、文书制作日期、公安机关名称及印章、附注等。在填写时要注意：

（1）在填写“行为人的基本情况及违法犯罪经历”时，可参照“提请批准逮捕书”的相关内容和注意事项进行填写。

（2）在填写“案件办理情况”时，需要依次写明案由、案件来源、案件侦查过程中的各个法律程序开始的时间及精神病人的归案情况等内容，具体注意事项可参照“提请批准逮捕书”的相关要求。

（3）在填写“危害行为及证据”时，要根据案件实际情况，详细叙述精神病人实施的暴力行为，结合精神病医学鉴定和认定事实的证据等内容，说明精神病人行为对公共安全或公民人身安全的严重危害情况。

（4）在填写“移送强制医疗意见的依据”时，一般包括事实依据和法律依据。对于“事实依据”，要结合实际情况概括说明犯罪嫌疑人精神病的鉴定情况及不负刑事责任的理由；对于“法律依据”，即要写明依据的具体法律条款，如《中华人民共和国刑事诉讼法》第三百零二条和第三百零三条。

【法律依据】

《中华人民共和国刑法》（2020 年 12 月 26 日）

第十八条第一款 精神病人在不能辨认或者不能控制自己行为的时候造成危害结果，经法定程序鉴定确认的，不负刑事责任，但是应当责令他的家属或者监护人严加看管和医疗；在必要的时候，由政府强制医疗。

《中华人民共和国刑事诉讼法》（2018 年 10 月 26 日）

第三百零二条 实施暴力行为，危害公共安全或者严重危害公民人身安全，经法定程序鉴定依法不负刑事责任的精神病人，有继续危害社会可能的，可以予以强制医疗。

第三百零三条第二款 公安机关发现精神病人符合强制医疗条件的，应当写出强制医疗意见书，移送人民检察院。对于公安机关移送的或者在审查起诉过程中发现的精神病人符合强制医疗条件的，人民检察院应当向人民法院提出强制医疗的申请。人民法院在审理案件过程中发现被告人符合强制医疗条件的，可以作出强制医疗的决定。

《公安机关办理刑事案件程序规定》（2020 年 7 月 20 日）

第三百四十三条 对经法定程序鉴定依法不负刑事责任的精神病人，有继续危害社会可能，符合强制医疗条件的，公安机关应当在七日以内写出强制医疗意见书，经县级以上公安机关负责人批准，连同相关证据材料和鉴定意见一并移送同级人民检察院。

【文书范例】

＊＊＊公安局

强制医疗意见书

×公（刑）强医字〔20××〕3号

犯罪嫌疑人任××，曾用名：任×，男，19××年×月×日出生，出生地：××市××县，身份证号码：××××××××××××××××××，汉，小学文化，农民，户籍所在地：××市××县××路××号，现住××市××县××路××号。

任××涉嫌故意伤害一案，由××市××县××镇派出所于20××年5月13日移交××市××县公安局刑事侦查大队。我局于20××年5月14日立案侦查，犯罪嫌疑人任××已于20××年5月14日被刑事拘留。

经依法侦查查明：20××年5月13日上午9时许，任××与自家10周岁小侄女同行来到××市××县××镇××小卖部购买生活用品，在结账时，突然拿起柜台上放置的水杯、水果盘等物品砸向小卖部老板岳××，岳××随后报警。岳××的额头、脸部被砸伤，脸部伤口约7厘米，待岳××伤情稳定后再进行人身伤害医学鉴定。

在办案过程中，行为人任××的母亲钱××到公安局反映，其子任××患有精神病，近一年来，病情愈加严重，时常无故打人、砸东西，并要求将行为人任××强制住院治疗。

我局于20××年5月20日聘请××市鉴定机构，对任××进行了精神病鉴定，鉴定意见为任××患有×× ××× ×精神病。

认定上述事实的证据如下：

报案记录、被害人陈述、行为人供述、证人证言，可证实有犯罪事实的发生及任××伤害他人的过程。现场勘验笔录、提取的作案工具，可证实任××实施犯罪的手段和方法。××市鉴定机构对任××的精神病医学鉴定意见，可证实任××在作案时处于精神病发病期间，不具有刑事责任能力。

综上所述，行为人任××伤害岳××的暴力行为事实清楚，证据确实、充分。经法定程序鉴定确认，任××患有×× ××× ×精神病，行凶时处于精神病发病状态，即不能辨认或者不能控制自己的行为。根据《中华人民共和国刑法》第十八条，属于依法不负刑事责任的精神病人。鉴于任××近一年来多次伤害他人，严重危害公民人身安全，其家属强烈要求对其强制医疗。根据《中华人民共和国刑事诉讼法》第三百零二条、第二百八十五条之规定，建议对任××强制医疗。

此致

××市××县人民检察院

公安局（印）

二〇××年五月二十六日

附：本案卷宗×卷×页。

五、技术侦查文书

83. 采取技术侦查措施决定书

***公安局
采取技术侦查措施决定书
（存　根）

×公（　）决技字〔　　〕　　号

案件名称______________________________

案件编号______________________________

办案部门______________________________

办 案 人______________________________

适用对象______________________________

措施种类______________________________

起止时间______________________________

批 准 人______________________________

批准时间______________________________

填发时间______________________________

填 发 人______________________________

***公安局

采取技术侦查措施决定书

（副　本）

×公（　）决技字〔　　〕　　号

因侦查犯罪需要，根据《中华人民共和国刑事诉讼法》第一百五十条、第一百五十一条之规定，现决定自__________年______月______日至________年______月______日，对________________案的__________

____

采取记录监控/行踪监控/通信监控/场所监控技术侦查措施。

公安局（印）

年　　月　　日

此联交办案部门

＊＊＊公安局

采取技术侦查措施决定书

×公（　）决技字〔　　〕　　号

因侦查犯罪需要，根据《中华人民共和国刑事诉讼法》第一百五十条、第一百五十一条之规定，现决定自＿＿＿＿年＿＿＿月＿＿＿日至＿＿＿＿年＿＿＿月＿＿＿日，对＿＿＿＿＿＿＿＿案的＿＿＿＿＿＿＿＿＿＿＿＿＿＿＿＿＿＿＿＿＿＿＿＿＿＿＿＿＿＿＿＿＿＿＿＿＿采取记录监控/行踪监控/通信监控/场所监控技术侦查措施。

公安局（印）

年　　月　　日

此联交负责技术侦查的部门

【制作说明】

1. 本文书根据《中华人民共和国刑事诉讼法》第一百五十条第一款、第三款和第一百五十一条，《公安机关办理刑事案件程序规定》第二百六十三条、第二百六十四条、第二百六十五条第一款制定。采取技术侦查措施决定书是公安机关在刑事案件办理过程中，根据侦查犯罪的需要，决定对法律规定的严重危害社会的犯罪案件采取技术侦查措施时制作使用的文书。

2. 采取技术侦查措施决定书是多联式填空型文书，其由正本、副本和存根三部分组成。其中，采取技术侦查措施决定书正本是公安机关决定对有关案件、人员、场所等采取技术侦查措施的凭证，此联交由公安机关负责技术侦查的部门收存。副本是公安机关已经决定对有关案件、人员、场所等采取技术侦查措施的凭证，此联交办案部门存卷。存根用于公安机关留存备查。

3. 采取技术侦查措施决定书正本的内容主要包括制作机关名称、文书名称、文书字号、采取技术侦查措施的起止时间、案件名称、技术侦查对象、技术侦查措施类型、文书制作日期、公安机关名称及印章等。在填写时要注意：

（1）在填写“采取技术侦查措施的起止时间”时，要根据案件的实际情况进行填写，注意不超过三个月。

（2）在填写“技术侦查对象”时，其可以是犯罪嫌疑人、被告人或与犯罪活动有直接关联的具体人员以及场所等。

（3）在填写“技术侦查措施类型”时，要根据案件实际情况进行选择，可同时选择多种侦查措施，对于不需要的选项用删除线划去即可。

（4）在加盖“公安机关印章”时，要加盖制作文书的地（市）级以上公安机关的印章。

4. 采取技术侦查措施决定书副本的内容与填写注意事项和正本相同。在具体填写时，可参照采取技术侦查措施决定书正本的填写注意事项进行填写。

5. 采取技术侦查决定书存根按照文书印制的内容和顺序依次进行填写即可。

【法律依据】

《中华人民共和国刑事诉讼法》（2018 年 10 月 26 日）

第一百五十条第一款、第三款　公安机关在立案后，对于危害国家安全犯罪、恐怖活动犯罪、黑社会性质的组织犯罪、重大毒品犯罪或者其他严重危害社会的犯罪案件，根据侦查犯罪的需要，经过严格的批准手续，可以采取技术侦查措施。

追捕被通缉或者批准、决定逮捕的在逃的犯罪嫌疑人、被告人，经过批准，可以采取追捕所必需的技术侦查措施。

第一百五十一条 批准决定应当根据侦查犯罪的需要，确定采取技术侦查措施的种类和适用对象。批准决定自签发之日起三个月以内有效。对于不需要继续采取技术侦查措施的，应当及时解除；对于复杂、疑难案件，期限届满仍有必要继续采取技术侦查措施的，经过批准，有效期可以延长，每次不得超过三个月。

《公安机关办理刑事案件程序规定》（2020 年 7 月 20 日）

第二百六十三条 公安机关在立案后，根据侦查犯罪的需要，可以对下列严重危害社会的犯罪案件采取技术侦查措施：

（一）危害国家安全犯罪、恐怖活动犯罪、黑社会性质的组织犯罪、重大毒品犯罪案件；

（二）故意杀人、故意伤害致人重伤或者死亡、强奸、抢劫、绑架、放火、爆炸、投放危险物质等严重暴力犯罪案件；

（三）集团性、系列性、跨区域性重大犯罪案件；

（四）利用电信、计算机网络、寄递渠道等实施的重大犯罪案件，以及针对计算机网络实施的重大犯罪案件；

（五）其他严重危害社会的犯罪案件，依法可能判处七年以上有期徒刑的。

公安机关追捕被通缉或者批准、决定逮捕的在逃的犯罪嫌疑人、被告人，可以采取追捕所必需的技术侦查措施。

第二百六十四条 技术侦查措施是指由设区的市一级以上公安机关负责技术侦查的部门实施的记录监控、行踪监控、通信监控、场所监控等措施。

技术侦查措施的适用对象是犯罪嫌疑人、被告人以及与犯罪活动直接关联的人员。

第二百六十五条第一款 需要采取技术侦查措施的，应当制作呈请采取技术侦查措施报告书，报设区的市一级以上公安机关负责人批准，制作采取技术侦查措施决定书。

【文书范例】

＊＊＊公安局

采取技术侦查措施决定书

（存　根）

×公（刑）决技字〔20××〕145号

案件名称　郭××涉嫌持有毒品案

案件编号　×××××××××××××

办案部门　××市××县公安局刑事侦查大队

办 案 人　黄××、洪××

适用对象　郭××（男、45岁）

措施种类　行踪监控

起止时间　20××年5月6日至20××年6月15日

批 准 人　赵××

批准时间　20××年5月6日

填发时间　20××年5月6日

填 发 人　洪××

＊＊＊公安局

采取技术侦查措施决定书

（副　本）

×公（刑）决技字〔20××〕145号

因侦查犯罪需要，根据《中华人民共和国刑事诉讼法》第一百五十条、第一百五十一条之规定，现决定自 20×× 年 5 月 6 日至 20××年 6 月 15 日，对 涉嫌持有毒品 案的 犯罪嫌疑人郭×× 采取~~记录监控~~/行踪监控/~~通信监控/场所监控~~技术侦查措施。

公安局（印）

二〇××年五月六日

此联交办案部门

***公安局
采取技术侦查措施决定书

×公（刑）决技字〔20××〕145号

因侦查犯罪需要，根据《中华人民共和国刑事诉讼法》第一百五十条、第一百五十一条之规定，现决定自 20×× 年 5 月 6 日至 20××年 6 月 15 日，对 涉嫌持有毒品 案的 犯罪嫌疑人郭×× 采取~~记录监控~~/行踪监控/~~通信监控/场所监控~~技术侦查措施。

公安局（印）

二〇××年五月六日

此联交负责技术侦查的部门

84. 执行技术侦查措施通知书

＊＊＊公安局

执行技术侦查措施通知书

（存　根）

×公（　）执技字〔　　〕　　号

案件名称________________

案件编号________________

委托单位________________

委 托 人________________

适用对象________________

措施种类________________

起止时间________________

批 准 人________________

批准时间________________

填发时间________________

填 发 人________________

＊＊＊公安局

执行技术侦查措施通知书

（副　本）

×公（　）执技字〔　　〕　　号

______________________：

根据《中华人民共和国刑事诉讼法》第______________条之规定，现自_____年____月____日至_____年____月____日，对你单位决定并交公安机关执行的________________________________

____

采取记录监控/行踪监控/通信监控/场所监控技术侦查措施。

公安局（印）

年　　月　　日

本通知书已收到。

收件人：　　　　　（委托单位章）

年　　月　　日

此联公安机关留存

*****公 安 局**

执行技术侦查措施通知书

×公（ ）执技字〔 〕 号

______________：

根据《中华人民共和国刑事诉讼法》第__________条之规定，现自_____年____月____日至_____年____月____日，对你单位决定并交公安机关执行的________________________________

____

采取记录监控/行踪监控/通信监控/场所监控技术侦查措施。

公安局（印）

年 月 日

此联交委托单位

【制作说明】

1. 本文书根据《中华人民共和国刑事诉讼法》第一百五十条第二款、第一百五十一条、第三百零八条第四款,《公安机关办理刑事案件程序规定》第二百六十五条第二款制定。执行技术侦查措施通知书是公安机关实施技术侦查的部门将执行技术侦查措施决定的情况向作出采取技术侦查措施的委托单位进行书面告知时制作使用的文书。

2. 执行技术侦查措施通知书是多联式填空型文书，其由正本、副本和存根三部分组成。其中，执行技术侦查措施通知书正本是公安机关将执行技术侦查措施决定的情况告知委托单位的凭证，此联交委托单位收存。副本是公安机关通知委托单位已执行技术侦查措施的凭证，此联由公安机关留存。存根用于公安机关留存备查。

3. 执行技术侦查措施通知书正本的内容主要包括制作机关名称、文书名称、文书字号、抬头、采取技术侦查措施的法律依据、执行技术侦查措施的起止时间、技术侦查对象、技术侦查措施类型、文书制作日期、公安机关名称及印章等。在填写时要注意:

(1) 在填写“抬头”时，要填写委托单位名称，一般委托单位包括人民检察院、监狱、军队保卫部门等。

(2) 在填写“技术侦查对象”“技术侦查措施类型”等内容时，可参照“采取技术侦查措施决定书”的填写要求进行填写。

4. 执行技术侦查措施通知书副本的内容与填写注意事项和正本相同。在具体填写时，可参照执行技术侦查措施通知书正本的填写注意事项进行填写。但要注意，在委托单位收到执行技术侦查措施通知书正本时，由委托单位收件人在副本“本通知书已收到”处签名、填写签收日期并加盖委托单位印章。

5. 执行技术侦查通知书存根按照文书印制的内容和顺序依次进行填写即可。

【法律依据】

《中华人民共和国刑事诉讼法》(2018 年 10 月 26 日)

第一百五十条第二款 人民检察院在立案后，对于利用职权实施的严重侵犯公民人身权利的重大犯罪案件，根据侦查犯罪的需要，经过严格的批准手续，可以采取技术侦查措施，按照规定交有关机关执行。

第一百五十一条 批准决定应当根据侦查犯罪的需要，确定采取技术侦查措施的种类和适用对象。批准决定自签发之日起三个月以内有效。对于不需要继续采取技术侦查措施的，应当及时解除；对于复杂、疑难案件，期限届满仍有必要继续采取技术侦查措施的，经过批准，有效期可以延长，每次不得超过三个月。

第三百零八条第四款 军队保卫部门、中国海警局、监狱办理刑事案件，适用本法的有关规定。

《公安机关办理刑事案件程序规定》（2020 年 7 月 20 日）

第二百六十五条第二款 人民检察院等部门决定采取技术侦查措施，交公安机关执行的，由设区的市一级以上公安机关按照规定办理相关手续后，交负责技术侦查的部门执行，并将执行情况通知人民检察院等部门。

85. 延长技术侦查措施期限决定书

***公安局

延长技术侦查措施期限决定书

（存　根）

×公（　）延技字〔　　〕　　号

案件名称________________

案件编号________________

办案部门________________

办 案 人________________

延长措施原因________________

延长措施种类________________

延长起止时间________________

批 准 人________________

批准时间________________

填发时间________________

填 发 人________________

***公安局

延长技术侦查措施期限决定书

（副　本）

×公（　）延技字〔　　〕　　号

因侦查犯罪需要，____________________于______年____月____日决定对______________________________案的_________________采取技术侦查措施。现因案情复杂、疑难，需要继续采取技术侦查措施，根据《中华人民共和国刑事诉讼法》第一百五十一条之规定，决定延长技术侦查措施期限，自______年____月____日至______年____月____日。

公安局（印）

年　　月　　日

此联交办案部门

***公安局

延长技术侦查措施期限决定书

×公（ ）延技字〔 〕 号

因侦查犯罪需要，____________________于_____年____月____日决定对__________________________案的__________________采取技术侦查措施。现因案情复杂、疑难，需要继续采取技术侦查措施，根据《中华人民共和国刑事诉讼法》第一百五十一条之规定，决定延长技术侦查措施期限，自_____年____月____日至_____年____月____日。

公安局（印）

年 月 日

此联交负责技术侦查的部门

【制作说明】

1. 本文书根据《中华人民共和国刑事诉讼法》第一百五十一条、《公安机关办理刑事案件程序规定》第二百六十六条第三款制定。延长技术侦查措施期限决定书是公安机关在侦查过程中，对复杂、疑难的案件首次使用技术侦查措施期限届满后，仍有必要继续采取技术侦查措施，经过批准后延长技术侦查措施期限时制作使用的文书。

2. 延长技术侦查措施期限决定书是多联式填空型文书，其由正本、副本和存根三部分组成。其中，延长技术侦查措施期限决定书正本是公安机关决定对有关案件延长技术侦查措施期限的凭证，该联交由负责实施技术侦查的部门存档备查。副本是公安机关已经决定对有关案件延长技术侦查措施期限的凭证，该联交由办案部门或委托单位收存。存根用于公安机关留存备查。

3. 延长技术侦查措施期限决定书正本的内容主要包括制作机关名称、文书名称、文书字号、决定采取技术侦查措施的机关名称、决定时间、案件名称、采取技术侦查对象、延长技术侦查措施期限的起止时间、文书制作日期、公安机关名称及印章等。在填写时要注意：

（1）在填写“决定采取技术侦查措施的机关名称”时，要填写为“××市公安局”。

（2）在填写“决定时间”、“案件名称”及“采取技术侦查对象”等内容时，可参照原“采取技术侦查措施决定书”进行填写，注意与其内容保持一致。

（3）在填写“延长技术侦查措施的起止时间”时，要根据案件实际情况进行填写，不超过三个月，且起始时间应填写为上一次技术侦查措施结束日的次日。

4. 延长技术侦查措施期限决定书副本的内容与填写注意事项和正本相同。在具体填写时，可参照延长技术侦查措施期限决定书正本的填写注意事项进行填写。

5. 延长技术侦查措施期限决定书存根按照文书印制的内容和顺序依次进行填写即可。

【法律依据】

《中华人民共和国刑事诉讼法》（2018 年 10 月 26 日）

第一百五十一条 批准决定应当根据侦查犯罪的需要，确定采取技术侦查措施的种类和适用对象。批准决定自签发之日起三个月以内有效。对于不需要继续采取技术侦查措施的，应当及时解除；对于复杂、疑难案件，期限届满仍有必要继续采取技术侦查措施的，经过批准，有效期可以延长，每次不得超过三个月。

《公安机关办理刑事案件程序规定》（2020 年 7 月 20 日）

第二百六十六条第三款 对复杂、疑难案件，采取技术侦查措施的有效期限届满仍需要继续采取技术侦查措施的，经负责技术侦查的部门审核后，报批准机关负责人批准，制作延长技术侦查措施期限决定书。批准延长期限，每次不得超过三个月。

【文书范例】

* * * 公 安 局

延长技术侦查措施期限决定书

（存　根）

×公（刑）延技字〔20××〕154 号

案件名称　蔡××涉嫌持有毒品案

案件编号　××××××××××××

办案部门　××市××县公安局刑事侦查大队

办 案 人　李××、吕××

延长措施原因　案情复杂、疑难

延长措施种类　通信监控

延长起止时　间　20××年 7 月 15 日至 20××年 10 月 14 日

批 准 人　赵××

批准时间　20××年 7 月 15 日

填发时间　20××年 7 月 15 日

填 发 人　吕××

＊＊＊公安局

延长技术侦查措施期限决定书

（副　本）

×公（刑）延技字〔20××〕154号

因侦查犯罪需要，__××市公安局__于__20××__年__4__月__15__日决定对__蔡××涉嫌持有毒品__案的__犯罪嫌疑人蔡××__采取技术侦查措施。现因案情复杂、疑难，需要继续采取技术侦查措施，根据《中华人民共和国刑事诉讼法》第一百五十一条之规定，决定延长技术侦查措施期限，自__20××__年__7__月__15__日至__20××__年__10__月__14__日。

公安局（印）

二〇××年七月十五日

此联交办案部门

***公安局

延长技术侦查措施期限决定书

×公（刑）延技字〔20××〕154号

因侦查犯罪需要，<u>××市公安局</u>于<u>20××</u>年<u>4</u>月<u>15</u>日决定对<u>蔡××涉嫌持有毒品</u>案的<u>犯罪嫌疑人蔡××</u>采取技术侦查措施。现因案情复杂、疑难，需要继续采取技术侦查措施，根据《中华人民共和国刑事诉讼法》第一百五十一条之规定，决定延长技术侦查措施期限，自<u>20××</u>年<u>7</u>月<u>15</u>日至<u>20××</u>年<u>10</u>月<u>14</u>日。

公安局（印）

二〇××年七月十五日

此联交负责技术侦查的部门

86. 解除技术侦查措施决定书

***公安局
解除技术侦查措施决定书
(存　根)

×公(　)解技字〔　　〕　　号

案件名称________________________________

案件编号________________________________

办案部门________________________________

办 案 人________________________________

解除原因________________________________

解除措施种类____________________________

批 准 人________________________________

批准时间________________________________

填发时间________________________________

填 发 人________________________________

***公安局

解除技术侦查措施决定书

（副　本）

×公（　）解技字〔　　〕　　号

__________于____年___月___日决定对__________

__________案的__________________________

采取技术侦查措施。现因不需要继续采取技术侦查措施，根据《中华人民共和国刑事诉讼法》第一百五十一条之规定，决定于____年___月___日予以解除。

公安局（印）

年　　月　　日

此联交负责技术侦查的部门

*****公安局**

解除技术侦查措施决定书

×公（ ）解技字〔 〕 号

________________于______年____月____日决定对__________

________________案的____

采取技术侦查措施。现因不需要继续采取技术侦查措施，根据《中华人民共和国刑事诉讼法》第一百五十一条之规定，决定于______年____月____日予以解除。

公安局（印）

年 月 日

此联交办案部门或委托单位

【制作说明】

1. 本文书根据《中华人民共和国刑事诉讼法》第一百五十一条、《公安机关办理刑事案件程序规定》第二百六十六条第二款制定。解除技术侦查措施决定书是公安机关在侦查过程中，在实施技术侦查措施期限届满之日前，对不需要继续采取技术侦查措施的，依法予以解除技术侦查措施时制作使用的文书。

2. 解除技术侦查措施决定书是多联式填空型文书，其由正本、副本和存根三部分组成。其中，解除技术侦查措施决定书正本是公安机关决定对有关案件解除技术侦查措施并告知办案部门或委托单位的凭证，该联交由办案部门或委托单位收存。副本是公安机关已经对有关案件作出解除技术侦查措施决定的凭证，该联由负责实施技术侦查措施的部门收存。存根用于公安机关留存备查。

3. 解除技术侦查措施决定书正本的内容主要包括制作机关名称、文书名称、文书字号、决定采取技术侦查措施的机关名称、决定采取技术侦查时间、案件名称、采取技术侦查对象、解除技术侦查措施的时间、文书制作日期、公安机关名称及印章等。在填写时要注意：

（1）在填写“决定采取技术侦查措施的机关名称”时，要填写为“××市公安局”。

（2）在填写“决定时间”、“案件名称”及“采取技术侦查对象”等内容时，可参照原“采取技术侦查措施决定书”进行填写，注意与其相关内容保持一致。

（3）在填写“解除技术侦查措施的时间”时，要根据实际批准解除的具体时间进行填写。

4. 解除技术侦查措施决定书副本的内容与填写注意事项和正本相同。在具体填写时，可参照解除技术侦查措施决定书正本的填写注意事项进行填写。

5. 解除技术侦查措施决定书存根按照文书印制的内容和顺序依次进行填写即可。

【法律依据】

《中华人民共和国刑事诉讼法》（2018 年 10 月 26 日）

第一百五十一条 批准决定应当根据侦查犯罪的需要，确定采取技术侦查措施的种类和适用对象。批准决定自签发之日起三个月以内有效。对于不需要继续采取技术侦查措施的，应当及时解除；对于复杂、疑难案件，期限届满仍有必要继续采取技术侦查措施的，经过批准，有效期可以延长，每次不得超过三个月。

《公安机关办理刑事案件程序规定》（2020 年 7 月 20 日）

第二百六十六条第二款 在有效期限内，对不需要继续采取技术侦查措施的，办案部门应当立即书面通知负责技术侦查的部门解除技术侦查措施；负责技术侦查的部门认为需要解除技术侦查措施的，报批准机关负责人批准，制作解除技术侦查措施决定书，并及时通知办案部门。

六、执行文书

87. 减刑/假释建议书

减刑/假释建议书

×公减/假字〔　　〕　　号

罪犯＿＿＿＿＿（性别＿＿，出生日期＿＿＿＿＿，民族＿＿，住址＿＿＿＿＿＿＿＿＿＿），因＿＿＿＿＿＿罪，被＿＿＿＿＿＿＿＿＿＿＿＿人民法院于＿＿＿年＿＿月＿＿日以＿＿＿＿字〔　　　〕＿＿＿＿号刑事判决书判处＿＿＿＿＿＿＿＿，于＿＿＿年＿＿月＿＿日由我单位执行，现已执行＿＿＿＿＿＿＿＿＿＿＿＿＿＿＿＿＿＿。

该犯在服刑期间，确有悔改（立功）表现，具体事实如下：

＿＿＿＿＿＿＿＿＿＿＿＿＿＿＿＿＿＿＿＿＿＿＿＿＿＿＿＿＿＿＿＿＿＿

＿＿＿＿＿＿＿＿＿＿＿＿＿＿＿＿＿＿＿＿＿＿＿＿＿＿＿＿＿＿＿＿＿＿

＿＿＿＿＿＿＿＿＿＿＿＿＿＿＿＿＿＿＿＿＿＿＿＿＿＿＿＿＿＿＿＿＿＿

＿＿＿＿＿＿＿＿＿＿＿＿＿＿＿＿＿＿＿＿＿＿＿＿＿＿＿＿＿＿＿＿＿＿

综上所述，根据《中华人民共和国刑事诉讼法》第二百七十三条第二款之规定，建议对罪犯＿＿＿＿＿＿予以＿＿＿＿＿＿＿＿，特提请审核裁定。

此致

人民法院

执行机关（印）

年　月　日

附：罪犯＿＿＿＿＿档案＿＿＿卷＿＿页。

本建议书一式三份，一份附卷，一份交法院、一份交检察院。

【制作说明】

1. 本文书根据《中华人民共和国刑事诉讼法》第二百七十三条第二款，《公安机关办理刑事案件程序规定》第三百零五条、第三百零六条制定。减刑、假释建议书是刑罚执行机关对符合法定减刑或假释条件的被执行刑罚或管制的罪犯，报请人民法院对其予以减刑或假释时制作使用的文书。

2. 减刑/假释建议书是一式三份的叙述型文书，其由首部、正文和尾部三部分组成。一份报送当地中级以上人民法院，一份送交人民检察院收存，一份由执行机关（看守所或派出所）附卷存档。

3. 减刑/假释建议书首部的内容主要包括文书名称、文书字号两项内容。其中，“文书名称”为选择项，在填写时可根据实际情况进行选择，对不需要的选项用删除线划掉即可。

4. 减刑/假释建议书正文的内容主要包括罪犯的基本情况、罪犯在服刑期间悔改或立功的事实情况和法律依据。在填写时要注意：

（1）在填写“罪犯的基本情况”时，要将罪犯的姓名、性别、出生日期、民族、住址、罪名以及审判的人民法院名称、判决书的制作时间、判决书的文书字号、刑罚的种类及期限、罪犯已经执行刑罚的时间等内容填写清楚。

（2）在填写“罪犯在服刑期间悔改或立功的事实情况和法律依据”时，一般以“先概括，再具体，后总结”的方法进行叙述。具体来说，先概括叙述犯罪分子在服刑期间“确有悔改或立功”的表现情况。随后，可对照《中华人民共和国刑法》第七十八条、第八十一条规定的条件，对犯罪分子在服刑期间的“悔改或立功”事例进行具体叙述，说明减刑或假释的理由。最后，结合前述具体内容，根据《中华人民共和国刑事诉讼法》第二百七十三条第二款的规定，写明公安机关对犯罪分子减刑或假释的具体意见。

5. 减刑/假释建议书尾部的内容主要包括文书送达的机关、执行机关印章、文书制作日期及附注。在填写时要注意：

（1）在填写“文书送达的机关”时，要填写为报请的人民法院全称，一般为执行机关所在地中级以上人民法院。

（2）在填写“附注”时，写明随“减刑/假释建议书”附送的档案情况。

【法律依据】

《中华人民共和国刑事诉讼法》（2018 年 10 月 26 日）

第二百七十三条第二款 被判处管制、拘役、有期徒刑或者无期徒刑的罪犯，在执行期间确有悔改或者立功表现，应当依法予以减刑、假释的时候，由执行机关提出建议书，报请人民法院审核裁定，并将建议书副本抄送人民检察院。人民检察院可以向人民法院提出书面意见。

《公安机关办理刑事案件程序规定》（2020 年 7 月 20 日）

第三百零五条 对依法留看守所执行刑罚的罪犯，符合减刑条件的，由看守所制作减刑建议书，经设区的市一级以上公安机关审查同意后，报请所在地中级以上人民法院审核裁定。

第三百零六条 对依法留看守所执行刑罚的罪犯，符合假释条件的，由看守所制作假释建议书，经设区的市一级以上公安机关审查同意后，报请所在地中级以上人民法院审核裁定。

《中华人民共和国刑法》（2020 年 12 月 26 日）

第七十八条 被判处管制、拘役、有期徒刑、无期徒刑的犯罪分子，在执行期间，如果认真遵守监规，接受教育改造，确有悔改表现的，或者有立功表现的，可以减刑；有下列重大立功表现之一的，应当减刑：

（一）阻止他人重大犯罪活动的；

（二）检举监狱内外重大犯罪活动，经查证属实的；

（三）有发明创造或者重大技术革新的；

（四）在日常生产、生活中舍己救人的；

（五）在抗御自然灾害或者排除重大事故中，有突出表现的；

（六）对国家和社会有其他重大贡献的。

减刑以后实际执行的刑期不能少于下列期限：

（一）判处管制、拘役、有期徒刑的，不能少于原判刑期的二分之一；

（二）判处无期徒刑的，不能少于十三年；

（三）人民法院依照本法第五十条第二款规定限制减刑的死刑缓期执行的犯罪分子，缓期执行期满后依法减为无期徒刑的，不能少于二十五年，缓期执行期满后依法减为二十五年有期徒刑的，不能少于二十年。

第八十一条 被判处有期徒刑的犯罪分子，执行原判刑期二分之一以上，被判处无期徒刑的犯罪分子，实际执行十三年以上，如果认真遵守监规，接受教育改造，确有悔改表现，没有再犯罪的危险的，可以假释。如果有特殊情况，经最高人民法院核准，可以不受上述执行刑期的限制。

对累犯以及因故意杀人、强奸、抢劫、绑架、放火、爆炸、投放危险物质或者有组织的暴力性犯罪被判处十年以上有期徒刑、无期徒刑的犯罪分子，不得假释。

对犯罪分子决定假释时，应当考虑其假释后对所居住社区的影响。

【文书范例】

减刑/假释建议书

×公减/假字〔20××〕61号

罪犯徐××（性别男，出生日期19××年×月×日，民族汉，住址××市××县××乡××村××号），因盗窃罪，被××市××县人民法院于20××年7月22日以××字〔20××〕236号刑事判决书判处有期徒刑一年，于20××年7月23日由我单位执行，现已执行六个月。

该犯在服刑期间，确有悔改（立功）表现，具体事实如下：

罪犯徐××一贯遵守法规，积极参加政治、文化、技术学习，积极参加劳动，完成劳动任务，确有悔改表现。

20××年11月5日，罪犯徐××检举李××曾在××市××县××路抢劫一中年妇女钱包。并在××市××县公安局立案侦查后，协助公安局抓获犯罪嫌疑人李××，李××对自己所犯罪行也供认不讳。

综上所述，根据《中华人民共和国刑事诉讼法》第二百七十三条第二款之规定，建议对罪犯徐××予以减刑三个月，特提请审核裁定。

此致

××市中级人民法院

执行机关（印）

二〇××年一月二十二日

附：罪犯徐××档案1卷48页。

本建议书一式三份，一份附卷，一份交法院、一份交检察院。

88. 假释证明书

* * *看守所

假释证明书

（存 根）

×看假释字〔 〕 号

罪　　犯＿＿＿＿＿＿＿＿＿＿＿＿＿＿＿ 男/女

出生日期＿＿＿＿＿＿＿＿＿＿＿＿＿＿＿＿＿＿

住　　址＿＿＿＿＿＿＿＿＿＿＿＿＿＿＿＿＿＿

罪　　名＿＿＿＿＿＿＿＿＿＿＿＿＿＿＿＿＿＿

原判法院＿＿＿＿＿＿＿＿＿＿＿＿＿＿＿＿＿＿

原判刑期
起止时间＿＿＿＿＿＿＿＿＿＿＿＿＿＿＿＿＿＿

剥夺政治权利
起止时间＿＿＿＿＿＿＿＿＿＿＿＿＿＿＿＿＿＿

假释考验期＿＿＿＿＿＿＿＿＿＿＿＿＿＿＿＿＿

裁定机关＿＿＿＿＿＿＿＿＿＿＿＿＿＿＿＿＿＿

执行机关＿＿＿＿＿＿＿＿＿＿＿＿＿＿＿＿＿＿

承 办 人＿＿＿＿＿＿＿＿＿＿＿＿＿＿＿＿＿＿

填发时间＿＿＿＿＿＿＿＿＿＿＿＿＿＿＿＿＿＿

填 发 人＿＿＿＿＿＿＿＿＿＿＿＿＿＿＿＿＿＿

＊＊＊看守所

假释证明书

（副 本）

×看假释字〔 〕 号

罪犯________（性别____，出生日期________，住址________________）因犯________罪于____年____月____日被________人民法院判处________，剥夺政治权利自____年____月____日至____年____月____日，在执行期间由________人民法院裁定假释，假释考验期自____年____月____日起至____年____月____日。现予以假释，特此证明。

被宣告假释的犯罪分子，应当遵守下列规定：

（一）遵守法律、行政法规，服从监督；（二）按照监督机关的规定报告自己的活动情况；（三）遵守监督机关关于会客的规定；（四）离开所居住的市、县或者迁居，应当报经监督机关批准；（五）附加剥夺政治权利的假释罪犯还必须遵守有关被剥夺政治权利的罪犯应当遵守的规定；（六）遵守社区矫正机构制定的具体监督管理措施。

看守所（印）

年 月 日

本证明书已收到。

被假释罪犯： （捺指印）

年 月 日

此联附卷

*****看守所**

假释证明书

×看假释字〔　　〕　　号

罪犯________（性别____，出生日期________，住址________________________）因犯__________罪于______年____月____日被________人民法院判处______________，剥夺政治权利自______年____月____日至______年____月____日，在执行期间由____________人民法院裁定假释，假释考验期自______年____月____日起至______年____月____日。现予以假释，特此证明。

被宣告假释的犯罪分子，应当遵守下列规定：

（一）遵守法律、行政法规，服从监督；（二）按照监督机关的规定报告自己的活动情况；（三）遵守监督机关关于会客的规定；（四）离开所居住的市、县或者迁居，应当报经监督机关批准；（五）附加剥夺政治权利的假释罪犯还必须遵守有关被剥夺政治权利的罪犯应当遵守的规定；（六）遵守社区矫正机构制定的具体监督管理措施。

看守所（印）

年　　月　　日

此联交被假释罪犯

*****看守所**

假释证明书

×看假释字〔　　〕　　号

罪犯________________（性别____，出生日期________________，住址____）因犯____________________罪于______年____月____日被__________________人民法院判处__________________________，剥夺政治权利自______年____月____日至______年____月____日，在执行期间由__________________________人民法院裁定假释，假释考验期自______年____月____日起至______年____月____日。现予以假释，特此证明。

被宣告假释的犯罪分子，应当遵守下列规定：

（一）遵守法律、行政法规，服从监督；（二）按照监督机关的规定报告自己的活动情况；（三）遵守监督机关关于会客的规定；（四）离开所居住的市、县或者迁居，应当报经监督机关批准；（五）附加剥夺政治权利的假释罪犯还必须遵守有关被剥夺政治权利的罪犯应当遵守的规定；（六）遵守社区矫正机构制定的具体监督管理措施。

看守所（印）

年　　月　　日

此联交社区矫正机构

【制作说明】

1. 本文书根据《中华人民共和国刑法》第八十一条、《看守所留所执行刑罚罪犯管理办法》第三十七条制定。假释证明书是刑罚执行机关向被假释的罪犯出具的证明身份和法律地位的文书。

2. 假释证明书是多联式填空型文书，其由交被假释罪犯联、交社区矫正机构联、附卷联和存根联四部分组成。其中，交被假释罪犯联是证明被假释罪犯身份的凭证，交社区矫正机构联是罪犯被假释的证明，附卷联是已向罪犯送达被假释身份证明的凭证，存根用于公安机关留存备查。

3. 假释证明书交被假释罪犯联的内容主要包括制作机关名称、文书名称、文书字号、罪犯的基本情况、原判决情况、假释情况、被假释罪犯应当遵守的规定、文书制作日期、刑罚执行机关名称及印章等。在填写时要注意：

（1）在填写“罪犯的基本情况”时，要将罪犯姓名、性别、出生日期及住址等内容填写清楚。

（2）在填写“原判决情况和假释情况”时，要根据案件实际情况，将原判决罪名、判决时间、作出判决的人民法院名称、判决刑种及刑期、裁定假释的人民法院名称及假释考验起止时间等内容填写清楚。

（3）对于“被假释罪犯应当遵守的规定”，此部分内容属于文书已印制完成的内容，不需要再另行填写。

4. 假释证明书交社区矫正机构联的内容与填写注意事项和交被假释罪犯联相同。在具体填写时，可参照假释证明书交被假释罪犯联的填写注意事项进行填写。

5. 假释证明书附卷联的内容与填写注意事项和交被假释罪犯联基本相同，但要注意在被假释罪犯联送交被假释罪犯并向其宣读后，由被假释罪犯在附卷联上“本证明书已收到”处签名、捺指印并填写签收时间。

6. 假释证明书存根按照文书印制的内容和顺序依次进行填写即可。

【法律依据】

《中华人民共和国刑法》（2020 年 12 月 26 日）

第八十一条 被判处有期徒刑的犯罪分子，执行原判刑期二分之一以上，被判处无期徒刑的犯罪分子，实际执行十三年以上，如果认真遵守监规，接受教育改造，确有悔改表现，没有再犯罪的危险的，可以假释。如果有特殊情况，经最高人民法院核准，可以不受上述执行刑期的限制。

对累犯以及因故意杀人、强奸、抢劫、绑架、放火、爆炸、投放危险物质或者有组织的暴力性犯罪被判处十年以上有期徒刑、无期徒刑的犯罪分子，不得假释。

对犯罪分子决定假释时，应当考虑其假释后对所居住社区的影响。

《看守所留所执行刑罚罪犯管理办法》（2013 年 11 月 23 日）

第三十七条 看守所收到人民法院假释裁定书后，应当办理罪犯出所手续，发给假释证明书，并于三日内将罪犯的有关材料寄送罪犯居住地的县级司法行政机关。

【文书范例】

* * *看守所

假释证明书

（存 根）

×看假释字〔20××〕53号

罪　　犯 史×× 男/女

出生日期 19××年××月××日

住　　址 ××市××县××路××号

罪　　名 盗窃罪

原判法院 ××市××县人民法院

原判刑期
起止时间 自20××年3月9日至20××年3月8日

剥夺政治权利
起止时间 无

假释考验期 自20××年12月2日至20××年3月8日

裁定机关 ××市中级人民法院

执行机关 ××社区矫正机构

承 办 人 张××、常××

填发时间 20××年12月1日

填 发 人 张××

＊＊＊看守所

假释证明书

（副　本）

×看假释字〔20××〕53号

罪犯史××（性别男，出生日期19××年×月×日，住址××市××县××路××号）因犯盗窃罪于20××年3月8日被××市××县人民法院判处有期徒刑一年，剥夺政治权利自——年——月——日至——年——月——日，在执行期间由××市中级人民法院裁定假释，假释考验期自20××年12月2日起至20××年3月8日。现予以假释，特此证明。

被宣告假释的犯罪分子，应当遵守下列规定：

（一）遵守法律、行政法规，服从监督；（二）按照监督机关的规定报告自己的活动情况；（三）遵守监督机关关于会客的规定；（四）离开所居住的市、县或者迁居，应当报经监督机关批准；（五）附加剥夺政治权利的假释罪犯还必须遵守有关被剥夺政治权利的罪犯应当遵守的规定；（六）遵守社区矫正机构制定的具体监督管理措施。

看守所（印）

二〇××年十二月一日

本证明书已收到。

被假释罪犯：史××（捺指印）

20××年12月1日

此联附卷

＊＊＊看守所

假释证明书

×看假释字〔20××〕53号

罪犯<u>史××</u>（性别<u>男</u>，出生日期<u>19××年×月×日</u>，住址<u>××市××县××路××号</u>）因犯<u>盗窃</u>罪于<u>20××</u>年<u>3</u>月<u>8</u>日被<u>××市××县</u>人民法院判处<u>有期徒刑一年</u>，剥夺政治权利自<u>——</u>年<u>——</u>月<u>——</u>日至<u>——</u>年<u>——</u>月<u>——</u>日，在执行期间由<u>××市中级</u>人民法院裁定假释，假释考验期自<u>20××</u>年<u>12</u>月<u>2</u>日起至<u>20××</u>年<u>3</u>月<u>8</u>日。现予以假释，特此证明。

被宣告假释的犯罪分子，应当遵守下列规定：

（一）遵守法律、行政法规，服从监督；（二）按照监督机关的规定报告自己的活动情况；（三）遵守监督机关关于会客的规定；（四）离开所居住的市、县或者迁居，应当报经监督机关批准；（五）附加剥夺政治权利的假释罪犯还必须遵守有关被剥夺政治权利的罪犯应当遵守的规定；（六）遵守社区矫正机构制定的具体监督管理措施。

看守所（印）

二〇××年十二月一日

此联交被假释罪犯

***看守所

假释证明书

（副　本）

×看假释字〔20××〕53号

罪犯<u>史××</u>（性别<u>男</u>，出生日期<u>19××年×月×日</u>，住址<u>××市××县××路××号</u>）因犯<u>盗窃</u>罪于<u>20××</u>年<u>3</u>月<u>8</u>日被<u>××市××县</u>人民法院判处<u>有期徒刑一年</u>，剥夺政治权利自<u>—</u>年<u>—</u>月<u>—</u>日至<u>—</u>年<u>—</u>月<u>—</u>日，在执行期间由<u>××市中级</u>人民法院裁定假释，假释考验期自<u>20××</u>年<u>12</u>月<u>2</u>日起至<u>20××</u>年<u>3</u>月<u>8</u>日。现予以假释，特此证明。

被宣告假释的犯罪分子，应当遵守下列规定：

（一）遵守法律、行政法规，服从监督；（二）按照监督机关的规定报告自己的活动情况；（三）遵守监督机关关于会客的规定；（四）离开所居住的市、县或者迁居，应当报经监督机关批准；（五）附加剥夺政治权利的假释罪犯还必须遵守有关被剥夺政治权利的罪犯应当遵守的规定；（六）遵守社区矫正机构制定的具体监督管理措施。

看守所（印）

二〇××年十二月一日

此联交社区矫正机构

89. 暂予监外执行决定书

***公安局

暂予监外执行决定书

（存　根）

×公（　　）暂外字〔　　〕　　号

罪　　犯＿＿＿＿＿＿＿＿＿＿＿＿男/女

出生日期＿＿＿＿＿＿＿＿＿＿＿＿

暂予监外
执行原因＿＿＿＿＿＿＿＿＿＿＿＿

起止时间＿＿＿＿＿＿＿＿＿＿＿＿

执行机关＿＿＿＿＿＿＿＿＿＿＿＿

批 准 人＿＿＿＿＿＿＿＿＿＿＿＿

批准时间＿＿＿＿＿＿＿＿＿＿＿＿

办 案 人＿＿＿＿＿＿＿＿＿＿＿＿

办案单位＿＿＿＿＿＿＿＿＿＿＿＿

填发时间＿＿＿＿＿＿＿＿＿＿＿＿

填 发 人＿＿＿＿＿＿＿＿＿＿＿＿

***公安局

暂予监外执行决定书

（副　本）

×公（　）暂外字〔　　　〕　　号

罪犯________，性别___，出生日期________，住址________________________。

因________________________，根据《中华人民共和国刑事诉讼法》第二百六十五条之规定，现决定对罪犯____________自____年___月___日至____年___月___日暂予监外执行，并由________________________执行。

公安局（印）

年　　月　　日

本决定书已收到。

罪犯：　　　　　　　　（捺指印）

年　　月　　日

此联交看守所

***公安局

暂予监外执行决定书

×公（ ）暂外字〔 〕 号

罪犯________，性别______，出生日期________，

住址________________________________。

因________________________________，

根据《中华人民共和国刑事诉讼法》第二百六十五条之规定，现决定对

罪犯________________自______年______月______日至

______年______月______日暂予监外执行，并由________________

________________________执行。

公安局（印）

年 月 日

此联交被暂予监外执行的罪犯

***公安局

暂予监外执行决定书

（副　本）

×公（　）暂外字〔　　　　〕　　号

罪犯________，性别______，出生日期________，

住址________________________________。

因________________________________，

根据《中华人民共和国刑事诉讼法》第二百六十五条之规定，现决定对

罪犯________________自________年______月______日至

________年______月______日暂予监外执行，并由__________

__________________________执行。

公安局（印）

年　　月　　日

此联交社区矫正机构

***公安局

暂予监外执行决定书

（副　本）

×公（　）暂外字〔　　　　〕　号

罪犯________，性别____，出生日期________，

住址________________________。

因________________________，

根据《中华人民共和国刑事诉讼法》第二百六十五条之规定，现决定对

罪犯____________自____年____月____日至

____年____月____日暂予监外执行，并由____________

____________________执行。

公安局（印）

年　　月　　日

此联交检察院

【制作说明】

1. 本文书根据《中华人民共和国刑事诉讼法》第二百六十五条，《公安机关办理刑事案件程序规定》第三百零七条、第三百零八条制定。暂予监外执行决定书是公安机关决定对符合暂予监外执行的罪犯暂予监外执行，并通知执行单位和被暂予监外执行人时制作使用的文书。

2. 暂予监外执行决定书是多联式填空型文书，其由交被暂予监外执行罪犯联、交看守所联、交社区矫正机构联、交人民检察院联和存根五部分组成。其中，交被暂予监外执行罪犯联是公安机关对罪犯决定暂予监外执行的凭证。存根用于公安机关留存备查。

3. 暂予监外执行决定书交被暂予监外执行罪犯联的内容主要包括制作机关名称、文书名称、文书字号、罪犯的基本情况、被暂予监外执行的原因、罪犯姓名、暂予监外执行时间、执行机关、文书制作日期、公安机关名称及印章等。在填写时要注意：

（1）在填写“罪犯的基本情况”时，要将罪犯姓名、性别、出生日期及住址等内容填写清楚。

（2）在填写“被暂予监外执行的原因”时，要根据罪犯暂予监外执行的具体理由，并对照《中华人民共和国刑事诉讼法》第二百六十五条的内容进行填写。一般可填写为“罪犯××正在哺乳自己的婴儿”“罪犯××患有严重心脏病，需要保外就医”等。

（3）在填写“暂予监外执行时间”时，按照批准的暂予监外执行的时间填写即可。

（4）在填写“执行机关”时，填写对罪犯进行暂予监外执行的社区矫正机构名称。

4. 暂予监外执行决定书交看守所联、交社区矫正机构联及交人民检察院联的内容与填写注意事项和交被暂予监外执行罪犯联相同。在具体填写时，可参照假释证明书交被暂予监外执行罪犯联的填写注意事项进行填写。但要注意在交看守所联上，要由被暂予监外执行罪犯在“本决定书已收到”处签名、捺指印并填写签收时间。

5. 暂予监外执行决定书存根按照文书印制的内容和顺序依次进行填写即可。

【法律依据】

《中华人民共和国刑事诉讼法》（2018年10月26日）

第二百六十五条 对被判处有期徒刑或者拘役的罪犯，有下列情形之一的，可以暂予监外执行：

（一）有严重疾病需要保外就医的；

（二）怀孕或者正在哺乳自己婴儿的妇女；

（三）生活不能自理，适用暂予监外执行不致危害社会的。

对被判处无期徒刑的罪犯，有前款第二项规定情形的，可以暂予监外执行。

对适用保外就医可能有社会危险性的罪犯，或者自伤自残的罪犯，不得保外就医。

对罪犯确有严重疾病，必须保外就医的，由省级人民政府指定的医院诊断并开具证明文件。

在交付执行前，暂予监外执行由交付执行的人民法院决定；在交付执行后，暂予监外执行由监狱或者看守所提出书面意见，报省级以上监狱管理机关或者设区的市一级以上公安机关批准。

《公安机关办理刑事案件程序规定》（2020年7月20日）

第三百零七条 对依法留所执行刑罚的罪犯，有下列情形之一的，可以暂予监外执行：

（一）有严重疾病需要保外就医的；

（二）怀孕或者正在哺乳自己婴儿的妇女；

（三）生活不能自理，适用暂予监外执行不致危害社会的。

对罪犯暂予监外执行的，看守所应当提出书面意见，报设区的市一级以上公安机关批准，同时将书面意见抄送同级人民检察院。

对适用保外就医可能有社会危险性的罪犯，或者自伤自残的罪犯，不得保外就医。

对罪犯确有严重疾病，必须保外就医的，由省级人民政府指定的医院诊断并开具证明文件。

第三百零八条 公安机关决定对罪犯暂予监外执行的，应当将暂予监外执行决定书交被暂予监外执行的罪犯和负责监外执行的社区矫正机构，同时抄送同级人民检察院。

【文书范例】

***公安局

暂予监外执行决定书

（存　根）

×公（看）暂外字〔20××〕23号

罪　　犯 蔡×× 男/女

出生日期 19××年×月×日

暂予监外执行原因 患有肺结核

起止时间 自20××年3月2日至20××年7月1日

执行机关 ××市××县××社区

批 准 人 崔××

批准时间 20××年3月1日

办 案 人 钱××、甘××

办案单位 ××市××县公安局刑事侦查大队

填发时间 20××年3月1日

填 发 人 钱××

***公安局

暂予监外执行决定书

（副　本）

×公（看）暂外字〔20××〕23号

罪犯__蔡××__，性别__女__，出生日期__19××年×月×日__，住址__××市××县××路××号__。

因__蔡××患有肺结核，需要保外就医__，根据《中华人民共和国刑事诉讼法》第二百六十五条之规定，现决定对罪犯__蔡××__自__20××__年__3__月__2__日至__20××__年__7__月__1__日暂予监外执行，并由__××市××县××社区__执行。

公安局（印）

二〇××年三月一日

本决定书已收到。

罪犯：蔡××　　（捺指印）

20××年3月1日

此联交看守所

***公安局

暂予监外执行决定书

×公（看）暂外字〔20××〕23号

罪犯 蔡×× ，性别 女 ，出生日期 19××年×月×日 ，住址 ××市××县××路××号 。

因 蔡××患有肺结核，需要保外就医 ，根据《中华人民共和国刑事诉讼法》第二百六十五条之规定，现决定对罪犯 蔡×× 自 20×× 年 3 月 2 日至 20×× 年 7 月 1 日暂予监外执行，并由 ××市××县××社区 执行。

公安局（印）

二〇××年三月一日

此联交被暂予监外执行的罪犯

*****公安局**

暂予监外执行决定书

（副　本）

×公（看）暂外字〔20××〕23号

罪犯<u>蔡××</u>，性别<u>女</u>，出生日期<u>19××年×月×日</u>，住址<u>××市××县××路××号</u>。

因<u>蔡××患有肺结核，需要保外就医</u>，根据《中华人民共和国刑事诉讼法》第二百六十五条之规定，现决定对罪犯<u>蔡××</u>自<u>20××</u>年<u>3</u>月<u>2</u>日至<u>20××</u>年<u>7</u>月<u>1</u>日暂予监外执行，并由<u>××市××县××社区</u>执行。

公安局（印）

二〇××年三月一日

此联交社区矫正机构

＊＊＊公安局

暂予监外执行决定书

（副　本）

×公（看）暂外字〔20××〕23号

罪犯<u>　蔡××　</u>，性别<u>　女　</u>，出生日期<u>　19××年×月×日　</u>，住址<u>　××市××县××路××号　</u>。

因<u>　蔡××患有肺结核，需要保外就医　</u>，根据《中华人民共和国刑事诉讼法》第二百六十五条之规定，现决定对罪犯<u>　蔡××　</u>自<u>　20××　</u>年<u>　3　</u>月<u>　2　</u>日至<u>　20××　</u>年<u>　7　</u>月<u>　1　</u>日暂予监外执行，并由<u>　××市××县××社区　</u>执行。

公安局（印）

二〇××年三月一日

此联交检察院

90. 收监执行通知书

***公安局
收监执行通知书
（存　根）

×公（　）收监字〔　　〕　　号

罪　　犯＿＿＿＿＿＿＿＿＿＿＿＿男/女

出生日期＿＿＿＿＿＿＿＿＿＿＿＿＿＿

住　　址＿＿＿＿＿＿＿＿＿＿＿＿＿＿

收监执行
原　　因＿＿＿＿＿＿＿＿＿＿＿＿＿＿

送往单位＿＿＿＿＿＿＿＿＿＿＿＿＿＿

批 准 人＿＿＿＿＿＿＿＿＿＿＿＿＿＿

批准时间＿＿＿＿＿＿＿＿＿＿＿＿＿＿

办 案 人＿＿＿＿＿＿＿＿＿＿＿＿＿＿

办案单位＿＿＿＿＿＿＿＿＿＿＿＿＿＿

填发时间＿＿＿＿＿＿＿＿＿＿＿＿＿＿

填 发 人＿＿＿＿＿＿＿＿＿＿＿＿＿＿

＊＊＊公安局

收监执行通知书

（副　本）

×公（　）收监字〔　　〕　　号

＿＿＿＿＿＿＿＿＿＿＿＿＿：

因罪犯＿＿＿＿＿＿＿＿（性别＿＿＿，出生日期＿＿＿＿＿＿，住址＿＿＿＿＿＿＿＿＿＿＿＿＿＿＿＿＿＿＿＿＿＿＿＿＿＿＿＿＿）在暂予监外执行期间＿＿＿＿＿＿＿＿＿＿＿＿＿＿＿＿＿＿，根据《中华人民共和国刑事诉讼法》第二百六十八条之规定，决定将其收监执行刑罚。

公安局（印）

年　　月　　日

本通知书已于＿＿＿年＿＿月＿＿日＿＿时向我宣布。

罪犯：　　　　　　　　（捺指印）

罪犯＿＿＿＿＿＿＿已于＿＿＿年＿＿月＿＿日＿＿时被我所收监执行刑罚。

接收民警：　　　　看守所（印）

此联交看守所

＊＊＊公安局

收监执行通知书

×公（ ）收监字〔 〕 号

______________：

因罪犯________（性别____，出生日期________，住址________________________）在暂予监外执行期间________________，根据《中华人民共和国刑事诉讼法》第二百六十八条之规定，决定将其收监执行刑罚。

公安局（印）

年 月 日

此联交社区矫正机构

【制作说明】

1. 本文书根据《中华人民共和国刑事诉讼法》第二百六十八条第一款，《公安机关办理刑事案件程序规定》第三百一十条第一款、第二款制定。收监执行通知书是公安机关对暂予监外执行条件消失且刑期未满的罪犯收监执行，并通知社区矫正机构时制作使用的文书。

2. 收监执行通知书是多联式填空型文书，其由正本、副本和存根三部分组成。其中，收监执行通知书正本是公安机关通知执行机关将暂予监外执行的罪犯收监执行的凭证，此联交由暂予监外执行单位也即社区矫正机构收存。副本是公安机关已将暂予监外执行罪犯收监执行的凭证，此联交看守所存入罪犯管理档案。存根用于公安机关留存备查。

3. 收监执行通知书正本的内容主要包括制作机关名称、文书名称、文书字号、抬头、罪犯的基本情况、收监执行的原因、法律依据、文书制作日期、公安机关名称及印章等。在填写时要注意：

（1）在填写“抬头”时，应填写负责暂予监外执行的社区矫正机构名称。

（2）在填写“罪犯的基本情况”时，要将罪犯姓名、性别、出生日期、住址等内容填写清楚。

（3）在填写“收监执行原因”时，写明暂予监外执行条件消失的原因即可。

4. 收监执行通知书副本的内容与填写注意事项和正本基本相同，但注意在副本上填写“抬头”时，要填写为负责收监执行的看守所名称。同时，要由被收监执行的罪犯在副本上“本通知书已向我宣布”处签名、捺指印并填写宣布时间，由看守所接收民警在“接收栏”处签名、加盖看守所印章并填写接收被收监执行罪犯时间，以上时间要精确到小时。

5. 收监执行通知书存根按照文书印制的内容和顺序依次进行填写即可。

【法律依据】

《中华人民共和国刑事诉讼法》（2018 年 10 月 26 日）

第二百六十八条第一款　对暂予监外执行的罪犯，有下列情形之一的，应当及时收监：

（一）发现不符合暂予监外执行条件的；

（二）严重违反有关暂予监外执行监督管理规定的；

（三）暂予监外执行的情形消失后，罪犯刑期未满的。

《公安机关办理刑事案件程序规定》（2020年7月20日）

第三百一十条第一款、第二款 对暂予监外执行的罪犯，有下列情形之一的，批准暂予监外执行的公安机关应当作出收监执行决定：

（一）发现不符合暂予监外执行条件的；

（二）严重违反有关暂予监外执行监督管理规定的；

（三）暂予监外执行的情形消失后，罪犯刑期未满的。

对暂予监外执行的罪犯决定收监执行的，由暂予监外执行地看守所将罪犯收监执行。

【文书范例】

* * *公安局

收监执行通知书

（存　根）

×公（看）收监字〔20××〕32号

罪　　犯 许×× 男/女

出生日期 19××年×月×日

住　　址 ××市××县××路××号

收监执行
原　　因 疾病已治愈

送往单位 ××市××县××社区矫正机构

批 准 人 张××

批准时间 20××年6月21日

办 案 人 刘××、李××

办案单位 ××市××县公安局刑事侦查大队

填发时间 20××年6月21日

填 发 人 李××

***公安局

收监执行通知书

（副　本）

×公（看）收监字〔20××〕32号

××市××县看守所：

因罪犯许××（性别男，出生日期19××年×月×日，住址××市××县××路××号）在暂予监外执行期间疾病已治愈，根据《中华人民共和国刑事诉讼法》第二百六十八条之规定，决定将其收监执行刑罚。

公安局（印）

二〇××年六月二十一日

本通知书已于20××年6月21日15时向我宣布。

罪犯：许××　　　（捺指印）

罪犯许××已于20××年6月21日17时被我所收监执行刑罚。

接收民警：王××　　　看守所（印）

此联交看守所

＊＊＊公安局

收监执行通知书

×公（看）收监字〔20××〕32号

××市××县看守所：

因罪犯许××（性别男，出生日期19××年×月×日，住址××市××县××路××号）在暂予监外执行期间疾病已治愈，根据《中华人民共和国刑事诉讼法》第二百六十八条之规定，决定将其收监执行刑罚。

公安局（印）

二〇××年六月二十一日

此联交社区矫正机构

91. 准许拘役罪犯回家决定书

***公安局
准许拘役罪犯回家
决定书
（存　根）

×公（　）准回字〔　　〕　　号

罪　　犯＿＿＿＿＿＿＿＿＿＿＿＿男/女

出生日期＿＿＿＿＿＿＿＿＿＿＿＿＿＿

住　　址＿＿＿＿＿＿＿＿＿＿＿＿＿＿

原　　判
人民法院＿＿＿＿＿＿＿＿＿＿＿＿＿＿

罪　　名＿＿＿＿＿＿＿＿＿＿＿＿＿＿

刑　　期＿＿＿＿＿＿＿＿＿＿＿＿＿＿

回家时间＿＿＿＿＿＿＿＿＿＿＿＿＿＿

批 准 人＿＿＿＿＿＿＿＿＿＿＿＿＿＿

批准时间＿＿＿＿＿＿＿＿＿＿＿＿＿＿

填发时间＿＿＿＿＿＿＿＿＿＿＿＿＿＿

填 发 人＿＿＿＿＿＿＿＿＿＿＿＿＿＿

***公安局

准许拘役罪犯回家决定书

（副　本）

×公（　）准回字〔　　〕　　号

罪犯＿＿＿＿＿＿＿＿＿＿，性别＿＿＿，出生日期＿＿＿＿＿＿＿，住址＿＿＿＿＿＿＿＿＿＿＿＿＿＿＿＿＿＿＿＿＿＿＿＿＿。

该罪犯因犯＿＿＿＿＿＿＿＿＿＿＿罪被＿＿＿＿＿＿＿＿＿＿＿＿人民法院判处拘役，刑期自＿＿＿年＿＿月＿＿日至＿＿＿年＿＿月＿＿日，现在＿＿＿＿＿＿＿＿＿＿＿＿＿＿＿＿＿＿＿＿执行。根据《中华人民共和国刑法》第四十三条第二款之规定，决定准许其自＿＿＿＿年＿＿月＿＿日＿＿时至＿＿＿＿年＿＿月＿＿日＿＿时回家＿＿天。

公安局（印）

年　　月　　日

离所时间＿＿＿＿年＿＿月＿＿日＿＿时　　看守所民警：

罪　　犯：

回所时间＿＿＿＿年＿＿月＿＿日＿＿时　　看守所民警：

罪　　犯：

此联交看守所

***公安局

准许拘役罪犯回家决定书

×公（　）准回字〔　　〕　　号

罪犯＿＿＿＿＿＿＿＿＿＿，性别＿＿＿，出生日期＿＿＿＿＿＿，住址＿＿＿＿＿＿＿＿＿＿＿＿＿＿＿＿＿＿＿＿＿＿＿＿＿＿＿。

该罪犯因犯＿＿＿＿＿＿＿＿＿＿＿罪被＿＿＿＿＿＿＿＿＿＿＿人民法院判处拘役，刑期自＿＿＿＿年＿＿月＿＿日至＿＿＿年＿＿月＿＿日，现在＿＿＿＿＿＿＿＿＿＿＿＿＿＿＿＿＿＿＿＿＿＿＿执行。根据《中华人民共和国刑法》第四十三条第二款之规定，决定准许其自＿＿＿＿年＿＿月＿＿日＿＿时至＿＿＿＿年＿＿月＿＿日＿＿时回家＿＿天。

公安局（印）

年　　月　　日

此联交罪犯

＊＊＊公安局

准许拘役罪犯回家决定书

（副　本）

×公（　）准回字〔　　〕　　号

罪犯＿＿＿＿＿＿＿＿＿，性别＿＿＿，出生日期＿＿＿＿＿＿，住址＿＿＿＿＿＿＿＿＿＿＿＿＿＿＿＿＿＿＿＿＿＿＿＿＿＿＿＿＿。

该罪犯因犯＿＿＿＿＿＿＿＿＿＿＿罪被＿＿＿＿＿＿＿＿＿＿＿人民法院判处拘役，刑期自＿＿＿＿年＿＿月＿＿日至＿＿＿年＿＿月＿＿日，现在＿＿＿＿＿＿＿＿＿＿＿＿＿＿＿＿＿＿＿＿＿＿＿执行。根据《中华人民共和国刑法》第四十三条第二款之规定，决定准许其自＿＿＿＿年＿＿月＿＿日＿＿时至＿＿＿＿年＿＿月＿＿日＿＿时回家＿＿天。

公安局（印）

年　　月　　日

此联交检察院

【制作说明】

1. 本文书根据《中华人民共和国刑法》第四十三条第二款、《中华人民共和国刑事诉讼法》第二百六十四条第二款、《看守所留所执行刑罚罪犯管理办法》第五十四条制定。准许拘役罪犯回家决定书是公安机关对于被判处拘役的罪犯，在服刑期间依法准许其离所回家时制作使用的文书。

2. 准许拘役罪犯回家决定书是多联式填空型文书，其由交被拘役罪犯联、交看守所附卷联、交人民检察院联和存根四部分组成。其中，准许拘役罪犯回家决定书交被拘役罪犯联是公安机关准许被判处拘役罪犯回家的凭证。交看守所附卷联是被拘役罪犯被准许离所回家和假期满回所的凭证。交人民检察院联是人民检察院监督公安机关准许被判处拘役罪犯回家的凭证。存根用于公安机关留存备查。

3. 准许拘役罪犯回家决定书交被拘役罪犯联的内容主要包括制作机关名称、文书名称、文书字号、罪犯的基本情况、罪犯被判处刑罚的情况、法律依据、准许被拘役罪犯回家的起止时间、文书制作日期、公安机关名称及印章等。在填写时要注意：

（1）在填写“罪犯的基本情况”时，要将罪犯姓名、性别、出生日期、住址等内容填写清楚。

（2）在填写“罪犯被判处刑罚的情况”时，要写明罪犯被判处罪名、刑期及作出判决的人民法院名称，同时还要写明负责执行被拘役罪犯刑罚的看守所名称。

（3）在填写“准许被拘役罪犯回家的起止时间”时，要注意一般为一至两天，且时间要精确到小时。

4. 准许拘役罪犯回家决定书交看守所附卷联、交人民检察院联的内容与填写注意事项和交被拘役罪犯联基本相同，但注意要由被拘役罪犯在交看守所附卷联附注部分填写离所时间和回所时间并签名，看守所民警也同时签名，时间要精确到小时。

5. 准许拘役罪犯回家决定书存根按照文书印制的内容和顺序依次进行填写即可。

【法律依据】

《中华人民共和国刑法》（2020 年 12 月 26 日）

第四十三条第二款 在执行期间，被判处拘役的犯罪分子每月可以回家一天至两天；参加劳动的，可以酌量发给报酬。

《中华人民共和国刑事诉讼法》（2018 年 10 月 26 日）

第二百六十四条第二款 对被判处死刑缓期二年执行、无期徒刑、有期徒刑的罪犯，由公安机关依法将该罪犯送交监狱执行刑罚。对被判处有期徒刑的罪犯，在被交付执行刑罚前，剩余刑期在三个月以下的，由看守所代为执行。对被判处拘役的罪犯，由公安机关执行。

《看守所留所执行刑罚罪犯管理办法》（2013 年 11 月 23 日）

第五十四条 被判处拘役的罪犯每月可以回家一至二日，由罪犯本人提出申请，管教民警签署意见，经看守所所长审核后，报所属公安机关批准。

92. 刑满释放证明书

＊＊＊看守所

刑满释放证明书

（存 根）

×看释字〔 〕 号

被释放人＿＿＿＿＿＿＿＿＿＿＿＿＿＿男/女

出生日期＿＿＿＿＿＿＿＿＿＿＿＿＿＿＿＿

住 址＿＿＿＿＿＿＿＿＿＿＿＿＿＿＿＿

罪 名＿＿＿＿＿＿＿＿刑种＿＿＿＿＿＿

原判法院＿＿＿＿＿＿＿＿＿＿＿＿＿＿＿＿

原判刑期
起止时间＿＿＿＿＿＿＿＿＿＿＿＿＿＿＿＿

剥夺政治权利
起止时间＿＿＿＿＿＿＿＿＿＿＿＿＿＿＿＿

刑种刑期
变动情况＿＿＿＿＿＿＿＿＿＿＿＿＿＿＿＿

承 办 人＿＿＿＿＿＿＿＿＿＿＿＿＿＿＿＿

填发时间＿＿＿＿＿＿＿＿＿＿＿＿＿＿＿＿

填 发 人＿＿＿＿＿＿＿＿＿＿＿＿＿＿＿＿

＊＊＊看守所

刑满释放证明书

（副　本）

×看释字〔　　〕　　号

兹有＿＿＿＿＿＿＿（性别＿＿，出生日期＿＿＿＿＿＿＿＿，住址＿＿＿＿＿＿＿＿＿＿＿＿＿＿＿＿＿＿＿＿＿＿＿＿＿＿），因犯＿＿＿＿＿＿＿＿＿＿＿＿＿＿罪于＿＿＿年＿＿＿月＿＿＿日被＿＿＿＿＿＿＿＿＿＿＿法院判处＿＿＿＿＿＿＿＿＿＿＿，剥夺政治权利＿＿＿＿年（自＿＿年＿＿月＿＿日至＿＿年＿＿月＿＿日）。在执行期间曾被依法＿＿＿＿＿＿＿＿＿＿＿＿＿＿＿＿＿。现因执行期满，予以释放。特此证明。

看守所（印）

年　　月　　日

本证明书已收到。

被释放人：　　　　　　　（捺指印）

年　　月　　日

此联看守所留存

***看守所
刑满释放证明书

×看释字〔　　〕　　号

兹有________（性别____，出生日期________，住址________________________），因犯________________罪于____年____月____日被____________法院判处____________，剥夺政治权利____年（自____年____月____日至____年____月____日）。在执行期间曾被依法________________。现因执行期满，予以释放。特此证明。

看守所（印）

年　　月　　日

此联交被释放人

【制作说明】

1. 本文书根据《公安机关办理刑事案件程序规定》第三百零三条制定。刑满释放证明书是公安机关在罪犯服刑期满释放时，向其发放的证明文书。

2. 刑满释放证明书是多联式填空型文书，其由正本、副本和存根三部分组成。其中，刑满释放证明书正本是证明罪犯服刑期满被释放的凭证，此联交由被释放罪犯收存。副本是看守所释放罪犯的凭证，此联由看守所收存附卷。存根用于公安机关留存备查。

3. 刑满释放证明书正本的内容主要包括制作机关名称、文书名称、文书字号、被释放罪犯的基本情况、判处刑罚情况、刑罚执行情况、文书制作日期、看守所名称及印章等。在填写时要注意：

（1）在填写“被释放罪犯的基本情况”时，要将罪犯姓名、性别、出生日期、住址等内容填写清楚。

（2）在填写“判处刑罚情况”时，要写明被判处罪名、作出判决的时间及人民法院名称、刑种及刑期等内容。

（3）在填写“刑罚执行情况”时，要根据执行刑罚过程中的实际情况进行填写，如果在执行刑罚过程中，有减刑、假释、暂予监外执行等情况的，根据具体变化情况填写清楚。如果没有变化，则用删除线划去即可。

4. 刑满释放证明书副本的内容与填写注意事项和正本基本相同，但注意要由被释放人在副本上“本证明书已收到”处签名、捺指印并填写签收时间。

5. 刑满释放证明书存根按照文书印制的内容和顺序依次进行填写即可。

【法律依据】

《公安机关办理刑事案件程序规定》（2020 年 7 月 20 日）

第三百零三条 对被判处有期徒刑由看守所代为执行和被判处拘役的罪犯，执行期间如果没有再犯新罪，执行期满，看守所应当发给刑满释放证明书。

七、复议复核文书

93. 刑事复议申请记录

＊＊＊公安局

刑事复议申请记录

申请人____________，性别____________，出生日期________________，身份证件种类及号码____，住址____。

（申请单位__________，地址________________，法定代表人或者主要负责人__________，住址____。）

邮政编码____________________联系电话____________________________

委托代理人__________________联系电话____________________________

作出决定的公安机关____

原决定书名称及文号____

刑事复议请求____

事实与理由____

以上记录经本人核对，与口述一致。

申请人：（签名）

代理人：（签名）

年　　月　　日

记录人：（签名）

【制作说明】

1. 本文书根据《公安机关办理刑事复议复核案件程序规定》第九条第一款、第十一条及第十三条制定。刑事复议申请记录是刑事复议机构工作人员在刑事复议申请人由于情况紧急或者不便书面申请而口头提出行政复议申请时，按照行政复议申请书应当载明的内容，以询问申请人的方式当场制作的文书。

2. 刑事复议申请记录是叙述型文书，是在刑事复议申请人由于情况紧急或者不便书面申请时所使用的文书，其与刑事复议申请书具有相同的法律效果，该文书由复议机关按照立卷规范的要求存入有关卷宗。

3. 刑事复议申请记录的内容主要包括制作机关名称、文书名称、申请人（单位）基本情况、作出决定的公安机关、原决定书（通知书）名称及文号、刑事复议请求、申请刑事复议的事实和理由、申请人及代理人签名栏、文书制作日期、刑事复议机构的记录人签字栏等。在填写时要注意：

（1）在填写“申请人（单位）基本情况”时，写明申请人姓名、性别、出生日期、身份证件种类及号码、住址、邮政编码、联系电话，委托代理人姓名及联系电话。申请人是单位的，写明法人或其他组织的名称、地址、法定代表人或者主要负责人的姓名、住址及联系方式。

（2）在填写“原决定书（通知书）名称及文号”时，将申请人对有异议的由公安机关作出的决定书或通知书名称及文号填写清楚。

（3）在填写“刑事复议请求”时，结合申请人的具体复议请求填写，如要求撤回原不予立案决定，重新作出立案决定等。

（4）在填写“申请刑事复议的事实和理由”时，应当根据申请人口述的具体案件事实和复议的理由客观真实地进行填写。

（5）在填写“申请人及代理人签名栏”及“刑事复议机构的记录人签字栏”时，申请人应当对刑事复议记录核对并确认无误后，签字并捺印。对于“刑事复议机构的记录人签字栏”处，要注意记录人员不少于2人，刑事复议机构参与审核原决定的人员，不得担任刑事复议申请的记录人员。

【法律依据】

《公安机关办理刑事复议复核案件程序规定》（2014年9月13日）

第九条第一款 申请刑事复议，应当书面申请，但情况紧急或者申请人不便提出书面申请的，可以口头申请。

第十一条 申请人口头申请刑事复议的，刑事复议机构工作人员应当按照本规定第十条规定的事项，当场制作刑事复议申请记录，经申请人核对或者向申请人宣读并确认无误后，由申请人签名或者捺指印。

第十三条 刑事复议、复核机构开展下列工作时，办案人员不得少于二人：

（一）接受口头刑事复议申请的；

（二）向有关组织和人员调查情况的；

（三）听取申请人和相关人员意见的。

刑事复议机构参与审核原决定的人员，不得担任刑事复议案件的办案人员。

94. 不予受理刑事复议/复核申请决定书

***公安局
不予受理刑事复议/复核申请决定书

×公刑复（核）不受字〔　　〕　　号

＿＿＿＿＿＿＿＿：

你对＿＿＿＿＿＿＿＿＿＿＿＿不服，于＿＿＿年＿＿＿月＿＿＿日向本机关申请刑事复议/复核。经审查，本机关认为：＿＿。根据《公安机关办理刑事复议复核案件程序规定》第十五条/第十六条/第二十六条的规定，决定不予受理。

年　　月　　日

（公安机关印章或者刑事复议、复核专用章）

一式三份，申请人、办案部门或者复议机关各一份，一份附卷。

【制作说明】

1. 本文书根据《公安机关办理刑事复议复核案件程序规定》第十四条、第十五条、第十六条及第二十六条制定。不予受理刑事复议/复核申请决定书是公安机关对刑事复议、复核申请人提交的申请审查后，认为该申请不符合相关受理条件而决定不予受理时制作使用的文书。

2. 不予受理刑事复议/复核申请决定书是填空型文书，该文书应当一式三份，申请人、办案部门各执一份，一份由公安机关附卷。

3. 不予受理刑事复议/复核申请决定书的内容主要包括制作机关名称、文书名称、文书字号、抬头、原决定或通知的相关内容、申请刑事复议或复核的时间、不予受理的事实和理由、法律依据、文书制作日期及加盖公安机关印章或者刑事复议专用章等。在填写时要注意：

（1）在填写“抬头”时，写明申请人姓名或申请单位名称。此处需要注意该文书不适用移送案件的行政机关对不予立案决定不服而申请刑事复议的情形。

（2）在填写“原决定书或通知书的相关内容”时，将申请人对有异议的由公安机关作出的决定书或通知书名称、文号、类别、作出决定的时间和公安机关名称填写清楚。

（3）在填写“不予受理的事实和理由”时，先结合申请刑事复议、复核事项的实际情况进行填写即可。

（4）在填写“法律依据”时，可根据案件实际情况选择适用《公安机关办理刑事复议复核案件程序规定》第十五条、第十六条及第二十六条的规定。

（5）在填写“文书制作日期”时，填写批准人批准作出不予受理刑事复议、复核申请决定的时间即可。

4. 公安机关不予受理刑事复议、复核申请应当在决定后3个工作日以内书面通知刑事复议、复核申请人。

【法律依据】

《公安机关办理刑事复议复核案件程序规定》（2014年9月13日）

第十四条 刑事复议、复核机构收到刑事复议、复核申请后，应当对申请是否同时符合下列条件进行初步审查：

（一）属于本机关受理；

（二）申请人具有法定资格；

（三）有明确的刑事复议、复核请求；

（四）属于刑事复议、复核的范围；

（五）在规定期限内提出；

（六）所附材料齐全。

第十五条 刑事复议、复核机构应当自收到刑事复议、复核申请之日起五个工作日以内分别作出下列处理：

（一）符合本规定第十四条规定条件的，予以受理；

（二）不符合本规定第十四条规定条件的，不予受理。不属于本机关受理的，应当告知申请人向有权受理的公安机关提出；

（三）申请材料不齐全的，应当一次性书面通知申请人在五个工作日以内补充相关材料，刑事复议、复核时限自收到申请人的补充材料之日起计算。

公安机关作出刑事复议、复核决定后，相关人员就同一事项再次申请刑事复议、复核的，不予受理。

第十六条 收到控告人对不予立案决定的刑事复议、复核申请后，公安机关应当对控告人是否就同一事项向检察机关提出控告、申诉进行审核。检察机关已经受理控告人对同一事项的控告、申诉的，公安机关应当决定不予受理；公安机关受理后，控告人就同一事项向检察机关提出控告、申诉，检察机关已经受理的，公安机关应当终止刑事复议、复核程序。

第二十六条 刑事复议、复核决定作出前，申请人要求撤回申请的，应当书面申请并说明理由。刑事复议、复核机构允许申请人撤回申请的，应当终止刑事复议、复核程序。但具有下列情形之一的，不允许申请人撤回申请，并告知申请人：

（一）撤回申请可能损害国家利益、公共利益或者他人合法权益的；

（二）撤回申请不是出于申请人自愿的；

（三）其他不允许撤回申请的情形。

公安机关允许申请人撤回申请后，申请人以同一事实和理由重新提出申请的，不予受理。

《行政执法机关移送涉嫌犯罪案件的规定》（2020年8月7日）

第九条第二款 作出不予立案决定的公安机关应当自收到行政执法机关提请复议的文件之日起3日内作出立案或者不予立案的决定，并书面通知移送案件的行政执法机关。移送案件的行政执法机关对公安机关不予立案的复议决定仍有异议的，应当自收到复议决定通知书之日起3日内建议人民检察院依法进行立案监督。

【文书范例】

*****公安局**

不予受理刑事复议申请决定书

×公刑复不受字〔20××〕26号

张××：

你对 20××年×月×日本机关作出的×公（刑）不立字〔20××〕36号不予立案决定 不服，于 20×× 年 8 月 3 日向本机关申请刑事复议。经审查，本机关认为： 申请人已就该事项向××人民检察院提出申诉，且××人民检察院已受理 。根据《公安机关办理刑事复议复核案件程序规定》 第十六条 的规定，决定不予受理。

二〇××年八月六日

（公安机关印章或者刑事复议、复核专用章）

一式三份，申请人、办案部门或者复议机关各一份，一份附卷。

95. 刑事复议/复核申请补充材料通知书

＊＊＊公安局

刑事复议/复核申请补充材料通知书

×公刑复（核）补字〔　　〕　　号

________：

你对________________________________不服，于______年______月______日向本机关申请刑事复议/复核。经审查，本机关认为：该刑事复议/复核申请________________________________。根据《公安机关办理刑事复议复核案件程序规定》第十五条的规定，请自收到本通知书之日起五个工作日以内补充以下材料：____。刑事复议/复核时限自收到申请人补齐材料之日起计算。

年　　月　　日

（公安机关印章或者刑事复议、复核专用章）

一式两份，一份交申请人，一份附卷。

【制作说明】

1. 本文书是根据《公安机关办理刑事复议复核案件程序规定》第十二条、第十四条、第十五条第一款制定。刑事复议/复核申请补充材料通知书是公安机关在刑事复议、复核申请人所提供的刑事复议、复核申请材料不齐全或复议、复核请求不明确的情况下，通知其补充相关材料或明确复议、复核请求时制作使用的文书。

2. 刑事复议/复核申请补充材料通知书是填空型文书，该文书应当一式两份，一份交申请人，一份由公安机关附卷。

3. 刑事复议/复核申请补充材料通知书的内容主要包括制作机关名称、文书名称、文书字号、抬头、原决定书或通知书的相关内容、申请刑事复议或复核的时间、补充材料的理由、需要补充材料的内容、文书制作日期及加盖公安机关印章或者刑事复议、复核专用章等。在填写时要注意：

（1）在填写“抬头”时，写明申请人姓名或申请单位名称。

（2）在填写“原决定书或通知书的相关内容”时，将申请人对有异议的由公安机关作出的决定书或通知书名称、文号、类别、作出决定的时间和公安机关名称填写清楚。

（3）在填写“补充材料的理由”时，将未按规定提供相关材料或者刑事复议、复核请求不明确的情形填写清楚即可。

（4）在填写“需要补充材料的内容”时，要根据案件实际情况将需要补充的材料内容、名称填写清楚，并一次性告知申请人。

【法律依据】

《公安机关办理刑事复议复核案件程序规定》（2014 年 9 月 13 日）

第十二条 申请刑事复议、复核时，申请人应当提交下列材料：

（一）原决定书、通知书的复印件；

（二）申请刑事复核的还应当提交复议决定书复印件；

（三）申请人的身份证明复印件；

（四）诉讼代理人提出申请的，还应当提供当事人的委托书；

（五）辩护律师提出申请的，还应当提供律师执业证书复印件、律师事务所证明和委托书或者法律援助公函等材料；

（六）申请人自行收集的相关事实、证据材料。

第十四条 刑事复议、复核机构收到刑事复议、复核申请后，应当对申请是否同时符合下列条件进行初步审查：

（一）属于本机关受理；

（二）申请人具有法定资格；

（三）有明确的刑事复议、复核请求；

（四）属于刑事复议、复核的范围；

（五）在规定期限内提出；

（六）所附材料齐全。

第十五条第一款 刑事复议、复核机构应当自收到刑事复议、复核申请之日起五个工作日以内分别作出下列处理：

（一）符合本规定第十四条规定条件的，予以受理；

（二）不符合本规定第十四条规定条件的，不予受理。不属于本机关受理的，应当告知申请人向有权受理的公安机关提出；

（三）申请材料不齐全的，应当一次性书面通知申请人在五个工作日以内补充相关材料，刑事复议、复核时限自收到申请人的补充材料之日起计算。

96. 中止刑事复议/复核通知书

***公安局

中止刑事复议/复核通知书

×公刑复（核）中字〔　　〕　　号

____________：

你对________________________不服，提出的刑事复议/复核申请，本机关已经于____________依法受理。经审查，因____________________________，根据《公安机关办理刑事复议复核案件程序规定》第三十一条的规定，决定中止刑事复议/复核。

年　　月　　日

（公安机关印章或者刑事复议、复核专用章）

一式三份，申请人、办案部门或者复议机关各一份，一份附卷。

【制作说明】

1. 本文书根据《公安机关办理刑事复议复核案件程序规定》第三十一条制定。中止刑事复议/复核通知书是公安机关在办理刑事复议、复核案件期间，出现中止复议、复核的特殊情形，通知刑事复议、复核申请人、办案部门或者刑事复议机构中止刑事复议、复核时所制作使用的文书。

2. 中止刑事复议/复核通知书是填空型文书，该文书应当一式三份，申请人、办案部门或刑事复议机构各执一份，一份附卷保存。

3. 中止刑事复议/复核通知书的内容主要包括制作机关名称、文书名称、文书字号、抬头、原决定书或通知书的相关内容、受理刑事复议、复核时间、中止刑事复议或复核的事由、文书制作日期及加盖公安机关印章或者刑事复议、复核专用章等。在填写时要注意：

（1）在填写"抬头"时，写明申请人姓名或申请单位名称。

（2）在填写"原决定书或通知书的相关内容"时，将申请人对有异议的由公安机关作出的决定书或通知书名称、文号、类别、作出决定的时间和公安机关名称填写清楚。

（3）在填写"中止刑事复议、复核的事由"时，要根据《公安机关办理刑事复议复核案件程序规定》第三十一条规定的情形，并结合案件具体情况进行填写，如"无法找到有关当事人张××"等。

【法律依据】

《公安机关办理刑事复议复核案件程序规定》（2014年9月13日）

第三十一条　刑事复议、复核期间，有下列情形之一的，经刑事复议、复核机构负责人批准，可以中止刑事复议、复核，并书面告知申请人：

（一）案件涉及专业问题，需要有关机关或者专业机构作出解释或者确认的；

（二）无法找到有关当事人的；

（三）需要等待鉴定意见的；

（四）其他应当中止复议、复核的情形。

中止事由消失后，刑事复议、复核机构应当及时恢复刑事复议、复核，并书面告知申请人。

【文书范例】

＊＊＊公安局

中止刑事复议通知书

×公刑复中字〔20××〕18号

刘××：

你对20××年×月×日××公安机关作出的×公（刑）不立字〔20××〕45号不予立案决定不服，提出的刑事复议申请，本机关已经于20××年9月13日依法受理。经审查，因案件有关当事人张××无法找到，根据《公安机关办理刑事复议复核案件程序规定》第三十一条的规定，决定中止刑事复议。

二〇××年九月二十二日

（公安机关印章或者刑事复议、复核专用章）

一式三份，申请人、办案部门或者复议机关各一份，一份附卷。

97. 延长刑事复议/复核期限通知书

＊＊＊公安局

延长刑事复议/复核期限通知书

×公刑复（核）延字〔　　〕　　号

________：

你对________________________________不服，提出的刑事复议/复核申请，本机关已经于__________依法受理。经审查，因案情重大、复杂，根据《公安机关办理刑事复议复核案件程序规定》第三十条的规定，决定延长刑事复议/复核期限____日，复议/复核期限截止至________________。

年　　月　　日

（公安机关印章或者刑事复议、复核专用章）

一式三份，申请人、办案部门或者复议机关各一份，一份附卷。

【制作说明】

1. 本文书根据《公安机关办理刑事复议复核案件程序规定》第三十条制定。延长刑事复议/复核期限通知书是对于控告人对不予立案决定申请刑事复议、复核的案件，因案件案情重大、复杂需要延长案件办理期限的，公安机关作出延长复议、复核期限后，通知申请人、办案部门或复议机构时所制作使用的文书。

2. 延长刑事复议/复核期限通知书是填空型文书，该文书应当一式三份，申请人、办案部门或刑事复议机构各执一份，一份附卷保存。

3. 延长刑事复议/复核期限通知书的内容主要包括制作机关名称、文书名称、文书字号、抬头、原决定书或通知书的相关内容、受理刑事复议或复核时间、延长刑事复议或复核期限的理由、延长刑事复议或复核的期限、延长后有关期限的截止日期、文书制作日期及加盖公安机关印章或者刑事复议、复核专用章等。在填写时要注意：

（1）在填写“抬头”时，写明申请人姓名或申请单位名称。

（2）在填写“原决定书或通知书的相关内容”时，将申请人对有异议的由公安机关作出的决定书或通知书名称、文号、类别、作出决定的时间和公安机关名称填写清楚。

（3）在填写“延长刑事复议、复核的期限”时，要注意延长时限不得超过30日。

【法律依据】

《公安机关办理刑事复议复核案件程序规定》（2014 年 9 月 13 日）

第三十条 控告人对不予立案决定申请刑事复议、复核的，公安机关应当在收到申请后三十日以内作出决定并书面告知申请人。

案情重大、复杂的，经刑事复议、复核机构负责人批准，可以延长，但是延长时限不得超过三十日，并书面告知申请人。

98. 终止刑事复议/复核程序通知书

* * *公安局

终止刑事复议/复核程序通知书

×公刑复（核）终字〔　　〕　　号

________：

你对________________________________不服，提出的刑事复议/复核申请，本机关已经于____________依法受理。经审查，因____，根据《公安机关办理刑事复议复核案件程序规定》____________的规定，决定终止刑事复议/复核程序。

年　　月　　日

（公安机关印章或者刑事复议、复核专用章）

一式三份，申请人、办案部门或者复议机关各一份，一份附卷。

【制作说明】

1. 本文书根据《公安机关办理刑事复议复核案件程序规定》第十六条、第二十六条第一款制定。终止刑事复议/复核程序通知书是公安机关在办理刑事复议、复核案件期间，因出现终止复议、复核事由而决定终止刑事复议、复核程序时，用以通知刑事复议、复核申请人、办案部门或者刑事复议机构所制作使用的文书。

2. 终止刑事复议/复核程序通知书是填空型文书，该文书应当一式三份，申请人、办案部门或刑事复议机构各执一份，一份附卷保存。

3. 终止刑事复议/复核程序通知书的内容主要包括制作机关名称、文书名称、文书字号、抬头、原决定书或通知书的相关内容、受理刑事复议或复核时间、终止刑事复议或复核程序的事由、法律依据、文书制作日期及加盖公安机关印章或者刑事复议、复核专用章等。在填写时要注意：

（1）在填写“抬头”时，写明申请人姓名或申请单位名称。

（2）在填写“原决定书或通知书的相关内容”时，将申请人对有异议的由公安机关作出的决定书或通知书名称、文号、类别、作出决定的时间和公安机关名称填写清楚。

（3）在填写“终止刑事复议、复核程序的事由”时，可以根据案件的实际情况，选择填写“已就同一事项向检察机关提出申诉、控告”或者“申请人撤回申请”这两项内容。

（4）在填写“法律依据”时，根据案件实际情况，选择适用《公安机关办理刑事复议复核案件程序规定》第十六条或者第二十六条第一款。

4. 公安机关终止刑事复议、复核程序的，应当在作出决定后3个工作日以内书面通知刑事复议、复核申请人。

【法律依据】

《公安机关办理刑事复议复核案件程序规定》（2014年9月13日）

第十六条 收到控告人对不予立案决定的刑事复议、复核申请后，公安机关应当对控告人是否就同一事项向检察机关提出控告、申诉进行审核。检察机关已经受理控告人对同一事项的控告、申诉的，公安机关应当决定不予受理；公安机关受理后，控告人就同一事项向检察机关提出控告、申诉，检察机关已经受理的，公安机关应当终止刑事复议、复核程序。

第二十六条第一款 刑事复议、复核决定作出前，申请人要求撤回申请的，应当书面申请并说明理由。刑事复议、复核机构允许申请人撤回申请的，应当终止刑事复议、复核程序。但具有下列情形之一的，不允许申请人撤回申请，并告知申请人：

（一）撤回申请可能损害国家利益、公共利益或者他人合法权益的；

（二）撤回申请不是出于申请人自愿的；

（三）其他不允许撤回申请的情形。

99. 刑事复议决定书

＊＊＊公安局

刑事复议决定书

×公刑复字〔　　〕　　号

申请人________，性别______，出生日期________，住址________________。

（申请人________，地址________，法定代表人或者主要负责人________，住址________。）

(申请人) 对本局________________决定书不服并申请复议。经审查，认为____，根据《公安机关办理刑事复议复核案件程序规定》______的规定，决定________________。

如不服本决定，可以自收到本决定之日起__________日以内，向________________申请复核。（驳回申请回避决定、对行政机关移送案件不予立案决定不填写此项）

年　　月　　日

（公安机关印章或者刑事复议、复核专用章）

一式三份，申请人、办案部门各一份，一份附卷。

【制作说明】

1. 本文书是根据《中华人民共和国刑事诉讼法》第三十一条第三款、第一百一十二条，《公安机关办理刑事案件程序规定》第三十七条、第九十九条第一款、第一百零四条第一款、第一百八十一条，《公安机关办理刑事复议复核案件程序规定》第六条、第三十二条、第三十三条第一款、第二款制定。刑事复议决定书是公安机关在刑事案件办理过程中，对案件当事人及其法定代理人提请复议的事项作出复议决定时制作使用的文书。

2. 刑事复议决定书是填空型文书，该文书应当一式三份，申请人、办案部门各执一份，一份附卷。

3. 刑事复议决定书的内容主要包括制作机关名称、文书名称、文书字号、申请人基本情况、原决定文书号、审查认定的事实、法律依据、复议决定结果、告知复核权利、文书制作日期及加盖公安机关印章或者刑事复议专用章等等。在填写时要注意：

（1）在填写“申请人基本情况”时，写明申请人姓名、性别、出生日期、住址。申请人是单位的，写明单位名称、地址、法定代表人或者主要负责人的姓名及住址等。

（2）在填写“审查认定的事实”时，可根据《公安机关办理刑事复议复核案件程序规定》第三十二条或者第三十三条规定，并结合对申请人申请刑事复议的相关事实的审查认定情况进行填写即可。

（3）在填写“法律依据”时，根据案件的具体情况及复议决定结果的种类，选择适用《公安机关办理刑事复议复核案件程序规定》第三十二条或者第三十三条规定。

（4）在填写“告知复核权利”时，即要告知申请人如果不服本决定，可在规定时间内向上一级公安机关申请复核的权利。但是要注意，根据申请刑事复议事项的不同，告知的内容也要有所区别。具体来说，一是对没收保证金、对保证人罚款的复议决定不服的，申请人可在收到复议决定 5 日以内向上一级公安机关申请复核。二是对不予立案的复议决定不服的，申请人可在收到复议决定 7 日以内向上一级公安机关申请复核。但要注意对驳回申请回避决定、对行政机关移送案件不予立案决定只能申请复议，不能申请复核，即对于这两类复议的决定不用告知申请人复核的权利。

【法律依据】

《中华人民共和国刑事诉讼法》（2018年10月26日）

第三十一条第三款 对驳回申请回避的决定，当事人及其法定代理人可以申请复议一次。

第一百一十二条 人民法院、人民检察院或者公安机关对于报案、控告、举报和自首的材料，应当按照管辖范围，迅速进行审查，认为有犯罪事实需要追究刑事责任的时候，应当立案；认为没有犯罪事实，或者犯罪事实显著轻微，不需要追究刑事责任的时候，不予立案，并且将不立案的原因通知控告人。控告人如果不服，可以申请复议。

《公安机关办理刑事案件程序规定》（2020年7月20日）

第三十七条 当事人及其法定代理人对驳回申请回避的决定不服的，可以在收到驳回申请回避决定书后五日以内向作出决定的公安机关申请复议。

公安机关应当在收到复议申请后五日以内作出复议决定并书面通知申请人。

第九十九条第一款 公安机关在宣读没收保证金决定书时，应当告知如果对没收保证金的决定不服，被取保候审人或者其法定代理人可以在五日以内向作出决定的公安机关申请复议。公安机关应当在收到复议申请后七日以内作出决定。

第一百零四条第一款 决定对保证人罚款的，应当报经县级以上公安机关负责人批准，制作对保证人罚款决定书，在三日以内送达保证人，告知其如果对罚款决定不服，可以在收到决定书之日起五日以内向作出决定的公安机关申请复议。公安机关应当在收到复议申请后七日以内作出决定。

第一百八十一条 移送案件的行政执法机关对不予立案决定不服的，可以在收到不予立案通知书后三日以内向作出决定的公安机关申请复议；公安机关应当在收到行政执法机关的复议申请后三日以内作出决定，并书面通知移送案件的行政执法机关。

《公安机关办理刑事复议复核案件程序规定》（2014年9月13日）

第六条 在办理刑事案件过程中，下列相关人员可以依法向作出决定的公安机关提出刑事复议申请：

（一）对驳回申请回避决定不服的，当事人及其法定代理人、诉讼代理人、辩护律师可以提出；

（二）对没收保证金决定不服的，被取保候审人或者其法定代理人可以提出；

（三）保证人对罚款决定不服的，其本人可以提出；

（四）对不予立案决定不服的，控告人可以提出；

（五）移送案件的行政机关对不予立案决定不服的，该行政机关可以提出。

第三十二条 原决定或者刑事复议决定认定的事实清楚、证据充分、依据准确、程序合法的，公安机关应当作出维持原决定或者刑事复议决定的复议、复核决定。

第三十三条第一款 原决定或者刑事复议决定认定的主要事实不清、证据不足、依据错误、违反法定程序、超越职权或者滥用职权的，公安机关应当作出撤销、变更原决定或者刑事复议决定的复议、复核决定。

第三十三条第二款 经刑事复议，公安机关撤销原驳回申请回避决定、不予立案决定的，应当重新作出决定；撤销原没收保证金决定、对保证人罚款决定的，应当退还保证金或者罚款；认为没收保证金数额、罚款数额明显不当的，应当作出变更原决定的复议决定，但不得提高没收保证金、罚款的数额。

【文书范例】

***公安局
刑事复议决定书

×公刑复字〔20××〕16号

申请人 王×× ，性别 男 ，出生日期 19××年×月×日 ，住址 ××省××市××县××小区××单元 。

王×× 对本局 ×公（刑）不立字〔20××〕45号 决定书不服并申请复议。经审查，认为 王××于20××年×月×日向我局报案称其邻居刘××盗窃其放于公路旁边戈壁滩里的焦煤一案，经审查原不予立案决定事实清楚，证据充分，程序合法 ，根据《公安机关办理刑事复议复核案件程序规定》 第三十二条 的规定，决定 维持原决定 。

如不服本决定，可以自收到本决定之日起 七 日以内，向 ××省××市公安局 申请复核。（驳回申请回避决定、对行政机关移送案件不予立案决定不填写此项）

二〇××年八月二十二日

（公安机关印章或者刑事复议、复核专用章）

一式三份，申请人、办案部门各一份，一份附卷。

100. 刑事复核决定书

*****公安局**

刑事复核决定书

×公刑复核字〔　　〕　　号

申请人________，性别___，出生日期________，住址______________。

（申请人________，地址__________，法定代表人或者主要负责人_____，住址________。）

_____对_______公安局______刑事复议决定书不服并申请复核。经审查，认为____，根据《公安机关办理刑事复议复核案件程序规定》_____的规定，决定______________。

年　　月　　日

（公安机关印章或者刑事复核专用章）

一式三份，申请人、复议机关各一份，一份附卷。

【制作说明】

1. 本文书根据《公安机关办理刑事案件程序规定》第九十九条第二款、第一百零四条第二款、第一百七十九条第二款，《公安机关办理刑事复议复核案件程序规定》第三十二条、第三十三条制定。刑事复核决定书是公安机关对案件当事人及其法定代理人提请复核的事项作出复核决定时制作使用的文书。

2. 刑事复核决定书是填空型文书，该文书应当一式三份，申请人、复议机关各执一份，一份附卷。

3. 刑事复核决定书的内容主要包括制作机关名称、文书名称、文书字号、申请人基本情况、作出刑事复议决定的公安机关名称及刑事复议决定文书号、审查认定的事实、法律依据、复核决定结果、文书制作日期及加盖公安机关印章或者刑事复核专用章，等等。在填写时要注意：

（1）在填写“申请人基本情况”时，写明申请人姓名、性别、出生日期、住址。申请人是单位的，写明单位名称、地址、法定代表人或者主要负责人的姓名及住址等。

（2）在填写“审查认定的事实”时，要将对申请人申请刑事复核的相关事实的审查认定情况填写清楚，可结合《公安机关办理刑事复议复核案件程序规定》第三十二条或者第三十三条规定的内容进行填写。

（3）在填写“法律依据”时，根据案件的具体情况及复议决定结果的种类，选择适用《公安机关办理刑事复议复核案件程序规定》第三十二条或者第三十三条规定。

（4）在填写“复核决定结果”时，可根据具体案件情况填写“维持复议决定”或“撤销复议决定”等内容。

【法律依据】

《公安机关办理刑事案件程序规定》（2020年7月20日）

第九十九条第二款 被取保候审人或者其法定代理人对复议决定不服的，可以在收到复议决定书后五日以内向上一级公安机关申请复核一次。上一级公安机关应当在收到复核申请后七日以内作出决定。对上级公安机关撤销或者变更没收保证金决定的，下级公安机关应当执行。

第一百零四条第二款 保证人对复议决定不服的，可以在收到复议决定书后五日以内向上一级公安机关申请复核一次。上一级公安机关应当在收到复核申请后七日以内作出决定。对上级公安机关撤销或者变更罚款决定的，下级公安机关应当执行。

第一百七十九条第二款 控告人对不予立案的复议决定不服的，可以在收到复议决定书后七日以内向上一级公安机关申请复核；上一级公安机关应当在收到复核申请后三十日以内作出决定。对上级公安机关撤销不予立案决定的，下级公安机关应当执行。

《公安机关办理刑事复议复核案件程序规定》（2014 年 9 月 13 日）

第三十二条 原决定或者刑事复议决定认定的事实清楚、证据充分、依据准确、程序合法的，公安机关应当作出维持原决定或者刑事复议决定的复议、复核决定。

第三十三条 原决定或者刑事复议决定认定的主要事实不清、证据不足、依据错误、违反法定程序、超越职权或者滥用职权的，公安机关应当作出撤销、变更原决定或者刑事复议决定的复议、复核决定。

经刑事复议，公安机关撤销原驳回申请回避决定、不予立案决定的，应当重新作出决定；撤销原没收保证金决定、对保证人罚款决定的，应当退还保证金或者罚款；认为没收保证金数额、罚款数额明显不当的，应当作出变更原决定的复议决定，但不得提高没收保证金、罚款的数额。

经刑事复核，上级公安机关撤销刑事复议决定的，作出复议决定的公安机关应当执行；需要重新作出决定的，应当责令作出复议决定的公安机关依法重新作出决定，重新作出的决定不得与原决定相同，不得提高没收保证金、罚款的数额。

八、刑事通用文书

101. 呈请　　报告书

领导批示	
审核意见	
办案单位意见	

呈请　　报告书

第一部分：犯罪嫌疑人的基本情况〔姓名、性别、出生日期、出生地、身份证件号码、民族、文化程度、职业或工作单位及职务、政治面貌（如是人大代表、政协委员，一并写明具体级、届代表、委员）、采取强制措施情况、简历等〕。尚未确定犯罪嫌疑人的，写明案件基本情况。如果涉及其他人员的，写明该人基本情况。

第二部分：呈请事项（立案，采取或解除强制措施、侦查措施，破案，侦查终结，撤销案件等需要领导批示的事项）。

第三部分：事实依据（详细叙述有关案件事实，并对有关证据进行分析）。

第四部分：法律依据（写明依据的具体法律规定）。

第五部分：结语和落款。

【制作说明】

1. 本文书根据《中华人民共和国刑事诉讼法》和《公安机关办理刑事案件程序规定》中对公安机关有关诉讼活动的审批程序的规定制定而成。如《中华人民共和国刑事诉讼法》第一百一十条第三款、《公安机关办理刑事案件程序规定》第一百八十四条对移送案件的审批程序规定。“呈请　报告书”是公安机关在办理刑事案件过程中，将有关诉讼行为呈报领导审批时制作使用的文书，如呈请拘传报告书、呈请取保候审报告书、呈请拘留报告书等。

2. “呈请　报告书”是叙述型文书，其由审批栏和正文两部分组成，属于公安机关内部审批性文书，在侦查终结时存入侦查工作卷。

3. “呈请　报告书”审批栏的内容主要包括办案单位意见栏、审核意见栏、领导批示栏。在填写时需注意，“呈请　报告书”制作完毕后，先由办案单位主要领导填写案件办理意见。然后送有关部门审核，由审核部门填写审核意见，最后送单位领导进行批示。

4. “呈请　报告书”正文的内容主要包括文书名称、犯罪嫌疑人的基本情况或案件基本情况、呈请领导批示的事项及理由、相关案件事实、法律依据、结语、案件承办单位名称和承办人姓名、文书制作日期及承办单位印章等。在填写时要注意：

（1）在填写“文书名称”时，可根据案件办理过程中的实际需要进行填写，如“呈请立案报告书”“呈请拘留犯罪嫌疑人×××报告书”等。

（2）在填写“犯罪嫌疑人的基本情况或案件基本情况”时，要将犯罪嫌疑人的姓名、性别、出生日期、身份证件号码、民族、文化程度、工作单位和职业、住址、政治面貌、采取强制措施情况、简历等内容填写清楚。在填写“政治面貌”时，如果是人大代表或政协委员，还要写明具体哪一级、哪一届的代表或委员。如果不能确定犯罪嫌疑人，根据实际需要写明案件的基本情况即可。

（3）在填写“相关案件事实”时，要对案件事实进行简要叙述，并对已掌握的证据进行分析。

（4）在填写“法律依据”时，写明呈请事项依据的法律名称和法律条款，可根据案件实际办理需要进行简要分析。

【法律依据】

《中华人民共和国刑事诉讼法》（2018 年 10 月 26 日）

第一百一十条第三款 公安机关、人民检察院或者人民法院对于报案、控告、举报，都应当接受。对于不属于自己管辖的，应当移送主管机关处理，并且通知报案人、控告人、举报人；对于不属于自己管辖而又必须采取紧急措施的，应当先采取紧急措施，然后移送主管机关。

《公安机关办理刑事案件程序规定》（2020 年 7 月 20 日）

第一百八十四条 经立案侦查，认为有犯罪事实需要追究刑事责任，但不属于自己管辖或者需要由其他公安机关并案侦查的案件，经县级以上公安机关负责人批准，制作移送案件通知书，移送有管辖权的机关或者并案侦查的公安机关，并在移送案件后三日以内书面通知扭送人、报案人、控告人、举报人或者移送案件的行政执法机关；犯罪嫌疑人已经到案的，应当依照本规定的有关规定通知其家属。

【文书范例】

领导批示	同意。 薛×× 20××年7月27日
审核意见	拟同意拘留。 姜×× 20××年7月27日
办案单位意见	刘××的行为涉嫌寻衅滋事罪，建议对其刑事拘留。 赵×× 20××年7月27日

呈请对犯罪嫌疑人刘××拘留报告书

刘××，男，19××年×月×日出生，居民身份证号码：××××××××××××××××××，汉族，小学文化，住××市××县××路××号，户籍地：××市××县××路××号，无业。

现呈请对犯罪嫌疑人刘××予以拘留，理由如下：

20××年6月27日，××市××县周××报案称，其在××市××县××饭店旁被人殴打，其驾驶的悬挂车牌蒙M××××的××牌汽车被砸，车内丢失挎包一个，包内装有现金28000余元，打架过程中丢失金项链一条，约重97克，价值36000元左右，请求查处。我局经审查，于当日立案侦查，经询问被害人、证人及对犯罪嫌疑人进行辨认，确定犯罪嫌疑人刘××于20××年6月26日20时许，在××市××县××饭店旁殴打他人并参与砸车。

综上所述，犯罪嫌疑人刘××的行为触犯了《中华人民共和国刑法》第二百九十三条之规定，涉嫌寻衅滋事罪，根据《中华人民共和国刑事诉讼法》第八十二条第四项、第七项之规定，拟对犯罪嫌疑人刘××予以刑事拘留，拘留期限为20××年7月27日至20××年7月30日。

妥否，请批示。

承办单位：××市××县公安局

刑事侦查大队（印）

承 办 人：张××、卢××

二〇××年七月十七日

102. 要求复议意见书

＊＊＊公安局

要求复议意见书

×公（　）要复字〔　　〕　　号

＿＿＿＿＿＿＿＿人民检察院：

你院于＿＿＿年＿＿月＿＿日以＿＿＿〔　　　〕＿＿＿号文决定＿＿，我局认为＿＿

综上所述，根据《中华人民共和国刑事诉讼法》第＿＿＿＿条之规定，特要求你院进行复议。

此致

＿＿＿＿＿＿＿＿人民检察院

公安局（印）

年　　月　　日

注：附本案卷宗共＿＿卷＿＿＿页。

本意见书一式两份。一份附卷，一份交检察院。

【制作说明】

1. 本文书根据《中华人民共和国刑事诉讼法》第九十二条、第一百七十九、第二百八十二条第二款，《公安机关办理刑事案件程序规定》第一百四十一条第一款、第二百九十四条第一款、第三百三十条第一款制定。要求复议意见书是公安机关对人民检察院作出的不批准逮捕或不起诉决定认为有错误，要求人民检察院进行复议时制作使用的文书。

2. 要求复议意见书是单联式填空型文书，一式两份，一份由公安机关留存附卷，一份随案件有关材料送交同级人民检察院。

3. 要求复议意见书的内容主要包括制作机关名称、文书名称、文书字号、抬头、要求复议事项、要求复议的理由、要求复议的法律依据和要求、接受复议要求的同级人民检察院名称、文书制作日期、公安机关名称及印章、附注等。在填写时要注意：

（1）在填写“抬头”时，写明已作决定的同级人民检察院名称。

（2）在填写“要求复议事项”时，要将认为有错误的同级人民检察院作出的不批准逮捕决定书或不起诉决定书的制作时间、文书文号、简要内容等填写清楚。

（3）在填写“要求复议的理由”时，要结合案件的具体情况，对照认为人民检察院有关文书存在错误的内容，具体叙述要求复议的理由并进行简要分析即可。

（4）在填写“要求复议的法律依据”时，要根据实际情况进行选择，如果是对人民检察院作出的不批准逮捕决定要求复议的，则选择适用《中华人民共和国刑事诉讼法》第九十二条。如果是对人民检察院作出的不起诉决定要求复议的，则选择适用《中华人民共和国刑事诉讼法》第一百七十九条。如果是对人民检察院作出的附条件不起诉决定要求复议的，则选择适用《中华人民共和国刑事诉讼法》第二百八十二条。

【法律依据】

《中华人民共和国刑事诉讼法》（2018 年 10 月 26 日）

第九十二条 公安机关对人民检察院不批准逮捕的决定，认为有错误的时候，可以要求复议，但是必须将被拘留的人立即释放。如果意见不被接受，可以向上一级人民检察院提请复核。上级人民检察院应当立即复核，作出是否变更的决定，通知下级人民检察院和公安机关执行。

第一百七十九条 对于公安机关移送起诉的案件，人民检察院决定不起诉的，应当将不起诉决定书送达公安机关。公安机关认为不起诉的决定有错误的时候，可以要求复议，如果意见不被接受，可以向上一级人民检察院提请复核。

第二百八十二条第二款 对附条件不起诉的决定，公安机关要求复议、提请复核或者被害人申诉的，适用本法第一百七十九条、第一百八十条的规定。

《公安机关办理刑事案件程序规定》（2020年7月20日）

第一百四十一条第一款 对人民检察院不批准逮捕的决定，认为有错误需要复议的，应当在收到不批准逮捕决定书后五日以内制作要求复议意见书，报经县级以上公安机关负责人批准后，送交同级人民检察院复议。

第二百九十四条第一款 认为人民检察院作出的不起诉决定有错误的，应当在收到不起诉决定书后七日以内制作要求复议意见书，经县级以上公安机关负责人批准后，移送人民检察院复议。

第三百三十条第一款 认为人民检察院作出的附条件不起诉决定有错误的，应当在收到不起诉决定书后七日以内制作要求复议意见书，经县级以上公安机关负责人批准，移送同级人民检察院复议。

【文书范例】

* * *公安局

要求复议意见书

×公（刑）要复字〔20××〕56号

××市××县人民检察院：

你院于20××年5月27日以×××〔20××〕××号文决定对张××故意伤害案中的犯罪嫌疑人张××不起诉，我局认为对犯罪嫌疑人张××的不起诉决定有误。虽然犯罪嫌疑人张××殴打李××事出有因，有一定程度的防卫意图，但是张××在李××丧失继续伤害其的能力下，继续殴打李××致李××重伤，张××的行为明显属于防卫过当，且证据确实、充分，犯罪嫌疑人张××的行为触犯了《中华人民共和国刑法》第二百三十三条之规定，涉嫌故意伤害罪。

综上所述，根据《中华人民共和国刑事诉讼法》第一百七十九条之规定，特要求你院进行复议。

此致

××市××县人民检察院

公安局（印）

二〇××年五月二十八日

注：附本案卷宗共3卷198页。

本意见书一式两份。一份附卷，一份交检察院。

103. 提请复核意见书

*****公安局**

提请复核意见书

×公（　）请核字〔　　〕　　号

________人民检察院：

我局于____年____月____日以________〔　　〕____号文要求________人民检察院复议的________案，该院以________〔　　〕____号文决定维持原________决定，我局认为该院决定有误，理由是：________

____

____

____

____

综上所述，根据《中华人民共和国刑事诉讼法》第____条之规定，特提请你院对此案进行复核。

此致

________人民检察院

公安局（印）

年　　月　　日

注：附本案卷宗共____卷____页。

本意见书一式两份。一份附卷，一份交检察院。

【制作说明】

1. 本文书根据《中华人民共和国刑事诉讼法》第九十二条、第一百七十九条、第二百八十二条，《公安机关办理刑事案件程序规定》第一百四十一条第二款、第二百九十四条第二款、第三百三十条第二款制定。提请复核意见书是公安机关认为同级人民检察院作出的复议决定书有错误，向上一级人民检察院请求对案件进行重新审核时制作使用的文书。

2. 提请复核意见书是单联式填空型文书，一份由公安机关存档备查，一份随案件有关材料送交上一级人民检察院审查决定。

3. 提请复核意见书的内容主要包括制作机关名称、文书名称、文书字号、抬头、提请复核事项、提请复核的理由、提请复核的法律依据和要求、接受提请复核意见书的上一级人民检察院名称、文书制作日期、公安机关名称及印章、附注等。在填写时要注意：

（1）在填写“抬头”时，填写同级人民检察院的上一级人民检察院名称。

（2）在填写“提请复核事项”时，要将认为有错误的同级人民检察院作出的复议决定书的制作时间、文书文号、简要内容等填写清楚。

（3）在填写“提请复核的理由”时，要结合案件的具体情况，对照认为同级人民检察院复议决定书中存在错误的内容，具体叙述提请的理由并进行简要分析，包括事实部分和法律部分。

（4）在填写“提请复核的法律依据”时，要根据实际情况进行选择，如果是对不批准逮捕决定的复议决定书提请复核的，则选择适用《中华人民共和国刑事诉讼法》第九十二条。如果是对不起诉决定的复议决定书提请复核的，则选择适用《中华人民共和国刑事诉讼法》第一百七十九条。如果是对附条件不起诉决定的复议决定书提请复核的，则选择适用《中华人民共和国刑事诉讼法》第二百八十二条。

【法律依据】

《中华人民共和国刑事诉讼法》（2018 年 10 月 26 日）

第九十二条 公安机关对人民检察院不批准逮捕的决定，认为有错误的时候，可以要求复议，但是必须将被拘留的人立即释放。如果意见不被接受，可以向上一级人民检察院提请复核。上级人民检察院应当立即复核，作出是否变更的决定，通知下级人民检察院和公安机关执行。

第一百七十九条 对于公安机关移送起诉的案件，人民检察院决定不起诉的，应当将不起诉决定书送达公安机关。公安机关认为不起诉的决定有错误的时候，可以要求复议，如果意见不被接受，可以向上一级人民检察院提请复核。

第二百八十二条 对于未成年人涉嫌刑法分则第四章、第五章、第六章规定的犯罪，可能判处一年有期徒刑以下刑罚，符合起诉条件，但有悔罪表现的，人民检察院可以作出附条件不起诉的决定。人民检察院在作出附条件不起诉的决定以前，应当听取公安机关、被害人的意见。

对附条件不起诉的决定，公安机关要求复议、提请复核或者被害人申诉的，适用本法第一百七十九条、第一百八十条的规定。

未成年犯罪嫌疑人及其法定代理人对人民检察院决定附条件不起诉有异议的，人民检察院应当作出起诉的决定。

《公安机关办理刑事案件程序规定》（2020 年 7 月 20 日）

第一百四十一条第二款 如果意见不被接受，认为需要复核的，应当在收到人民检察院的复议决定书后五日以内制作提请复核意见书，报经县级以上公安机关负责人批准后，连同人民检察院的复议决定书，一并提请上一级人民检察院复核。

第二百九十四条第二款 要求复议的意见不被接受的，可以在收到人民检察院的复议决定书后七日以内制作提请复核意见书，经县级以上公安机关负责人批准后，连同人民检察院的复议决定书，一并提请上一级人民检察院复核。

第三百三十条第二款 要求复议的意见不被接受的，可以在收到人民检察院的复议决定书后七日以内制作提请复核意见书，经县级以上公安机关负责人批准后，连同人民检察院的复议决定书，一并提请上一级人民检察院复核。

104. 死亡通知书

死亡通知书
（存　根）

×亡通字〔　　〕　　号

案件名称______________________________

案件编号______________________________

死 亡 人______________________________男/女

出生日期______________________________

住　　址______________________________

单位及职业____________________________

死亡原因______________________________

送往单位______________________________

死者家属或单位________________________

通知单位______________________________

填发时间______________________________

填 发 人______________________________

死亡通知书

（副　本）

×亡通字〔　　〕　　号

______________：

犯罪嫌疑人/被告人/罪犯______________（性别______，出生日期__________，住址______________________）于______年____月____日在______________________________期间因______________________死亡。

通知单位（印）

年　月　日

本通知书已收到。

死者家属：　　　　年　　月　　日

原办案机关签收人：　　　　年　　月　　日

（公章）

人民检察院签收人：　　　　年　　月　　日

（公章）

人民法院签收人：　　　　年　　月　　日

（公章）

如有无法通知等特殊情况，予以注明：____。

承办人：　　　　年　　月　　日

此联附卷

死亡通知书

×亡通字〔　　〕　　号

______________：

犯罪嫌疑人/被告人/罪犯______________（性别______，出生日期__________，住址______________________）于______年____月____日在______________________________期间因______________________死亡。

通知单位（印）

年　月　日

此联交送往人员或单位（可打印或填写多份）

【制作说明】

1. 本文书根据《中华人民共和国看守所条例》第二十七条制定。死亡通知书是公安机关在刑事案件办理过程中或者刑罚执行期间，犯罪嫌疑人、被告人或者罪犯死亡，公安机关通知有关单位和死者家属时制作使用的文书。

2. 死亡通知书是多联式填空型文书，其由正本、副本和存根三部分组成。其中，死亡通知书正本是公安机关通知有关单位和死者家属犯罪嫌疑人、被告人或者罪犯死亡的凭证，此联交由被通知单位或者人员收存，可根据被通知的单位或人员数量填写、打印多份正本。副本是公安机关已经通知有关单位或死者家属犯罪嫌疑人、被告人或者罪犯死亡的凭证，此联由公安机关附卷。存根用于公安机关留存备查。

3. 死亡通知书正本的内容主要包括制作机关名称、文书名称、文书字号、抬头、死亡人的基本情况、死亡时间、办案阶段、死亡原因、文书制作日期、制作单位名称及印章等。在填写时要注意：

（1）在填写“抬头”时，填写被通知的有关单位名称或死者家属姓名即可。

（2）在填写“死亡人的基本情况”时，要将死亡人的姓名、性别、出生日期、住址等内容填写清楚。

（3）在填写“办案阶段”时，要根据案件办理的具体情况进行填写，如“拘留期间”“监外执行期间”等。

（4）在填写“死亡原因”时，如果是因病死亡的，要填写清楚因何病死亡，如“肝癌”“胃癌”等。如果是因意外事故死亡的，将事故种类填写清楚。

4、死亡通知书副本的内容与填写注意事项和正本相同。但要注意，在填写“抬头”时，要填写所有被通知对象的名称或姓名。同时，在死亡通知书正本送达有关单位或死者家属时，由其在副本上“本通知书已收到”处签名、捺指印或加盖单位印章并填写签收日期。如果出现无法通知等特殊情况时，则由办案人员予以注明并签名、填写日期。

5. 死亡通知书存根按照文书印制的内容和顺序依次进行填写即可。

【法律依据】

《中华人民共和国看守所条例》（1990 年 3 月 17 日）

第二十七条 人犯在羁押期间死亡的，应当立即报告人民检察院和办案机关，由法医或者医生作出死亡原因的鉴定，并通知死者家属。

【文书范例】

死亡通知书

（存　根）

×亡通字〔20××〕12 号

案件名称 姜××盗窃案

案件编号 ××××××××××××××

死 亡 人 姜×× 男/女

出生日期 19××年×月×日

住　　址 ××市××县××路××号

单位及职业 无业

死亡原因 突发脑出血

送往单位 ××市××县人民法院、××市××县人民检察院

死者家属或单位 姜×

通知单位 ××市××县公安局

填发时间 20××年5月16日

填 发 人 张××

死亡通知书
（副　本）

×亡通字〔20××〕12号

××市××县人民法院、××市××县人民检察院、姜×：

~~犯罪嫌疑人~~/~~被告人~~/罪犯　姜××　（性别　男　，出生日期　19××年×月×日　，住址　××市××县××路××号　）于　20××　年　5　月　15　日　在　服刑　期间因　突发脑出血　死亡。

通知单位（印）

二〇××年五月十六日

本通知书已收到。

死者家属：姜×　　20××年5月16日

人民检察院签收人：李×　　20××年5月16日

（公章）

人民法院签收人：彭××　　20××年5月16日

（公章）

如有无法通知等特殊情况，予以注明：＿＿＿＿＿＿＿＿＿＿＿＿＿＿＿＿＿＿＿＿＿＿＿＿＿＿＿＿＿＿＿＿＿＿＿＿＿＿。

承办人：　　年　　月　　日

此联附卷

死亡通知书

×亡通字〔20××〕12号

××市××县人民法院：

~~犯罪嫌疑人~~/~~被告人~~/罪犯 姜×× （性别 男 ，出生日期 19××年×月×日 ，住址 ××市××县××路××号 ）于 20×× 年 5 月 15 日 在 服刑 期间因 突发脑出血 死亡。

通知单位（印）

二〇××年五月十六日

此联交送往人员或单位（可打印或填写多份）

死亡通知书

×亡通字〔20××〕12号

××市××县人民检察院：

~~犯罪嫌疑人~~/~~被告人~~/罪犯 姜×× （性别 男 ，出生日期 19××年×月×日 ，住址 ××市××县××路××号 ）于 20×× 年 5 月 15 日 在 服刑 期间因 突发脑出血 死亡。

通知单位（印）

二〇××年五月十六日

死亡通知书

×亡通字〔20××〕12号

姜×：

~~犯罪嫌疑人~~/~~被告人~~/罪犯 姜×× （性别 男 ，出生日期 19××年×月×日 ，住址 ××市××县××路××号 ）于 20×× 年 5 月 15 日 在 服刑 期间因 突发脑出血 死亡。

通知单位（印）

二〇××年五月十六日

九、规范性文书

105. 刑事侦查卷宗（封面）

刑 事 侦 查 卷 宗

（　　　　卷）

案件名称

案件编号

犯罪嫌疑人姓名

立案时间

结案时间

办案单位

办案人

立卷人

审核人

本案共　　卷　　　第　　卷共　　页

【制作说明】

1. 本文书根据《公安机关办理刑事案件程序规定》第二百八十七条第一款制定。刑事侦查卷宗（封面）是公安机关在对案件材料进行立卷、归档时制作使用的封面材料。

2. 刑事侦查卷宗（封面）的内容主要包括卷宗种类、案件名称、案件编号、犯罪嫌疑人姓名、立案时间、结案时间、办案单位、办案人、立卷人、审核人及附注等。在填写时要注意：

（1）在填写“卷宗种类”时，要根据案件材料的实际情况进行填写，如填写为“诉讼文书卷”、“证据材料卷”或“侦查工作卷”等。

（2）在填写“案件名称”时，填写已经确定的案件名称即可。

（3）在填写“案件编号”时，填写立案时确定的文书编号，同时要注意与案件其他文书材料中的案件编号保持一致。

（4）在填写“结案时间”时，要与结案报告上领导批示同意的时间保持一致。

（5）在填写“办案单位”时，填写对案件进行侦查的单位名称即可，一般精确到科所队一级。有多个部门共同参与的，可填写主管案件侦查部门的共同上级部门。

3. 刑事侦查卷宗（封面）制作完毕后，用牛皮纸印制，作为首页与其他案件材料装订成卷。

【法律依据】

《公安机关办理刑事案件程序规定》（2020 年 7 月 20 日）

第二百八十七条第一款 侦查终结后，应当将全部案卷材料按照要求装订立卷。

【文书范例】

刑事侦查卷宗

（证据材料　卷）

案件名称　张××故意伤害案

案件编号　××××××××××××

犯罪嫌疑人姓名　张××

立案时间　20××年6月5日

结案时间　20××年9月23日

办案单位　××市××县公安局刑事侦查大队

办 案 人　苏××、吴××

立 卷 人　王××

审 核 人　薛××

本案共　叁　卷　　　第　贰　卷共　78　页

106. 卷内文书目录

卷内文书目录

序号	责任者	文号	标题	日期	页号	备注

【制作说明】

1. 卷内文书目录是公安机关在对案件材料进行立卷、归档时，对各种法律文书进行编号排序时使用的技术性书面材料。

2. 卷内文书目录的主要内容包括序号、责任者、文号、标题、日期、页号及备注等内容。在填写时要注意：

（1）在填写“责任者”时，要根据入卷文书的实际情况进行填写，如果是加盖印章的文书，则填写印章的机关名称，如“××市公安局刑事侦查大队”。如果文书没有加盖印章，对于笔录类文书，则填写记录者的姓名，对于现场示意图、照片等类型的文书，则填写制作者、拍摄者的姓名。

（2）在填写“文号”时，要注意与对应文书文号保持一致，对于没有文号的文书，则用删除线将空格划去即可。

（3）在填写“日期”时，填写对应文书的制作日期即可。

（4）在填写“页号”时，如果文号是多页的情况，则在空格内填写页码的起止页号。

（5）在填写以上内容时，要逐格编号，中间不应当有空格，如果案件法律文书材料编号排序完成后页面仍留有空格，则用“斜线”沿对角线从左上到右下划去空白部分。

107. 告知书

________________告知书
____________________：
____一案，我局认
为____，
现____。
特此告知。
公安局（印）
年　月　日
本告知书已收到。
被告知人：　　　　　　　　　　年　月　日　时
采取其他方式告知或者有特殊情况未告知的，注明情况：________
____。
办案人：
年　月　日　时

一式两份，一份附卷，一份交被告知人。

【制作说明】

1. 本文书根据《中华人民共和国刑事诉讼法》第一百六十二条第一款、《公安机关执法公开规定》第二十二条制定。“______告知书”是公安机关依法将立案、撤案、移送审查起诉等情况告知相关人员时制作使用的规范性文书。

2. “______告知书”是单联式填空型文书，应一式两份。其中，一份交被告之人，一份由公安机关附卷，用于证明公安机关已履行相关告知义务。

3. “______告知书”的内容主要包括文书名称、抬头、案件名称、告知内容、文书制作日期、公安机关名称及印章、附注等。在填写时要注意：

（1）在填写“抬头”时，填写被告知对象的姓名或名称即可。

（2）在填写“案件名称”时，要写明告知内容所涉及的案件名称。

（3）在填写“附注”时，在公安机关办案人员将告知书送达被告知人时，由被告知人在“本告知书已收到”处签名、捺指印并填写告知时间。如果采取其他方式告知的或者有特殊情况未告知的，由办案人员写明相关情况，并签名、填写相关时间，以上时间均要精确到小时。

【法律依据】

《中华人民共和国刑事诉讼法》（2018 年 10 月 26 日）

第一百六十二条第一款 公安机关侦查终结的案件，应当做到犯罪事实清楚，证据确实、充分，并且写出起诉意见书，连同案卷材料、证据一并移送同级人民检察院审查决定；同时将案件移送情况告知犯罪嫌疑人及其辩护律师。

《公安机关执法公开规定》（2018 年 12 月 1 日）

第二十二条 除按照本规定第二十一条向特定对象告知执法信息外，公安机关应当通过提供查询的方式，向报案或者控告的被害人、被侵害人或者其监护人、家属公开下列执法信息：

（一）办案单位名称、地址和联系方式；

（二）刑事立案、移送审查起诉、终止侦查、撤销案件等情况，对犯罪嫌疑人采取刑事强制措施的种类；

（三）行政案件受案、办理结果。

公安机关在接受报案时，应当告知报案或者控告的被害人、被侵害人或者其监护人、家属前款所列执法信息的查询方式和途径。

【文书范例】

案件移送审查起诉告知书

姜××：

崔××涉嫌拐卖儿童一案，我局认为犯罪事实清楚、证据确实充分，现已将该案移送××市××县人民检察院审查起诉。

特此告知。

公安局（印）

二〇××年九月十一日

本告知书已收到。

被告知人：姜×× 20××年9月21日16时

采取其他方式告知或者有特殊情况未告知的，注明情况：____________

____。

办案人：

年 月 日 时

一式两份，一份附卷，一份交被告知人。

附录一

公安部关于印发《公安机关刑事法律文书式样（2012版）》的通知[①]

公通字〔2012〕62号

各省、自治区、直辖市公安厅、局，新疆生产建设兵团公安局：

为了规范公安机关刑事执法活动，确保严格依法办案，提高办案质量，根据修改后《刑事诉讼法》、《公安机关办理刑事案件程序规定》的规定，公安部对2002年12月18日印发的《公安机关刑事法律文书格式（2002版）》（公通字〔2002〕69号）进行了修改和补充。现将《公安机关刑事法律文书式样（2012版）》印发给你们，请认真组织学习培训，使广大办案民警尽快熟悉、掌握并能够正确制作、使用新的刑事法律文书，确保修改后《刑事诉讼法》的正确贯彻实施，促进公安机关办理刑事案件质量不断提高。

《公安机关刑事法律文书式样（2012版）》从2013年1月1日起启用。刑事法律文书由各省、自治区、直辖市公安厅、局和新疆生产建设兵团公安局根据本通知印发的样本自行印刷，并由法制部门监制和保管。同时，各地要按照执法信息化建设的要求，不断完善网上执法办案信息系统，积极开展网上审核审批和制作法律文书，提高办案效率，提升执法质量。

各地执行中遇到的问题，请及时报部。

公安部

2012年12月19日

---

① 附件内容略，《公安机关刑事法律文书式样（2012版）》中部分法律文书式样已被修改或补充，请参见本书正文。

附录二

《公安机关刑事法律文书式样（2012版）》填写和印制说明①

一、制作和填写要求

（一）基本要求

各地公安机关办理刑事案件时，应当严格依照《中华人民共和国刑事诉讼法》、《中华人民共和国刑法》、《公安机关办理刑事案件程序规定》等法律、规章进行选取、制作、填写和使用刑事法律文书。

1. 选取文书。在制作文书之前，应当了解每一种文书的使用条件和范围，并结合具体案情和实际需要准确选取相应的法律文书。

2. 制作和填写文书。填写纸质文书时，应当使用能够长期保持字迹的书写工具，做到字迹清楚、文字规范、文面整洁。文书设定的项目，要逐项准确填写；确有些栏目不需要填写的，用斜线“\”或者横线“______”划去。填写电子文书时，应当从系统选项栏中准确选取相应的项目。制作《呈请立案报告书》、《提请批准逮捕书》等叙述型文书时，应当做到描述案件事实清楚、引用法律条文准确、结论明确易懂、语言准确精练。

3. 使用文书。文书制作完毕，应当按照要求予以送达、签收，办案单位留存的文书，应当根据规定入卷。

（二）常见项目填写要求

1. 案件名称。根据不同的案件情况，采取不同的命名方法。对于有明确的犯罪嫌疑人和涉嫌犯罪情节清楚的案件，可采取“人名+涉嫌罪名”命名，如“王××故意杀人案”；对于犯罪嫌疑人不明而被害人和被害情况清楚的案件，可采取“被害人+被侵害情况”命名，如“张××被抢劫案”；对于犯罪

① 参见《公安部关于印发〈公安机关刑事法律文书式样（2012版）〉的通知》，载公安部网站，https：//app. mps. gov. cn/gdnps/pc/content. jsp？ id =7434740，最后访问时间：2021年8月29日。

嫌疑人和被害人不明或者犯罪嫌疑人、被害人人数众多不便概括以及需要保密等情形，可采取以案件发生时间或立案时间或者地名来命名，如“4·15案”、“×××（地名）抢劫案”。

2. 案件编号。各地在制作文书过程中应当本着便于对案件进行管理和统计的原则，根据本地或者本系统的要求进行填写。

3. 犯罪嫌疑人姓名。填写犯罪嫌疑人合法身份证件上的姓名，如果没有合法身份证件的，填写在户籍登记中使用的姓名。如果犯罪嫌疑人是外国人，除应当填写其合法身份证件上的姓名外，还应当同时写明汉语译名。对于一些叙述型法律文书，如《提请批准逮捕书》、《起诉意见书》等，应当在写明犯罪嫌疑人姓名的同时，写明犯罪嫌疑人使用过的其他名称，包括别名、曾用名、绰号等。如有必要，还可写明笔名、网名等名称。确实无法查明其真实姓名的，也可以暂填写其自报的姓名。查清其真实姓名后，按照查清后的姓名填写，对之前填写的内容可不再更改，但应当在案件卷宗中予以书面说明。（犯罪嫌疑人出生日期、住址不明的，参照上述规定办理）

4. 犯罪嫌疑人出生日期。犯罪嫌疑人的出生日期以公历（阳历）为准，除有特别说明的外，一律具体到年月日。确定犯罪嫌疑人的出生日期应当以其合法身份证件上记载的出生日期为准，没有合法身份证件的，以户籍登记中的出生日期为准。

5. 犯罪嫌疑人住址。填写犯罪嫌疑人被采取强制措施前的经常居所地。犯罪嫌疑人的经常居所地以户籍登记中的住址为准。如果该犯罪嫌疑人离开户籍所在地在其他地方连续居住满一年以上的，则以该地为经常居住地，并应当在填写经常居住地的同时注明户籍登记的住址。

6. 犯罪嫌疑人的单位及职业。填写犯罪嫌疑人的工作单位名称以及从事的职业种类。单位名称应当填写全称，必要时在前面加上地域名称。认定犯罪嫌疑人的工作单位，不能单纯凭人事档案是否在该单位，而应当视其是否实际在该单位工作。只要其实际在该单位工作的，即可认定为工作单位。职业应当填写从事工作的种类。没有工作单位的，可以根据实际情况填写经商、务工、农民、在校学生或者无业等。

7. 身份证件种类及号码。填写居民身份证、军官证、护照等法定身份证件的种类及号码。

8. 文化程度。填写国家承认的学历。文化程度分为研究生（博士、硕士）、大学、大专、中专、高中、初中、小学、文盲等档次。

9. 批准人。填写批准制作该法律文书的有关负责人的姓名。

10. 批准时间。填写批准制作该法律文书的有关负责人的签字时间。

11. 办案人。填写办理案件民警的姓名，或者有关事项承办人的姓名。

12. 办案单位。填写办案单位或者部门的名称。

13. 填发时间。填写实际制作法律文书的时间。

14. 填发人。填写制作法律文书的人的姓名。

15. 签名。需要当事人签名确认的文书应当由其本人签名，不能签名的，可以捺指印；属于单位的，由法定代表人、主要负责人或者其授权的人签名，或者加盖单位印章。当事人拒绝签名的，侦查人员应当在文书中予以说明。

16. 各类清单。“编号”栏一律采取阿拉伯数字，按材料、物品的排列顺序从“1”开始逐次填写。“名称”栏填写材料、物品的名称；“数量”栏填写材料、物品的数量，使用阿拉伯数字填写；“特征”栏填写物品的品牌、型号、颜色、新旧等特点。表格多余部分应当用斜对角线划掉。

17. 发文字号。文书式样中的发文字号印刷为“×公（　　）字〔　　〕号”，实际填写时，“×”处填写制作法律文书的机关代字，如北京市填写“京”；“（　　）”处填写办案部门简称，如经济犯罪侦查部门制作的文书填写“经”；“（　　）”和“字”之间的部分为文书名称简称，文书式样已根据不同法律文书种类将其简称印在文书之上，如拘留证印“拘”、逮捕证印“捕”；〔　　〕中填发文年度；〔　　〕后填发文顺序号。

18. 法律条文的援引。引用法律，应当写明法律的全称；引用的法律条文，要写明具体的条文号，条文中有款、项的，要具体到款、项。

19. 计量单位。填写国家法定计量单位。

20. 联系方式。填写联系人的移动电话号码、固定电话号码、电子邮件地址等内容。

21. 数字。在引用的法律条款、部分结构层次顺序和在词、词组、惯用语、缩略语、具有修辞色彩语句中作为词素的数字时应当使用汉字，其他情况下应当使用阿拉伯数字。结构层次序数：第一层为“一、”，第二层为“（一）”，第三层为“1、”，第四层为“（1）”。文书发文字号中年度、发文顺序号应当使用阿拉伯数字。

22. 成文日期。成文日期填写批准人的批准日期。内部审批类文书的日期，制作人在末尾落款处填写制作日期，审核人、批准人在其签名下方填写审核、批准时的日期。成文日期应当使用大写数字，如“二〇一三年一月一日”。

23. 印章的使用。对外使用的文书，应当在成文日期上方写明单位名称，在单位名称和成文日期上加盖能够对外独立承担法律责任的单位印章。不能使用内部印章。

24. 骑缝线。打印电子法律文书可以无骑缝线，不必加盖骑缝章。纸质法律文书的骑缝线一律用汉字（发文年度和顺序号用大写）填写发文字号，然后加盖单位印章或专用骑缝章。

25. 选择性项目的填写。纸质文书标题中的选择性项目不需要选择，电子法律文书可以根据需要选择制作相应的文书。文书内容部分出现选择性项目的，电子文书根据案情从相应选项中选择适当的项目。纸质文书根据具体情况删去不需要的内容：文书中空余部分、较短的文字内容，可用斜线“\”删去，如犯罪嫌疑人是男性的，填写“男/~~女~~”。又如对于有控告人的案件，填写《不予立案通知书》时，应当填写控告/~~移送~~。有较长文字内容的可用横线“——”删去，如对于恐怖活动犯罪案件填写《不准予会见犯罪嫌疑人决定书》时，应当填写“~~危害国家安全犯罪案件~~/恐怖活动犯罪案件”。对于带有“□”的选择性项目，在选定的□中打“√”。选择“其他”的，还应当在随后的横线处填写具体情形。

二、印制标准

（一）正式印制各种法律文书式样时，案卷的封面及封底用牛皮纸印制；《拘传证》、《拘留证》、《逮捕证》、《搜查证》、《提讯提解证》以及各种通知书、决定书等用 80 克胶版白纸印制；其他文书用 60 克胶版普通白纸印制。

（二）为了便于装订入卷，多联式文书的第一联长 297mm，宽 137mm，天头（上白边）37mm，订口（左白边）28mm，版心尺寸 84mm×225mm，其他各联和单联式文书一律用 A4 型纸尺寸，即长 297mm，宽 210mm，天头（上白边）37mm，订口（左白边）28mm，版心尺寸 156mm×225mm（不含页码）。误差不超过 1mm。

（三）正式印制时，对标明式样顺序号、“印”、“公安局印”以及注明应当含内容的文字不要印上。根据办案实际需要，凡是内容不固定的叙述型文书，如《呈请立案报告书》、《提请批准逮捕书》、《起诉意见书》、《要求复议意见书》、《提请复议意见书》等，可只印单位、文书名称、编号等开头的内容，其他内容参照制作和填写要求中注明的要求，在拟稿后书写或打印。笔录式文书可只印第一页或上半部分，其他内容参照制作和填写要求书写。

（四）文书的边线、横线、文字一律印成黑色。

（五）文书名称、内容和落款中出现“公安局”、“看守所”等字样的，可根据本单位名称改动后印制。

（六）公安机关刑事法律文书由省级公安机关指定的印刷厂统一印制。

附录三

关于修改和补充部分刑事法律文书式样的通知

公法制〔2020〕1009 号

各省、自治区、直辖市公安厅、局，新疆生产建设兵团公安局：

为了贯彻修改后的刑事诉讼法和《公安机关办理刑事案件程序规定》，规范公安机关刑事执法活动，公安部对《公安机关刑事法律文书式样（2012版）》中的部分法律文书式样进行修改和补充，其中，对《犯罪嫌疑人诉讼权利义务告知书》《被害人诉讼权利义务告知书》《证人诉讼权利义务告知书》《提请批准逮捕书》《起诉意见书》《扣押清单》《查封/解除查封清单》7 个法律文书式样进行了修改，补充了《准许被取保候审人离开所居市县决定书》《准予补充鉴定/重新鉴定决定书》《不准予补充鉴定/重新鉴定决定书》3 个法律文书式样（见附件）。现就有关事项和工作要求通知如下：

一、修改的主要内容

（一）对有关诉讼权利义务告知书进行修改。根据刑事诉讼法以及 2019 年最高人民法院、最高人民检察院、公安部、国家安全部、司法部《关于适用认罪认罚从宽制度的指导意见》（以下简称《指导意见》）要求，在《犯罪嫌疑人诉讼权利义务告知书》中增加了向犯罪嫌疑人告知认罪认罚从宽处理和依法申请法律援助、向值班律师寻求法律帮助等权利，进一步保障犯罪嫌疑人的合法权利。

（二）对《提请批准逮捕书》《起诉意见书》进行修改。根据刑事诉讼法、《指导意见》以及最高人民检察院、公安部《关于逮捕社会危险性条件若干问题的规定（试行）》的规定，在《提请批准逮捕书》中增加公安机关对符合逮捕条件进行说明的内容；在《起诉意见书》中增加公安机关可以依法向检察机关建议适用速裁程序的内容；在这两种文书中均增加对犯罪嫌疑人自愿认罪认罚的，要简要写明相关情况的要求。

（三）对查封、扣押措施相关法律文书进行完善。为了防止随意查封、扣押，在《扣押清单》《查封/解除查封清单》中增加了“法律文书号”。

（四）新增了法律文书式样。为规范取保候审执行和鉴定活动，新增加了《准许被取保候审人离开所居市县决定书》《准予补充鉴定/重新鉴定决定书》《不准予补充鉴定/重新鉴定决定书》3 个法律文书式样。

二、工作要求

（一）组织学习培训。各地要通过多种形式和载体，组织广大民警特别是一线办案人员、审核审批人员及时学习，熟悉掌握此次修改和补充法律文书式样的具体内容和制作使用要求。

（二）确保规范使用。此次对法律文书式样的修改和补充，体现了修改后的刑事诉讼法和《公安机关办理刑事案件程序规定》对公安机关执法办案提出的新要求，各地要严格贯彻落实，保证办案质量，防止出现执法问题。特别是要规范查封、扣押、冻结措施的适用，对于涉案金融账户内的财产，只能依法采取冻结措施，严禁以任何方式变相扣押。扣押财物、文件的，要在《扣押清单》中填写《扣押决定书》文号；如果是在执行拘留、逮捕或者搜查过程中进行扣押的，应当填写《搜查证》《拘留证》《逮捕证》等法律文书号，但扣押财物、文件价值较高或者可能严重影响正常生产经营的，应当制作《扣押决定书》，并在《扣押清单》中填写该法律文书号。对于查封、解除查封的，要在《查封/解除查封清单》中填写《查封决定书》《协助解除查封通知书》等法律文书号。

（三）做好办案信息系统中法律文书的更新。请各省级公安机关按照本通知确定的新式样对执法办案信息系统中的相关法律文书进行更新。对公安部未制定统一法律文书式样的，各省级公安机关可以根据实际需要制定。

各地执行中遇到的问题，请及时报部法制局。

附件：1. 犯罪嫌疑人诉讼权利义务告知书

2. 被害人诉讼权利义务告知书

3. 证人诉讼权利义务告知书

4. 提请批准逮捕书

5. 起诉意见书

6. 扣押清单

7. 查封/解除查封清单

8. 准许被取保候审人离开所居市县决定书

9. 准予补充鉴定/重新鉴定决定书

10. 不准予补充鉴定/重新鉴定决定书①

公安部办公厅

2020 年 8 月 21 日

---

① 附件内容略，相关文书式样请参见正文。

图书在版编目（CIP）数据

公安机关刑事法律文书：制作规范与法律依据／樊学勇，王燕编著．—北京：中国法制出版社，2021.9
ISBN 978-7-5216-2159-4

Ⅰ.①公… Ⅱ.①樊… ②王… Ⅲ.①公安机关-刑事诉讼-法律文书-中国 Ⅳ.①D925.2

中国版本图书馆 CIP 数据核字（2021）第 184505 号

策划编辑：王　熹（wx2015hi@ sina. com）
责任编辑：王　熹　　封面设计：周黎明

公安机关刑事法律文书：制作规范与法律依据
GONGAN JIGUAN XINGSHI FALÜ WENSHU：ZHIZUO GUIFAN YU FALÜ YIJU

编著/樊学勇，王燕
经销/新华书店
印刷/三河市国英印务有限公司
开本/730 毫米×1030 毫米　16 开　　印张/43　字数/412 千
版次/2021 年 9 月第 1 版　　2021 年 9 月第 1 次印刷

中国法制出版社出版
书号 ISBN 978-7-5216-2159-4　　定价：138.00 元

北京市西城区西便门西里甲 16 号西便门办公区
邮政编码：100053　　传真：010-63141852
网址：http：//www. zgfzs. com　　**编辑部电话：010-63141795**
市场营销部电话：010-63141612　　**印务部电话：010-63141606**

（如有印装质量问题，请与本社印务部联系。）